4 Groupes
Sanguins
4 Modes de vie

Dr Peter J. D'Adamo
avec la collaboration de Catherine Whitney

4 Groupes
4 Sanguins
Modes de vie

Traduit de l'américain par Anne Lavédrine

DU MÊME AUTEUR
Chez le même éditeur

4 Groupes sanguins 4 Régimes

© Éditions Michel Lafon, pour la traduction française, 2002
7-13, boulevard Paul-Émile-Victor - Île de la Jatte
92521 Neuilly-sur-Seine Cedex

Pour Martha
vers qui mes pensées reviennent toujours.

« *Prenez une feuille de papier et déchirez-la en menus morceaux. Vous disposez à présent d'une feuille divisée, fragmentée. La feuille entière est la somme de tous ces fragments. C'est le principe même de la division. Mais l'esprit peut être individualisé. Cela signifie qu'il peut se manifester dans mille subdivisions, dans un nombre infini d'individus, qui détiennent chacun l'essence de son tout. Chacun d'eux est esprit, et le tout n'est en rien diminué d'avoir été divisé.* »

Eric BUTTERWORTH

L'étape suivante

Chacun de nous charrie dans ses veines la mémoire vivante de l'histoire de l'humanité. Et, plus tard, dans un futur que nous sommes bien incapables d'imaginer, d'autres porteront en eux le souvenir de notre passage sur cette terre. Car l'espèce humaine est un chantier en devenir, un édifice gigantesque jamais tout à fait achevé, et la façon dont nous vivons aujourd'hui marquera le profil génétique de notre descendance.

Grâce à l'hématologie – la science du sang –, nous pouvons nous pencher sur le passé et en tirer des leçons, afin de transmettre à nos enfants une version améliorée du patrimoine hérité de nos ancêtres. Cette science nous apporte en effet les connaissances et les outils nécessaires non seulement pour améliorer notre vie aujourd'hui, mais aussi intégrer ces bienfaits dans notre code génétique pour demain.

Lorsque nous avons publié *4 Groupes sanguins 4 Régimes* aux États-Unis, voici cinq ans, nous sommes partis d'un postulat simple : le groupe sanguin fournissait l'explication des nombreux paradoxes observés dans le cadre des études sur la nutrition ou sur la survie des individus après une grave maladie. Pourquoi certains perdaient-ils du poids avec tel régime et d'autres pas ? Pourquoi certains demeuraient-ils alertes à un âge avancé, tandis que d'autres voyaient leurs facultés mentales et physiques se détériorer beaucoup plus vite ? Même si l'espèce humaine se révèle relativement homogène sur le plan génétique, il semblait que nous nous distinguions surtout par toutes nos différences. Aussi, *4 Groupes sanguins 4 Régimes* proposait les premiers protocoles nutritionnels tenant compte de ces disparités biologiques. Des dizaines de milliers de témoignages et de résultats médicalement prouvés ainsi que la recherche génétique récente ont démontré le succès du Régime 4 groupes sanguins auprès de ceux qui aspirent à améliorer leur santé et leur forme.

Mais *4 Groupes sanguins 4 Régimes* devait également ouvrir la voie à de nouvelles recherches, qui nous ont entraînés bien au-delà des simples considérations nutritionnelles. Si le groupe sanguin fournissait la clé de ce que nous devions manger, ne pourrait-il pas fournir aussi celle du mode de vie que nous devrions adopter ? Les progrès rapides de la recherche génétique, qui permet aujourd'hui d'étudier l'influence cellulaire du groupe sanguin dans tous les domaines de la physiologie humaine, devaient accentuer cette question. Le résultat de nos investigations est donc rassemblé dans ce livre, *4 Groupes sanguins 4 Modes de vie*, qui dresse une carte exhaustive de vos forces et de vos faiblesses en fonction de votre groupe sanguin. Celui-ci détermine en effet aussi bien la façon dont vous digérez les aliments que votre capacité à gérer le stress, votre mental, l'efficacité de votre métabolisme ou la vigueur de votre système immunitaire. Au fil de ces pages, nous utiliserons ces connaissances afin de définir un programme pratique qui vous aidera à :

- choisir un mode de vie adapté à vos besoins et à vos penchants ;
- structurer vos journées de manière à réduire votre stress ;
- élever vos enfants en maximisant le potentiel de chacun ;
- vivre plus longtemps en évitant les dégradations physiques et mentales liées à l'âge ;

- affiner vos stratégies diététiques afin d'accéder à un degré d'énergie et d'endurance jamais atteint ;
- surmonter les affections chroniques qui empoisonnent votre existence ou bien celle de vos proches depuis des décennies ;
- trouver un équilibre émotionnel et chasser l'anxiété comme la dépression ;
- vous sentir bien dans votre corps, dans votre tête et dans votre univers.

Nous vivons une époque fantastique marquée par un bouleversement idéologique : notre technologie, jusque-là utilisée pour explorer nos similitudes, se penche aujourd'hui avant tout, grâce aux modes d'investigation plus fins dont elle dispose, sur nos disparités. La biologie moléculaire nous fournit les outils nécessaires pour comprendre de façon concrète et physique nos différences. Les connaissances en matière de génétique et de biodiversité se développent à une vitesse hallucinante. Et les plus récentes et les plus pointues d'entre elles deviennent accessibles gratuitement au plus grand nombre. En juin 2000, le projet Génome humain – un groupe de recherche international financé par les gouvernements afin de dresser la carte complète de la structure génétique de l'homme – et l'entreprise de biotechnologie Celera ont annoncé qu'ils avaient achevé un « brouillon » de la séquence ADN du génome humain. Leur objectif est d'en présenter une version affinée d'ici à 2003.

Ces « fouilles » génétiques nous ont permis de mettre à l'épreuve de manière de plus en plus approfondie le principe du lien avec le groupe sanguin. Aujourd'hui, à l'aube d'un siècle nouveau, nous savons réellement ce que signifie le fait de correspondre à un type.

Peter J. D'ADAMO
Septembre 2000

PREMIÈRE PARTIE

L'impact du groupe sanguin

CHAPITRE 1

Vous et nul autre

Le gène
du groupe sanguin

Q U'EST-CE QUI FAIT que je suis moi et pas vous ?
Voilà la question qui est au cœur du puzzle génétique
et qui représente le pivot de nos recherches sur les
groupes sanguins. Quel est le principe fondamental
déterminant l'ensemble unique de caractères qui fait
votre spécificité ?

La clé se cache dans votre héritage génétique, le lien
indestructible qui vous lie à vos ancêtres les plus lointains. Vous, homme ou femme du XXIᵉ siècle, partagez
des caractéristiques avec ces aïeux. Les informations
génétiques qui les rendaient uniques ont été transmises
de génération en génération, pour parvenir jusqu'à
vous.

Ce processus ressemble à la façon dont un ordinateur
gère des informations. Lorsque j'écrivais ce livre, par
exemple, assis devant mon clavier, seules mes capacités
créatrices et ma vitesse de frappe me limitaient. J'étais
libre de déplacer des mots, des phrases ou même des
paragraphes entiers. Toutes ces informations sont stockées dans la mémoire vive de mon ordinateur, appelée
RAM. Si une panne de courant inopinée survenait ou

que j'oubliais de sauvegarder ces modifications sur mon disque dur, elles seraient perdues ; si j'étais satisfait d'un chapitre, je pouvais le sauvegarder définitivement sur mon disque dur, afin de l'utiliser plus tard.

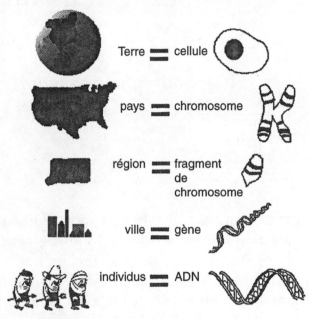

Un bon moyen pour imaginer les relations au sein de ce réseau complexe est de le comparer à notre relation avec l'univers qui nous entoure. Imaginez que la Terre représente une cellule humaine. Notre planète se subdivise en centaines de pays (les chromosomes), qui eux-mêmes comportent diverses régions (les segments de chromosome). Ces régions abritent des villes (les gènes), elles-mêmes peuplées d'individus (l'ADN).

Votre héritage génétique constitue votre disque dur biologique, porteur des « écritures » sauvegardées en vue d'un usage ultérieur, ainsi que, dans certains cas, de quelques « messages d'erreur ». Toutes ces informations sont stockées dans votre ADN (acide désoxyribonucléique) et parmi elles les données concernant votre groupe sanguin.

Qu'est-ce qui détermine celui-ci ? Chaque gène possède plusieurs allèles, ou variantes. Ce sont eux qui décident par exemple de la couleur de nos yeux ou de nos cheveux, de notre taille et de bien d'autres caractéristiques. Il existe trois allèles du groupe sanguin : A, B et O, donc trois possibilités génétiques pour le groupe sanguin. Or ce gène possède une influence beaucoup plus grande que celui qui commande la couleur des yeux ; son importance est en majeure partie liée à sa position et à la façon dont il interagit avec les autres gènes.

Groupe sanguin : où habites-tu ?

LE GÈNE DU GROUPE SANGUIN ABO est localisé sur la tranche « q » du chromosome 9, aux alentours du segment 34. L'« adresse » de votre groupe sanguin est donc 9q34. C'est à cet endroit que l'on repère les trois allèles de base du système ABO, qui font que vous appartenez au groupe O, A, B ou AB[1]. L'influence du groupe sanguin semble obéir aux mêmes mécanismes que ceux commandant l'action d'un gène sur ses voisins qui, en apparence, sont sans rapport avec lui. Ce qui explique comment le groupe sanguin peut exercer un impact sur des éléments aussi divers que les enzymes digestives ou les neurotransmetteurs.

Nous connaissons déjà certains rapports intimes entre le groupe sanguin et les autres gènes qui agissent sur notre santé et notre bien-être. Ainsi, en 1984, des chercheurs ont exposé dans le *Genetic Epidemiology* un patrimoine génétique dans lequel un gène déterminant la propension au cancer du sein était localisé près du segment q34 du chromosome 9[2]. Il existe donc une

---

1. The Human Genome Project. Research archives, Washington DC, www.ornl.gov.

2. Skolnick M. H., E. A. Thompson, D. T. Bishop et L. A. Cannon :

corrélation génétique claire entre le groupe sanguin et le cancer du sein.

Apprenez-en plus long sur votre typographie génétique personnelle p. 471.

Beaucoup d'experts en nutrition s'avouent perplexes quand on leur explique pour la première fois le lien groupe sanguin-digestion, sans doute parce qu'ils considèrent que le groupe sanguin joue uniquement le rôle d'antigène extérieur. De fait, ce n'est pas l'antigène du groupe sanguin qui influe sur le taux d'acidité gastrique, mais plutôt le gène lui-même, par l'action qu'il exerce sur des gènes en apparence sans rapport avec lui mais situés juste à côté ou tout près. Ce phénomène, baptisé chaînage génétique, reste encore mal compris, même si on le connaît bien. Et il se produit à de multiples niveaux.

Évoquons à présent un autre lien qui établit une relation entre le groupe sanguin et le cerveau. Le gène qui commande la sécrétion de l'enzyme dopamine bêta-hydroxylase (DBH), laquelle convertit la dopamine en noradrénaline, se situe juste sur le segment 9q34, tout contre celui du groupe sanguin [1]. Comme nous le verrons ultérieurement, cela implique des relations étroites entre le groupe sanguin et le stress, l'équilibre mental et même certains aspects de la personnalité.

« Possible linkage of a breast cancer-susceptibility locus to the ABO locus : sensitivity of LOD scores to a single new recombinant observation », *Genet Epidemiol*, 1984, 1(4), p. 363-73.

1. Craig S. P., V. J. Buckle, A. Lamouroux et al. : « Localization of the human dopamine beta hydroxylase (DBH) gene to chromosome 9q34. » *Cytogenet Cell Genet*, 1988, 48(1), p. 48-50.

Goldin, L. R., E. S. Gershon, C. R. Lake, et al. : « Segregation and linkage studies of plasma dopamine beta hydroxylase (DBH), erythrocyte catechol-O-methyltransferase (COMT), and platelet monoamine oxydase

Votre sub-typographie

BIEN QU'IL EXISTE QUATRE GROUPE SANGUINS – O, A, B et AB –, il serait évidemment ridicule de suggérer que le monde ne comporte que quatre types d'individus. La réalité est beaucoup plus complexe. Il s'agit donc d'approfondir un peu notre recherche en établissant une sub-typographie de chaque groupe sanguin, et notamment le statut sécréteur. Le groupe sanguin n'est pas seulement un élément du corps humain ; il s'exprime de mille manières qui font toute la différence. Prenons l'exemple d'un robinet : selon la pression de l'eau, il va goutter ou laisser le liquide couler à flots. De la même façon, votre statut sécréteur est lié à l'intensité de l'expression de l'antigène de votre groupe sanguin et aux régions dans lesquelles celui-ci va s'exprimer.

Sécréteur : le cousin germain de 9q34

Les « cousins germains » primordiaux du groupe sanguin que sont les gènes du groupe sécréteur résident à quelques encablures du 9q34, sur les chromosomes 9 et 11. Même si le gène sécréteur est indépendant de celui du groupe sanguin, il influe sur la façon dont ce dernier s'exprime. Chacun de nous porte dans ses cellules sanguines un antigène de groupe sanguin, mais la plupart

---

(MAO) : possible linkage between the ABO locus and a gene controlling DBH activity. » *Am J Hum Genet*, mars 1982, 34(2), p. 250-62.

Sherrington, R., D. Curtis, J. Brynjolfsson, et al. : « A linkage study of affective disorders with DNA markers for the ABO-AKI-ORM linkage group near the dopamine beta hydroxylase gene. » *Biol Psychiatry*, 1er octobre 1994, 36(7), p. 434-42.

Wilson, A. F., R. C. Elston, R. M. Siervogel et L. D. Tran : « Linkage of a gene regulating dopamine beta hydroxylase activity and the ABO blood group locus. » *Am J Hum Genet*, janvier 1988, 42(1), p. 160-66.

des gens (entre 80 et 85 %) en charrient aussi dans leurs sécrétions corporelles telles que la salive, les mucosités ou le sperme. On dit de ces individus qu'ils sont sécréteurs. Si vous l'êtes, on peut déterminer votre groupe sanguin aussi bien grâce à vos sécrétions qu'avec votre sang. Ceux dont seul le sang contient des antigènes sanguins sont pour leur part appelés – en toute logique – non-sécréteurs.

Les sécréteurs transportant leurs antigènes sanguins dans de nombreuses parties du corps sont plus influencés par ceux-ci que leurs congénères non sécréteurs. Voilà pourquoi de votre statut sécréteur dépend largement le fonctionnement de votre système immunitaire, ainsi que votre propension à souffrir de certaines maladies et/ou de certains dérèglements métaboliques.

Déterminez votre statut sécréteur

Il existe une méthode rapide pour déterminer ce statut, qui passe par un typage des groupes sanguins appelé système Lewis. Ce système étudie le même gène (situé sur le chromosome 19) que celui qui commande le statut sécréteur. Il s'attache à deux antigènes possibles appelés Lewis^a et Lewis^b (attention : ne confondez pas le a et le b du système Lewis avec le A et le B du système ABO). Nous appartenons tous à l'un de ces trois types : Lewis^{a+b-}, Lewis^{a-b+} et Lewis^{a-b-} (la quatrième variante, Lewis $^{a+b+}$, est rarissime). Cette typologie permet de déterminer le statut sécréteur car on constate que les individus Lewis^{a+b-} sont aussi non sécréteurs, tandis que ceux dotés des antigènes Lewis^{a-b+} sont sécréteurs. Cette corrélation résulte du fait que les sécréteurs transforment tous leurs antigènes Lewis^a en Lewis^b ; cela les rend Lewis^{b+}. Les non-sécréteurs ne le font pas, qui restent donc Lewis^{a+}. Il s'agit cependant d'un test rudimentaire car il se révèle inutilisable s'agissant des individus Lewis^{a-b-}. Dépourvus au départ de la capacité de produire des substances Lewis, ils ne charrient jamais ni dans leur sang ni dans leurs sécrétions de caractères a+ ou b+. Quoique non sécréteurs de substances Lewis, ils peuvent néanmoins être sécréteurs au sens sanguin. Il arrive souvent que les sujets Lewis négatif présentent des particularités en termes de réactions aux maladies, aux microbes ou aux problèmes métaboliques. Lorsque j'utilise le système Lewis pour déterminer le statut sécréteur de patients, je classe d'autorité les Lewis négatifs avec les Lewis^{a+} parmi les non-sécréteurs. Heureusement, seule une petite minorité de la population appartient au type Lewis^{a-b-}, ce qui permet au plus grand nombre d'utiliser ce test simple.

Le système Lewis

Le (a+b) = non-sécréteurs
Le (a-b+) = sécréteurs
Le (a-b-) = Lewis négatifs (qui peuvent être sécréteurs ou non sécréteurs)

L'importance du statut sécréteur

Nous ignorons encore pourquoi la nature veut que certains de nous soient sécréteurs et d'autres pas, mais nous pouvons supputer qu'elle a ainsi cherché à nous doter d'un niveau de protection supplémentaire absent chez les premiers humains. Les connaissances génétiques semblent indiquer que le statut non sécréteur serait le plus ancien et qu'il était probablement mieux adapté aux besoins digestifs de nos ancêtres chasseurs-cueilleurs.

Le statut sécréteur est sans doute une adaptation immunologique de l'espèce humaine. Lorsqu'on est capable de sécréter des antigènes du groupe sanguin dans sa salive, ses sucs digestifs, etc., ceux-ci semblent agir comme une barrière contre les agressions venues de l'extérieur telles que les bactéries, la pollution et autres agents irritants. En termes d'immunologie, les non-sécréteurs pratiqueraient plutôt une stratégie de piège, laissant les intrus pathogènes pénétrer en eux pour mieux les attaquer et les éradiquer [1].

Voici quelques-uns des domaines affectés ou contrôlés par le statut sécréteur :
- le degré auquel les bactéries extérieures pénètrent dans l'organisme ;
- l'agrégation aux aliments dans le système digestif des lectines et d'autres éléments sensibles au groupe sanguin :
- le syndrome X ou le syndrome de résistance à l'insuline ;
- l'équilibre bactérien intestinal ;
- la prévision de l'efficacité de marqueurs tumoraux pour diagnostiquer un cancer ;
- la coagulation du sang ;
- la composition du lait maternel ;
- la propension aux affections de type candidoses ;
- les défenses immunitaires ;
- la propension aux caries dentaires ;
- la sensibilité aux bactéries responsables des ulcères ;
- le risque relatif de souffrir du syndrome du côlon irritable ;
- la capacité respiratoire et la résistance aux virus ;

---

1. Mohn J. F., N. A. Owens et R. W. Plunkett : « The inhibitory properties of group A and B non-secretor saliva. » *Immunol Commun*, 1981, 10(2), p. 101-26.

Kapadia, A., T. Feizi, D. Jewell, et al. : « Immunocytochemical studies of blood group A, H, I, and i antigens in gastric mucosae of infants with normal gastric histology and of patients with gastric carcinoma and chronic benign peptic ulceration. » *J Clin Pathol*, mars 1981, 34(3), p. 320-37.

- la prévalence des maladies auto-immunes ;
- le risque cardio-vasculaire ;
- la prédisposition génétique à l'alcoolisme [1].

Êtes-vous sécréteur ou non sécréteur ?
Nous possédons désormais un moyen de le savoir
avec certitude. Pour plus de détails, voir p. 479.

Voici un exemple de ramification pratique de votre statut sécréteur. Admettons que vous apparteniez au groupe O et vous apprêtiez à subir une intervention chirurgicale. Il s'agit du groupe sanguin qui possède le moins de facteurs de coagulation et donc qui risque le plus de problèmes de saignements. Les sécréteurs sont eux aussi appauvris en facteurs de coagulation. Un individu sécréteur du groupe O souffre donc d'un risque de saignements accru par rapport à un non-sécréteur du même groupe [2].

Autre exemple, qui concerne cette fois le groupe A. L'expérience montre qu'environ 10 % des personnes

1. Cruz-Coke R. : « Genetics and alcoholism. » *Neurobehav Toxicol Teratol*, mars-avril 1983, 5(2), p. 179-80.

Kojic, T., A. Dojcinova, D. Dojcinova, et al. : « Possible genetic predisposition for alcohol addiction. » *Adv Exp Med Biol*, 1977, 85A, p. 7-24.

2. Wahlberg T. B., M. Blomback et D. Magnusson : « Influence of sex, blood group, secretor character, smoking habits, acetylsalicylic acid, oral contraceptives, fasting and general health state on blood coagulation variables in randomly selected young adults. » *Haemostasis*, 1984, 14(4), p. 312-19 et vWf.

Orstavik K. H. : « Genetics of plasma concentration of von Willebrand factor. » *Folia Haematol Int Mag Klin Morphol Blutforsch*, 1990, 117(4), p. 527-31.

Orstavik K. H., L. Kornstadt, H. Reisner et K. Berg : « Possible effect of secretor locus on plasma concentration of factor VIII and von Willebrand factor. » *Blood*, mars 1989, 73(4), p. 990-93.

Green D., O. Jarrette, K. J. Ruth, A. R. Folsom et K. Lui : « Relationship among Lewis phenotype, clotting factors, and other cardiovascular risk factors in young adults. » *J Lab Clin Med*, mars 1995, 125(3), p. 334-39.

qui suivent le Régime du groupe A de *4 Groupes san-guins 4 Régimes* rencontrent des problèmes avec la pro-portion élevée de glucides que ce programme comporte. La plupart de ces réfractaires sont des femmes. Ce livre ne se préoccupant que des quatre groupes sanguins principaux (O, A, B et AB), il avait joué la carte de la majorité en mettant au point des régimes destinés aux sécréteurs, de loin les plus nombreux. Rien n'était réel-lement prévu pour les non-sécréteurs. J'ai découvert que les personnes qui réagissaient mal au Régime du groupe A étaient en fait non sécrétrices et que leurs problèmes provenaient d'une résistance à l'insuline, fré-quente au sein de ce sous-groupe. Les non-sécréteurs du groupe A ont souvent besoin d'accroître l'apport de protéines dans leur alimentation – en mangeant du poisson de mer ou de la volaille – et de limiter celui de glucides simples. Nous avons donc adapté les quatre régimes de base en fonction des variations liées au statut sécréteur.

Le voyage se poursuit

NOUS AVONS POUR HABITUDE de dépeindre l'évolu-tion humaine comme une ligne droite marquée d'étapes significatives. Nous-mêmes avons, dans *4 Groupes san-guins 4 Régimes*, représenté l'évolution du groupe san-guin de façon volontairement linéaire, pour faciliter la compréhension de notre idée de base. Nous savons tou-tefois que le processus d'évolution ressemble plus à un circuit qu'à une droite. Lorsque nous expliquons qu'en premier vint le groupe O, puis le groupe A, puis le groupe B et enfin le groupe AB, nous n'évoquons pas une marche sans détour du chasseur au fermier et au nomade, et ainsi de suite. L'évolution se déroule dans un décor invisible et à un rythme imperceptible et les exigences environnementales qui conduisent notre espèce et ses nombreuses sous-espèces à se perfectionner s'apparentent plus à de légers tapotements qu'à des coups de massue. Leur but unique : notre survie. Aujourd'hui, à l'aube d'un siècle nouveau, nous disposons des connaissances et des outils nécessaires pour maximiser notre capacité de survie en utilisant le matériau génétique que la nature nous a fourni.

CHAPITRE 2

En quête d'identité

*Existe-t-il un lien
entre personnalité
et groupe sanguin ?*

*Q*UI SUIS-JE ? La réponse la plus simple à cette question consiste à donner son âge, sa taille, la couleur de ses yeux et de ses cheveux, sa situation familiale, le nombre de ses enfants, son adresse, son métier, etc. Soit tous les aspects matériels de son existence. Oh, au fait, ajoutera-t-on, j'appartiens aussi au groupe sanguin A.

Si cela constitue la somme d'informations que l'on peut obtenir au sujet d'un individu, la plupart des gens s'accorderont pour admettre que cela ne suffit pas à définir qui l'on est. Quand on vous dit : « J'aimerais mieux vous connaître », il ne s'agit pas d'une façon détournée de vous interroger sur vos mensurations ou de solliciter une copie de votre CV. Votre interlocuteur voudrait en savoir plus long sur votre personnalité : êtes-vous introverti ou extraverti ? Rationnel ou guidé par vos émotions ? Facile à vivre ou caractériel ? Généreux ou égoïste ? Patient ou impatient ? Et ainsi de suite. C'est ce mélange unique de caractéristiques qui fait que je suis moi et vous, vous.

Quel rapport avec le groupe sanguin, me demanderez-vous ? Eh bien, le groupe sanguin est un facteur de différenciation, et l'étude de la personnalité revient pour une large partie à celle des différences entre les êtres. Mais il définit aussi des troncs communs : ainsi deux personnes du groupe A présenteront-elle des similitudes sur le plan neurochimique et notamment la façon dont elles réagissent au stress [1].

Pendant des siècles, la communauté médicale a dissocié le corps et l'esprit en les traitant comme des entités indépendantes l'une de l'autre. Cette erreur historique a été rectifiée et nous savons aujourd'hui que des liens physiologiques unissent corps et esprit. Il ne s'agit pas d'une idée nouvelle, loin s'en faut, puisque, par exemple, la médecine traditionnelle indienne – l'*ayurveda* – se fonde sur un système de pensée qui prend en compte les forces de l'Univers et les énergies vitales. Les cinq éléments de base – l'espace, l'air, le feu, l'eau et la terre – se combinent pour donner naissance à trois forces vitales principales, ou *doshas* : *vata*, *kapha* et *pitta*. Ces *doshas* infléchissent le souffle de vie, ou *prana*, et contribuent à déterminer le type corporel, la constitution, la personnalité et l'état de santé de chacun.

Au IIe siècle de notre ère, le médecin grec Galien distinguait, lui, quatre tempéraments, qu'il appelait humeurs *sanguine*, *mélancolique*, *colérique* et *flegmatique*, supposées provenir des divers mélanges des quatre substances corporelles de base : le sang, la lymphe, la bile jaune et la bile noire. On se préoccupait grandement de la fluidité de ces liquides, en particulier de celle du sang. La science moderne a confirmé les liens entre

---

1. Neumann J. K. et al. : « Effects of stress and blood type on cortisol and VLDL toxicity preventing activity. » *Psychosom Med*, septembre-octobre 1992, 54(5), p. 612-19.

groupe sanguin, viscosité sanguine et tout un éventail de syndromes anxieux chroniques.

Le corps et l'esprit sont donc bien en relation et notre façon de penser, de sentir, de rêver et d'imaginer est liée à la chimie complexe de notre être. La trame de tout cela étant constituée par le groupe sanguin.

Je bute contre cette corrélation chaque jour dans mon travail. Mes interlocuteurs s'empressent toujours de me raconter leur expérience du régime Groupe sanguin. Ils me parlent de leur amincissement, m'expliquent que leur taux de cholestérol est en baisse ou que leurs douleurs arthritiques se sont envolées, et puis, comme en passant, ils me confient – et c'est le plus merveilleux – qu'ils ne se sentent plus du tout déprimés. Alors qu'ils voguaient depuis des décennies d'épisode dépressif en épisode dépressif, ils ont constaté, peu après avoir adopté le régime adapté à leur groupe sanguin, que leur moral s'améliorait.

Le groupe sanguin influe-t-il sur le comportement ? Peut-il agir sur la santé ou les maladies mentales ? Existe-t-il une « personnalité sanguine » ? Autant de questions troublantes auxquelles la réponse est un oui sans réserve, pourvu que l'on parte des deux postulats suivants.

Postulat n° 1 : le corps et l'esprit sont deux aspects d'un être complet. Les fonctions physiques – système immunitaire, appareil digestif, circulation sanguin, glandes endocrines, etc. – sont autonomes, mais liées à l'esprit.

Postulat n° 2 : le groupe sanguin influe sur toute la biologie de notre organisme cellulaire.

Qu'espérons-nous obtenir de cette quête ? La découverte des forces et des faiblesses de chaque groupe sanguin, de leurs prédispositions médicales. Et ces informations se révèlent précieuses lorsqu'on tombe malade. Le Dr Samuel Hahnemann, fondateur de la médecine homéopathique, défendait un concept intéressant, que je crois tout à fait exact : il croyait que presque tous les êtres souffraient d'une tare héréditaire quelconque. Il baptisa la plus commune d'entre elles *psora*, de l'hébreu *tsorat*, qui désigne une fêlure ou un défaut.

Votre *psora* est votre faiblesse, le défaut génétique transmis par vos aïeux qui détermine votre propension à tomber malade. Un peu comme la faille de San Andreas, en Californie, représente une ligne sensible de la croûte terrestre le long de laquelle on s'attend à voir se produire des tremblements de terre.

Les liens entre le groupe sanguin et la personnalité prennent une autre dimension si on les considère comme Hahnemann regardait la *psora*. En période de stress, l'influence de l'hérédité sanguine sur le système neurochimique se comporte comme une ligne de faille, une fêlure sous-jacente. Et même si cette faiblesse demeure relativement inoffensive lorsque tout va bien, elle peut s'envenimer ou même exploser en cas de maladie ou de stress intense. Nos recherches sur le groupe sanguin et l'esprit visent à soulager nos lignes de faille afin qu'elles restent toujours un petit défaut sans gravité et que nous conservions santé et bien-être.

Décrypter la personnalité ?

UN JOUR, on m'a envoyé une boîte d'allumettes estampillée du nom d'un bar pour célibataires japonais. Comme sur toutes celles que l'on distribue dans les établissements américains du même acabit, le rabat intérieur prévoyait un espace pour noter un nom et un numéro de téléphone, mais celle-ci comportait en outre un espace pour inscrire le groupe sanguin de sa conquête. Les études montrent que plus de 70 % des

Japonais croient à l'existence d'une corrélation directe entre le groupe sanguin et la personnalité. On indique couramment son groupe sanguin sur son CV et il compte parmi les critères d'embauche. Les talk-shows, les dessins animés et les sites Internet font sans cesse référence à celui-ci et, en 1997, quatre des cinq grandes chaînes de télévision nipponnes diffusaient des programmes en rapport avec le groupe sanguin. Bref, nulle autre population au monde ne se préoccupe autant de sa typologie sanguine [1]. Dans le célèbre dessin animé japonais *Sailor Moon*, de Naoko Takeuchi, lorsqu'un nouveau personnage apparaît, on indique d'ailleurs dans l'ordre son nom, la date de son anniversaire, son signe zodiacal, son groupe sanguin, son âge et l'école qu'il a fréquentée. Et son tempérament est conforme aux stéréotypes de son groupe sanguin. Ainsi, Setsuna (Sailor Pluto), qui appartient au groupe A, déclare abhorrer la viande rouge. Détail amusant : c'est le personnage préféré de mes filles, toutes deux du groupe A, elles aussi.

Associer une personnalité à un groupe sanguin représente un passe-temps amusant, peu éloigné au fond de l'astrologie. Mais possède-t-il la moindre validité ? Lorsque je rédigeais *4 Groupes sanguins 4 Régimes*, je ne savais qu'en penser. Et les travaux de l'auteur japonais Masahiko Nomi sur le sujet me paraissaient relever plus de l'univers de la culture pop que du domaine de la science.

Il est autant de personnalités que d'individus, et en dépit des outils de mesure et des théories proposée par la psychologie moderne, l'origine profonde de ce que

---

1. Sato T. : « Blood-typing : As a lay personality theory. » *Japanese Journal of Social Psychology*, 1993, 8, p. 197-208 (en japonais).
Sato T. et Y. Watanabe : « Psychological Studies on Blood-typing in Japan. » *Japanese Psychological Review*, 1993, 35, p. 234-68 (en japonais).

nous appelons la personnalité demeure largement mystérieuse.

Le grand écueil en matière de théorisation de la personnalité réside dans le risque d'établir des définitions trop rigides et de coller des étiquettes. Les archétypes que nous avons employés dans *4 Groupes sanguins 4 Régimes* pour faciliter l'explication des origines anthropologiques du système ABO n'ont pas échappé à cette dérive, alors qu'ils ne devaient au départ constituer que de simples points de référence. Le groupe O devint le chasseur, pour représenter les chasseurs-cueilleurs d'antan, le groupe A, le cultivateur, afin de marquer le rôle de la révolution agricole dans l'émergence de ce nouveau groupe sanguin, et le groupe B, le nomade parce qu'il se développa avec les grandes migrations. Quant au groupe AB, nous le baptisâmes l'énigme, tout simplement parce que nous ignorons le pourquoi de son apparition. Mais beaucoup de lecteurs adoptèrent ces en-têtes comme un nouveau signe astrologique susceptible d'aider à identifier et à expliquer les caractéristiques innées de chacun. Le merveilleux mystère de la nature humaine se perd un peu dans cette analyse superficielle par groupes.

Pour toutes ces raisons, j'ai longtemps rechigné à me pencher sur la connexion groupe sanguin-personnalité. Mais j'ai dû me rendre à l'évidence devant les innombrables études mettant en relief des disparités neurochimiques liées au groupe sanguin. Ce qui permet d'aborder la question sous un angle neuf : si le groupe sanguin influe sur les mécanismes qui contrôlent le comportement, le tempérament et la santé mentale, il devient légitime d'étendre son analyse au domaine de la personnalité.

Groupe sanguin et personnalité :
les théories existantes

LA CORRÉLATION entre le groupe sanguin et le tempérament fut étudiée pour la première fois dans les années 1920, lorsque le professeur de psychologie Takeji Furukawa chercha à déterminer si le groupe sanguin pourrait constituer un marqueur correspondant à des caractéristiques psychologiques. Ses travaux publiés dans un journal allemand de psychologie appliquée, au début des années 1930, poussèrent plusieurs chercheurs européens à se pencher sur la question [1].

Ces théories ne devaient cependant pas occuper le devant de la scène avant les années 1970 et la publication du livre de Masahiko Nomi *Ce que les groupes sanguins révèlent sur la compatibilité* [2], qui popularisa l'idée selon laquelle la personnalité dépendait du groupe ABO. Ce best-seller réédité à 240 reprises fut suivi d'un second, *Vous êtes votre groupe sanguin* [3], et de 65 autres ouvrages qu'il écrivit seul ou en collaboration avec son fils Toshitaka.

Beaucoup des catégorisations de Nomi reposent sur l'observation de milliers d'individus souvent pendant plusieurs jours d'affilée. Et même si cette méthode ne remplit pas les critères d'une véritable étude scientifique, elle possède un poids certain. L'observation régu-

---

1. Sato T. et Y. Watanabe : « The Furukawa theory of blood-type and temperament : The origins of a temperament theory during the 1920s. » *The Japanese Journal of Personality*, 1995, 3, p. 51-65 (en japonais).
   Takuma T. et Y. Matsui : « Ketsueki gata sureroetaipu ni tsuite [About blood stereotype] », *Jinbungakuho* (Tokyo Metropolitan University), 1985, 44, p. 15-30.
2. *What Blood Types Reveal about Compatibility* (en japonais, *Ketsueki de wakaru aisho*).
3. Nomi T. et A. Besher : *You Are Your Blood Type*. New York, St Martin's Press, 1983.

lière dégage des tendances claires. Mon père, James D'Adamo, tira une grande partie de ses conclusions sur le groupe sanguin de l'observation de milliers de patients au fil de ses longues années de pratique médicale et de la classification des informations ainsi recueillies. Ce n'est que plus tard que la recherche génétique et des études de laboratoire devaient confirmer ses thèses.

En 1997, Peter Constantine publia *What's Your Type*[1], consacré aux liens entre le groupe sanguin et la personnalité. Même s'il rend hommage à Nomi, il s'inspire plus des travaux des psychologues européens des années 1930, 40 et 50, et notamment de ceux du Français Léon Bourdel et du Suisse Fritz Schaer. Les profils qu'il définit semblent la plupart du temps en harmonie avec ceux établis par Nomi, sauf sur quelques points.

Ainsi, Nomi dépeint l'individu du groupe B comme un « penseur non stéréotypique » et « pas très ambitieux », tandis que pour Constantine ce groupe produit des « organisateurs nés, rationnels, sérieux et pragmatiques, et dotés de l'énergie nécessaire pour atteindre leurs objectifs ». Cependant, tous deux les considèrent comme des « individualistes ». Ils s'accordent aussi à juger les sujets du groupe O extravertis et enclins à exprimer leurs opinions sans ambages ; ceux du groupe A tendraient plus souvent vers l'introversion, avec une sensibilité assez exacerbée à l'opinion d'autrui – même si Peter Constantine les voit plus « réservés et calmes » que Nomi. Et si pour le premier les personnes du groupe AB savent bien équilibrer introversion et extraversion – un parfait mélange des contraires –, le second se montre plus dubitatif et évoque des individus sachant bien s'adapter aux autres, mais « intérieurement émotifs » et se sentant à l'écart de la société. Ces

---

1. New York, Plume Books, 1997.

deux classifications demeurent néanmoins globalement assez convergentes.

On doit à Raymond Cattell et à Hans Eysenck, deux grands psychologues du XXᵉ siècle, les premières investigations scientifiques sur les corrélations qui unissent le groupe sanguin et la personnalité. Les travaux de Cattell examinent principalement les disparités individuelles de capacités cognitives, de personnalité et de motivation. Ils ont conduit à la mise au point de son célèbre test d'évaluation de la personnalité 16 facteurs de personnalité (16PF), l'un des plus couramment utilisés dans le monde.

Cattell appliqua ce test à l'étude des groupes sanguins en 1964 et en 1980. Après examen de dix-sept systèmes génétiques et de vingt et une variables psychologiques, dont sept groupes sanguins au sein d'un échantillon de 323 Australiens d'origine européenne, il ressortit que les sujets du groupe AB s'avéraient notablement plus autonomes et indépendants que les autres et que ceux du groupe A souffraient plus souvent de graves problèmes d'anxiété que leurs congénères du groupe O [1]. Ce qui cadre parfaitement avec d'autres recherches relatives au stress et aux troubles mentaux.

L'Allemand Hans Eysenck, psychologue et professeur de psychologie à l'université de Londres, se pencha pour sa part sur le rôle des facteurs génétiques dans la détermination des différences psychologiques. Sa théorie de la personnalité est appelée système PEN (psychotisme, extraversion et névrotisme). Pour lui, ces variables résultent de préférences physiologiques et chimiques. Par exemple, les introvertis affichent une acti-

---

1. Cattell R. B. : « The relation of blood types to primary and secondary personality traits. » *The Mankind Quarterly*, 1980, 21, p. 35-51.
Cattell R. B., H. B. Young et J. D. Houndelby : « Blood groups and personality traits. » *American Journal of Human Genetics*, 1964, 16-4, p. 397-402.

vité accrue dans la boucle cortico-réticulaire du cerveau. Plus sensibles que les extravertis à la foule et au bruit, ils éprouvent très rapidement une véritable overdose sensorielle.

En comparant les nationalités et les tempéraments, Eysenck a pu mettre en évidence des traits liés au groupe sanguin au sein de populations spécifiques. Il utilisa pour ce faire des études antérieures qui montraient un écart dans la répartition des groupes sanguins entre introvertis et extravertis, ainsi qu'entre des personnes très émotives et d'autres plus paisibles. L'émotivité se révéla plus fréquente au sein du groupe B qu'au sein du groupe A et l'introversion plus répandue dans le groupe AB que dans aucun autre [1].

Eysenck travailla sur deux échantillons de population, l'un britannique, l'autre japonais. Des études ayant déjà indiqué que les Japonais étaient en moyenne plus introvertis et plus enclins aux névroses que les Britanniques, il prévoyait une plus grande prévalence du groupe AB et un plus faible rapport groupe A/groupe B au sein du premier échantillon que du second. Ce qui fut confirmé par les statistiques sur la répartition des groupes sanguins dans ces deux pays [2].

---

1. Eysenck H. J. : « National differences in personality as related to ABO blood group polymorphism. » *Psychological Reports*, 1977, 41, p. 1257-58.

2. Eysenck H. J. : « The biological basis of cross-cultural differences in personality : Blood group antigens. » *Psychological Reports*, 1982, 51, p. 531-40.

Groupe sanguin et personnalité : quelques caractéristiques

	GROUPE O	GROUPE A	GROUPE B	GROUPE AB
Masahiko Nomi	Extraverti Fort Expressif	Introverti Perfection- niste Plein de retenue	Libre- penseur Indépendant Manque d'ambition	Sensible Distant Passif
Peter Constantine	Extraverti S'exprime sans ambages	Introverti Réservé Calme	Pragmatique Organisé	Équilibre entre extraversion et introversion
Raymond Cattell	Stable	Enclin à l'anxiété	Se suffit à lui-même	Aliéné
Hans Eysenck	Extraverti	Calme	Très émotif	Introverti
Test groupe sanguin personnalité du www.dadamo.com	Extraverti Pratique Décideur Vit dans le présent	Introverti Sensible aux besoins des autres	Sensible Flexible Spontané Subjectif	Sensible Intuitif

Le projet groupe sanguin-personnalité

VOICI UN AN ENVIRON, j'ai reçu sur mon site Internet un document intéressant. Mon interlocutrice avait utilisé les types de personnalité définis par Carl Jung pour réaliser un petit sondage qui établissait une corrélation entre le groupe sanguin et la personnalité.

Rappelons que Jung fut le premier à identifier les deux tempéraments opposés que constituent l'extraversion et l'introversion – caractères parfois attribués respectivement aux sujets du groupe O et du groupe A. Pour lui, l'homme fonctionne avec deux processus mentaux : la perception, ou acquisition des informations, et le jugement grâce auquel il organise lesdites informations et les classe par ordre de priorité afin de prendre ses décisions. Celles-ci varient sous l'impulsion du rationnel (pensée et sentiment) et de l'émotionnel (sensations et intuitions), appelés fonctions orientatrices[1]. Jung joua un rôle déterminant dans le développement des théories sur la personnalité au XXe siècle. L'indicateur de type de Meyer-Briggs[2], un test de personnalité très largement utilisé, se base d'ailleurs sur ses travaux.

Ma correspondante Internet m'écrivait ceci :

« Au sein d'un échantillon de quarante-cinq étudiants en MBA, j'ai constaté que ceux qui appartenaient au groupe O obtenaient des résultats significativement supérieurs dans la rubrique "sentir", c'est-à-dire l'utilisation de leurs cinq sens pour réunir des informations, ainsi que sur la fonction combinée "sentir/penser". Cela indique qu'ils s'attachent plus aux détails et aux faits et s'avèrent plus logiques que les autres sujets, plus précis, ordonnés, respectueux des règlements et des procédures, fiables, responsables et doués pour considérer une situation avec objectivité et s'organiser en conséquence. Les personnes du groupe O préfèrent également s'instruire en lisant et en écrivant. Je pense que cette aptitude à percevoir les choses justement leur vient tout droit de leurs aïeux chasseurs-cueilleurs dont la survie dépendait de leur capacité à analyser correctement leur environnement.

» L'unique trait de caractère qui se dégageait du groupe A était un besoin accru d'autonomie. Ce qui pourrait provenir de leur hérédité. Les générations de cultivateurs qui travaillaient seuls dans leur champ – qui avaient donc besoin de se suffire à eux-mêmes et d'avoir confiance en leur propre jugement – dont ils

---

1. Jung C. J. : *Psychological Types*. Princeton, New Jersey, Princeton University Press, 1971.
2. Myers I. et P. Myers : *Gifts Differing : Understanding Personality Type*. Consulting Psychologists Press, 1995

sont issus leur ont transmis un impératif génétique d'affirmer leur individualité.

» Le groupe B se révéla le plus intéressant avec des résultats supérieurs à la moyenne dans la rubrique "intuition", ce qui indique une préférence pour la collecte d'informations par le biais de leur sixième sens, ainsi que sur la combinaison "intuition/sensation", ce qui suggère des individus intuitifs, mystiques, idéalistes, originaux, créatifs, dotés d'une vision d'ensemble, tournés vers les autres et imaginatifs. Ils apprennent également mieux en écoutant puis en réfléchissant aux notions ainsi emmagasinées avant de les interpréter. Sans doute le mode de vie nomade de leurs ancêtres leur laissait le loisir de discuter des heures durant, de méditer et de réfléchir. »

Mon interlocutrice a associé de façon intéressante le groupe sanguin, la personnalité et les impératifs anthropologiques à l'origine des groupes sanguins. Nous admettons sans discuter que nos caractéristiques physiques ont évolué au fil des millénaires pour nous permettre de nous adapter à notre environnement. Il paraît logique que notre personnalité en ait fait autant. Cette constatation m'a donné l'idée d'une petite étude de mon cru.

Par souci de rapidité, j'ai donc placé sur mon site Internet un questionnaire – version simplifiée d'un test couramment utilisé [1] – visant à déterminer si un test de personnalité ferait apparaître une corrélation avec le groupe sanguin. Grâce à un programme informatique simple, tous les visiteurs de mon site pouvaient passer ce test : il suffisait de sélectionner deux colonnes sur

---

1. Le Kiersey Temperament Sorter, mis au point par le psychologue David Kiersey sur la base de la distinction entre personnalités extraverties et introverties de Carl Jung.

Kiersey, D. : *Please Understand Me II*. Del Mar, Californie, Prometheus Nemesi Book Company.

quatre écrans pour déterminer lequel des seize profils proposés leur correspondait le mieux.

Entre juin et décembre 1999, j'ai ainsi récolté plus de 20 635 sujets d'étude, ce qui représente un échantillon significatif composé de la manière suivante.

TOTAL	20 635
femmes	15 255
hommes	5 380

Répartition par groupe sanguin :

A	AB	B	O
7 187	1 473	2 809	9 166
34,83 %	7,14 %	13,61 %	44,42 %

Dans le même temps, j'ai demandé aux sujets de préciser leur somatype. Pour les lecteurs qui ne connaîtraient pas ce concept, rappelons qu'il se base sur un lien entre la personnalité et le type morphologique. Cette théorie, proposée pour la première fois dans les années 1940 par William H. Sheldon, distingue trois types précis et trois tempéraments : les **ectomorphes,** minces et souvent grands, avec des jambes et des bras longs et les traits fins, les **mésomorphes,** plus trapus, avec les épaules larges et une bonne musculature, et les **endomorphes,** dodus, avec une silhouette plutôt en forme de poire et une masse graisseuse plus importante.

Les questions sur le somatype et la personnalité permirent de dégager quelques tendances.

GROUPE O. Les personnes de ce groupe emploient le plus souvent pour se décrire les qualificatifs suivants : responsable, décidé, organisé, objectif, conscient des règlements et pratique. Le somatype endomorphe est plus répandu que la moyenne tant chez les hommes que chez les femmes de ce groupe, tandis qu'ils affichent l'incidence la plus faible du type ectomorphe. Certains des traits de caractère associés à une silhouette méso-morphe tels que le goût de l'effort physique, l'indiffé-rence à l'opinion et aux souhaits d'autrui, la compéti-tivité et une certaine assurance apparaissent aussi régulièrement dès qu'on évoque le groupe O.

GROUPE A. Les individus du groupe A emploient le plus souvent pour se décrire les qualificatifs suivants : sensible aux besoins des autres, sachant écouter, atta-chés aux détails et analytiques. Les ectomorphes et, chose plus curieuse, les endomorphes se révèlent sur-représentés par rapport aux mésomorphes – plus encore chez les hommes que chez les femmes –, ce qui permet de supposer que ce groupe tend aux types morphologi-ques extrêmes. Les écrits psychologiques lient certains traits de caractère associés aux ectomorphes, tels que la préférence pour l'intimité, la concentration et l'atta-chement aux détails, aux personnes du groupe A.

GROUPE B. Les sujets de ce groupe emploient le plus souvent pour se décrire les qualificatifs suivants : sub-jectif, facile à vivre, créatif, original et souple. De tous les groupes sanguins, c'est celui-ci qui cadre le mieux avec la répartition de types morphologiques moyenne.

GROUPE AB. Les personnes du groupe AB emploient le plus souvent pour se décrire les qualificatifs suivants : émotif, indépendant, intuitif. On note peu d'endomor-phes et une proportion élevée de mésomorphes.

GROUPE O	GROUPE A	GROUPE B	GROUPE AB
EXTRAVERTI	INTROVERTI	INDÉPENDANT	INTUITIF
Fort	Sérieux	Libre-penseur	Émotif
Meneur	Inventif	Persistant	Passionné
Sûr de lui	Exigeant	Créatif	Amical
Pragmatique	Perfectionniste	Original	Confiant
Stratège	Sensible	Subjectif	Empathique
Patient	Coopératif	Organisateur	
Logique	Créatif	invétéré	

Rassembler les pièces du puzzle

IL SEMBLE DONC qu'il existe des liens entre le groupe sanguin et la personnalité. Mais en quoi la compréhension de ces corrélations peut-elle nous aider ?

Commençons par admettre que chacune de ces tendances trouve son origine dans notre mémoire génétique. Les études anthropologiques ont démontré de manière irréfutable que certains éléments de notre personnalité et de nos comportements – agressivité, séduction ou coopération, par exemple – sont directement liés à la survie de l'espèce humaine au fil du processus d'évolution. Les tenants de la sociobiologie, une théorie imaginée par E. O. Wilson, pensent d'ailleurs que toute notre attitude peut s'expliquer par l'étude de l'évolution. Celle-ci s'est perfectionnée au fil des siècles avec les changements environnementaux et les différentes influences culturelles ; c'est ce que l'on peut appeler un exemple d'évolution intelligente.

Comme nous l'expliquerons dans le chapitre suivant, les schémas de personnalité sont en corrélation étroite avec les spécificités chimiques des divers groupes sanguins, lesquelles possèdent en outre des implications cruciales pour la santé.

CHAPITRE 3

Stress et stabilité émotionnelle

*Le groupe sanguin
comme marqueur
de la santé mentale*

$\mathcal{L}$ A VIE DE L'HOMME sur la planète Terre a toujours été semée d'embûches. Ses instincts prédateurs et son intelligence supérieure lui ont permis de s'élever jusqu'au sommet de la chaîne alimentaire, mais cela ne l'empêche pas de demeurer fragile, et notamment vulnérable aux attaques de prédateurs microscopiques. Notre environnement en perpétuelle mutation, l'apparition d'agents pathogènes résistant aux antibiotiques et la résurgence de maladies que l'on croyait depuis longtemps vaincues nous mettent chaque jour au défi de survivre. De plus, nous ignorons encore comment enrayer les ravages du vieillissement, de l'usure inévitable de notre organisme.

Chaque nouveau face-à-face avec la mortalité suscite un stress en soi, ce qui constitue à la fois une bonne et une mauvaise chose. En effet, même si la plupart d'entre nous disposent de la combinaison de signaux biochimiques nécessaire pour répondre aux agressions du quotidien, un excès de stress qui se prolonge provoque un déséquilibre psychologique, des troubles physiques et des maladies. D'un autre côté, sans ces signaux, sans ce système d'alarme hormono-chimique, sans ce processus de régulation, l'espèce humaine se serait éteinte bien avant d'avoir appris à exprimer son malaise par des mots.

Aujourd'hui, nous nous trouvons confrontés à un dilemme : ces mécanismes de réponse conçus pour nous protéger sont devenus dangereux pour notre santé et notre bien-être. L'une des conséquences néfastes de notre évolution est en effet une accumulation de facteurs de stress qui épuise notre organisme : or nous ne sommes pas « programmés » pour supporter un tel fardeau.

Nos lointains aïeux connaissaient des périodes de stress intense, mais intermittentes, liées à leurs rencontres avec de dangereux prédateurs, à des conflits territoriaux ou encore aux aléas de la quête de nourriture. Aujourd'hui, si les sources de stress sont moins violentes – il s'agit rarement de questions de vie ou de mort –, elles sont en revanche permanentes. Et ce stress s'accumule : c'est ce qui le rend si dangereux. Pourtant nous connaissons tous des personnes qui gèrent des doses impressionnantes de tension sans dommage apparent. Dans les embouteillages matinaux, les uns bouillent de rage tandis que les autres prennent leur mal en patience. Pourquoi, dans des circonstances identiques, réagissent-ils de façon si différente ?

Lorsque j'interroge mes patients sur leur niveau de stress, je m'intéresse surtout à leur réponse subjective à un événement extérieur. Quelle est leur capacité d'adaptation au stress ? Produisent-ils beaucoup d'hormones de stress ou très peu ? Les sécrètent-ils à bon escient ou de façon anarchique ? Quel est l'équilibre relatif de leur système nerveux ? Quel type de sentiments éprouvent-ils ? Disposent-ils de soupapes de sécurité, comme une activité sportive, qui leur permettent d'évacuer leur surplus de stress ou tendent-ils au contraire à opter pour des activités qui accroissent encore ce dernier ? Quelle est leur charge de stress globale ? Frôlent-ils le point de rupture et ont-ils atteint un état dangereux appelé « mal-adaptation », qui survient lorsque l'organisme dépasse ses limites ? À ce stade, les ajustements que fait celui-ci pour assurer sa survie ne se révèlent pas forcément dans son intérêt et peuvent entraîner des « pannes » et des maladies, parfois longtemps après l'épisode stressant lui-même.

Même si chacun jouit d'une résistance spécifique au stress, nous possédons tous un point de rupture. Toute personne soumise à un stress suffisamment intense pendant une longue période sombrera dans la maladie.

Et le groupe sanguin dans tout cela ? Eh bien, il joue un rôle non négligeable, car certains des éléments clés qui commandent nos réactions en cas de stress sont localisés sur le même fragment d'ADN que le groupe sanguin, le fameux 9q34. Vous vous rappelez sûrement que les gènes voisins interagissent largement. Le gène du groupe sanguin influe ainsi sur ceux qui déterminent notre réponse face à un stress.

Les recherches menées sur le stress mettent en lumière de nettes divergences entre les réactions des divers individus. Et votre groupe sanguin exerce une action sur la quantité de stress que vous charriez à un moment donné, sur la façon dont vous réagissez face à un épisode stressant et sur la rapidité avec laquelle vous reprenez le dessus après.

Les mécanismes du stress

FACE À UN STRESS PHYSIQUE OU ÉMOTIONNEL, l'organisme se protège en modifiant l'équilibre de son système nerveux autonome (automatique), lequel comporte deux éléments : le système nerveux sympathique, qui déclenche l'alternative initiale – fuir ou combattre –, et le système parasympathique, qui commande la détente qui survient une fois le danger écarté. Un bon fonctionnement de ces deux mécanismes est essentiel pour notre santé car ils communiquent de concert avec nos glandes endocrines et nos organes afin de préserver nos fonctions vitales et de nous mettre à même de relever un large éventail de défis potentiels.

Les deux branches du système nerveux fonctionnent normalement de façon antagoniste et s'équilibrent. Par exemple, l'activité sympathique fait battre le cœur plus vite et plus fort, tandis que le volet parasympathique ralentit le rythme cardiaque et dilate les parois artérielles, ce qui laisse le sang circuler plus librement et oxygéner le muscle cardiaque.

La clé du bon fonctionnement du système nerveux réside donc dans son équilibre. Les problèmes surviennent lorsque l'une de ses composantes prend le pas sur l'autre de façon constante et prolongée. Or le stress chronique agit comme un poids sur un plateau d'une balance et fait pencher celle-ci vers le rameau sympathique.

Voilà pourquoi : une réaction normale à un stress implique l'action synchronisée de trois glandes endocrines, l'hypothalamus, la glande pituitaire et les surrénales, que l'on appelle l'axe HPS, selon un processus exposé ci-dessous de manière simplifiée.

> **Moment de stress**
>
> • L'hypothalamus, glande située dans le cerveau, active un messager moléculaire, l'hormone libératrice de corticotropine.
> • L'hormone messagère alerte la glande pituitaire, qui libère de l'hormone adrénocortropique (ACT).
> • L'ACT donne aux surrénales le feu vert pour libérer leur stock d'hormones de stress (l'adrénaline et le cortisol).
>
> **Fin du stress**
>
> • On indique à l'hypothalamus d'interrompre la sécrétion de l'hormone messagère.
> • L'homéostasie – l'équilibre – est rétablie.

Normalement les mécanismes de régulation de ce processus bloquent l'axe HPS dès que le facteur de stress s'éloigne. Malheureusement, le stress chronique entrave le bon fonctionnement du système car l'hypothalamus perd de sa sensibilité au signal qui lui indique de stopper la production d'hormone messagère[1]. Et le système sympathique conserve la main. Or, comme bon nombre des activités corporelles qui vous permettent de guérir ou simplement de rester en bonne santé sont commandées par le système parasympathique, un déséquilibre durable ne peut que susciter des méfaits.

Hormones de stress : le vortex

LE MOMENT CRITIQUE de la réponse au stress se situe lorsque les glandes surrénales libèrent les deux types

---

1. Rubello D., N. Sonino, D. Casara et al. : « Acute and chronic effects of high glucocorticoid levels on hypothalamic-pituitary-thyroid axis in man. » *J Endocrinol Invest*, 15 juin 1992, 15(6), p. 437-41.

Pike J. L., T. L. Smith, R. L. Hauger, et al. : « Chronic life stress alters sympathetic, neuroendocrine, and immune responsivity to an acute psychological stressor in humans. » *Psychosom Med*, juillet-août 1997, 59(4), p. 447-54.

d'hormones de stress qu'elles produisent : les catécholamines et le cortisol. Ce sont les hormones les plus étroitement liées au groupe sanguin.

En cas de stress, les surrénales sécrètent deux catécholamines, l'épinéphrine, plus communément appelée adrénaline, et la norépinéphrine, aussi appelée noradrénaline. Lorsque ces substances envahissent le flux sanguin, le rythme cardiaque s'accélère, la capacité digestive diminue, l'excitation et la perception sensorielle s'aiguisent et l'ensemble de l'énergie se concentre en vue d'une fuite, d'un combat ou de toute autre forme d'activité physique de défense. Les catécholamines représentent en quelque sorte les troupes de choc du système nerveux, qui assurent la réaction immédiate à l'agression. Le cortisol, en revanche, se comporte plutôt comme une armée d'occupation, avec une action à long terme. Toute situation traumatique – exposition au froid, famine, saignement, intervention chirurgicale, infection, blessure, douleur ou excès d'exercice physique – et tout stress émotionnel ou intellectuel provoque un afflux de cortisol. Le cortisol est une hormone catabolique qui puise des protéines dans les tissus musculaires afin de les convertir en énergie. Il stimule et fédère également nos forces en vue d'assurer notre survie et nous aide à échapper aux dangers qui nous guettent. Nous péririons donc sans tarder face à un stress si nos surrénales cessaient d'en produire.

Le cortisol se révèle toutefois une arme à double tranchant. Sa libération prolongée ou en excès bouleverse l'équilibre d'un certain nombre de nos mécanismes physiologiques. Ainsi, si un taux approprié réduit l'inflammation, diminue la tendance aux allergies et favorise la cicatrisation des tissus et des blessures, des taux anormalement élevés produisent l'effet inverse. Parmi les conséquences d'une intoxication au cortisol, citons les ulcères, l'autisme, l'hypertension artérielle, les maladies cardio-vasculaires, la fonte musculaire, le vieillissement cutané, un risque accru de fractures osseuses et l'insomnie. Une surproduction chronique de cortisol entrave en outre gravement le fonctionnement des défenses immunitaires, ce qui nous rend plus vulnérables aux affections virales. L'excès de cortisol peut enfin provoquer un dysfonctionnement cognitif – en clair, embrouiller l'esprit. Les personnes atteintes de la maladie d'Alzheimer ou de démence sénile présentent d'ailleurs des concentrations élevées et constantes de cortisol [1].

EXTRAIT DES ARCHIVES DU GROUPE SANGUIN

Deborah P.
Groupe A
Femme, 46 ans
Amélioration : réduction du stress et bien-être

J'ai 46 ans, j'enseigne dans un collège de l'Oregon et en juin dernier je n'en pouvais littéralement plus. Je me sentais en permanence épuisée et stressée : on eût cru une nonagénaire ! Une amie m'a prêté votre livre. Vos idées m'ont paru logiques. Je pensais depuis longtemps que le groupe sanguin revêtait plus d'importance qu'on ne le croyait en général. Je suis le régime du groupe A avec mes enfants depuis quatre semaines et nous nous sentons *tous* beaucoup mieux. Ma fille de dix-neuf ans n'a plus de problèmes digestifs et je déborde d'énergie. Enfin un programme qui n'exige pas qu'on se transforme en une sorte de « baba-cool mangeuse de céréales » et obsédée par sa santé.

---

1. Masugi F., T. Ogihara, K. Sakaguchi, et al. : « High plasma levels of cortisol in patients with senile dementia of the Alzheimer's type. » *Find Exp Clin Pharmacol*, novembre 1989, 11(11), p. 707-10.

Leproult R., O. Van Reeth, M. M. Byrne, et al. : « Sleepiness, performance, and neuroendocrine function during sleep deprivation : effects of exposure to bright light or exercise. » *J Biol Rythms*, juin 1997, 12(3), p. 245-58.

Opstad K. : « Circadian rhythm of hormones is extinguished during prolonged physical stress, sleep and energy deficiency in young men. » *Eur J Endocrinol*, juillet 1994, 131(1), p. 56-66.

Sans doute avez-vous déjà entendu cela au moins en partie. Mais si on se préoccupe de plus en plus aujourd'hui du coût humain du stress, on ignore trop souvent les liens directs qui unissent l'action des hormones de stress et le groupe sanguin.

Groupe sanguin et stress

LA PLUPART DES ÉTUDES qui mettent en évidence des disparités liées au groupe sanguin en matière de maladies, d'hormones ou de neurotransmetteurs se traduisent par un graphique avec le groupe O à une extrémité et le groupe A à l'autre, les groupes B et AB se situant quelque part entre les deux, comme s'ils incarnaient un équilibre entre des forces antagonistes ou qu'ils étaient, du fait de leur apparition plus récente, plus raffinés. Ce modèle s'applique aussi au stress.

Les sujets du groupe A tendent à réagir de manière exagérée au plus petit stress. Ce qui se traduit par une hypersécrétion de cortisol. Leurs congénères du groupe O, à l'extrémité opposée du spectre, sont ceux qui produisent le moins de cortisol et d'adrénaline face à un stress. Dans ce domaine, le groupe B se rapproche plutôt du groupe A et le groupe AB du groupe O. Mais cette description sommaire ne vous éclairera guère, surtout si vous appartenez au groupe B ou au groupe AB. Car chaque groupe sanguin offre un profil chimique bien particulier.

Groupe A

Tous les organismes humains réagissent en situation de stress en accroissant leur sécrétion de cortisol, mais les personnes du groupe A en charrient au départ dans leur sang un taux plus élevé. Ce qui signifie qu'ils vivent en permanence en état de stress léger. Pour les mêmes raisons, les exercices qui visent à réduire le niveau de stress leur sont moins profitables qu'aux autres sujets.

En somme, pour obtenir le moindre résultat, les individus du groupe A doivent recourir à des tactiques plus complexes. Ces spécificités chimiques confortent de manière scientifique les observations empiriques de mon père, qui évoquait la nécessité d'« apaiser le système nerveux » des patients du groupe A. Elles expliquent aussi les méfaits de certaines activités physiques pour eux, ainsi très probablement que leur vulnérabilité accrue aux cancers et aux maladies cardio-vasculaires. Ajoutons que ces sujets sécrètent également plus d'adrénaline en cas de stress, mais qu'ils se révèlent aussi les mieux à même de métaboliser cette hormone [1].

Groupe O

Il en faut beaucoup pour déstabiliser un individu du groupe O. En revanche, lorsqu'il lui arrive de stresser vraiment, il lui faut plus longtemps pour s'en remettre. Face à un stress, il sécrète en général plus de catécholamines (noradrénaline et adrénaline), ce qui l'aide à réagir rapidement et efficacement en situation périlleuse [2]. Mais comme il métabolise plus lentement ces hormones, il récupère moins vite une fois l'épisode achevé. L'élimination et la neutralisation de l'adrénaline et de la noradrénaline dépendent en effet d'une enzyme appelée monoamine oxydase (MAO) ; or

---

1. Neumann J. K., B. W. Arbogast, D. S. Chi et L. Arbogast : « Effects of stress and blood type on cortisol and VLDL toxicity preventing activity. » *Psychosom Med*, septembre 1992, 54(5), p. 612-19.

2. Locong A. H. et A. G. Roberge : « Cortisol and catecholamines response to venisection by humans with different blood groups. » *Clin Biochem*, février 1985, 18(1), p. 67-69.

lorsqu'on mesure l'activité de cette enzyme dans les plaquettes sanguines d'un sujet en bonne santé du groupe O, on note un niveau très bas.

Mon collègue le Dr Yuri Andriyashek m'a fait part récemment d'une étude menée en Ukraine intitulée « Recommandation méthodologique pour la sélection de marins pour la navigation au long cours », laquelle déconseille l'embauche de sujets du groupe O pour des voyages excédant un mois car leur efficacité tend à chuter de manière significative au terme de cette période. Ces conclusions rejoignent d'autres recherches qui montrent que les stress prolongés semblent affecter la capacité d'élimination de l'adrénaline des personnes du groupe O, ce qui provoque un épuisement adréno-neurologique.

EXTRAIT DES ARCHIVES DU GROUPE SANGUIN

Jeff T.
Groupe O
Homme, 41 ans
Amélioration : niveau de stress

J'ai adopté le régime du groupe O voici trois mois, grâce à ma femme, qui appartient elle aussi à ce groupe et qui a décidé de cesser d'acheter les aliments « à éviter ». Depuis, j'ai perdu douze kilos et elle onze, et j'ai repris la course à pied, que j'avais abandonnée depuis plus de dix ans. Cela faisait des années que je ne m'étais senti aussi bien. Moi qui me bourrais de pansements gastriques, je n'en absorbe plus jamais et plusieurs collègues de bureau m'ont avoué me trouver plus souple et moins enclin à me laisser envahir par les soucis.

Certains auteurs pensent que la noradrénaline concerne plus les stress induits par la colère ou une agression, ce qui caractérise bien le groupe O[1]. Le groupe O correspond bel et bien à l'« individu alpha ».

Groupe B

En termes d'hormones de stress, le groupe B ressemble au groupe A car lui aussi affiche une production de cortisol supérieure à la normale. Ce qui a de quoi surprendre car dans la plupart des domaines le groupe B se rapproche plutôt du groupe O. Cela s'explique pourtant si l'on considère les types de stress auxquels les premiers individus du groupe B se trouvaient confrontés. N'oublions pas que le cortisol est l'hormone du stress de long terme qui puise dans les tissus musculaires afin de convertir leurs protéines en énergie. Une adaptation que le groupe B a hérité du groupe A.

N'en déduisez cependant pas que les sujets du groupe B réagissent exactement comme leurs cousins du groupe A. Ils possèdent en effet un profil de réponse au stress spécifique[2]. Mes années d'études pratiques sur le groupe sanguin m'ont permis de constater qu'il s'agissait en général d'êtres gouvernés par leurs émotions, ce qui les rend beaucoup plus sensibles aux déséquilibres engendrés par le stress. Ils réagissent en revanche très rapidement aux techniques de réduction du stress. Exceptionnellement doués pour maîtriser leur capacités de visualisation et de relaxation, ils récupèrent beau-

---

1. Mao X. et al. : « Study on relationship between human ABO blood groups and type A behavior pattern. » *Hua His I Ko Hsueh Hsueh Pao*, mars 1991, 22(1), p. 93-96 (en chinois).

Neumann J. K. et al. : « Relationship between blood groups and behavior patterns in men who have had myocardial infarction. » *South Med J*, février 1991, 84(2), p. 214-18.

2. Pu S., et al. : « Evidence showing that beta-endorphin regulates cyclic guanosine 3',5'-monophosphate (cGMP) efflux : anatomical and functional support for an interaction between opiates and nitric oxide. » *Brain Res*, 30 janvier 1999, 817(1-2), p. 220-25.

coup plus rapidement après un coup de stress que leurs congénères du groupe A.

Groupe AB

Nous ne savons pas très bien pourquoi, mais toute la recherche montre que le groupe AB affiche une réponse au stress très similaire à celle du groupe O[1]. Là aussi, cela représente une surprise puisque, en règle générale, le groupe AB ressemble beaucoup au groupe A.

Activité physique et stress

DANS 4 GROUPES SANGUINS 4 RÉGIMES, j'ai déjà abordé la relation symbiotique qui unit le stress et l'activité physique. Une activité adaptée à votre groupe sanguin peut vous aider à surmonter un stress et vous protéger contre bon nombre de ses effets les plus nocifs. On présente souvent le sport comme la panacée en matière de gestion et d'évacuation du stress ; cette affirmation mérite d'être nuancée. Si en effet on se fatigue à l'excès, l'exercice devient un facteur de stress supplémentaire.

De nombreux éléments déterminent la tolérance en termes d'activité physique : l'alimentation, l'hydratation, le degré de fatigue, le niveau d'entraînement, l'état de santé et le stress que l'on supporte dans les divers domaines de l'existence. Un autre facteur crucial entre en jeu : le groupe sanguin[2].

---

1. Locong A. H. et A. G. Roberge : « Cortisol and catecholamines response to venisection by humans with different blood groups. » *Clin Biochem*, février 1985, 18(1), p. 67-69.
2. Bosco C., J. Tihanyl, L. Rivalta et al. : « Hormonal responses in strenuous jumping effort. » *Jpn J Physiol*, février 1996, 46(1), p. 93-98.

Pour montrer l'action du groupe sanguin, étudions l'effet d'une activité sportive sur deux individus appartenant aux pôles opposés que constituent le groupe O et le groupe A.

Oliver (groupe O) et Adam (groupe A) ont décidé de faire leur jogging ensemble. Ils courent 5 km quatre fois par semaine. Oliver déborde d'énergie et se sent en pleine forme. De plus, il a enfin trouvé le moyen d'évacuer le stress généré par son travail. Bref, il se sent plus équilibré et plus efficace.

Pour Adam, les choses se passent très différemment. S'il se sent mieux juste après l'entraînement (à cause des endorphines libérées au cours de l'effort), ces bienfaits ne durent pas et au bout d'une heure ou deux il se sent épuisé et incapable de se concentrer.

Frey H. : « The endocrine response in physical activity. » *Scand J Soc Med Suppl*, 1982, 29, p. 71-75.

Gallois P., G. Forzy, J. L. Dhont : « Changements hormonaux pendant la relaxation. » *Encéphale*, 1984, 10(2), 79-82.

Jin P. : « Efficacity of Tai Chi, brisk walking, meditation, and reading in reducing mental and emotional stress. » *J Psychosom Res*, mais 1992, 36(4), p. 361-70.

Jin P. : « Changes in heart rate, noradrenaline, cortisol and mood during Tai Chi. » *J Psychosom* Res, 1989, 33(2), p. 197-206.

Keller S. et P. Seraganian : « Physical fitness level and autonomic reactivity to psychosocial stress. » *J Psychosom Res*, 1984, 28, p. 279-87.

Lehmann M., U. Gastmann, K. G. Peteresen et al. : « Training-overtraining : performance, and hormone levels, after a defined increase in training volume versus intensity in experienced middle- and long-distance runners. » *Br J Sports Med*, décembre 1992, 26(4), p. 233-42.

Platania-Solazzo A., T. M. Field, J. Blank et al. : « Relaxation therapy reduces anxiety in child and adolescent psychiatric patients. » *Acta Paedopsychiatr*, 1992, 55(2), p. 115-20

Schell F. J., B. Allolio, O. W. Schonecke : « Physiological and psychological effects of hatha-yoga exercise in healthy women. » *Int J Psychosom*, 1994, 41(1-4), p. 46-52.

Schmidt T., A. Wijga, A. Von Zur Muhlen et al. : « Changes in cardiovascular risk factors and hormones during a comprehensive residential three month kriya yoga training and vegetarian nutrition. » *Acta Physiol Scand Suppl*, 1997, 640, p. 158-62.

Schurmeyer T., K. Jung et E. Nieschlag : « The effect of an 1,000 km

Si les deux hommes mesuraient leur rythme cardiaque pendant qu'ils courent, on constaterait que celui d'Adam est un peu plus élevé et que, à performance égale, il peine plus qu'Oliver. De plus, après une course, son cœur met plus longtemps à retrouver son rythme normal.

Alors qu'Oliver part pour le bureau plein d'énergie et prêt à se donner à fond dans son travail, Adam continue à peiner. Il dort mal et parfois, quand il se lève trop vite, il a la tête qui tourne. Courir constitue pour lui un stress. Si nous pouvions observer ses réactions hormonales, nous verrions qu'il sécrète plus de cortisol et que son taux de DHEA chute. Adam force trop. Et au lieu de l'aider à gérer son stress quotidien, son activité sportive engendre de nouveaux déséquilibres. Même s'il interrompt son entraînement aujourd'hui, il faudra des semaines, voire des mois, pour que ses taux hormonaux reviennent à la normale.

Même les athlètes professionnels subissent une hausse de leur taux de cortisol quand ils courent, mais leur niveau d'entraînement contribue à en limiter les méfaits et à contrôler le phénomène. Adam, lui, reste un sportif occasionnel et comme, du fait de son appartenance au groupe A, il part avec un taux de base de cortisol supérieur à la moyenne, il connaît des pics de sécrétion suffisamment élevés pour entamer son bien-être. En clair, courir rend Adam malade.

Admettons à présent que Betty, une amie commune appartenant au groupe B, décide de se joindre au footing de nos sujets. Tout comme Adam, elle possède au départ un taux de cortisol supérieur à la moyenne. Pourtant, au bout de quelques semaines, elle se sent

---

run on testicular, adrenal and thyroid hormones. » *Int J Androl*, août 1984, 7(4), p. 276-82.

Semple C. G., J. A. Thomson et G. H. Beastall : « Endocrine responses to marathon running. » *Br J Sports Med*, septembre 1985, 19(3), p. 148-51.

bien entraînée et le sport accroît son énergie. Pourquoi cela ? Parce qu'elle suit en outre des cours de yoga deux fois par semaine. Dotée grâce à son groupe sanguin d'une capacité de récupération exceptionnelle, Betty tire le meilleur parti de cette combinaison d'activités.

Lorsque Abby (groupe AB), une autre amie, rejoint le groupe de coureurs, elle commence par se sentir débordante d'énergie, comme Oliver. Mais au bout de quelques semaines elle décide de se limiter à deux séances de jogging par semaine et de remplacer les deux autres par des cours de stretching.

Toute activité physique, même modérée, induit une élévation des taux sanguins de catécholamines et de cortisol. Après une période d'entraînement, la plupart des gens voient diminuer leur sécrétion d'hormones en réponse à un stress. En d'autres termes, à mesure qu'on s'y accoutume, le sport pratiqué devient moins stressant. C'est tout l'intérêt d'une pratique régulière et cela explique que les athlètes professionnels ne souffrent pas d'effets néfastes, même s'ils tentent de repousser les limites de leur forme. Tout se passe comme s'ils avaient domestiqué leur physiologie, leur système nerveux et leur système endocrinien. Voilà pourquoi un sujet du groupe A bien entraîné peut se prévaloir d'une plus grande résistance qu'un sportif dilettante du groupe O. Rien n'est tout blanc ni tout noir : je connais des personnes du groupe O qui pratiquent régulièrement le yoga et des personnes du groupe A qui raffolent d'aérobic et de musculation. Il s'agit simplement de rester à l'écoute de son corps afin de ne pas s'imposer un stress supplémentaire – stade que les sujets du groupe A atteignent en général plus vite que les autres (mais encore une fois, tout est affaire d'entraînement). Rappelons aussi que s'épuiser sur un terrain de sport quand on est par ailleurs écrasé de stress n'est jamais recommandé, même si on appartient au groupe O.

Un chercheur de mes amis qui a mené une étude sur un groupe d'athlètes en a tiré les conclusions suivantes : ceux du groupe A pouvaient donner le meilleur d'eux-mêmes une ou deux fois par an et réussissaient bien dans les épreuves d'endurance, mais ils supportaient mal un rythme de compétitions plus rapprochées. Leurs camarades du groupe O pouvaient en revanche soutenir une cadence plus intensive et offraient des performances plus régulières.

Marqueurs de santé mentale

EXTRAIT DES ARCHIVES DU GROUPE SANGUIN

Leonore B.
Groupe O
Femme, 42 ans

Je suis votre régime depuis seize mois et je m'y suis tenue de manière très rigoureuse pendant au moins treize mois. J'ai quarante-deux ans, je suis végétarienne depuis trente ans (pas de viande du tout) et j'essaie en général de me nourrir sainement. J'ai toujours été sportive et mince (pas de kilos excédentaires à perdre). Et pourtant votre régime a bouleversé ma vie. Mon corps n'a pas changé d'aspect, mon visage non plus, mais je me sens complètement différente. À chaque instant je me surprends à m'émerveiller : « C'est incroyable ; c'est donc comme cela que les autres se sentent ? Dire que je pourrais être ainsi depuis trente ans ! » J'ai revu récemment une dame de soixante-dix-neuf ans qui me connaît depuis que j'ai douze ans, l'âge auquel je suis devenue végétarienne. Elle a immédiatement perçu un changement. Elle m'a dit que, auparavant, j'étais « la personne la plus éthérée » qui soit et qu'elle redoutait de me voir un jour m'« envoler ». Plus les mois passent, plus je me sens équilibrée, les pieds sur terre, efficace et pleine d'avenir. Un peu comme si j'avais un cerveau neuf ou transformé. Je n'étais pas particulièrement cinglée avant, mais quel merveilleux cadeau !

Je ne manque pas de patients comme Leonore, en apparence tout à fait bien dans leur peau et à qui il manque cependant quelque chose. Un petit déséquilibre ou un blocage les entrave à leur insu et les empêche de connaître un bien-être total. En général, ils restent sceptiques quand je leur explique que le Régime groupe sanguin peut aussi apaiser leur esprit, car on traite rarement les maux de l'âme par un programme nutritionnel. Pourtant, une alimentation adaptée à votre groupe sanguin peut bel et bien améliorer votre moral !

Bien des troubles mentaux résultent de dysfonctionnements chimiques mettant en cause des hormones ou des neurotransmetteurs dont les moteurs génétiques se situent tout près des gènes qui déterminent le groupe sanguin. MEDLINE, la base de données sur Internet du National Institute of Health [1], recense plus de quatre-vingt-dix études établissant un lien entre le groupe sanguin et divers troubles psychologiques, et bon nombre des auteurs cités considèrent que la prévalence accrue d'affections particulières au sein de certains groupes sanguins découle des liens génétiques qui unissent ces derniers et les gènes régulant la sécrétion des neurotransmetteurs cérébraux et des hormones de stress. Étudions ce processus pour chacun des quatre groupes sanguins.

---

1. www.medscape.com (en anglais).

Groupe O : le facteur dopamine

La difficulté qu'éprouvent les sujets du groupe O en situation de stress pour éliminer les catécholamines que sont l'adrénaline et la noradrénaline a produit des conséquences directes sur leur santé mentale. En l'état actuel des recherches, on pense que ce problème provient de l'activité d'une enzyme appelée dopamine bêta-hydroxylase (DBH), laquelle transforme la dopamine en noradrénaline. Or – surprise ! – le gène qui commande la production de DBH se situe sur le segment de chromosome 9q34. Il jouxte littéralement celui du groupe sanguin [1].

Quel rôle joue réellement cette enzyme ? Tout comme la sérotonine ou la norépinéphrine, la dopamine fait partie des médiateurs cérébraux utilisés pour la réflexion complexe. La dopamine contribue à nous procurer une sensation de bien-être ainsi qu'à la régulation de la douleur. Les animaux de laboratoire

1. Sherrington R., D. Curtis, J. Brynjolfsson, E. Moloney, L. Rifkin, H. Petursson et H. Gurling : « A linkage study of affective disorder with DNA markers for the ABO-AK1-ORM linkage group near the dopamine beta hydroxylase gene. » *Biol Psychiatry*, octobre 1994, 1, 36(7), p. 434-42.

Goldin L. R. et al. : « Segregation and linkage studies of plasma dopamine beta hydroxylase (DBH), erythrocyte catechol-O-methyl-transferase (COMT), and platelet monoamine oxidase (MAO) : Possible linkage between the ABO locus and a gene controlling DBH activity. » *Am J Hum Genet*, mars 1982, 34(2), p. 250-62.

Kleber E., T. Obry, S. Hippeli, W. Schneider et E. F. Felster : « Biochemical activities of extracts from *Hypericum perforatum* L. 1er Communication : inhibition of dopamine beta hydroxylase. » *Arzneimittelforschung*, février 1999, 49(2), p. 106-09.

Retzeanu A. et al. : « The ABO blood groups in affective and in schizophrenic psychosis. » *Neurol Psychiatr (Bucur)*, octobre-décembre 1978, 16(4), p. 271-75.

Rihmer Z. et M. Arato : « ABO blood groups in manic-depressive patients. » *J Affect Disord*, mars 1981, 3(1), p. 1-7.

Rinieris P. M., C. N. Stefanis, E. P. Lykouras et E. K. Varsou : « Affective disorders and ABO blood types. » *Acta Psychiatr Scand*, septembre 1979, 60(3), p. 272-78.

apprennent vite à distinguer les boutons qui transmettent à leur cerveau des impulsions électriques libératrices de dopamine. Et une partie de l'attrait de la cocaïne, des opiacés ou de l'alcool provient de leur capacité à provoquer une sécrétion de dopamine.

La dopamine est fabriquée au cœur du cerveau, dans une zone appelée matière – ou substance – grise. À l'inverse des autres neurotransmetteurs, elle ne se diffuse pas dans tout le cerveau, mais presque uniquement dans ses lobes frontaux, siège d'une bonne partie de nos fonctions intellectuelles.

Encore une fois, tout est affaire d'équilibre : un excès de dopamine dans les régions cérébrales qui contrôlent les sentiments (le système limbique ou rhinencéphale) lié à un déficit dans celle qui régule la pensée (le cortex) peut se traduire par une personnalité solitaire ou sujette aux accès de paranoïa. Un taux normal ou un peu plus élevé de dopamine dans le cortex favorise la concentration, la relaxation, la gestion du stress et une attitude logique face aux problèmes. Un taux trop bas rend inattentif, sujet à l'hyperactivité et aux sautes d'humeur, coléreux et émotif. Un manque de dopamine dans le lobe frontal peut aussi entraver le bon fonctionnement de la mémoire immédiate.

La maladie de Parkinson s'accompagne d'une destruction sélective des neurones producteurs de dopamine de la matière grise, ce qui envoie des stimuli aux parties du cerveau chargées du contrôle des fonctions motrices, notamment des muscles. Cette affection se traite d'ailleurs avec une substance appelée L-dopa, qui est un précurseur de la sécrétion de dopamine.

La schizophrénie, en revanche, qui touche environ 1 % de la population, est liée à une surproduction de dopamine et se soigne de ce fait avec des médicaments qui bloquent son absorption par les récepteurs cérébraux. On pense que cette maladie résulte d'une stimulation excessive par la dopamine dans le lobe frontal du cerveau.

Pour comprendre ces mécanismes, imaginez que le bonheur (la dopamine) est un évier plein d'eau chaude. L'eau qui provient d'un puits extérieur (la tyrosine) est presque intégralement déversée dans la chaudière (la L-dopa) ; une petite partie va arroser le jardin (produire des hormones thyroïdiennes). L'eau de la chaudière (L-dopa) va remplir l'évier via le robinet et aussi le lave-linge (la mélanine). La dopamine bêta-hydroxylase est le bouchon au fond de l'évier. Lorsque vous le retirez, l'eau qui vous a servi à vous raser ou à rincer votre lingerie part vers l'égout (est transformée en nora-drénaline) ; si vous le laissez en place, vous avez un évier plein d'eau chaude (un taux normal de dopa-mine).

EXTRAIT DES ARCHIVES DU GROUPE SANGUIN

Lydia T.
Groupe O
Femme, cinquantaine
Amélioration : dépression

Je prends des antidépresseurs depuis 1991 (Prozac, Wellbutrin et, depuis peu, millepertuis). Toutes mes ten-tatives pour interrompre ces traitements m'ont conduite à une dépression profonde en cinq à dix jours. Après quatre ou cinq jours de votre programme, j'ai senti mon moral s'améliorer. Au bout d'une semaine, j'ai éprouvé pour la première fois depuis trois ans l'envie de faire du sport. Je me sens de mieux en mieux et j'ai progressi-vement arrêté le millepertuis. Je ne me sens plus fati-guée ni abrutie au bureau et à l'heure du déjeuner, je vais me promener ! Et moi qui avais une quinzaine de kilos superflus, je mincis sans le moindre effort.

Beaucoup des troubles associés à un taux de dopamine anormal se révèlent plus fréquents au sein du groupe O. C'est notamment le cas de la schizophrénie, en particulier de sa forme récurrente qui semble présenter un caractère héréditaire. On note aussi dans ce groupe sanguin une prévalence des dépressions bipolaires, autrefois appelée maniaco-dépressives, ainsi que des lignées de dépressifs bipolaires. Deux études au moins indiquent en outre une plus grande vulnérabilité des sujets du groupe O à la dépression profonde non bipolaire.

Il semble que, en l'espèce, les substances clés soient les catécholamines, la dépression résultant d'un déficit de ces neurotransmetteurs et les épisodes maniaques d'un excédent de ces substances.

Idée clé

Épisodes maniaques = taux élevé de dopamine hydroxylase = activité enzymatique accrue = moins de dopamine et plus d'adrénaline.

Dépression = taux de dopamine hydroxylase bas = moins d'activité enzymatique = plus de dopamine et moins d'adrénaline.

Plusieurs autres gènes que l'on pense liés aux troubles affectifs sont eux aussi localisés tout près du gène ABO. Ils influent sans doute sur l'action de la dopamine bêta-hydroxylase et sur les effets du groupe sanguin sur celle-ci.

Un schéma se dégage de toutes ces études : en situation de stress, les individus du groupe O éliminent moins bien les catécholamines que les autres groupes sanguins et ils sont nettement plus sujets que la moyenne aux troubles bipolaires. Ce qui laisse supposer que l'activité de la dopamine bêta-hydroxylase varie plus vivement chez eux. Tandis que les variations des taux de catécholamines provoquaient tantôt le bien-être, tantôt le stress global des premiers humains, ceux-ci pouvaient compter sur la souplesse de leur production de dopamine pour chasser ou réagir sans délai face à un danger. Ces oscillations brusques expliquent sans doute la vulnérabilité de leurs descendants aux troubles bipolaires, ainsi que leur tendance aux comportements de « type A ».

EXTRAIT DES ARCHIVES DU GROUPE SANGUIN

Vera L.
Groupe O
Femme, quarantaine
Amélioration : dépression

Je souffre depuis bien longtemps d'anxiété et de dépression. Voici quelques années, j'ai même dû être hospitalisée. J'ai pu reprendre mon travail grâce à un traitement au lithium et au Wellbutrin. Cela m'a permis de retrouver une vie normale, mais même sous antidépresseurs je n'étais jamais réellement heureuse de vivre – je redoutais plutôt les longues années pendant lesquelles je devrais encore supporter ma peau tant bien que mal. J'ai tout essayé : l'homéopathie, les compléments alimentaires, le feng-shui. La seule substance qui semblait produire un effet bénéfique était l'huile de lin. Puis j'ai lu votre livre et découvert que mon alimentation végétarienne ne convenait pas vraiment à mon groupe O ! Cela m'a déstabilisée, mais comme je souffrais par ailleurs de bon nombre des ennuis de santé typiques du groupe O, j'ai décidé de tenter l'expérience (j'aime à penser que je suis ouverte d'esprit !). Première constatation : lorsque je mangeais du bœuf, je n'étais pas constipée le lendemain matin – chose qu'aucune dose de laxatifs ne garantissait par le passé. À ma grande surprise, les douleurs que je ressentais dans les mains le matin disparurent en quelques semaines, ainsi que mes problèmes de côlon (flatulences, douleurs abdominales). Je ne m'étais pourtant jamais préoccupée de ces troubles car, enfin, c'était ma dépression qui m'empêchait de travailler normalement. Aujourd'hui, je jouis de chaque minute, je me sens en pleine forme et je me suis découvert une passion pour le sport. Et enfin, j'attends avec impatience les nouvelles expériences que demain me réserve !

Cette corrélation explique peut-être un phénomène étrange que j'ai souvent observé. Beaucoup des sujets du groupe O adorent soit les aliments à base de blé, soit la viande rouge. Or le blé compte parmi les plantes les plus riches en L-tyrosine, un des constituants de base de la dopamine et des catécholamines, et la viande rouge en constitue la meilleure source animale. Ceux de mes patients qui n'aiment pas la viande rouge m'avouent qu'ils peuvent se contenter de seigle ou d'avoine pour un temps, mais qu'il leur vient parfois l'envie incontrôlable de dévorer un sandwich au pain complet.

D'autres ne peuvent se passer de viande rouge. Un patient qui avait été végétarien pendant quatorze ans m'expliqua qu'il avait compris que son alimentation ne lui convenait pas quand il s'était surpris à saliver en préparant le repas de son chien !

Ce qui nous amène aux envies alimentaires : sachez les écouter, bien sûr, mais sachez aussi distinguer les bonnes des mauvaises. Lorsqu'un végétarien du groupe O ne se sent bien que s'il absorbe de grandes quantités de blé, c'est parce qu'il utilise la L-tyrosine du blé pour soutenir sa production de dopamine et de catécholamines. Mais comme le blé ne convient guère au métabolisme des personnes du groupe O, il ferait mieux de consommer de la viande maigre de qualité pour stabiliser son humeur.

Groupe sanguin et IMAO

Un autre aspect important de l'action des catécholamines sur les organismes du groupe O s'exerce par le biais de l'enzyme monoamine oxydase, ou MAO, qui joue un rôle crucial en matière émotionnelle.

Jusqu'à l'apparition de la classe la plus récente des inhibiteurs de la recapture de la sérotonine tels que le Prozac, la plupart des antidépresseurs étaient des inhibiteurs de la MAO (IMAO). Il existe deux sortes de MAO, la MAO-A et la MAO-B. La première est présente dans tout l'organisme et notamment dans le tube digestif, tandis que la seconde se localise principalement dans le cerveau. Les deux types de MAO transformant la dopamine en divers composés, bloquer l'action de cette enzyme accroît le taux de dopamine. La plupart des IMAO agissent sur la MAO-A et la MAO-B, mais certaines, comme la sélégiline l-déprényl ou sélégiline hydrochlorine, n'inhibent que la MAO-B (celle présente dans le cerveau). Cela suffit à faire grimper le taux de dopamine, ce qui explique que l'on prescrive cette substance pour traiter la maladie de Parkinson. La MAO s'avère donc antagoniste de la dopamine bêta-hydroxylase.

Comme bon nombre d'autre éléments, le taux de MAO varie en fonction du groupe sanguin, si bien que cette enzyme se révèle beaucoup plus lourde de conséquences pour le groupe O que pour les autres. Une étude menée en 1983 sur soixante-dix jeunes hommes en bonne santé a montré une activité significativement inférieure de la MAO au niveau des plaquettes chez les sujets du groupe O, ce qui implique un contrôle moins aisé de la production de catécholamines [1].

---

1. Arato M., G. Bagdy, Z. Rihmer et Z. Kulcsar : « Reduced platelet MAO activity in healthy male students with blood group O. » *Acta Psychiatr Scand*, février 1983, 67(2), p. 130-134.

Le taux de MAO plaquettaire est considéré comme le marqueur périphérique de la production de sérotonine. Un déficit peut donc indiquer une vulnérabilité accrue à la psychopathologie ainsi qu'à certains troubles du comportement. En 1996, une étude turque portant sur des délinquants mineurs de sexe masculin a montré que les garçons incarcérés pour des crimes sexuels affichaient le taux le plus bas de MAO plaquettaire – les chercheurs pensaient retrouver cette caractéristique chez tous les coupables d'actes violents[1].

On a également pu mettre en évidence une corrélation entre un déficit de MAO au niveau des plaquettes et des traits de caractère de « type A », tels que l'ambition, l'impatience et la compétitivité, ce qui cadre bien avec ce qu'on observe chez les sujets du groupe O[2]. On sait aussi que les variations des taux de MAO et de dopamine bêta-hydroxylase favorisent les troubles bipolaires, auxquels ces individus sont plus prédisposés que la moyenne.

Parmi les autres éléments de la personnalité liés à une faible activité de MAO, citons l'obsession du jeu, la négativité, l'agressivité verbale, la recherche effrénée de sensations fortes, l'impulsivité et la volonté de fuir à tout prix la monotonie. Les personnes qui présentent un déficit en MAO sont également plus enclines à fumer et à boire plus que de raison ou à absorber des stupéfiants.

1. Sozmen E. S. et al. : « Platelet-rich plasma monoamine oxidase activities : A novel marker of criminality for young Turkish Delinquents ? » *J Medical Sciences*, 1996, 26(5), p. 475-77.

2. Blanco C., L. Orensanz-Munoz, C. Blanco-Jerez et J. Saiz-Ruiz : « Pathological gambling and platelet MAO activity : A psychobiological study. » *Am J Psychiatry*, janvier 1996, 153(1), p. 119-21.

Sufuoglu S., P. Dogan, K. Kose, E. Esel, M. Basturk, H. Oguz et A. S. Gonul : « Changes in platelet monoamine oxidase and plasma dopamine beta hydroxylase activities in lithium-treated bipolar patients. » *Psychiatry Res*, 29 novembre 1995, 59(1-2), p. 165-70.

Groupe A : le facteur cortisol

Le coût en termes de santé d'un excès de cortisol peut s'avérer dramatique : risque accru de cancer, d'hypertension, de maladies et d'accidents cardio-vasculaires, pour ne citer que les plus graves. On retrouve souvent en outre des taux élevés de cortisol chez les patients atteints de troubles mentaux, de sénilité ou de la maladie d'Alzheimer [1]. Mais la science a longtemps cru que ces concentrations étaient la conséquence de ces affections et non leur cause.

Tout devait changer en 1984, avec la publication d'un article révolutionnaire dans le journal *Medical Hypotheses* [2], où l'auteur apportait la preuve qu'un taux élevé de cortisol n'était pas la simple résultante de certaines maladies, mais qu'au contraire il les provoquait. Cette thèse se vérifiait tout particulièrement chez les patients dotés d'une personnalité de type C, considérés comme prédisposés au cancer. Elle se révèle aussi lourde de conséquences pour les individus du groupe A carac-

---

1. Susman E. J., K. H. Schmeelk, B. K. Worrall, D. A. Granger, A. Ponirakis et G. P. Chrousos : « Corticotropin-releasing hormone and cortisol : Longitudinal associations with depression and antisocial behavior in pregnant adolescents. » *J Am Acad Child Adolesc Psychiatry*, avril 1999, 38(4), p. 460-67.
Blood G. W., I. M. Blood, S. B. Frederick, H. A. Wertz et K. C. Simpson : « Cortisol responses in adults who stutter : Coping preferences and apprehension about communication. » *Percept Mot Skills*, juin 1997, 84(3 Pt 1), p. 883-89.
Prüßner J. et al. : *Increasing Correlations between Personality Traits and Cortisol Stress Responses Obtained by Data Aggregation*. Seattle, Hogrefe & Huber Publishers, 1998.
Ritter M. : « [The Associated Press] Study links hormone, memory loss. » *The Seattle Times Company*, mercredi 15 avril 1998.
Scerbo A. S. et D. J. Kolko : « Salivary testosterone and cortisol in disruptive children : Relationship to aggressive, hyperactive, and internalizing behaviors. » *J Am Acad Child Adolesc Psychiatry*, octobre 1994, 33(8), p. 1174-84.
2. Sapse A. T. : « Stress, cortisol, interferon and stress diseases. » *Med Hypotheses*, janvier 1984, 13(1), p. 31-44.

térisés au repos par un taux de cortisol supérieur à la moyenne et donc des pics plus élevés en cas de stress.

Des chercheurs décidèrent alors d'étudier le taux de cortisol de sujets appartenant à des groupes sanguins différents à la suite d'une exposition à un stress identique : une prise de sang. Ce qui permettait en outre de stresser les patients et de tester leur réponse chimique sanguine en un seul geste. Le test donna les résultats suivants : les sujets du groupe A affichaient la concentration de cortisol dans le sérum la plus élevée (455 nmol/l en moyenne contre 297 nmol/l pour le groupe O). Comme on pouvait s'y attendre, les taux des groupes B et AB se situaient entre ces deux extrêmes, plus proche de celui du groupe A pour le premier (364 nmol/l) et plus proche du groupe O pour le second (325 nmol/l)[1].

EXTRAIT DES ARCHIVES DU GROUPE SANGUIN

Jane I.
Groupe A
Femme, quarantaine
Amélioration : humeur et énergie

J'ai tellement changé : c'est le jour et la nuit ! D'ailleurs, tout le monde m'en fait la remarque. Envolée, ma dépression ! J'assimile plus facilement les informations nouvelles, je n'ai plus l'esprit embrumé, je me sens plus heureuse, plus énergique et mes problèmes hormonaux se sont volatilisés. Bref, l'avenir s'annonce radieux. Je me sens au mieux de ma forme. C'est la meilleure chose qui me soit jamais arrivée !

---

1. Glaser R., J. K. Kiecolt-Glaser, W. B. Malarkey et J. F. Sheridan : « The influence of psychological stress on the immune response to vaccines. » *Ann NY Acad Sci*, 1er mai 1998, 840, p. 649-55.

Comme nous l'avons vu, le cortisol joue un rôle primordial dans l'adaptation au stress. C'est pourquoi le fait que le taux de cortisol au repos soit plus élevé chez les personnes du groupe A pourrait expliquer leur prédisposition aux troubles obsessionnels compulsifs (TOC)[1].

Aux États-Unis, cette affection touche environ une personne sur cinquante, sans distinction de sexe, d'âge, d'origine ethnique, de religion ou de catégorie socioprofessionnelle. Ce syndrome comporte deux volets : une part d'obsession caractérisée par des pensées, des idées ou des images récurrentes et persistantes qui envahissent le conscient du sujet sans qu'il puisse les repousser (violence, peur de la contamination ou inquiétude au sujet d'un événement tragique...), à laquelle s'ajoute un aspect compulsif, qui se manifeste par des gestes inutiles et répétitifs en réponse à ces pensées obsédantes. Un exemple courant : une personne obnubilée par la propreté ou les risques de contamination se lavera sans cesse les mains. S'il est dans l'incapacité de se livrer à ses ablutions, le sujet éprouvera une anxiété terrible. En effet, l'accomplissement du geste compulsif soulage pour un temps son angoisse, mais ce répit ne dure guère et la compulsion ne tarde pas à réapparaître.

J'ai observé ces phénomènes chez des patients du groupe A. Leurs obsessions tournent le plus souvent

---

1. Benkelfat C., I. N. Mefford, C. F. Masters, T. E. Nordahl, A. C. King, R. M. Cohen et D. L. Murphy : « Plasma catecholamines and their metabolites in obsessive-compulsive disorder. » *Psychiatry Res*, juin 1991, 37(3), p. 321-31.

Gehris T. L., R. G. Kathol, D. W. Black et R. Noyes Jr. : « Urinary free cortisol levels in obsessive-compulsive disorder. » *Psychiatry Res*, mai 1990, 32(2), p. 151-58.

Monteleone P., F. Catapano, A. Tortorella et M. Maj. : « Cortisol response to d-fenfluramine in patients with obsessive-compulsive disorder and in healthy subjects : evidence for a gender-related effect. » *Neuropsychobiology*, 1997, 36(1), p. 8-12.

autour d'une peur exagérée de la maladie, généralement du cancer. On les distingue sans peine de ceux qui se contentent d'avoir une conscience claire des facteurs de risque qu'ils encourent. Certains perdent le sommeil et l'appétit et dépensent de véritables fortunes en examens médicaux, jusqu'à ce que leur terreur domine toute leur existence. Les TOC sont très difficiles à traiter ; ils nécessitent souvent une approche multiforme associant une psychothérapie, un traitement médicamenteux et une rééducation comportementale. Cependant, lorsqu'un malade apprend qu'il souffre d'une prédisposition génétique et biologique, il en éprouve un immense soulagement.

Je pense en outre qu'une bonne partie de la recherche sur les TOC participe d'une approche erronée. On s'attache en effet surtout à rééquilibrer le taux de sérotonine grâce à des médicaments qui ne se révèlent pas très efficaces. Mieux vaudrait à mon sens se pencher sur le facteur cortisol.

Les patients atteints de TOC affichent en effet des taux de cortisol supérieurs à la moyenne et un déficit en mélatonine, joints à un taux plus élevé de cortisol urinaire[1]. En fait, il semble que les régulateurs de sérotonine agissent en partie sur ces troubles en abaissant le niveau de cortisol.

Plusieurs études indépendantes mettent en évidence une corrélation claire entre le groupe A et les TOC. Une enquête finlandaise a notamment constaté une prévalence de ce groupe sanguin au sein d'un petit échantillon de patients atteints de TOC[2]. Une étude

---

1. Catapano F., P. Monteleone, A. Fuschino, M. Maj et D. Kemali : « Melatonin and cortisol secretion in patients with primary obsessive-compulsive disorder. » *Psychiatry Res*, décembre 1992, 44(3), p. 217-25.

2. Rinieris P. M., C. N. Stefanis, A. D. Rabavilas et N. M. Vaidakis : « Obsessive-compulsive neurosis, anancastic symptomatology and ABO blood types. » *Acta Psychiatr Scand*, mai 1978, 57(5), p. 377-81.

plus importante menée sur des individus « normaux » grâce à un outil appelé inventaire d'obsessions de Leyton s'est soldé par une quasi-absence de personnes du groupe O dans le groupe « à risque », ce qui confirme des résultats antérieurs indiquant une fréquence de TOC beaucoup plus faible au sein du groupe O que dans le groupe A[1]. On notera avec intérêt que les catécholamines, si importantes pour la gestion du stress chez les sujets du groupe O, n'exercent aucune influence sur les TOC.

Une autre grande étude de 1983, concernant cette fois des patients atteints de TOC, a elle aussi montré une incidence accrue de cette affection au sein du groupe A. Même chose pour l'hystérie. Enfin, en 1986, l'examen de deux échantillons de patients psychiatriques du groupe A et du groupe O au moyen d'une méthode baptisée « bref inventaire des symptômes »[2] a souligné dans les deux équipes que les sujets du groupe A obtenaient des scores significativement plus élevés sur les facteurs « obsession-compulsion » et « psychotisme »[3]. L'auteur en conclut que « ces résultats ne sauraient être attribués à des écarts d'âge, de sexe ou de diagnostic et correspondent à ceux d'études précédentes. L'influence du groupe sanguin sur l'expression des symptômes pourrait dépendre des caractéristiques des membranes cellulaires, lesquelles varient notamment en fonction du groupe sanguin ».

1. Rinieris P. M., C. N. Stefanis et A. D. Rabavilas : « Obsessional personality traits and ABO blood types. » *Neuropsychobiology*, 1980, 6(3), p. 128-31.

2. Brief Symptom Inventory. (*N.d.T.*)

3. Boyer W. F. : « Influence of ABO blood type on symptomatology among outpatients : Study and replication. » *Neuropsychobiology*, 1986, 16(1), p. 43-46.

Groupes B et AB : le facteur oxyde nitrique

Nous avons déjà indiqué que le groupe B tendait à afficher des similitudes neurochimiques avec le groupe A, tandis que le groupe AB ressemblait plus au groupe O. On ne saurait cependant s'en tenir à ces parentés car un faisceau d'indices suggère que les fonctions mentales des porteurs de l'antigène B subissent l'influence de l'oxyde nitrique.

On connaît depuis quelques années le rôle primordial de ces molécules dans divers processus biologiques, notamment au niveau du système nerveux et des défenses immunitaires. L'organisme produit cet oxyde lorsqu'il convertit l'arginine, un acide aminé, en un autre acide aminé appelé citrulline. Même si son action sur les mammifères constitue une découverte récente, celle-ci a fait l'objet de près de 1 500 articles sur le sujet en 1998 et de près de 18 000 au cours des cinq dernières années[1]. On décèle son influence dans des domaines aussi divers que les coups de soleil, l'anorexie, le cancer, la toxicomanie, le diabète, l'hypertension artérielle, les troubles de la mémoire et de l'apprentissage, les chocs septiques, l'impuissance masculine ou la tuberculose.

La molécule d'oxyde nitrique (NO) dispose d'une durée de vie très brève, de l'ordre de cinq secondes. Sa rapidité de production et d'élimination fait d'elle un outil de communication utile entre les diverses fonctions de l'organisme, par exemple entre le système nerveux et le système immunitaire ou entre l'appareil cardio-vasculaire et l'appareil reproductif. Son espérance de vie très courte oblige l'organisme à en fabri-

---

1. Pu S. et al. : « Evidence showing that beta-endorphin regulates cyclic guanosine 3',5'-monophosphate (cGMP) efflux : anatomical and functional support for an interaction between opiates and nitric oxide. » *Brain Res*, 30 janvier 1999, 817(1-2), p. 220-25.

quer sans cesse, en convertissant son précurseur, l'acide aminé arginine.

À la fin des années 1980, les chercheurs de la faculté de médecine John Hopkins ont montré que le NO agissait comme médiateur de certains types de neurones du système nerveux central. Contrairement à d'autres neurotransmetteurs, tels que la dopamine ou la sérotonine, le NO ne se fixe pas à un emplacement spécifique de la cellule nerveuse, mais se diffuse plutôt à l'intérieur de celle-ci, où il fonctionne directement au niveau biochimique, ce qui fait de lui un neurotransmetteur express. Le NO semble aussi participer à la régulation de la production cérébrale d'opiacés (endorphines) [1].

Deux articles récents de la revue médicale *The Lancet* rapportent que les patients porteurs de l'antigène B (groupes B et AB) semblent éliminer l'oxyde nitrique plus rapidement que les sujets appartenant aux autres groupes sanguins, lorsque cette substance leur est administrée par inhalation dans le cadre du traitement de certaines affections pulmonaires. Non seule-

---

1. Expression d'un glycoépitope lié à l'antigène du groupe sanguin B dans les cellules des ganglions spinaux chez l'homme. Yamada M, N. Yuki, T. Kamata, Y. Itoh, T. Miyatake, département de neurologie de la faculté de médecine de Tokyo, Japon. « Les épitopes hydrates de carbone des glycoconjugués s'expriment sur les neurones sensoriels des ganglions spinaux. On pense à une action d'anticorps dirigés contre les déterminants des hydrates de carbone des glycoconjugués chez certains patients atteints de neuropathies sensorielles. Nous avons étudié l'expression des épitopes liés aux antigènes des groupes sanguins dans les ganglions spinaux en utilisant immuno-histo-chimiquement des anticorps monoclonaux des antigènes A, B et H. Un déterminant du groupe B, le glycoépitope lié à [Gal alpha 1-3(Fuc alpha 1-2)Gal beta-] a été mis en évidence dans les neurones et dans les cellules satellites environnantes des ganglions spinaux de sujets appartenant à tous les phénotypes ABO. Un traitement à la trypsine ou au chloroforme/méthanol avant l'immunomarquage laisse supposer que le glycoconjugué porteur de l'épitope lié au déterminant du groupe B se compose principalement de glycoprotéines et comprend des glycolipides. Il se peut que ces glycoconjugués porteurs de l'épitope lié au déterminant du groupe B jouent un rôle dans le fonctionnement physiologique et dans la pathophysiologie des neurones des ganglions spinaux. »

ment cette capacité d'élimination rapide peut se révéler très bénéfique pour le système cardio-vasculaire, mais elle agit aussi sur l'activité des neurotransmetteurs en facilitant la récupération après un stress. Cette découverte apporte un commencement d'explication à un phénomène que mon père et moi avons souvent observé : les individus du groupe B sont particulièrement réceptifs aux processus mentaux comme la méditation pour obtenir un soulagement physiologique ou pour recouvrer leur équilibre émotionnel. Et les membres du groupe B comme ceux du groupe AB se révèlent plus performants lorsqu'ils sont équilibrés. Les auteurs des articles du *Lancet* ignoraient s'il existait une corrélation entre le gène B et l'activité de l'oxyde nitrique. Cependant, une des réponses possibles se trouve juste à côté du gène ABO, sur le segment 9q34. Il s'agit du gène de l'enzyme arginosuccinate synthétase (ASS), qui commande le recyclage de l'arginine. De ce fait, la capacité de modulation de la conversion de l'arginine en oxyde nitrique dépend d'un gène qui s'avère le voisin immédiat du gène du groupe sanguin ABO. Il paraît donc probable que l'efficacité de ce gène subisse l'influence de l'allèle de l'antigène du groupe B.

EXTRAIT DES ARCHIVES DU GROUPE SANGUIN

Sherry N.
Groupe B
Femme, quarantaine
Amélioration : dépression, tabagisme

Dès la première semaine de régime, j'ai pu arrêter les antidépresseurs ; la seconde semaine, j'ai arrêté de fumer. Cela m'inquiète presque de me sentir aussi bien ! J'attends sans cesse le retour de bâton, mais il n'arrive pas. Est-il permis de se sentir aussi bien ? Mon bien-être s'est propagé à mes relations avec mon mari et à toute notre vie de couple. Ça n'a échappé à personne !

Il semble que la présence d'un antigène B (donc chez les personnes du groupe B ou AB) favorise une certaine souplesse des rapports entre l'esprit et le corps. J'ai d'ailleurs remarqué que les techniques de visualisation simples conviennent bien aux sujets de ces deux types.

Malade ou en bonne santé

LA PREUVE FLAGRANTE de l'existence de disparités neurochimiques entre les groupes sanguins conduit en toute logique à la question suivante : existe-t-il une personnalité correspondant à chaque groupe sanguin ? Vous voyez à présent à la lumière de la science que le « moi » que vous présentez au monde extérieur – votre comportement à l'égard des autres, votre perception des situations et vos réactions émotionnelles – est en rapport avec votre groupe sanguin. En d'autres termes, il semble que ce dernier aide à modeler le caractère de chacun.

Nous savons donc que des différences chimiques séparent les groupes sanguins et que celles-ci peuvent affecter nos émotions et notre comportement... mais dans quelle mesure ? Pour répondre à cette question, je me tourne de nouveau vers Samuel Hahnemann, le père de la médecine homéopathique, et vers sa théorie de la *psora*. Si vous êtes équilibré et en bonne santé, ces facteurs pourront n'avoir sur vous aucune action perceptible. Ils imprègnent votre tissu génétique, mais ne se manifestent pas nécessairement au quotidien. Lorsque, en revanche, vous êtes en état de stress et d'inadaptation, si votre système immunitaire donne des signes de faiblesse, si vous êtes en permanence patraque, les particularités liées à votre groupe sanguin pourront devenir votre *psora*, votre fêlure. Adopter un

mode de vie adapté à votre groupe sanguin vous don-
nera un meilleur contrôle de votre destin et vous aidera
à exprimer votre personnalité comme une caractéristique vivante et positive de votre individualité. Vous
verrez dans la troisième partie de cet ouvrage comment
tirer parti de ces distinctions sur le plan pratique, afin
de mener la vie la plus saine possible.

CHAPITRE 4

Intégrité digestive

L'influence systémique du groupe sanguin

J'AI LONGTEMPS POSSÉDÉ une vieille Saab 900 que j'adorais. Malheureusement, son moteur tournait mal et calait aux feux rouges ; aucun mécanicien ne parvenait à déceler la source du problème. Je suis vite devenu expert dans l'art de maintenir la voiture à l'arrêt à l'aide du frein à main tout en accélérant sans discontinuer quand je passais au point mort. Je suis sûr que ce spectacle a dû étonner plus d'un passant... mais mon astuce fonctionnait. Jusqu'au jour où un mécanicien plus doué que les autres a découvert que ses prédécesseurs utilisaient des pièces d'allumage pour Saab 900 à moteur à 16 cylindres, tandis que la mienne était équipée d'un moteur à 8 cylindres. Une fois cette erreur réparée, je pus me remettre à conduire mon bijou comme avant.

J'ai repensé à cet épisode récemment pendant qu'une patiente du groupe A m'expliquait avoir été « métaboliquement classifiée » dans la catégorie des « chasseurs-cueilleurs ». Elle ajouta que le régime lui convenant le mieux se rapprochait pourtant plus de celui que je recommandais pour le groupe O que de celui du groupe A. Elle m'affirma même qu'elle se sentait incroyablement mieux lorsqu'elle adoptait une alimentation riche en protéines que lorsqu'elle ne mangeait pas de viande.

Je compris qu'elle avait en réalité adapté son alimentation selon les mêmes principes que ceux qui me permettaient de faire avancer tant bien que mal ma Saab. Au départ, j'ai pensé qu'une investigation quant à son statut sécréteur résoudrait le mystère : environ 10 % des personnes du groupe A appartenant au sous-groupe non sécréteur présentent une résistance génétique à l'insuline et une certaine intolérance aux glucides. Malheureusement, le test indiqua que ma patiente n'entrait pas dans cette catégorie. Au temps pour ma théorie ! Un examen plus approfondi révéla qu'elle souffrait en revanche d'hypoglycémie extrême, un état qui peut induire des malaises chez les sujets du groupe A lorsqu'ils ingurgitent des glucides. Et elle masquait ce syndrome par une alimentation mal adaptée à son groupe sanguin. En effet, comme la viande ne provoque pas la même réponse insulinique, un hypoglycémique se sentira mieux avec une alimentation hyperprotéinée – à court terme tout au moins. Mais tôt ou tard, son organisme se rebellera de nouveau et, cette fois, il sera peut-être trop tard pour rectifier le tir.

Les problèmes digestifs ne se manifestent pas nécessairement immédiatement ni de manière spectaculaire. Le corps attend parfois de longues années avant de donner l'alarme. C'est pourquoi on évitera bien des tracas à long terme si on entretient son organisme, notamment par l'apport d'un carburant approprié et en veillant au bon équilibre de l'appareil digestif.

La nature nous fournit tous les outils nécessaires pour convertir les aliments que nous consommons en matériaux biologiquement utiles. Tant que l'on mange des mets indiqués et que tout va bien, l'appareil digestif se révèle aussi efficace qu'un tapis roulant d'une usine d'assemblage, si ce n'est qu'il travaille à décortiquer les aliments. Lorsque vous prenez une bouchée de nourriture, celle-ci a déjà stimulé vos autres sens, si bien que ce « tapis roulant » est prêt à accueillir la « matière première ». La langue, les dents, les gencives, les lèvres, la salive et les mucosités entrent alors en action, afin de préparer les aliments à glisser le long de votre œsophage jusqu'à l'estomac et au-delà, où une succession d'« usines » spécialisées (l'intestin grêle, le pancréas, la vésicule biliaire et le foie) se chargeront de les traiter avant de rejeter les résidus inutilisables dans le côlon.

Votre groupe sanguin au travail

LE GROUPE SANGUIN joue un rôle crucial à tous les stades du processus de digestion, depuis l'instant où le fumet d'un plat chatouille vos narines jusqu'à l'absorption des nutriments et l'élimination des déchets. Voici ses champs d'action principaux.

1. LA SALIVE : L'antigène du groupe sanguin est largement présent dans la salive et les mucosités, ce qui en fait un bouclier contre les agressions bactériennes.
2. LES MUCINES : Le groupe sanguin constitue le facteur le plus influent sur la structure des mucines, des molécules présentes dans le tube digestif qui protègent l'organisme des bactéries et des sensibilisations aux aliments. Les mucines sont les gardiennes de la digestion.
3. L'ESTOMAC : On trouve plus d'antigènes du groupe sanguin sur la paroi de l'estomac que dans aucun autre organe de l'appareil digestif. Un grand nombre d'hormones et de sécrétions subissent directement l'influence du groupe sanguin, notamment les sucs gastriques, la gastrine, la pepsine et l'histamine.

4. LE FOIE : Les cellules qui tapissent les canaux biliaires du foie sont porteuses d'antigènes du groupe sanguin. Ceux-ci imprègnent aussi fortement les sucs pancréatiques et la bile. Le groupe sanguin exerce en outre une influence sur le principal organe de filtration des nutriments et des déchets du corps.
5. L'INTESTIN GRÊLE : De grandes quantités d'antigènes du groupe sanguin sont accolées aux parois de l'intestin grêle, où elles interagissent avec les nutriments et les enzymes afin de gérer l'assimilation.
6. LE GROS INTESTIN : Les antigènes du groupe sanguin, largement présents dans le gros intestin, influent sur la flore intestinale.

Groupe sanguin et salive : Le rôle du statut sécréteur

LES GLANDES SALIVAIRES sous-maxillaires et sublinguales produisent énormément d'antigènes du groupe sanguin, lesquels sont donc très présents dans la salive. Des études ont mis en évidence une corrélation entre certaines maladies et l'incapacité de sécréter ces antigènes dans la salive. Ainsi, on trouve nettement plus de non sécréteurs que de sécréteurs parmi les patients atteints de la maladie de Graves, une forme d'hyperthyroïdie courante [1].

Lorsqu'on mastique les aliments, les enzymes de la salive entament le mécanisme de dissociation des sucres et des féculents et une petite partie d'entre eux sont directement absorbés par les tissus buccaux.

À ce stade, les non-sécréteurs sont désavantagés car la salive des sécréteurs contient significativement plus

---

1. Toft A. D., C. C. Blackwell, A. T. Saadi et al. : « Secretor status and infection in patients with Graves' disease. » *Autoimmunity*, 1990, 7(4), p. 279-89.

de glucides, et de types plus variés, que la leur. Les structures glucidiques salivaires observées dans les mucines peuvent agréger et tuer certaines bactéries buccales ainsi que certains constituants de la plaque dentaire. Voilà pourquoi, indépendamment de leur groupe sanguin, les non-sécréteurs présentent en moyenne plus de caries dentaires que les sécréteurs [1]. Cet écart est particulièrement marqué au niveau des surfaces lisses des dents.

EXTRAIT DES ARCHIVES DU GROUPE SANGUIN

Beverly B.
Groupe O
Femme jeune
Amélioration : dentition

Environ un mois après que j'ai adopté le régime du groupe O, j'ai rendu visite à mon dentiste pour une dent cassée. Il m'annonça que le *Lichens planus* qui affectait de manière chronique l'intérieur de ma mâchoire droite avait presque entièrement disparu. Ayant découvert que l'alfalfa des capsules de chlorophylle et l'aloès des enzymes digestives que j'absorbais étaient toxiques pour les sujets du groupe O, je les avais remplacées par d'autres produits. Et, d'après mon dentiste, seule une mince ligne signalait encore la présence du lichen buccal dont je souffrais depuis plus d'un an.

---

1. Arneberg P., L. Kornstad, H. Nordbo et P. Gjermo : « Less dental caries among secretors than among non-secretors of blood group substance. » *Scand J Dent Res*, novembre 1976, 84(6), p. 362-66.

Holbrook W. P. et C. C. Blackwell : « Secretor status and dental caries in Iceland. » *FEMS Microbiol Immunol*, juin 1989, 1(6-7), p. 397-99.

Kaslick R. S., T. L. West et A. I. Chasens : « Association between ABO blood groups, HL-A antigens and periodontal diseases in young adults : À follow-up study. » *J Periodontol*, juin 1980, 51(6), p. 339-42.

Nikawa H., H. Kotani, S. Sadamori et T. Hamada : « Denture stomatitis and ABO blood types. » *J Prosthet Dent*, spetembre 1991, 66(3), p. 391-94.

Votre statut sécréteur influe aussi sur l'activité des lectines. Les sécréteurs sont en effet génétiquement mieux protégés contre les bactéries et les lectines. Beaucoup de ces dernières substances stimulent la production de mucosités[1]. Comme celles-ci peuvent parfois jouer un rôle protecteur, on crut un temps à l'action bénéfique de certaines lectines dans le traitement de la mucoviscidose. Normalement, l'excès de mucosités lié à l'absorption desdites lectines s'agrège toutefois à la salive riche en antigènes afin d'être éliminé. Une surproduction contribue à maintes maladies, dont les allergies, les problèmes respiratoires et les infections auriculaires.

Le délicat équilibre de l'estomac

LE GROUPE SANGUIN joue un rôle important dans l'activité des acides et des enzymes gastriques. Il contrôle l'environnement dans l'estomac, ce qui se traduit en pratique par une digestion plus ou moins aisée des protéines selon le groupe sanguin. Le processus fonctionne de la manière suivante.

Lorsque les aliments parviennent dans l'estomac, la stimulation nerveuse provoque la sécrétion de liquides appelés sucs gastriques. Ceux-ci se composent d'eau, d'acide chlorhydrique et d'enzymes. Ils contiennent en outre beaucoup d'antigènes du groupe sanguin (plus que toute autre sécrétion digestive). L'acide chlorhydrique détruit les bactéries présentes dans les aliments, protégeant ainsi l'intestin des risques infectieux. C'est

---

1. Macartney J. C. : « Lectin histochemistry of galactose and N-acetyl-galactosamine glycoconjugates in normal gastric mucosa and gastric cancer and the relationship with ABO and secretor status. » *J Pathol*, octobre 1986, 150(2), p. 135-44.

aussi lui qui reflue parfois dans l'œsophage, suscitant une déplaisante sensation de brûlure.

EXTRAIT DES ARCHIVES DU GROUPE SANGUIN

Camilla D.
Groupe O
Femme jeune
Amélioration : asthme, sinusite

Pendant huit ans, je suis restée privée de goût et d'odorat, sauf quand je prenais des corticoïdes, ce qui m'arrivait une ou deux fois par an. Je souffrais d'asthme et de sinusite chronique, si bien qu'il m'arrivait fréquemment de ne pouvoir respirer que par la bouche. J'ai essayé tous les traitements conventionnels : ablation des végétations, antihistaminiques, médicaments contre l'asthme, remèdes en vente libre, piqûres anti-allergiques et, pour ma sinusite chronique, sans doute tous les antibiotiques du marché. Au mois d'août dernier, j'ai aperçu par hasard *4 Groupes sanguins 4 Régimes* chez mon libraire. J'ai tenté de suivre vos conseils et me suis sentie plutôt mieux. Un mois plus tard, j'en parlai à mon médecin de famille, pour découvrir que lui aussi était enthousiasmé par votre livre ! Dès que j'ai commencé à suivre le régime du groupe O à la lettre – plus d'aliments à base de blé, plus de pommes de terre, de dérivés du soja, etc. –, ma santé s'est améliorée de manière spectaculaire ! Depuis trois semaines, mon odorat et mes papilles ont retrouvé toute leur sensibilité. Je n'ai plus de crises d'asthme et je respire comme un être normal. Et cela me ravit ! Encore mieux : je n'ai plus besoin de me bourrer de médicaments !

Les sucs gastriques se font plus alcalins au contact des aliments car les protéines qu'ils contiennent tendent à contrebalancer leur acidité. Cette alcalinisation stimule la sécrétion de gastrine, donc d'acide. Pendant la digestion des protéines, l'acidité de l'estomac s'accroît, ce qui stoppe la production de gastrine, puisqu'il n'est plus nécessaire de sécréter un supplément d'acide. Le maintien d'un taux d'acidité gastrique adéquat est fondamental, car il commande le bon fonctionnement de la pepsine, enzyme qui contribue au métabolisme des protéines.

Le groupe sanguin et le sous-groupe sécréteur influent directement sur l'activité de la pepsine. Ainsi, l'estomac des personnes du groupe O fabrique plus d'acide chlorhydrique que celui de leurs congénères appartenant aux autres groupes sanguins. Après un repas, ils sécrètent aussi plus de pepsine, de pepsinogène et de gastrine, et ce plus rapidement[1]. Ces particularités leur permettent de mieux digérer les protéines animales.

Il semble en outre que l'antigène du groupe A, normalement présent dans les sucs gastriques des sujets de ce groupe sanguin, s'agrège à la pepsine et la rende inefficace. Cela explique peut-être la faible acidité de leur milieu gastrique[2].

On l'a vu, l'acide présent dans l'estomac sert aussi à barrer la route à la plupart des bactéries. Il s'agit là d'une fonction primordiale, étant donné que le mélange de nourriture et de salive que nous avalons n'est pas du tout stérile. Or l'intestin grêle est conçu pour absorber les nutriments, pas pour les purifier. L'un des inconvénients majeurs d'une acidité gastrique faible – caractéristique des groupes A et AB – consiste en une prolifération bactérienne dans l'estomac et au début de l'intestin grêle. Il s'agit en général d'un problème chro-

1. Pals G., J. Defize, J. C. Pronk et al. : « Relations between serum pepsinogen levels, pesinogen phenotypes, ABO blood groups, age and sex in blood donors. » *Ann Hum Biol*, septembre 1985, 12(5), p. 403-11.
2. Melissinos K., G. Alegakis, A. J. Archimandritis et G. Theodoropoulos : « Serum gastrin concentrations in healthy people of the various ABO blood groups. » *Acta Hepatogastroenterol* (Stuttgart), décembre 1978, 25(6), p. 482-86.

nique qui reparaît en quelques jours ou semaines lorsqu'on tente de le régler par un traitement antibiotique.

Le problème des lectines

Au premier rang des agents nocifs pour la santé de l'appareil digestif, on trouve les lectines. Ces protéines présentes dans les aliments se comportent différemment selon votre groupe sanguin. Lorsque vous consommez un mets incompatible avec celui-ci, ses lectines peuvent entraver votre digestion, votre métabolisme et le bon fonctionnement de vos défenses immunitaires.

Beaucoup de lectines sont associées à un groupe sanguin, en ce sens qu'elles affichent une prédilection marquée pour un type de sucre déterminé et se fixent de ce fait mécaniquement sur l'antigène sanguin doté de la structure glucidique correspondante [1], tandis qu'il glissera sur les autres. Au niveau cellulaire les lectines incitent les sucres présents à la surface des cellules à s'amalgamer de telle façon que les cellules s'agglutinent et se collent entre elles. Certaines bactéries possèdent des récepteurs à la structure proche de celle des lectines, dont elles se servent pour s'agripper aux cellules de l'organisme. Toutes les lectines ne provoquent pas de phénomène d'agglutination : certaines, appelées mitogènes, déclenchent une prolifération (ou mitose) de certaines cellules du système immunitaire [2]. Mais, pour simplifier les choses, on peut considérer les lec-

---

1. Springer G. F. : « Importance of blood-group substances in interactions between man and microbes. » *Ann NY Acad Sci*, 13 février 1970, 169(1), p. 134-52.
2. Acarin L., J. M. Vela, B. Gonzalez et B. Castellano : « Demonstration of poly-N-acetyl lactosamine residues in ameboid and ramified micro-

tines comme une sorte de colle. Le mot fut inventé dans les années 1950 par William Boyd pour désigner un type d'agglutinine qu'il avait isolé dans certaines plantes ; il est inspiré du verbe latin qui signifie choisir[1]. Le choix effectué par les lectines dépend essentiellement de la teneur en glycoconjugués, ou degré de glycosylation, d'un tissu. Par exemple, les cellules qui tapissent l'intestin grêle sont en général riches en ce type de substance. Elles possèdent donc bon nombre de sites auxquels les lectines peuvent s'agglutiner. Même les lectines sans rapport avec un groupe sanguin spécifique peuvent produire un impact par le biais d'effets secondaires dont les conséquences sont différentes suivant le groupe sanguin. Elles peuvent notamment inhiber les hormones digestives ou engendrer la production de toxines. En somme, comme l'écrivit l'éminent immunologiste David Freed : « Les lectines sont des causes à la recherche de maladies[2]. »

L'impact des lectines sur la digestion prend plusieurs formes, dont certaines vont bien au-delà de ce que nous considérons d'ordinaire comme des troubles digestifs.

LES LECTINES ENTRAVENT LE FONCTIONNEMENT DES DÉFENSES IMMUNITAIRES DE L'INTESTIN. Beaucoup de lectines alimentaires, notamment celles des légumineuses et des céréales, incitent le système immunitaire à fabri-

---

glial cells in rat brain by tomato lectin binding. » *J Histochem Cytochem*, août 1994, 42(8), p. 1033-41.

Gibbons R. J. et I. Dankers : « Immunosorbent assay of interactions between human parotid immunoglobulin À and dietary lectins. » *Arch Oral Biol*, 1986, 31(7), p. 477-81.

Irache J. M., C. Durrer, D. Duchene et Ponchel : « Bioadhesion of lectin-latex conjugates to rat intestinal mucosa. » *Pharm Res*, novembre 1996, 13(11), p. 1716-19.

1. Boyd W. C. : *Genetics and the Races of Man : An Introduction to Modern Physical Anthropology*. Boston, Little Brown, 1950.

2. Freed D. : *Dietary Lectins in Food Allergy and Intolerance*. Brostoff and Callacombe Editors, Londres, Baillere Tindall Publishers.

quer des anticorps à leur encontre[1]. Une partie des pseudo-allergies alimentaires provoquées par ces aliments réputés très allergisants seraient donc en fait des réactions du système immunitaire à leurs lectines.

LES LECTINES ENTRAVENT LA BONNE DIGESTION DES PROTÉINES. Des chercheurs ont observé que l'agglutinine du germe de blé stimulait de manière spectaculaire l'activité de la maltase des membranes cellulaires, une enzyme qui contribue à la dissociation des sucres complexes en sucres simples dans l'intestin grêle. Cette lectine semble également inhiber l'action de l'aminopeptidase, l'enzyme qui convertit les peptides en acides aminés[2].

LES LECTINES ACTIVENT DES AUTO-ANTICORPS EN CAS DE MALADIE INFLAMMATOIRE OU AUTO-IMMUNE. Chacun de nous, ou presque, charrie dans son sang des anticorps contre des lectines alimentaires. On a établi une corrélation entre certains d'entre eux et des lésions immunitaires des reins chez des patients atteints de néphropathie (maladie rénale). Et plusieurs indices suggèrent que l'anticorps produit dans le cadre de l'arthrite rhumatoïde doit être activé par la lectine du germe de blé[3].

Je suis en outre persuadé que bien des cas de fibromyalgie, une affection inflammatoire banale mais douloureuse des tissus musculaires, découlent d'une intolérance au blé. Les personnes atteintes de cette maladie

---

1. Pusztai A. : « Dietary lectins are metabolic signals for the gut and modulate immune and hormone functions. » *Eur J Clin Nutr*, octobre 1993, 47(10), p. 691-99.

2. Falth-Magnusson K. et al. : « Elevated levels of serum antibodies to the lectin wheat germ agglutinin in celiac children lend support to the gluten-lectin theory of celiac disease. » *Pediatr Allergy Immunol*, mai 1995, 6(2), p. 98-102.

3. Freed D. L. J. : Patchs anti-rhumatismaux. www.elfstromcom/ arthritis/articles/r-patch.html.

peuvent essayer de se passer pour un temps de produits à base de blé, afin de voir si elles constatent une amélioration de leur état. Détail intéressant, la glucosamine, un sucre aminé que l'on prescrit désormais couramment en association avec la chondroïtine aux arthritiques, s'agglutine spécifiquement avec la lectine du germe de blé.

LES LECTINES ALIMENTAIRES ENDOMMAGENT LES MUQUEUSES INTESTINALES. On sait depuis une quinzaine d'années que plusieurs lectines de légumineuses attaquent la paroi des cellules de l'intestin grêle destinées à absorber les nutriments (les villosités). Dans le cadre d'une étude, on a administré à des animaux de laboratoire de la lectine de haricot rouge. Deux à quatre heures plus tard, leurs villosités présentaient des vésicules pareilles à des boursouflures. Elles devaient retrouver leur aspect normal en une vingtaine d'heures. Conclusion des auteurs de l'étude : « Nous pensons que les villosités peuvent subir des cycles de dommages et de reconstitution répétés à la suite de l'ingestion de certaines lectines alimentaires [1]. »

EXTRAIT DES ARCHIVES DU GROUPE SANGUIN

Ellen I.
Groupe A
Femme, quarantaine
Amélioration : digestion, mucosités

Voici deux ou trois ans, j'ai commencé à souffrir de crises d'asthme. Lorsque je tentai d'expliquer à mon médecin que je croyais l'accumulation de mucosités liée à ce que je mangeais, il me rit au nez et me prescrivit un produit à inhaler et des médicaments. Comme le premier m'irri-

---

1. Brady P. G., A. M. Vannier et J. G. Banwell : « Identification of the dietary lectin, wheat germ agglutinin, in human intestinal contents. » *Gastroenterology*, août 1978, 75(2), p. 236-39.

tait la bouche et les seconds provoquaient des troubles de la vue, j'ai interrompu le traitement et décidé de m'en tenir aux vaporisateurs vendus sans ordonnance. Quand j'ai entendu parler pour la première fois du régime Groupe sanguin, je n'ai pas réagi, mais j'ai feuilleté votre livre lorsqu'il m'est tombé sous les yeux. À tout hasard, j'ai supprimé le blé, les pommes de terre et les pâtes qui composaient l'épine dorsale de mon alimentation, souvent au détriment des fruits et des légumes. Je n'aurais jamais cru qu'autant de produits puissent contenir du blé (même ma sauce tamari !). J'ai pris l'habitude de manger des cacahuètes en guise d'en-cas et j'ai vu disparaître la sensation que j'attribuais jusqu'alors à un excès d'acidité gastrique. En moins d'une semaine, je respirais et me sentais mieux. Mais dès que je relâche mon attention et que j'achète des friandises au distributeur de mon bureau, mes symptômes resurgissent. Toute absorption régulière de blé – même un biscuit d'épeautre par jour – pose problème. Bref, *4 Groupes sanguins 4 Régimes* m'a aidée à me libérer de mes mucosités.

LES LECTINES INFLUENT SUR LA PERMÉABILITÉ DE L'INTESTIN. Notre intestin se montre très pointilleux quant à la taille et à la quantité de ce qui est absorbé à travers ses muqueuses. On a remarqué que certaines lectines alimentaires accroissaient la perméabilité de ces dernières, ce qui peut favoriser, chez les personnes prédisposées, l'apparition d'une allergie ou d'une intolérance à de nouvelles protéines.

Les animaux dont les repas comportent des haricots rouges font preuve d'une perméabilité intestinale plus grande aux protéines qu'on leur injecte. Si l'on augmente encore l'apport en protéine de haricots rouges, les protéines injectées « fuient » dans tout le corps. On en détecte aussi sur les parois de l'intestin grêle.

LES LECTINES BLOQUENT LES HORMONES DIGESTIVES. La cholecystokinine (CCK), une hormone qui aide l'organisme à digérer les lipides, les protéines et les glucides en stimulant la sécrétion d'enzymes digestives, est sensible à plusieurs lectines alimentaires et notamment à celle du germe de blé. Ces lectines s'agglutinent aux récepteurs de cette hormone et en inhibent l'action. Comme la CCK est également présente en assez grande quantité dans le cerveau, on pense qu'elle joue un rôle dans le contrôle de l'appétit. Ces lectines pourraient donc de ce fait favoriser la prise de poids[1]. Selon cette hypothèse, en bloquant les récepteurs de CCK, les lectines inhiberaient la sécrétion d'amylase, une enzyme indispensable à la digestion des glucides. On notera que les individus du groupe A présentent normalement une activité plus importante de l'amylase, ce qui paraît logique puisqu'ils sont les plus aptes à métaboliser les glucides complexes[2].

LES LECTINES ENTRAVENT L'ABSORPTION DES NUTRIMENTS. Les animaux de laboratoire soumis à un régime essentiellement composé de farine de haricots beurre se révèlent de taille inférieure et dotés d'une capacité d'absorption du glucose et d'utilisation des protéines alimentaires inférieure de 50 % à celle d'un groupe témoin nourri à la farine de haricots dont la lectine avait été inactivée. De même, ajouter des lectines de germe de blé (*Triticum aestivum*), de stramoine (*Datura stramonium*) ou de racine d'ortie (*Urtica dioica*) à leurs repas diminue la digestibilité des protéines absorbées, les rend moins bien utilisables et ralentit la croissance des animaux. Ces trois lectines se comportent dans l'intestin comme des facteurs de croissance et interfèrent à divers niveaux avec ses fonctions et son méta-

---

1. Jordinson M., R. J. Playford Calam : « Effects of a panel of dietary lectins on cholecystokinin release in rats. » *Am J Physiol*, octobre 1997, 273(4 Pt 1), p. G946-50.

2. Jordinson M. et al. : « Soybean lectin stimulates pancreatic exocrine secretion via CCK-A receptors in rats. » *Am J Physiol*, avril 1996, 270(4 Pt 1), p. G653-59.

bolisme. De toutes, c'est toutefois la lectine de germe de blé qui se révèle la plus nocive. L'étude montra en effet que : « [...] une fraction appréciable de la lectine de germe blé absorbée franchit la paroi intestinale pour aller se déposer sur les parois des vaisseaux sanguins et des canaux lymphatiques ». Elle stimule aussi la croissance du pancréas, tandis qu'elle induit une réduction du volume du thymus, une glande liée au système immunitaire. L'étude conclut : « Même si l'implantation du gène de la lectine du germe de blé dans d'autres espèces végétales accroît la résistance desdites plantes aux insectes, la présence de cette lectine en concentration suffisante pour chasser les parasites risque de se révéler nocive pour les mammifères. Son utilisation comme insecticide naturel n'est donc pas sans danger pour l'homme [1]. »

LES LECTINES STIMULENT LA CROISSANCE DES ORGANES. Les lectines alimentaires peuvent provoquer une augmentation du volume des organes digestifs. Cela résulte de leur capacité à potentialiser d'autres facteurs de croissance par la libération de substances chimiques appelées polyamines.

Pour en savoir plus sur les polyamines, reportez-vous à la page 170.

Plusieurs études ont montré un grossissement de l'intestin, du foie et du pancréas chez les animaux soumis à ces lectines. L'une d'elles affirme sans ambages que : « Les lectines sont des constituants essentiels et

1. Weinman M. D., C. H. Allan, J. S. Trier et S. J. Hagen : « Repair of microvilli in the rat small intestine after damage with lectins contained in the red kidney bean. » *Gastroenterology*, novembre 1989, 97 (5), p. 1193-204.

omniprésents des plantes, et les animaux comme les humains en ingèrent chaque jour des quantités importantes. Ces substances étant biologiquement très actives, leur absorption peut se révéler lourde de conséquences pour le métabolisme et la santé. La stabilité des lectines et leur propension à s'accoler en priorité aux cellules épithéliales de la paroi intestinale font d'elles de puissants signaux exogènes [d'origine externe] de croissance métabolique pour l'intestin et le corps [1]. »

Connaissez vos lectines

Certaines lectines sont plus répandues et plus dérangeantes que les autres

Blé

On parle de « gagner son pain » ou de son « pain quotidien », mais en réalité, la plus grande partie de l'humanité n'a jamais vécu de pain seul, ou en tout cas pas de pain tel que nous le connaissons aujourd'hui. Bon nombre de personnes souffrent d'une intolérance au blé, souvent sans le savoir : cette intolérance ne se manifeste pas toujours par des symptômes aisément décryptables. Parmi ses protéines, le blé comporte une forte proportion de gluten et de gliadine. Et même si beaucoup d'autres céréales en contiennent aussi, il semble que notre système immunitaire réagisse avec une violence toute particulière à la gliadine du blé.

Le sérum de la moitié des personnes qui se plaignent de troubles digestifs présente des anticorps contre la

1. Erickson R. H., J. Kim J., M. H. Sleisenger et Y. S. Kim : « Effetct of lectins on the activity of brush border membrane-bound enzymes of rat small intestine. » *J Pediatr Gastroenterol Nutr*, décembre 1985, 4(6), p. 984-91.

gliadine. Et l'immense majorité (90 %) de celles qui souffrent d'une intolérance au gluten – décelée par des recherches menées au sein d'une famille ou d'un échantillon de population – ne rencontrent aucun problème de santé alors même qu'elles manquent de mucosités protectrices dans l'intestin.

La lectine du blé, appelée agglutinine du germe de blé, pose un sérieux problème alimentaire pour une part importante de la population. Comme la plupart des lectines alimentaires, celle-ci résiste au processus de digestion et produit des effets métaboliques et hormonaux. Cette lectine imite par exemple l'action de l'insuline sur les récepteurs insuliniques. Elle compte de ce fait parmi les molécules le plus couramment utilisées pour étudier le métabolisme de l'insuline. Je m'étonne que nul ou presque n'ait pris en compte les conséquences de ces propriétés reconnues en biologie moléculaire dans la vie courante. Non plus que des conclusions d'une étude montrant qu'environ 20 % des patients atteints de diabète insulinodépendant charriaient dans leur sang des lectines de germe de blé[1].

Votre susceptibilité aux effets nocifs de l'agglutinine du germe de blé dépend de votre groupe sanguin. On sait que l'antigène du groupe A s'agglutine de façon modérée à cette lectine dans les sucs digestifs, ce qui permet aux sujets des groupes A et AB appartenant au sous-groupe sécréteur de limiter ses méfaits. Ce n'est pas le cas pour les non-sécréteurs.

---

1. Ponzio G., A. Debant, J. O. Contreres et B. Rossi : « Wheat-germ agglutinin mimics metabolic effects of insulin without increasing receptor autophosphorylation. *Cell Signal*, 1990, 2(4), p. 377-86.

Tomate

Je reçois souvent sur mon site Internet des messages me demandant pourquoi certains aliments courants figurent sur la liste des ingrédients à éviter du régime Groupe sanguin, alors qu'ils sont vivement recommandés par les nutritionnistes. En tête de liste vient la tomate, déconseillée aux sujets des groupes A et B. Pourtant, m'objecte-t-on, on lit partout qu'elle renferme de puissants antioxydants. Que croire ?

Les tomates ont en effet joui des honneurs de la presse car on a découvert qu'elles contenaient de fortes concentrations de lycopène, un pigment naturel qui leur donne, comme aux pastèques ou aux raisins noirs, leur teinte rouge et qui possède des vertus antioxydantes. Des études ont montré que l'absorption de lycopène diminuait le risque d'apparition de certains cancers, comme celui de la prostate, et contribuait à réduire le risque cardio-vasculaire [1].

Pourquoi, dans ce cas, ne pas inciter tous les sujets à l'incorporer dans leurs menus ? La réponse est simple : la tomate contient une puissante lectine appelée agglutinine *Lycopersicon esculentum*. Il s'agit d'une panhémagglutinine, une des rares lectines dotées d'une action agglutinante sur tous les groupes sanguins (le riz contient lui aussi une panhémagglutinine, mais comme je ne l'ai jamais vue provoquer le moindre problème, je suppose qu'elle est détruite au cours de la digestion).

La lectine de tomate agit tout d'abord en faisant chuter la concentration en mucine, une enzyme qui protège les muqueuses intestinales. C'est sans doute pourquoi tant de personnes souffrant d'intolérances alimentaires digèrent mal les tomates.

---

1. Hussain N. P. U. Jani et A. T. Florence : « Enhanced oral uptake of tomato lectin-conjugated nanoparticles in the rat. » *Pharm Res*, mai 1997, 14(5), p. 613-18.

Ses méfaits ne s'arrêtent pas là. On a ainsi constaté qu'elle affichait une préférence pour les tissus nerveux. Elle s'agrège aussi à l'une des sous-particules de la pompe à protons, le mécanisme cellulaire qui commande la production d'acide sous l'impulsion de la gastrine. Voilà pourquoi de nombreux patients se plaignent d'hyperacidité gastrique après avoir mangé de la sauce tomate[1].

Quid du lycopène ? Comprenez tout d'abord qu'ajouter une tomate en rondelles dans votre salade ne vous apportera pas beaucoup de cet antioxydant. Une tomate contient en effet beaucoup d'eau. Vous trouverez plus de lycopène dans le concentré de tomate... mais aussi, malheureusement, plus de lectine de tomate. Une bonne nouvelle, tout de même : on trouve du lycopène dans maints autres aliments !

ALIMENT	MICROGRAMMES DE LYCOPÈNE POUR 100 G
Concentré de tomate	8 580
Goyave	6 500
Pastèque	5 400
Pamplemousse rose	4 100
Papaye	3 500
Tomate crue	3 100
Abricots secs	864
Purée de cynorrhodon	780

Comme vous pouvez le constater, la tomate n'est pas, loin s'en faut, le fruit le plus riche en lycopène. Signalons au passage que l'absorption de cet antioxydant est facilitée, comme celle de tous les caroténoïdes, par l'ajout d'une peu de matières grasses.

---

1. J. S. Chuang, J. M Callaghan, P. A. Gleeson et B. H. Toh : « Diagnostic ELISA for parietal cell autoantibody using tomato lectin-purified gastric H+/K(+)-ATPase (proton pump). » *Autoimmunity*, 1992, 12(1), p. 1-7.

Cacahuète

À la faculté de médecine, on nous apprenait à ne pas recommander les cacahuètes à nos patients car une fraction minoritaire mais significative de la population y est allergique. Il est difficile d'évaluer la prévalence de cette allergie alimentaire car les personnes allergiques aux cacahuètes le sont en général aux autres fruits à écale (noix, amandes, noix de cajou...). Une étude américaine a estimé qu'elle concernait environ 1,1 % des enfants et 0,3 % des adultes. Une autre étude portant sur 12 032 personnes a isolé 164 sujets allergiques [1].

L'allergie aux cacahuètes résulte d'un phénomène classique : les personnes atteintes sont porteuses d'anticorps contre les protéines de cette graine qui peuvent provoquer une réaction violente, voire un choc anaphylactique potentiellement fatal. Cela n'a aucun rapport avec le groupe sanguin et si vous vous savez allergique aux cacahuètes (ou à d'autres allergènes courants tels que le soja ou le blé), vous devez bien entendu les éviter à tout prix.

Les autres s'intéresseront à l'action protectrice que la lectine de ce fruit semble exercer à l'encontre de plusieurs cancers, dont ceux de l'estomac, du côlon et du sein [2]. D'un autre côté, on lit que les cacahuètes

---

1. A. W. Burks et al. : « Identification of peanut agglutinin and soybean trypsin inhibitor as minor legume allergens. » *Int Arch Allergy Immunol*, octobre 1994, 105(2), p. 143-49.

S. M. Tariq, M. Stevens, S. Matthews, S. Ridout, R. Twiselton et D. W. Hide : « Cohort study of peanut and tree nut sensitisation by age of 4 years. » *BMJ*, 31 août 1996, 313(7056), p. 514-17. www.foodallergy.org/research.html.

2. Gan R. L. : « [Peanut-lectin binding sites in gastric carcinoma and the adjacent mucosa]. » *Chung-hua Ping Li Hsueh Tsa Chih*, juin 1990, 19(2), p. 109-11.

Lin M. et al. : « Peanut lectin-binding sites and mucins in benign and malignant colorectal tissues associated with schistomatosis. » *Histol Histopathol*, octobre 1998, 13(4), p. 961-66.

contiennent des aflatoxines, des substances liées au développement du cancer du foie chez des animaux de laboratoire (aucune étude n'a établi qu'il en va de même chez l'être humain).

Signalons en premier lieu que les cacahuètes (et le maïs, le sorgho, les noix du Brésil, les noix de pécan, les pistaches) ne renferment normalement pas d'afla-toxines. Celles-ci sont le produit d'une contamination par une moisissure qui se développe lorsque la culture ou le stockage des noix se font dans de mauvaises conditions. Ajoutons que les cas d'aflatoxicose sont rarissimes, même dans les pays les plus défavorisés ; on en a recensé en Ouganda en 1971, en Inde en 1975 et en Malaisie en 1991..., mais jamais en corrélation avec l'absorption de cacahuètes ! En Ouganda et en Inde, il s'agissait de maïs contaminé et en Malaisie, d'une variété de nouille. Autant dire que l'on a largement à faire à un faux problème.

Le débat sur les protéines

L'UN DES ASPECTS les plus sujets à controverse du régime Groupe sanguin réside sans nul doute dans l'affirmation que les individus du groupe O et du groupe B ont besoin de manger de la viande rouge pour que leur état de santé soit optimal. Or les théories nutritionnelles classiques rendent cet aliment responsable, entre autres maux, de l'hypercholestérolémie, des affections cardio-vasculaires et de l'ostéoporose. Pourtant nos connaissances sur la phosphatase alcaline intestinale vont à l'encontre de ces croyances : il s'agit d'une

Melato M. et al. : « The lectin-binding sites for peanut agglutinin in invasive breast ductal carcinomas and their metastasis. » *Pathol Res Pract*, 1998, 194(9), p. 603-08.

enzyme produite dans l'intestin grêle qui contribue notamment à la digestion des protéines et des graisses animales.

Des études récentes démontrent clairement que les personnes appartenant au groupe O, et à un moindre degré au groupe B, possèdent un taux de phosphatase alcaline intestinale plus élevé que leurs congénères des autres groupes sanguins, et que ce taux les protège contre les méfaits d'une alimentation hyperprotéinée. Les sujets du groupe A, en revanche, ne sécrètent presque pas cette enzyme et le peu qu'ils produisent est inactivé par leur propre antigène A. Voilà une bonne raison pour les inciter à s'en tenir à une alimentation peu protéinée. On sait en outre que l'activité de la phosphatase alcaline intestinale chez les non-sécréteurs correspond à seulement 20 % environ de celle observée chez les sécréteurs. Si, donc, vous appartenez au groupe A et êtes non sécréteur, votre taux de cette importante enzyme risque de se révéler dangereusement faible [1].

Il semble aussi que cette enzyme favorise l'absorption du calcium, ce qui explique peut-être que le groupe O affiche une moindre incidence de fractures osseuses.

Que penser alors de la thèse soutenue par les tenants du végétalisme, selon laquelle une alimentation à base de plantes contribuerait à prévenir l'ostéoporose en ralentissant l'excrétion du calcium ? S'il est vrai qu'un régime hyperprotéiné stimule, chez certains, l'élimina-

---

1. Agbedana E. O. et M. H. Yeldu : « Serum total, heat and urea stable alkaline phosphatase activities in relation to ABO blood groups and secretor phenotypes. » *Afr J Med Sci*, décembre 1996, 25(4), p. 327-29.

Domar U., K. Hirano et T. Stigbrand : « Serum levels of human alkaline phosphatase isozymes in relation to blood groups. » *Clin Chim Acta*, 16 décembre 1991, 203(2-3), p. 305-13.

Mehta N. J., D. V. Rege et M. B. Kulkarni : « Total serum alkaline phosphatase (SAP) and serum cholesterol in relation to secretor status and blood groups in myocardial infection patients. » *Indian Heart*, mars 1989, 41(2), P. 82-85.

tion du calcium, nombre d'études mettent en évidence les faiblesses d'une telle théorie.

On sait depuis longtemps que le taux de phosphatase alcaline s'élève après un repas comportant des lipides ; la recherche récente indique qu'il augmente aussi après un repas riche en protéines. Il semble donc de plus en plus probable que le rejet total des aliments d'origine animale soit scientifiquement injustifiable. J'ai récemment lu un article rapportant que des équipes des universités John-Hopkins et du Minnesota ainsi que du centre de recherche clinique de Chicago avaient déterminé que l'absorption de 170 g de viande rouge cinq fois par semaine ou plus pourrait réduire de près de 10 % le risque coronarien. Les femmes dont l'alimentation ne comportait que 15 % de protéines affichaient un risque cardiaque de 25 % supérieur à celles qui tiraient 24 % de leur apport calorique des protéines. Mieux : les protéines animales semblaient s'avérer aussi protectrices que celles provenant de végétaux.

Le miracle de la bonne santé digestive

AU COURS DES DERNIÈRES ANNÉES, j'ai donné maintes conférences dans des librairies et des magasins de produits diététiques, dans des congrès médicaux ou devant des groupes divers. En général, je bavarde ensuite pendant une bonne heure avec les participants qui s'approchent du podium pour me poser des questions ou me narrer leur propre parcours. J'apprécie ces conversations, qui se révèlent toujours extrêmement enrichissantes. Ainsi, lorsque mon interlocuteur se plaint de ne pas obtenir du tout les résultats escomptés avec le régime Groupe sanguin, je cherche l'indice qui me permettra de déceler la source du problème. Si cela ne suffit pas, je poursuis mon enquête dans mon laboratoire. J'ai parfaitement conscience de ne pas détenir toutes les réponses, mais je m'efforce de résoudre un maximum d'énigmes de cet ordre.

Bien souvent, néanmoins, ces entretiens ne font que conforter ma conviction de la justesse fondamentale de la science du groupe sanguin. J'ai cessé de compter les personnes qui ont vu leur santé s'améliorer de manière spectaculaire dès qu'elles ont adopté l'alimentation adaptée à leur groupe sanguin. Et chacun de leurs récits réchauffe mon cœur de médecin et d'homme.

Récemment, après une causerie dans une librairie du Connecticut, j'ai fait la connaissance de Robin, une femme de cinquante-deux ans du groupe O qui avait lutté pendant seize ans contre une colite ulcéreuse. Cette affection chronique particulièrement pénible se traduit par une inflammation des muqueuses intestinales, qui sont littéralement à vif. Les symptômes comprennent des douleurs, des diarrhées et des selles sanglantes avec parfois de sérieuses hémorragies, voire, dans le pire des cas, une rupture de la paroi intestinale. La colite ulcéreuse fait souvent en outre le lit du cancer. La maladie se révélant extrêmement tenace, les personnes qui en sont atteintes abandonnent souvent tout espoir d'aller jamais vraiment bien.

Le sourire radieux de Robin illuminait ses traits tirés : elle venait me dire qu'après seize années de crises, elle éprouvait enfin un mieux-être grâce au régime Groupe sanguin. « J'espère que vous ne m'en voudrez pas de divaguer un peu, me dit-elle, mais je suis tellement soulagée... » Elle me relata alors son calvaire, les traitements anti-inflammatoires inefficaces et son séjour de six semaines à l'hôpital sous alimentation artificielle lors d'une crise particulièrement aiguë.

Tout avait commencé après la naissance de son fils. Soucieuse de la qualité de son lait, elle avait décidé de modifier radicalement son alimentation en supprimant la viande puis en adoptant un régime végétarien strict riche en céréales et en légumes secs. « Et, c'est à partir de ce moment que j'ai commencé à souffrir de colite », commenta-t-elle.

Robin avait entendu parler du régime Groupe sanguin au moment où elle s'interrogeait sur l'opportunité de subir une résection intestinale, une intervention chirurgicale assez lourde au cours de laquelle on ôte une partie de l'intestin et qui rend nécessaire le port d'une poche de colostomie. Elle se dit qu'elle n'avait rien à perdre à essayer ce régime.

« Je suis le régime du groupe O depuis quatre mois, m'annonça-t-elle. Je marche 6,5 km tous les matins, j'interromps progressivement mes traitements médicamenteux et je ne m'étais pas sentie aussi bien depuis des années. Maintenant, j'ai bon espoir d'échapper à l'intervention chirurgicale. »

Le récit de Robin me ravit bien évidemment, mais il m'emplit aussi de colère. Seize années de souffrances et aucun médecin n'avait songé à lui suggérer de changer d'alimentation ! Imaginez un peu que l'on vous nourrisse chaque jour de plats que vous croyez bons pour votre santé, mais qui en fait sont pour vous des poisons. Combien de temps vous faudrait-il pour vous demander si des aliments qui vous rendent aussi malade sont réellement sains pour vous ?

DEUXIÈME PARTIE

Maintenir un sain équilibre

CHAPITRE 1

Synchronisation métabolique

L'influence biochimique du groupe sanguin

*M*AINTENANT QUE VOUS COMPRENEZ comment votre groupe sanguin fonctionne, que vous avez vu comment il commandait vos réactions à certaines situations, penchons-nous un instant sur l'envers du décor : la dynamique du métabolisme et du système immunitaire, qui subissent eux aussi l'emprise du groupe sanguin.

Après la publication de *4 Groupes sanguins 4 Régimes*, une émission de télévision a testé le livre sur deux volontaires, sous la surveillance d'un nutritionniste : Loren, pâtissière, groupe O, soixante-quinze kilos, et Miguel, un des producteurs de l'émission, groupe A, quatre-vingt-dix kilos. Après deux semaines du régime adapté à leur groupe sanguin, la première avait perdu trois kilos et le second trois et demi. Émerveillée de voir deux personnes perdre autant de poids avec deux régimes aussi différents, la présentatrice de l'émission conclut : « Nous sommes convaincus. Je m'y mets aussi ! »

Une saine perte de poids accompagne en général

l'adoption du régime Groupe sanguin. Mais les changements métaboliques qui en résultent sont bien plus significatifs qu'un simple affinement de la silhouette. L'obésité provoque un dérèglement hormonal qui modifie à terme l'équation métabolique. Ce déséquilibre métabolique se traduit souvent par une résistance à l'insuline, c'est-à-dire que les adipocytes ne sont plus sensibles à l'action de l'insuline.

En cas de résistance à l'insuline, le corps doit produire des quantités croissantes de cette substance pour un résultat de plus en plus aléatoire, si bien qu'il devient difficile pour l'organisme de réguler le taux de sucre sanguin. Dans le même temps, ce phénomène bloque le métabolisme et les mécanismes qui permettent de brûler les lipides utilisés comme carburant de l'organisme et stocke l'excès de sucres et de féculents sous forme de graisse corporelle.

On retrouve souvent à l'origine d'une résistance à l'insuline une consommation excessive d'aliments riches en lectines nocives pour votre groupe sanguin. Certaines lectines agissent en effet de manière similaire à l'insuline sur les récepteurs des adipocytes. Une fois fixées sur ces récepteurs, elles indiquent à ces cellules de cesser de brûler des graisses et d'emmagasiner l'excédent calorique sous forme de graisse. On comprendra donc qu'abuser des mets renfermant ces lectines se traduise par une augmentation de la masse graisseuse corporelle au détriment des autres tissus[1].

Beaucoup de non-sécréteurs se révèlent insulinorésistants, ce qui peut entraver la conversion des triglycérides, et ralentir le métabolisme[2]. Ce dernier favorise

---

1. Ponzio G., A. Debant, J. O. Contreres et B. Rossi : « Wheat-germ agglutinin mimics metabolic effects of insulin without increasing receptor autophosphorylation. » *Cell Signal*, 1990, 2(4), p. 377-86.
Shechter Y. : « Bound lectins that mimic insulin produce persistent insulinlike activities. » *Endocrinology*, décembre 1983, 113(6), P. 1921-26.
2. Clausen J. O., H. O. Hein, P. Suadicani et al. : « Lewis phenotypes

le stockage extracellulaire d'excès de fluides – c'est la rétention d'eau – et par là les œdèmes.

> Si vous essayez de perdre du poids en réduisant votre apport calorique, vous perdrez des tissus musculaires, même si vous avez une activité physique régulière. Le sport peut ralentir ce phénomène, mais tout régime basses calories de plus de deux semaines porte atteinte à l'équilibre corporel. C'est une des principales raisons pour lesquelles je pense que se nourrir et se dépenser en fonction de son groupe sanguin constitue la méthode d'amincissement la plus rationnelle. En mangeant les aliments qui conviennent à votre groupe sanguin, vous augmenterez votre masse musculaire, ce qui accélérera votre métabolisme au repos et provoquera la combustion des excédents graisseux sans fonte musculaire.

Une fois que l'on a accumulé des kilos excédentaires, il devient encore plus difficile de retrouver un équilibre normal car la trame du métabolisme a changé. L'obésité s'assortit *toujours* d'une résistance à l'insuline, ce qui se traduit par des taux d'insuline plus élevés car en proportion avec le pourcentage de graisse emmagasiné dans les organes internes. L'équation est simple : plus de graisses corporelles = plus de résistance à l'insuline. Autant dire que toute personne désirant mincir se trouve confrontée à un véritable défi métabolique. Sachez toutefois que comme les autres dérèglements du métabolisme que nous allons évoquer, celui-ci est pro-

---

and the insuline resistance syndrome in young healthy white men and women. » *Am J Hypertens*, 8 novembre 1995, (11), p. 1060-66.

Melis C., P. Mercier, P. Vague et B. Vialettes : « Lewis antigen and diabetes. » *Rev Fr Transfus Immunohematol*, septembre 1978, 21(4), p. 965-71 (en français).

Peters W. H. et W. Gohler : « ABH-secretion and Lewis red cell groups in diabetic and normal subjects from Ethiopia. » *Exp Clin Endocrinol*, novembre 1986, 88(1), p. 64-70.

portionnel à la masse graisseuse et tend à se normaliser lorsqu'on élimine cette graisse.

Une étude menée sur des enfants obèses a mis en évidence des problèmes métaboliques au niveau des divers systèmes endocriniens dont l'activation de l'hormone thyroïdienne, la production d'hormone de stress et les taux d'androgènes, d'hormone de croissance et d'insuline. Chez ces enfants, les concentrations d'insuline de base et après stimulation par l'ingestion de sucres rapides ou lents s'avéraient élevées[1]. On retrouve sans nul doute un phénomène identique chez les adultes.

> Adopter un régime adapté à votre groupe sanguin ➡ Masse musculaire accrue ➡ Amélioration de l'indice de masse corporelle ➡ Combustion des excédents graisseux sans fonte musculaire.

La régulation du métabolisme de l'énergie chez les obèses diffère de la normale à plusieurs égards.

L'EXCÉDENT PONDÉRAL PROVOQUE UNE RÉSISTANCE À LA LEPTINE. On s'intéresse de près, depuis quelques années, à la leptine (rien à voir avec les lectines !), une hormone liée au gène de l'obésité. La leptine agit sur l'hypothalamus afin de réguler le taux de graisse corporelle, la capacité à brûler les graisses pour produire de l'énergie et la satiété. Avec quelques kilos superflus, on observe une hausse du taux de leptine, mais son action reste minime. Chez l'obèse, en revanche, il augmente parallèlement au taux d'insuline, ce qui incite certains chercheurs à affirmer que cette situation conduit au diabète et aux accidents cardio-vasculaires.

---

1. Rosskamp R. : « Hormonal findings in obese children : A review. » *Klin Padiatr*, juilllet-août 1987, 199(4), p. 253-59 (en allemand).

L'excédent pondéral favorise la résistance au cortisol. En général, les personnes trop enveloppées affichent des taux de cortisol chroniquement supérieurs à la moyenne [1]. Les tissus graisseux accélèrent le renouvellement du cortisol, ce qui facilite la production de cortisone, stimule la sécrétion d'ACTH et entretient la stimulation du cortex surrénal. En outre, un taux élevé de cortisol favorise en soi la prise de poids. Il s'agit donc d'un cercle vicieux.

Le cortisol diffère des hormones stéroïdes telles que les hormones sexuelles en ce sens que c'est un glucocorticoïde. Ce qui signifie qu'il agit au premier chef en accroissant le taux de sucre sanguin au détriment des tissus musculaires. Ce mécanisme fort utile en situation de danger provoque, s'il s'exerce au quotidien, une résistance à l'insuline et une modification du rapport muscles/graisse. Et ses méfaits ne s'arrêtent pas là : on pense qu'un niveau de cortisol élevé tend à accroître l'appétit. L'expérimentation animale et humaine a en effet montré que le cortisol constituait le principal facteur empêchant la leptine de diminuer l'appétit, d'accélérer le métabolisme et de réduire la masse graisseuse. Ce problème concerne tout particulièrement les sujets du groupe A et du groupe B qui démarrent avec des taux de cortisol supérieurs à la moyenne.

Le syndrome X

Lorsque l'« orchestre » métabolique joue faux, on sent dans sa chair que quelque chose ne tourne pas rond. Restez donc à l'écoute de votre corps. Et n'oubliez

---

1. Blfiore F. et S. Ianello : « Insulin resistance in obesity : Metabolic mechanisms and measurement methods. » *Mol Genet Metab*, 1998, 65, 121-28.

pas que si notre société obnubilée par la minceur considère surtout les kilos superflus comme un souci esthé-
tique, ils révèlent en réalité un déséquilibre systémique
lourd de conséquences pour la santé.

Bio-marqueurs de forme

Comment mesure-t-on la « forme » métabolique ? La
meilleure méthode consiste à considérer certains marqueurs correspondant à des fonctions spécifiques. En
1991, William Evans et Irwin Rosenberg ont défini le
concept de « bio-marqueurs » pour les aspects modifia-
bles des fonctions associées à un vieillissement sans
décrépitude. On s'aperçut que bon nombre de ces bio-
marqueurs reflétaient directement ou indirectement la
santé du métabolisme. Ce sont la masse musculaire, la
force, le rythme métabolique de base, le pourcentage de
graisse corporelle, la capacité aérobie, la régulation du
taux de sucre sanguin et la densité osseuse. Tous ces
indicateurs dressent le portrait de votre âge biologique,
beaucoup plus déterminant que votre état civil.
La masse musculaire agit sur un aspect critique du métabolisme appelé métabolisme de base, lequel correspond
au nombre de calories que vous brûleriez en une journée
si vous demeuriez complètement au repos. Un métabolisme de base lent révèle une combustion inefficace des
calories. Ce taux tend à diminuer avec les années, en
grande partie à cause d'une fonte musculaire. Résultat :
en prenant de l'âge, la plupart des personnes voient leurs
tissus perdre en activité métabolique.
Les tissus actifs dans le métabolisme, aussi appelés
masse tissulaire active, sont constitués de tissus musculaires et de tissus organiques comme ceux du foie, du
cerveau ou du cœur. Lorsque cette masse augmente, on
gagne en vigueur, le métabolisme de base s'élève et la
capacité aérobie s'améliore. La santé générale aussi,
tant sur le plan cardio-vasculaire que sur le plan de l'utilisation des sucres, le taux de bon cholestérol ou la densité osseuse.
Bénéfice supplémentaire : l'accroissement de la masse

tissulaire active apporte un métabolisme anti-graisses plus performant puisque le gain de tissus musculaires augmente la quantité de graisse brûlée au repos et son rythme de combustion.

Peut-être avez-vous remarqué que certains problèmes métaboliques vont souvent de concert. Par exemple, un diabétique sera souvent aussi hypertendu et en excédent pondéral, ou un cardiaque présentera un excès de triglycérides, une obésité et des symptômes de diabète.

Ces dernières années, les scientifiques accordent une attention grandissante à un état qu'ils ont surnommé syndrome X. Le syndrome X se caractérise par le cumul de plusieurs déséquilibres du métabolisme : résistance à l'insuline, taux de sucre sanguin, de triglycérides ainsi que de cholestérol LDL (le « mauvais » cholestérol) élevés, taux de cholestérol HDL (le « bon ») trop bas, hypertension artérielle et obésité (en particulier au niveau de l'abdomen).

Les interactions entre ces divers dysfonctionnements semblent favoriser l'apparition du diabète de l'adulte (de type II), d'athérosclérose et d'affections cardio-vasculaires[1]. C'est là que le groupe sanguin intervient, car c'est lui qui détermine votre risque cardio-vasculaire.

Le lien cardio-vasculaire

CONNAÎTRE VOTRE GROUPE SANGUIN bouleversera vos certitudes et votre attitude de prévention des maladies

1. Grundy S. M. : « Hypertriglyceridemia, insulin resistance, and the metabolic syndrome. » *Am J Cardiol*, 13 mai 1999, 83(9B), p. 25F-29F.

Kotake H. et S. Oikawa : « Syndrome X. » *Nippon Rinsho*, mars 1999, 57(3), p. 622-26 (en japonais).

cardio-vasculaires. La recherche récente explique enfin le paradoxe apparent du régime Groupe sanguin : comment la viande peut se révéler bénéfique pour un groupe sanguin et être un véritable poison pour un autre. J'espère que cela nous permettra de régler une fois pour toutes la « question de la viande ». Si tous les groupes sanguins sont vulnérables aux affections cardio-vasculaires, celles-ci résulteront de facteurs différents.

Ainsi, pour les sujets du groupe O et du groupe B, la cause est en général une intolérance aux glucides, mais rarement une hypercholestérolémie. Les groupes A et AB affichent un parcours plus classique avec, à l'origine de leurs troubles, une hypercholestérolémie. Il paraît donc logique qu'ils doivent adopter des modes de vie et des régimes bien distincts pour conserver une bonne santé cardiaque.

EXTRAIT DES ARCHIVES DU GROUPE SANGUIN

Jack J.
Groupe O
Homme, cinquantaine
Amélioration : cardio-vasculaire, taux de sucre sanguin,
bien-être

J'ai entamé le régime Groupe sanguin en septembre 1998. À l'âge de cinquante-six ans, je pesais 154 kg pour 1,96 m, avec une silhouette de type mésomorphe, une tension de 16/9,6, un rythme cardiaque de 92 pulsations par minute, et des problèmes permanents de taux de sucre sanguin. J'étais en outre perpétuellement abruti. Première amélioration : mes idées se sont éclaircies. La perte de poids s'est fait sentir en moins d'un mois et l'énergie m'est revenue en trois à quatre mois. J'ai commencé à marcher par plaisir, moi qui passais mes loisirs vautré sur le canapé, ce qui m'a fait beaucoup de bien. À présent, je marche 32 km par semaine et passe trois fois deux heures et demie dans une salle de gym.

J'ai retrouvé mes muscles et la silhouette athlétique de mes vingt ans et je déborde de vigueur. Je pèse aujourd'hui 108 kg, ma tension est stabilisée à 13/6,8 et mon rythme cardiaque au repos à 68. Voici deux ans, mon médecin avait diagnostiqué un dysfonctionnement de la partie gauche de mon cœur et je souffrais d'un peu d'angine de poitrine : tout cela appartient désormais au passé et je n'ai plus ressenti aucun symptôme depuis plus de neuf mois. Et en plus, presque toutes mes allergies ont disparu, alors que j'en souffrais depuis l'enfance, et je n'ai pas absorbé d'antihistaminique de l'année. Envolée aussi mon arthrite chronique. Autant dire que j'envisage l'avenir d'un œil optimiste ! Je ne me suis jamais senti aussi en forme et je compte bien sur trente ou quarante années supplémentaires de vie active et bien remplie. Mon cardiologue dit que votre régime m'a sauvé la vie et que l'alimentation américaine moderne constitue à son sens la première cause de mortalité. Croyez que si j'avais bénéficié de vos informations dès ma jeunesse, je ne me serais jamais laissé aller à une telle sédentarité. Et je vous promets de ne jamais revenir volontairement à ce type d'existence. Merci de m'avoir restitué la vie. »

Groupe A et groupe AB :
Le facteur cholestérol

Plusieurs études indiquent que les personnes du groupe A et du groupe AB sont plus exposés aux maladies cardio-vasculaires et aux accidents mortels liés à un excès de cholestérol.

• On a examiné une population japonaise en comparant les groupes sanguins et les taux de cholestérol total, afin de déterminer si, comme au sein des échantillons d'Européens de l'Ouest précédemment étudiés, l'hypercholestérolémie serait associée au groupe A. Le résultat se révéla positif : les sujets du groupe A affichaient des taux de cholestérol significativement plus élevés que ceux appartenant aux autres groupes sanguins [1].

• Une étude portant sur 380 combinaisons de marqueurs et de facteurs de risque a mis en évidence des associations entre le groupe A et les taux de cholestérol total et de cholestérol LDL, ainsi qu'une corrélation négative entre le groupe B et le taux de cholestérol [2].

• Une étude hongroise a mesuré le taux de cholestérol de 653 patients venus subir une angiographie coronarienne à l'Institut hongrois de cardiologie entre 1980 et 1985. Il en ressort que la groupe A était plus représenté au sein de cet échantillon qu'il ne l'est normalement dans la population hongroise, tandis que le groupe O l'était moins. On observe aussi des disparités suivant les groupes sanguins dans la localisation des rétrécissements artériels [3].

EXTRAIT DES ARCHIVES DU GROUPE SANGUIN

Barry F.
Groupe A
Homme, cinquantaine
Amélioration : cardio-vasculaire

Les examens de laboratoire indiquent une diminution spectaculaire de mes taux de cholestérol et de triglycé-

---

1. Wong F. L. K. Kodama, H. Sasaki, M. Yamada et H. B. Hamilton : « Longitudinal study of the association between ABO phenotype and total serum cholesterol level in a Japanese cohort. » *Genet Epidemiol*, 1992, 9(6), p. 405-18.

2. George V. T., R. C. Elston, C. I. Amos, L. J. Ward et G. S. Berenson : « Association between polymorphic blood markers and risk factors for cardiovascular disease in a large pedigree. » *Genet Epidemiol*, 1987, 4(4), p. 267-75.

3. Tarjan Z., M. Tonelli, J. Duba et A. Zorandi : « Correlation between ABO and Rh blood groups, serum cholesterol and ischemic heart disease in patients undergoing coronarography. » *Orv Hetil*, 9 avril 1995, 136(15), p. 767-69.

rides, j'ai perdu dix kilos, je digère beaucoup mieux, je n'ai plus de baisses d'énergie et j'ai les idées plus claires. Ce régime a amélioré tous les aspects de mon existence. Je recours à l'acupuncture et à la phytothérapie et recommande régulièrement votre livre à mes patients.

Plusieurs formes d'hypercholestérolémie sont héréditaires. Parmi elles, l'hyperlipoprotéinémie de type IIB, caractérisée par un surplus de LDL et de VLDL (le *très* mauvais cholestérol), qui conduit au durcissement prématuré des artères, à l'obstruction de l'artère carotide (celle qui alimente la tête et le cerveau), à l'artérite périphérique et aux accidents cardio-vasculaires. Tous ces maux étant plus répandus chez les individus du groupe A, on ne s'étonnera pas d'apprendre qu'il existe une forte corrélation entre cette forme d'hyperlipoprotéinémie et le groupe A tant chez les nouveau-nés que chez les personnes ayant souffert d'accidents cardio-vasculaires.

EXTRAIT DES ARCHIVES DU GROUPE SANGUIN

Susan D.
Groupe A
Femme, cinquantaine
Amélioration : cardio-vasculaire

Mon taux de cholestérol LDL, qui dépassait 250 mmol/l depuis des années, a chuté de plus de 100 points après quelques mois de votre régime. Aucune modification de mon alimentation n'avait jusqu'alors exercé sur lui le moindre effet positif – au contraire, les régimes prescrits par les divers médecins et nutritionnistes que j'avais consultés tendaient plutôt à le faire grimper encore. Je dois retourner faire un test sanguin dans un mois, car mon médecin reste sceptique. Pas moi : je *sais* que vous avez raison !

Groupe O et groupe B :
Le facteur intolérance aux glucides

Pour les personnes des groupes O et B, le facteur de risque majeur en matière cardio-vasculaire ne réside pas tant dans les graisses qu'elles absorbent que dans celles accumulées au fil des années. Autrement dit, l'intolérance aux glucides. Quand ces sujets adoptent un régime pauvre en graisses mais riche en lectines qui abaissent le métabolisme, ils prennent du poids. Et ce type particulier d'excédent pondéral accroît le risque coronarien.

Pendant des années, les experts ont soutenu qu'un excès de triglycérides – des molécules de lipides composées de trois chaînes d'acides gras (la plupart des graisses alimentaires et corporelles se présentent sous cette forme chimique) – n'était pas en lui-même dangereux et qu'il ne devenait préoccupant que lorsqu'il se combinait avec d'autres facteurs. Il semble de plus en plus clair que cette théorie est erronée, ce qui explique en partie la topographie spécifique de la maladie cardio-vasculaire au sein des groupes O et B.

Les diabétiques affichent souvent des taux de triglycérides élevés et on pense que le diabète constitue la première cause d'hypertriglycéridémie. Ce qui revient à admettre que la résistance à l'insuline provoquée par l'intolérance aux glucides conduit à l'hypertriglycéridémie.

Une étude récente a montré que les hommes dotés des plus fort taux de triglycérides à jeun voyaient leur risque cardio-vasculaire doubler par rapport à leurs congénères dotés des taux les plus bas, même si l'on prend en compte d'autres facteurs tels que le diabète, le tabac ou la sédentarité. Même avec un taux de 142 mg/dl, le risque restait supérieur à la moyenne, ce qui peut surprendre puisqu'on considère comme normal tout taux inférieur à 200 mg/dl. Entre 200 et 400 mg/dl, on parle de taux modérément élevé, entre 400 et 1 000 mg/dl de taux élevé et au-delà de 1 000 mg/dl, de taux très élevé[1].

EXTRAIT DES ARCHIVES DU GROUPE SANGUIN

Karen T.
Groupe O
Femme, 85 ans
Amélioration : cardio-vasculaire/bien-être

La fatigue écrasante qui suivait presque chacun de mes repas s'est envolée, et avec elle la nécessité de prendre des excitants. Ma tension artérielle a chuté de 15,5/8,5 à 12/8. Je ne me bourre plus de pansements gastriques et je n'ai plus faim en permanence. J'ai également minci, alors que je ne surveille ni les quantités que j'absorbe ni la valeur calorique de mes repas. Mon entourage affirme que j'ai retrouvé une plus grande vivacité et mon médecin se déclare ravi des résultats.

Chez les personnes des groupes O et B, l'intolérance aux glucides se manifeste souvent par une silhouette en forme de pomme, particulièrement large en son milieu. Or les cellules graisseuses localisées sur l'abdomen libèrent plus facilement des graisses dans le sang que les adipocytes localisés dans les autres régions du corps. Ainsi la morphologie en poire, avec une masse adipeuse concentrée sur les hanches et les cuisses, présente-t-elle moins de risques médicaux. La libération des graisses abdominales débute entre trois et quatre heures après un repas, tandis qu'il faut beaucoup plus longtemps aux autres adipocytes pour entamer le même processus. Cette particularité se traduit par des taux de

---

1. Lamarche B. et al. : « Atherosclerosis prevention for the next decade : Risk assessment beyond low density lipoprotein cholesterol. » *Can J Cardiol*, juin 1998, 14(6), p. 841-51.

triglycérides et d'acides gras libres plus élevés. Or ces acides gras libres provoquent une résistance à l'insuline et un fort taux de triglycérides coïncide en général avec un taux faible de cholestérol HDL (le « bon »). On sait en outre que la surproduction d'insuline qui résulte du syndrome d'intolérance à l'insuline accroît le « très mauvais » cholestérol, ou VLDL.

On a pu mettre en évidence le lien entre l'obésité, les triglycérides et les « mauvaises » lipoprotéines chez les sujets du groupe O.

Une étude française menée sur des donneurs de sang et visant à déceler des affections vasculaires a établi une nette corrélation entre les taux de triglycérides et de lipoprotéines et le groupe sanguin O. Il existe aussi un lien entre le sous-groupe non sécréteur et les taux de triglycérides élevés, ainsi qu'avec la résistance à l'insuline[1].

Enfin, les autorités médicales semblent admettre l'opportunité de considérer les risques cardio-vasculaires d'un œil plus attentif. Sans remettre en cause le rôle déterminant du cholestérol dans l'athérosclérose et les maladies cardio-vasculaires, il faut aussi prendre en compte le grand nombre de patients qui ne présentent pas ce profil.

L'arme secrète des groupes O et B

La nature a doté les individus des groupes O et B d'une arme secrète qui leur permet de tirer parti de ces taux de protéines plus élevés.

Au chapitre 4 de la première partie de ce livre, nous avons évoqué la phosphatase alcaline intestinale, une

---

1. Terrier E., M. Baillet et B. Jaulmes : « Detection of lipid abnormalities in blood donors. » *Rev Fra Transfus Immunohématol*, mars 1979, 22(2), p. 147-58.

enzyme fabriquée dans l'intestin grêle et qui a pour fonction principale d'attaquer le cholestérol et les graisses alimentaires. Depuis le milieu des années 1960, une foule d'études ont montré que les personnes des groupes O et B en produisaient plus, en particulier celles appartenant au sous-groupe sécréteur. Inversement, les sujets des groupes A et AB en sécrètent moins et on devine à présent que cette incapacité à digérer les graisses pourrait expliquer en partie leur prédisposition à l'hypercholestérolémie et aux accidents cardiovasculaires. Le raisonnement contraire s'appliquant aux groupes O et B.

Les sources de maladies cardio-vasculaires

GROUPE O = Intolérance aux glucides, taux de triglycérides élevé, résistance à l'insuline, comportement de « type A ».

GROUPE A = Taux élevés de cholestérol LDL et de cholestérol total, stress oxydant, viscosité sanguine excessive (coagule trop), taux de cortisol élevé.

GROUPE B = Déséquilibre de l'oxyde nitrique, hypertension artérielle, intolérance aux glucides, taux de cortisol élevé.

GROUPE AB = Taux élevés de cholestérol LDL et de cholestérol total, stress oxydant, viscosité sanguine excessive (coagule trop).

NON-SÉCRÉTEURS = Résistance à l'insuline, taux de phosphatase alcaline intestinale faible, problèmes de coagulation.

L'activité de la phosphatase alcaline intestinale augmente après l'ingestion d'un repas riche en lipides, surtout si les triglycérides qu'il contient sont des acides gras à chaîne longue. Ce phénomène s'avère plus marqué chez les sujets du groupe O et du groupe B que chez ceux des groupes A et AB. Paradoxalement, il semble donc que la phosphatase alcaline intestinale donne aussi l'avantage aux groupes O et B lorsqu'ils absorbent des mets riches en protéines. Les études indiquent en effet que la consommation de protéines accroît encore le taux de phosphatase alcaline dans l'intestin des personnes du groupe O et du groupe B. En clair, s'ils ne mangent pas de protéines, ces individus ne tirent pas parti des enzymes spéciales « anti-graisses » produites par leur intestin. Ce qui explique que leur taux de cholestérol baisse dès qu'ils adoptent une alimentation hyperprotéinée.

EXTRAIT DES ARCHIVES DU GROUPE SANGUIN

Mary N., Paul N.
Groupe O
Femme et homme, cinquantaine
Amélioration : cardio-vasculaire, allergies

Mon mari et moi appartenons tous les deux au groupe O. Âgé de cinquante-neuf ans, il a de l'hypertension depuis longtemps, un taux de cholestérol un peu trop élevé et des troubles du sommeil. En plus, comme son travail l'oblige à rester debout toute la journée, il commençait à souffrir de varices. À cela s'ajoutaient des allergies diverses et variées, de l'asthme, une infection chronique de l'oreille, un dos fragile (on l'a opéré d'un disque voilà vingt-cinq ans). Le régime du groupe O lui a fait du bien presque immédiatement. Sa tension artérielle, que les médecins contrôlaient jusqu'alors par trois médicaments différents plus un diurétique, a commencé à chuter, si bien qu'il ne prend plus aujourd'hui qu'un médicament et un diurétique une fois par semaine. Les troubles du sommeil qui lui empoisonnaient l'existence depuis sa jeunesse se sont amenuisés et il ne lui a fallu que quelques jours pour cesser de ronfler. Et encore, je pense que nous n'avons commencer à tirer tout le bénéfice de ce régime que très récemment, quand nous avons cessé d'utiliser de la sauce de soja (ingrédient indispensable pour nous autres Asiatiques) contenant du blé. Depuis

des années, Jay évitait de jardiner par peur des allergènes ; il se méfiait tout particulièrement d'une herbe qui
le laissait couvert de boursouflures rouges. Eh bien, le
week-end dernier, nous avons passé un après-midi à
désherber et le soir il ne montrait aucun signe d'allergie.
Cela relève du miracle ! Il a même pu abandonner le
traitement désensibilisant qu'il suivait depuis cinq ans. Il
utilise toujours l'inhalateur pour son asthme, mais beaucoup moins souvent. Il respire mieux, dort paisiblement
et se réveille reposé. Pour ma part, je souffrais aussi
d'allergies modérées et d'eczéma sur le corps et le cuir
chevelu. Je prenais tout de même chaque soir un
anti-histaminique en vente libre. Quand j'ai commencé à
suivre votre programme, je n'en prenais plus qu'un soir
sur deux et, depuis que j'utilise de la sauce de soja sans
blé et que je mange du poisson, je n'en ai plus besoin
du tout. Ma peau va elle aussi beaucoup mieux. Et pourtant, avec la viande et les noix que vous recommandez,
nous mangeons beaucoup plus de matières grasses que
par le passé !

Voici peu, une étude troublante a apporté un
commencement d'explication à l'activité réduite de la
phosphatase alcaline intestinale chez les sujets des
groupes A et AB. Dans un article intitulé « Phosphatase alcaline intestinale et typage sanguin ABO : un
nouvel aspect », des chercheurs indiquaient que l'antigène du groupe A pourrait bien inactiver cette enzyme.
Ce qui signifierait qu'une production plus faible de
phosphatase alcaline intestinale et l'incapacité à digérer
les graisses alimentaires qui en résulte ne seraient pas
génétiquement liées au groupe sanguin : il s'agirait
plutôt d'une réaction physique due à la présence de
l'antigène A. Les auteurs ont découvert que les globules
rouges des groupes A et AB agglutinaient presque toute
la phosphatase alcaline intestinale, tandis que ceux des

groupes O et B le faisaient de manière beaucoup plus marginale[1].

Les lectines jouent elles aussi un rôle à cet égard. D'autres recherches ont en effet montré que la phénylalanine, un acide aminé, bloquait presque à 100 % la phosphatase alcaline. Nous avons d'ailleurs observé que maintes sources courantes de phénylalanine – comme les patates douces – provoquaient chez les patients du groupe A une augmentation notable du taux d'une toxine intestinale appelée indican.

EXTRAIT DES ARCHIVES DU GROUPE SANGUIN

Harry T.
Groupe A
Homme, cinquantaine
Amélioration : cardio-vasculaire

En février 1998, une prise de sang a révélé que mon taux de cholestérol total était de 274 mmol/l avec un taux de triglycérides de 226 mmol/l, un taux de cholestérol HDL de 43 mmol/l, un taux de LDL de 186 mmol/l et un ratio cholestérol total/cholestérol HDL de 6,4. Après trois mois de régime du groupe A, ces taux étaient respectivement tombés à 203, 127, 38 et 40 mmol/l, avec un ratio de 5,3. La fréquence de mes sautes d'humeur a beaucoup diminué et je m'énerve moins facilement. Je dois retourner faire une prise de sang dans un mois et demi et j'attends avec impatience ces nouveaux résultats. Je dois beaucoup à ma femme qui a pris la peine de se pencher sur les ingrédients recommandés pour le groupe A afin de mitonner des recettes savoureuses. Merci à vous pour toute la recherche qui a permis à ce programme nutritionnel de voir le jour. Grâce à vous, je suis désormais un A+ heureux !

---

1. Bayer P. M., H. Hotschek et E. Knoth : « Intestinal alkaline phosphatase and the ABO blood group system – a new aspect. » *Clin Chim Acta*, 20 novembre 1980, 108(1), p. 81-87.

J'aimerais vous narrer une histoire qui illustre particulièrement bien les vertus préventives d'une bonne alimentation contre les affections cardio-vasculaires — même avec un régime riche en protéines animales. Il s'agit d'un patient du groupe O âgé de quarante-sept ans. Voilà ce qu'il rapporte :

« Je suis actuellement capitaine de frégate dans la marine des États-Unis, affecté à la base aéronavale de Patuxent River, dans le Maryland. On a diagnostiqué chez moi un diabète de type I en novembre 1998. Un traitement comportant quatre piqûres d'insuline par jour a permis de stabiliser mon taux de sucre sanguin dès le début du mois de janvier. J'absorbais au quotidien trente unités d'insuline : cinq d'insuline normale aux trois repas et quinze de NPH avec la collation que je prenais avant de me coucher. Je faisais du sport régulièrement et avais mis au point des menus équilibrés avec un diététicien. J'ai poursuivi ce programme rigoureux pendant sept semaines. Je me sentais bien et j'avais perdu cinq kilos en dix semaines. Sur les conseils insistants d'un collègue, j'ai entamé votre régime du groupe O le 19 février. J'avoue que je n'y croyais pas vraiment, mais j'ai décidé d'essayer pour lui faire plaisir. Dès mon deuxième jour de régime, mon taux de sucre sanguin a commencé à baisser et le lendemain j'ai dû réduire mes doses d'insuline. Aujourd'hui, après quatre mois, je ne prends plus que vingt unités d'insuline par jour, une le matin et à midi, trois le soir et treize avant de me coucher, ce qui représente une baisse de 33 %.

J'ai aussi constaté dès la fin de la première semaine que j'avais gagné en énergie et cela continue. J'ai perdu cinq kilos supplémentaires au cours du dernier mois. Je fais deux heures de sport quatre ou cinq soirs par semaine et je ne m'étais plus senti aussi bien depuis vingt ans.

J'avais aussi un problème de cholestérol avec des

taux dépassant les 300 mmol/l ; il est aujourd'hui redescendu à 188 mmol/l. La semaine dernière, j'ai vu mon endocrinologue : inutile de dire qu'il est ravi de mes progrès ! Mon taux d'hémoglobine glycosylée était descendu à 6,4 %, si bien qu'il envisage de me faire passer de quatre à deux injections d'insuline quotidiennes. Quant à moi, je compte bien suivre votre régime du groupe O pendant le restant de mes jours. »

CHAPITRE 2

La bataille immunitaire

Le groupe sanguin comme outil de survie

*L*ES DÉFENSES IMMUNITAIRES constituent notre mécanisme de survie de base. Nous perdurons grâce à notre capacité de distinguer l'ami de l'ennemi et nous de tous les autres. Ces critères de choix sont inscrits dans notre structure cellulaire et mis en œuvre sans merci par notre système immunitaire. L'antigène du groupe sanguin constitue un puissant marqueur du soi, un gardien naturel de l'organisme qui accueille les amis et barre la route aux ennemis.

Les antigènes sont des marqueurs chimiques des cellules capables de bloquer l'accès de notre organisme aux substances étrangères telles que des bactéries nocives. On peut donc admettre que la fonction la plus importante du groupe sanguin est sa fonction immunitaire. L'espèce humaine lui doit sa survie.

Chaque groupe sanguin possède son propre antigène doté d'une structure chimique spécifique. Votre groupe sanguin porte le nom de l'antigène dont vos globules rouges sont porteurs. Le choix des lettres qui les caractérise est dépourvu de signification, sauf pour le groupe O, ainsi baptisé pour évoquer le chiffre zéro car il possède zéro antigène. Ce qui explique que tous les groupes sanguins acceptent sans problème un sang du groupe O.

Voici une méthode simple pour visualiser la structure chimique des antigènes sanguins. Imaginez un système d'antennes partant de chacune de vos cellules. Ces antennes sont faites de longues chaînes glucidiques. Lorsque le sucre de base de ces structures est seul présent, on obtient le plus simple de tous les groupes sanguins, le groupe O.

- L'antigène du groupe O sert de base aux autres groupes sanguins plus complexes.
- L'antigène du groupe A apparaît lorsque au sucre de base vient s'ajouter un autre sucre, le N-acétyl-galactosamine.
- L'antigène du groupe B combine le sucre de base et un autre sucre appelé D-galactosamine.
- L'antigène du groupe AB associe au sucre de base les deux sucres qui caractérisent les autres groupes sanguins, le N-acétyl-galactosamine et le D-galac-tosamine, c'est-à-dire qu'il possède les deux antigènes A et B.

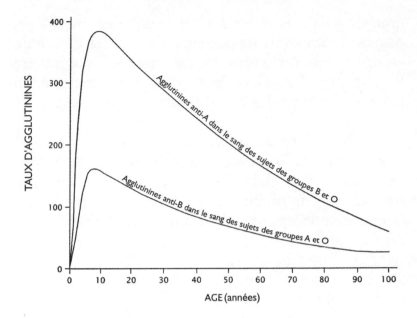

L'AGGLUTINATION ET LE PROCESSUS DE VIEILLISSEMENT. À mesure que nous avançons en âge, notre taux sanguin d'agglutinines anti-groupe sanguin chute, ce qui nous rend plus vulnérables aux maladies. L'un des facteurs clés d'un vieillissement harmonieux est le maintien d'un niveau élevé d'agglutinines anti-groupe sanguin.

Votre système immunitaire crée des anticorps destinés à repousser les antigènes étrangers, parmi lesquels ceux des groupes sanguins différents du vôtre. Ainsi les personnes du groupe A produisent-elles dans leur plasma des anticorps contre le groupe B. Ces anticorps anti-B aident à détruire toute cellule sanguine du groupe B qui pénétrerait dans l'organisme. De la même façon, les individus du groupe B sont porteurs d'anticorps anti-A qui élimineront les cellules sanguines du groupe A qui pourraient s'infiltrer dans leur flux sanguin. Le groupe O possède à la fois des anticorps anti-A et anti-B, tandis que le groupe AB ne produit aucun anticorps contre les autres groupes sanguins.

Nous sommes donc génétiquement programmés pour fabriquer un très puissant anticorps « anti-autres

groupes sanguins », mais aussi contre les micro-organismes ou les aliments porteurs d'antigènes d'un autre
groupe sanguin. De tous nos mécanismes immunitaires
il s'agit du plus puissant. Et même si nous ne possédons
pas ces anticorps dès la naissance, ils apparaissent très
rapidement.

Le Dr S. Breanndan Moore, hématologue à la clinique Mayo de Rochester, dans le Minnesota, a décrit
de manière très claire la formation de ces anticorps
naturels : « Un enfant du groupe O se mettra à fabriquer des anticorps anti-A et anti-B dès qu'il commencera à s'alimenter puisque certains végétaux contiennent ces antigènes A ou B. Toute absorption de tels
aliments exposera l'enfant à ces antigènes et déclen-
chera la fabrication d'anticorps. Et si par la suite on lui
transfuse du sang d'un autre groupe que le groupe O,
il en détruira les globules rouges au cours d'un processus appelé hémolyse.[1] »

*Pour en savoir plus sur le groupe sanguin
et l'histoire des maladies, reportez-vous à la p. 480.*

Voilà qui donne matière à réflexion. Rendez-vous
compte que notre plus puissante réaction immunitaire
– l'une des rares qui figure dans notre patrimoine génétique – résulte de centaines, sinon de milliers de micro-
inoculations au cours des premiers mois de notre vie
de substances chimiquement identiques à une transfusion sanguine erronée !

Une étude récente menée sur 644 Taiwanais a
montré que l'on décelait une synthèse d'anticorps
anti-A et/ou anti-B chez la plupart des nourrissons âgés
de deux à quatre mois et qu'ils en possédaient quasi-

---

1. [Breanndan Moore, The Mayo Clinic, Rochester, MN.]

ment autant qu'un adulte lorsqu'ils atteignaient leur premier anniversaire. Les taux les plus élevés furent enregistrés sur des sujets âgés de trois à dix ans. Ils déclinent ensuite avec les années et les octogénaires n'en conservent guère plus qu'un nourrisson entre six mois et un an[1].

À cet égard, le groupe sanguin rejoint le processus de vieillissement et nous fournit de précieuses indications pour le ralentir. Pour simplifier les choses, on divisera l'existence humaine en trois phases. En premier lieu vient l'éducation : le système immunitaire est exposé aux antigènes et apprend à distinguer nos amis de nos ennemis pour fabriquer des anticorps contre ces derniers. Pendant la deuxième étape, on vit sur ses acquis : si vos défenses ont été correctement éduquées, elles demeureront fortes et saines. La troisième phase représente le déclin : vos défenses s'affaiblissent et la production d'anticorps protecteurs décroît. La leçon qu'on peut en tirer s'énonce clairement. Il faut éduquer le système immunitaire assez bien pour qu'il se maintienne le plus longtemps possible et pour retarder au maximum son déclin. À cet égard, adopter un mode de vie adapté à votre groupe sanguin peut représenter un gage de santé et de longévité crucial.

Une tendance préoccupante pour nos défenses immunitaires se dessine cependant avec le rythme d'accroissement du taux d'isohémagglutinines anti-groupe sanguin au sein de la population. D'après une étude française, il serait d'environ 50 % plus élevé chez

---

1. Oriol R., J. Le Pendu et R. Mollicone : « Genetics of ABO, H, Lewis, X and related antigens. » *Vox Sang*, 1986, 51(3), p. 161-71.

Sarafian V., P. Dimova, I. Georgiev et H. Taskov : « ABH blood group antigen significance as markers of endothelial differentiation of mesenchymal cells. » *Folia Med* (Plovdiv), 1997, 39(2), p. 5-9.

Szulman A. E. : « Evolution of ABH blood groupe antigens during embryogenesis. » *IAnn Inst Pasteur Immunol*, novembre-décembre 1987, 138(6), p. 845-47.

les enfants d'aujourd'hui qu'il ne l'était en 1929. Pour les auteurs, cette réactivité immunitaire pourrait résulter de l'usage grandissant que l'on fait maintenant des vaccins [1].

Le statut sécréteur :
Un facteur immunitaire

L'ANTIGÈNE DE VOTRE GROUPE SANGUIN constituant la clé de vos défenses immunitaires, on peut s'interroger sur les conséquences d'une incapacité à produire ces antigènes dans vos sécrétions corporelles. Une masse impressionnante de recherches scientifiques répond que celles-ci sont déterminantes.

En règle générale, les non-sécréteurs sont plus prédisposés que les sécréteurs aux problèmes immunitaires, notamment à ceux suscités par un agent infectieux. Les non-sécréteurs souffrent aussi génétiquement d'une difficulté à éliminer les complexes immunitaires de leurs tissus, ce qui augmente le risque que ceux-ci attaquent le tissu qui les renferme. Les organismes non sécréteurs se révèlent donc plus enclins à considérer leurs propres tissus comme des ennemis.

Il occupent d'ailleurs une place prédominante parmi les patients atteints de troubles de l'immunité, quels qu'il soient.

- Les non-sécréteurs souffrent plus souvent d'inflammations généralisées que les sécréteurs.
- Les non-sécréteurs souffrent plus souvent de diabète de type I ou de type II que les sécréteurs.
- Les non-sécréteurs atteints de diabète de type I

---

1. Pamm A. O. : « Effects of antibiotics on intestinal microflora and production of metabolics. » *Journal of Antibiotics*, juin 1989, 34, p. 409-414.

rencontrent plus de problèmes de mycoses par *Candida albicans*, surtout dans la bouche et la partie supérieure du tube digestif.

- Les non-sécréteurs représentent 80 % des malades atteints de fibromyalgie, indépendamment de leur groupe sanguin.
- Les non-sécréteurs présentent un risque accru de diverses affections auto-immunes telles que la spondylarthrite ankylosante, l'arthrite réactionnelle, l'arthropathie psoriasique, le syndrome de Sjogren, la sclérose en plaques ou la maladie de Grave.
- Les non-sécréteurs connaissent un risque accru d'infections urinaires récidivantes et 55 à 60 % d'entre eux présentent des lésions rénales, même lorsqu'ils suivent régulièrement des traitements antibiotiques appropriés.
- Les non-sécréteurs représentent 20 % de la population, mais 80 % des malades que les médecins qualifient de « compliqués », c'est-à-dire pour lesquels il s'avère difficile de poser un diagnostic juste et qui mettent du temps à guérir.

Sans doute comprenez-vous à présent pourquoi il est primordial de déterminer votre statut sécréteur. Si vous appartenez à la minorité non sécrétrice, vous devrez en effet en tenir compte dans votre programme de santé. Voici un exemple : les personnes du groupe B souffrent plus souvent que les autres d'infections urinaires. Le fait d'appartenir au groupe B et d'être non sécréteur multiplie par plus de deux le risque de pâtir d'infections urinaires chroniques. Si donc vous remplissez ces conditions, vous aurez avantage à adopter un programme préventif à long terme pour éviter les infections bactériennes. Le groupe A présente un risque relativement faible concernant ce type de maladie. Toutefois, chez

les personnes du groupe A non sécrétrices, cette probabilité augmente de 25 %, ce qui n'est pas négligeable.

Le cancer :
Le système de surveillance mis en défaut

PARMI LES MILLIERS D'ARTICLES consacrés aux corrélations entre les groupes sanguins et les maladies,
cancer inclus, beaucoup se fondent entièrement sur des
analyses statistiques. Et même si ces statistiques ne
constituent pas des preuves scientifiques absolues, on
ne peut ignorer les tendances qui s'en dégagent. Certaines découvertes relatives aux récepteurs microbiens
et leur association avec d'importantes protéines immunitaires suggèrent fortement que les antigènes du
groupe sanguin jouent un rôle biologique déterminant
dans l'apparition et le développement des cancers.

Groupe sanguin et cancer :
En quête de réponses

Les recherches génétiques récentes nous ont permis
de relier certains points du schéma entre eux et d'élu-
cider quelques mystères. Il semble d'emblée évident que
les cancers sont un peu plus souvent associés aux
groupes A et AB qu'aux groupes O ou B[1]. Ce qui
explique que l'oncologie moléculaire constitue aujour-
d'hui l'un des principaux axes de la recherche sur les
antigènes des groupes sanguins. Des découvertes toutes

---

1. Nayak S. K. : « ABO blood groups in different diseases. » *J Ind Med*,
1971, 87, p. 449-52.
Rybalka A. N., P. V. Andreeva, L. F. Tikhonenko et L. F. Koval'chuk :
« ABO system blood groups and the rhesus factor in tumors and tumorlike
processes of the ovaries. » *Vopr Onkol*, 1979, 25(3), p. 28-30 (en russe).

fraîches en matière de chimie des membranes, d'immunologie tumorale et de maladies infectieuses ont
confirmé sur le plan scientifique les corrélations avec
les groupes sanguins et certains calculs statistiques
antérieurs.

L'intérêt accru que suscitent les groupes sanguins
vient de ce qu'on prend de mieux en mieux conscience
du rôle primordial de leurs antigènes dans le processus
de maturation des cellules et dans le contrôle de
celui-ci. On sait aussi que leur apparition ou leur disparition constitue un indicateur de malignité dans
beaucoup de cancers courants.

Caractéristiques d'une cellule cancéreuse

- Les cellules cancéreuses offrent un aspect arrondi,
  tandis que les cellules saines sont plutôt aplaties.
- Les cellules cancéreuses ne s'accolent pas les unes
  aux autres comme des cellules saines car leur surface
  comporte moins de molécules d'adhésion.
- Les cellules saines cessent de se déplacer dès qu'elles
  entrent en contact avec une autre cellule ; pas les cellules cancéreuses. Leur système inhibiteur de mouvement en cas de contact fonctionne mal.
- Les cellules cancéreuses sont moins bien ancrées que
  les autres, ce qui leur permet d'envahir d'autres tissus
  et de s'infiltrer dans le sang et dans la lymphe (métastases).
- Les cellules cancéreuses ne se laissent pas limiter par
  la densité des tissus avoisinants : elles s'empilent
  volontiers les unes sur les autres.
- Croissance extra-cellulaire.

On sait que plusieurs antigènes tumoraux, appelés
marqueurs tumoraux, sont produits par certains précur-
seurs du groupe sanguin. Beaucoup d'entre eux ressemblent à l'antigène du groupe A, ce qui apporte un

commencement d'explication au grand nombre d'associations entre cancers et groupes A et AB. Il semblerait
que ces antigènes tumoraux soient perçus comme des
substances amies par ces groupes sanguins, qui par
conséquent ne produiraient pas d'anticorps à leur
encontre. En revanche, les maladies auto-immunes,
caractérisées par une surproduction d'anticorps, sont
plus fréquentes au sein du groupe O, ce qui corrobore
la vieille thèse immunologique qui présentait ces deux
types d'affections comme antithétiques. La vigilance
plus grande ainsi que l'hyperactivité immunitaire du
groupe O se traduisent par moins de malignité, tandis
que les défenses immunitaires plus laxistes du groupe A
favorisent celle-ci. Ces observations amènent à une
hypothèse plus générale : tous les tissus humains, qu'ils
soient sains ou cancéreux, contiennent au niveau biochimique des antigènes ressemblant à ceux du
groupe A, lesquels ne sont normalement pas accessibles
au système immunitaire. Mais en cas de processus auto-
immune ou de réponse immunitaire à un début de
cancer, ces antigènes deviennent accessibles. À ce
moment, un sujet du groupe A incapable de produire
des anticorps anti-A risque plus qu'une personne du
groupe O de laisser le cancer se développer, mais moins
d'attaquer ses propres tissus [1].

La corrélation groupe A-cancer n'est pourtant pas
universelle, loin s'en faut. Quelques tumeurs affichent
notamment une prédilection marquée pour le groupe O
et le groupe B. Ce qui signifie que le cancer est lié à
un bouleversement global de l'activité du groupe san-

---

1. Ichikawa D., K. Handa et S. Hakomori : « Histo-blood group A/B
antigen deletion/reduction vs. continuous expression in human tumor cells
as correlated with their malignancy. » *Int J Cancer*, 13 avril 1998, 76(2),
p. 284-89.
   Sarafian V. A. Popov et H. Taskov : « Expression of A, B and H blood-
group antigens and carcinoembryonic antigen in human tumours. » *Zen-
tralbl Pathol*, novembre 1993, 139(4-5), p. 351-54.

guin, dont l'expression des antigènes de structure similaire à celle de l'antigène du groupe A ne constitue que la manifestation la plus banale.

Antigènes du groupe sanguin et métastases

La propagation d'un cancer dans d'autres régions du corps porte le nom de métastase, un phénomène complexe qui comporte plusieurs étapes :
— invasion des sites primaires ;
— pénétration dans les vaisseaux sanguins ou dans les canaux lymphatiques ;
— transport ;
— migration depuis le sang vers les tissus et croissance dans les sites visés.

Des études montrent que certains types d'expression d'antigènes de glucides dans les cellules cancéreuses fournissent de précieuses indications tant sur le mode de propagation métastatique et le schéma de distribution des métastases que sur le pronostic vital. Les métastases lymphatiques vont toujours de pair avec l'expression de glucides du type de ceux des enveloppes de mucine (antigènes Tn et antigènes de structure voisine de ceux-ci). L'expression des antigènes des groupes sanguins semble pour sa part donner des orientations quant au pronostic, même si leurs relations avec les divers types de cancers s'exercent de manières variées. À la lumière de ces résultats, on peut supposer que, dans une certaine mesure, les molécules d'adhésion et/ou les glucides constituent un des facteurs qui déterminent l'évolution d'un cancer et son pronostic.

Il existe une corrélation entre la destruction ou la diminution des antigènes A ou B dans les tumeurs des sujets des groupes A ou B et la malignité et le potentiel métastatique de ces tumeurs, car l'absence d'adhésivité d'une cellule cancéreuse résulte notamment de la disparition des antigènes sanguins. Pour le cancer du côlon, par exemple, on sait que le degré de mobilité et la propension à la prolifération des cellules tumorales sont directement liés à l'élimination des antigènes du groupe A. En perdant ces antigènes, les cellules semblent perdre également la faculté de produire bon nombre des protéines qui leur permettent de s'accoler à d'autres cellules, parmi lesquelles les intégrines, qui sécrètent normalement un antigène proche de celui du groupe A sur leurs récepteurs, afin de contrôler les mouvements cellulaires.

Comme les antigènes sanguins sont indispensables pour fabriquer les récepteurs d'intégrine qui « collent » les cellules entre elles, leur disparition permet aux cellules tumorales de se déplacer plus facilement dans l'organisme. Ce lien entre le groupe sanguin et l'adhérence cellulaire joue probablement un rôle tout aussi fondamental dans le développement des cancers que dans la vie elle-même. Un fœtus en gestation doit pouvoir fabriquer ses organes et un système sanguin efficace pour les alimenter. L'absence d'antigènes sanguins rend possible ces migrations de cellules embryonnaires vers l'emplacement des divers organes et vaisseaux sanguins. En fait, bon nombre de marqueurs tumoraux de cellules embryonnaires – comme l'antigène carcino-embryonnaire (ACE) – s'expriment presque en parallèle avec la diminution des antigènes sanguins : plus on en perd, plus la production d'antigènes carcino-embryonnaires augmente. En cas de tumeur maligne, la disparition de ces antigènes suscite des migrations incontrôlées, c'est-à-dire des métastases.

EXTRAIT DES ARCHIVES DU GROUPE SANGUIN

Kay P.
Groupe O
Femme, cinquantaine
Amélioration : cancer des ovaires

Je suis atteinte d'un cancer des ovaires. Deux semaines après que j'ai entamé le régime du groupe O, mon taux de l'antigène CA125 (un marqueur tumoral) est tombé de 400 à 390. Six semaines plus tard, il était de 370. J'ai recouvré une bonne partie de mon énergie et mes douleurs dans les pieds se sont nettement atténuées. En plus, moi qui ai toute ma vie accumulé des kilos superflus, je mincis sans effort ! À l'époque où mon cancer a été détecté, je pesais plus de cent kilos. Mon premier traitement chimiothérapique m'en a fait prendre trente-cinq, si bien que je frôlais les cent quarante kilos. Je me croyais condamnée à l'obésité à vie. Mais en huit semaines de régime Groupe sanguin, j'ai déjà perdu près de dix kilos.

Les tissus et les organes qui, d'ordinaire, ne fabriquent pas d'antigènes du groupe sanguin subissent un processus inverse. Ils « attrapent » des antigènes sanguins lorsqu'ils deviennent cancéreux. Il arrive, par exemple pour la thyroïde et le côlon, que les bouleversements de l'expression des antigènes sanguins dans un organe influe sur l'expression de ceux-ci dans un autre.

T et Tn : les antigènes pan-carcinogènes

Beaucoup de cellules malignes – par exemple celles que l'on observe dans les cancers du sein ou de l'estomac – produisent un marqueur tumoral baptisé antigène Thomsen-Friedenreich, ou antigène T. Dans les cellules saines, cet antigène reste invisible, un peu comme un rocher recouvert d'eau à marée haute. Il ne se réveille que quand la cellule devient maligne – un peu comme si le jusant découvrait peu à peu notre rocher jusque-là masqué par les vagues. Il est si rare de trouver des antigènes T apparents dans les tissus sains que nous fabriquons même des anticorps à leur encontre. Les antigènes Tn (des antigènes T moins bien développés) se rencontrent encore moins souvent dans un organisme sain. La bonne nouvelle : nous possédons tous des anticorps anti-T et anti-Tn, préexistants, autrement dit, une réponse immunitaire toute prête aux cellules porteuses de ces marqueurs. Le groupe sanguin intervient en ce sens qu'il détermine souvent la quantité et la vigueur de ces anticorps.

Les antigènes T et Tn affichent des similitudes avec l'antigène A[1]. On ne s'étonnera donc pas d'apprendre que la réponse immunitaire des sujets du groupe A en présence de ces agents s'avère moins forte que celle des autres personnes. En fait, sur le plan immunologique, les antigènes A, T et Tn se ressemblent beaucoup puisqu'ils partagent un sucre terminal, le N-acétylgalactosamine. Ces envahisseurs n'éprouvent donc guère de difficultés à se faire passer pour des « amis » des groupes A et AB – inconvénient certain sur le plan immunitaire pour ces individus.

Dans l'idéal, notre système immunitaire devrait en effet réagir sans détour dès qu'il se trouve confronté à une cellule dotée d'une structure incomplète ou anormale, comme il le fait face à une agression virale. Encore faut-il qu'il puisse clairement déceler l'intrus, ce que les organismes des groupes A et AB ne sont pas

1. Kurtenkov O., K. Klaamas et L. Miljukhina : « The lower level of natural anti-Thomsen-Friedenreich antigen (TFA) agglutinins in sera of patients with gastric cancer related to ABO(H) blood-group phenotype. » *Int J Cancer*, 16 mars 1995, 60(6), p. 781-85.
Yoshida A. et al. : « Different expression of Tn and sialyl-Tn antigens between normal and diseased human gastric epithelial cells. » *Acta Med Okayama*, août 1998, 52(4), p. 197-204.

en mesure de faire. Dans les cancers les plus virulents, notamment en ce qui concerne les cancers du sein, on observe souvent un taux anormalement bas d'anticorps anti-T.

Autre corrélation intéressante, les antigènes T et Tn sont particulièrement présents dans les cellules cancéreuses de l'estomac. Or environ un tiers de la population japonaise – laquelle affiche une des fréquences de cancer de l'estomac les plus élevées du monde – exprime des antigènes T dans des tissus gastriques en apparence normaux. Ce qui pourrait bien fournir un commencement d'explication à cette particularité épidémiologique. Les sucs gastriques étant riches en antigènes du groupe sanguin, il ne paraît pas illogique que les sujets des groupes A et AB se révèlent moins aptes à identifier ces marqueurs tumoraux ou à leur opposer une réponse immunitaire efficace.

La sur-sécrétion d'antigènes A dans les cancers de l'estomac ne concerne cependant pas uniquement les groupes A et AB : on en observe aussi beaucoup dans les tumeurs plus rares des groupes O et B. Peut-être la chute du taux d'anticorps anti-groupe sanguin au fil des ans explique-t-elle la fréquence accrue de tels cancers chez les personnes âgées appartenant à ces groupes. Il semble que l'évolution des cellules de l'estomac vers une forme cancéreuse implique une mutation nécessaire du gène ABO traduite par la production d'antigènes A même chez les individus appartenant à d'autres groupes sanguins. La présence d'antigènes des groupes O ou B capables d'attaquer tout agent ressemblant au groupe A – comme les cellules cancéreuses – représente cependant un atout certain pour ces personnes. De surcroît, on note que les cellules précancéreuses de l'estomac ou de l'intestin tendent à perdre leurs antigènes du groupe O ou du groupe B, ce qui les rend plus aisément détectables par les limiers du système immunitaire.

Le sang lui-même :
Un autre point faible du groupe A

L'hypothèse d'une corrélation entre le cancer et le groupe A semble donc reposer sur des bases solides. On pense toutefois que plusieurs autres particularités biologiques de ce groupe sanguin accroissent aussi la vulnérabilité de ses porteurs aux tumeurs malignes. Je citerai notamment un sang plus épais et plus enclin à coaguler[1]. Revenons ici sur ce point déjà évoqué à propos des affections cardio-vasculaires.

Voici l'hypothèse proposée :

FACTEUR VON WILLEBRAND ET FACTEUR VIII. On a constaté que, lorsqu'elles commencent à métastaser, les cellules cancéreuses jouent souvent les passagères clandestines sur les plaquettes sanguines. Cela grâce à un récepteur anormal de glycoprotéine plaquettaire présent à la surface des cellules tumorales humaines, qui semble permettre les interactions et adhésions nécessaires au processus de métastase. Le facteur von Willebrand (vWF) et le facteur VIII sont des protéines sériques qui constituent une sorte de colle moléculaire utilisée par les plaquettes pour fixer des protéines coagulantes sur les parois des vaisseaux sanguins. Or ils s'avèrent indispensables pour que la glycoprotéine plaquettaire anormale puisse s'agréger aux cellules cancéreuses. Les échantillons de plasma prélevés sur des patients présentant des métastases multiples indiquent des taux de facteurs von Willebrand et VIII très supé-

---

1. Orstavik K. H., L. Kornstadt, H. Reisner et K. Berg : « Possible effect of secretor locus on plasma concentration of factor VIII and von Willebrand factor. » *Blood*, mars 1989, 73(4°, p. 990-93.

Koster T., A. D. Blann, E. Briet, J. P. Vandenbroucke et F. R. Rosendaal : « Role of clotting factor VIII in effect of von Willebrand factor on occurence of deep-vein thrombosis. » *The Lancet*, 21 janvier 1995, 345(8943), p. 152-55.

rieurs à la normale (presque multiplié par deux dans le cas du facteur vW), probablement lié à leur incapacité à sécréter en quantité suffisante les enzymes propres à inhiber ces facteurs. C'est pourquoi les cancéreux avec métastases multiples présentent un niveau d'activité plaquettaire une fois et demie supérieur à la normale.

Fibrinogène. Comme on l'a vu à propos du diabète ou des affections cardio-vasculaires, les études montrent que le sang des sujets du groupe A affiche une viscosité plus élevée que celui de leurs congénères du groupe O. Cela résulte de l'abondance d'une protéine de coagulation appelée fibrinogène. Le fibrinogène est une protéine de « phase aiguë » cruciale pour la réponse inflammatoire et la cicatrisation des blessures. Son taux en progression chez les cancéreux pourrait diminuer leur chances de survivre à la maladie. Toute comme le FvW et le facteur VIII, le fibrinogène participe au processus d'adhérence des cellules cancéreuses aux plaquettes sanguines et aux parois des vaisseaux, en prélude au développement de métastases.

Cela explique que des études aient indiqué de longue date que les patients soumis à un traitement anticoagulant présentaient moins de métastases que les autres. Les personnes du groupe A possédant des taux de FvW, de facteur VIII *et* de fibrinogène supérieurs à la moyenne, elles présentent une viscosité sanguine accrue et une vulnérabilité aux tumeurs cancéreuses [1].

---

1. Oleksowicz L., N. Bhagwati et M. DeLeon Fernandez : « Deficient activity of von Willebrand's factor-cleaving protease in patients with disseminated malignancies. » *Cancer Res*, 1er mai 1999, 59(9), p. 2244-50.

Le facteur de croissance ami du groupe A

L'antigène du groupe A possède un effet mal connu et souvent sous-estimé : sa capacité à s'accoler aux récepteurs de certains facteurs de croissance[1] qui contrôlent le développement des cellules.

Lorsqu'une cellule devient maligne, sa croissance se fait anarchique. Une surproduction de ces facteurs résultant d'une activité oncogène contribue à réduire la régulation de la croissance des cellules, phénomène pouvant se traduire par l'apparition de cellules cancéreuses.

Le facteur de croissance épidermique, normalement synthétisé pour aider à la réparation de nos tissus, joue aussi un rôle non négligeable dans l'évolution, entre autres, des cancers de la prostate, du côlon, du sein. Ces cancers se distinguent par la présence de cellules dans lesquelles on observe une concentration extrêmement élevée de récepteurs de FCE (FCE-R). Résultat : elles attirent un nombre anormal de molécules de FCE. Il se peut que ce surplus contribue de façon essentielle à la croissance des tumeurs. On a pu le prouver dans le cas du cancer du sein, où l'excès de ces récepteurs n'augure pas un bon pronostic. La propension de ce paramètre à se dérégler dans le cadre de maints cancers (col de l'utérus, côlon, œsophage, poumon, prostate, sein, tête et cou ou vessie) fait du FCE-R l'une des cibles de choix d'une chimiothérapie préventive.

---

1. Ciardello F. et G. Tortora : « Interactions between the epidermal growth factor receptor and type I protein kinase A : Biological significance and therapeutic implications. » *Clin Cancer Res*, avril 1998, 4(4), p. 821-28.

EXTRAIT DES ARCHIVES DU GROUPE SANGUIN

Lisa T.
Groupe A
Femme, cinquantaine
Amélioration : cancer du sein

Atteinte d'un cancer du sein depuis 1971, j'ai suivi le régime recommandé par votre père en 1979-80, lors d'un séjour aux États-Unis. Je suis à présent complètement guérie et en pleine santé depuis dix-neuf ans. J'enseigne aujourd'hui vos préceptes dans mon Afrique du Sud natale.

Revenons à présent aux groupes sanguins : le FCE-R porte un déterminant antigénique structurellement très proche du sucre caractéristique de l'antigène A. On sait également que ce dernier antigène peut sans difficulté se fixer sur les récepteurs de FCE. Il paraît donc envisageable que les antigènes A en liberté dans les organismes du groupe A et du groupe AB puissent se frayer un passage jusqu'aux récepteurs excédentaires et stimuler ainsi la croissance des cellules cancéreuses.

Penchons-nous maintenant sur les divers cancers et sur leurs relations avec les groupes sanguins.

Cancer du sein

GROUPE O	GROUPE A	GROUPE B	GROUPE AB	STATUT SÉCRÉTEUR
Léger degré de résistance et risque fatal inférieur à la moyenne.	Risque plus élevé, pronostic plus défavorable et progression plus rapide.	Léger degré de résistance et risque fatal inférieur à la moyenne, sauf en cas d'antécédents familiaux. Risque de rechute plus élevé.	Risque plus élevé, pronostic plus défavorable et progression plus rapide.	Risque légèrement inférieur pour les non-sécréteurs.

Le cancer du sein est le cancer qui frappe le plus fréquemment les femmes. Et même si son taux de morbidité se révèle incontestablement en baisse auprès de certains sous-groupes de population, il demeure un adversaire de taille et une importante cause de mortalité féminine. Les traitements classiques varient mais passent en général par une ablation de la tumeur et des tissus avoisinants, voire du sein tout entier (mastectomie) et/ou une chimiothérapie, une radiothérapie et un traitement antihormonal. Les mammographies représentent une avancée médicale et un outil précieux pour la détection précoce des tumeurs. Cela dit, bon nombre de mes patientes ayant elles-mêmes décelé leur problème par l'auto-examen de leurs seins, je ne saurais trop vivement en recommander la pratique régulière.

Si l'on mentionne souvent des facteurs de risque associés à l'apparition de cancers du sein, on évoque rarement l'influence du groupe sanguin sur la vulnérabilité à ce type d'affection ou sur son issue. Certains chercheurs ont pourtant été jusqu'à affirmer que « les groupes sanguins fournissent un élément prédictif indépendamment de tout autre facteur de pronostic ». D'autres suggèrent l'existence d'un élément génétique de prédisposition au cancer du sein qui pourrait présenter des liens avec le gène du groupe sanguin localisé sur le segment q34 du chromosome 9.

EXTRAIT DES ARCHIVES DU GROUPE SANGUIN

Kay S.
Groupe A
Femme, cinquantaine
Amélioration : cancer du sein

Ma grand-mère et ma tante ont toute deux été emportées par un cancer du sein avant ma naissance, mais on n'en parlait guère dans ma famille et, à l'époque, on ignorait presque tout des risques héréditaires. Mon cancer a été décelé lors de ma première mammographie, à l'âge de quarante-deux ans. J'ai subi l'ablation de la tumeur. Bien qu'ayant jusque-là toujours joui d'une bonne santé, j'ai alors résolu de me pencher sur la question afin de mettre toutes les chances de mon côté. J'ai entamé le régime du groupe A deux mois après l'intervention chirurgicale et je le suis presque religieusement depuis près de quatre ans. Mon cancer n'a montré aucun signe de récidive. Tous mes examens sanguins sont normaux et même mon médecin s'avoue impressionné. Ma fille de seize ans, qui appartient elle aussi au groupe A, adore ce régime. Et j'ai pour ma part quelque espoir à présent de la voir échapper à la malédiction génétique qui frappe notre lignée.

Mes observations et celles de bien d'autres membres du corps médical indiquent que les femmes du groupe A tendent à voir leur cancer du sein progresser plus rapidement et qu'elles présentent un taux de survie inférieur à la moyenne. Ce groupe sanguin s'avère d'ailleurs sur-représenté parmi les patientes des services d'oncologie mammaire, même dans les populations normalement à faible risque de cancer du sein[1].

Le groupe AB offre une vulnérabilité proche de celle du groupe A avec, là aussi, une tendance accrue aux récidives et un taux de survie plus aléatoire.

1. Anderson D. E. et C. Haas : « Blood type A and familial breast cancer. » *Cancer*, 1er novembre 1984, 54(9), p. 1845-49.

Costantini, M. T. Fassio, L. Canobbio et al. : « Role of blood groups as prognosis factors in primary breast cancer. » *Oncology*, 1990, 47(4), p. 308-12.

Skolnick N. H., E. A. Thompson, D. T. Bishop et L. A. Cannon : « Possible linkage of a breast cancer-susceptibility locus to the ABO locus : Sensitivity of LOD scores to a single new recombinant observation. » *Genet Epidemiol*, 1984, 1(4), p. 363-73.

Tryggvadottir L., H. Tulinius et J. M. Robertson : « Familial and sporadic breast cancer cases in Iceland : a comparison related to ABO blood groups and risk of bilateral breast cancer. » *Int J Cancer*, 15 octobre 1988, 42(4), p. 499-501.

À l'inverse, appartenir au groupe O semble procurer un certain degré de protection contre le cancer du sein et, lorsqu'on en est cependant atteinte, assurer de meilleures chances de guérison. Les organismes du groupe B se comportent en général à cet égard peu ou prou de manière identique. Cette tendance se dessine avec une clarté toute particulière chez les femmes qui n'appartiennent pas à une famille prédisposée au cancer du sein. Deux points doivent néanmoins attirer l'attention des femmes du groupe B. Primo, en cas de prédisposition familiale, leur groupe sanguin ne semble plus leur offrir de protection. En outre, une fois atteintes d'un cancer du sein, elles affichent un risque de récidive statistiquement supérieur à la moyenne – en partie parce qu'elles surmontent en général la première atteinte du mal. Les stratégies que nous proposerons plus loin, destinées à renforcer les défenses immunitaires et à prévenir les cancers sur le long terme, peuvent donc vous intéresser.

En conclusion, ajoutons que ce type de cancer semble toucher moins souvent les non-sécrétrices.

Cancers des organes reproducteurs féminins (tumeurs gynécologiques)

GROUPE O	GROUPE A	GROUPE B	GROUPE AB	STATUT SÉCRÉTEUR
Taux de survie plus élevé pour tous les cancers de ce type.	Risque plus élevé et pronostic plus défavorable pour tous ces cancers.	Risque le plus faible de tumeur ovarienne maligne ; taux de survie plus élevé pour les cancers de l'endomètre ; risque légèrement supérieur à la moyenne pour les cancers du col de l'utérus.	Risque plus élevé et pronostic plus défavorable pour tous ces cancers, en particulier ceux des ovaires.	Expression accrue des antigènes Lewis.

En règle générale, les cancers gynécologiques touchent plus souvent et plus durement les femmes du groupe A que les autres. C'est notamment le cas des cancers des ovaires. Le cancer de l'endomètre les concerne lui aussi plus fréquemment, de même que leurs congénères du groupe AB. Dans les deux cas, c'est le groupe A qui présente les taux de survie les moins favorables, les meilleurs revenant au groupe O, suivi du groupe B. Les femmes du groupe B se révèlent en outre les moins prédisposées aux tumeurs malignes des ovaires. En revanche, elles afficheraient un risque légèrement accru de cancer du col de l'utérus, mais loin derrière celles du groupe A. Là encore, c'est le groupe O qui offre les meilleures chances de guérison complète [1].

---

1. Kaur I., I. P. Singh et M. K. Bhasin : « Blood groups in relation to carcinoma of cervix uteri. » *Hum Hered*, 1992, 42(5), p. 324-26.

Llopis B., J. L. Ruiz, G. Server et al. : « ABO blood groups and bladder carcinoma. » *Eur Urol*, 1990, 17(4), p. 289-92.

Marinaccio M., A. Traversa, E. Carioggia et al. : « Blood groups of the

Les tissus sains de l'endomètre, la muqueuse utérine, ne renferment pas d'antigènes du groupe sanguin. Pourtant, plus de la moitié des cancers de l'endomètre présentent des antigènes sanguins décelables. On observe aussi une expression accrue des antigènes de groupe Lewis, en particulier de l'antigène Lewis[b] par rapport à un tissu sain.

Cancer de la vessie

GROUPE O	GROUPE A	GROUPE B	GROUPE AB	STATUT SÉCRÉTEUR
Risque plus élevé, tumeurs plus graves et plus agressives et plus de rechutes.	Risque plus faible et moins de rechutes.	Risque plus élevé, tumeurs plus graves et plus agressives et plus de rechutes.	Risque plus faible et moins de rechutes.	Pas d'incidence connue.

Le cancer de la vessie semble représenter l'exception qui confirme la règle pour ce qui concerne la corrélation entre le groupe A et les cancers plus agressifs. Plusieurs études ont en effet démontré qu'en l'espèce les tumeurs plus graves et les récidives les plus fréquentes s'observaient parmi les sujets du groupe O, suivis de ceux du groupe B. Au sein des groupes A et AB, on

ABO system and survival rates in gynecological tumors. » *Minerva Ginecol*, mars 1995, 47(3), p. 69-76.

Metoki R., R. Kakudo, Y. Tsuji et al. : « Deletion of histo-blood group À and B antigens and expression of incompatible À antigen in ovarian cancer. » *J Natl Cancer Inst*, 2 août 1989, 81(15), p. 1151-57.

Nayak S. K. : « ABO blood groups in different diseases. » *J Ind Med*, 1997, 1 ;87, p. 449-52.

Rybalka A. N., P. V. Andreeva, L. F. Tikhonenko, N. A. Koval'chuk : « ABO system blood groups and the rhesus factor in tumors and tumorlike processes of the ovaries. » *Vopr Onkol*, 1979, 25(3), p. 28-30 (en russe).

Tsukazaki K., M. Sakayori, H. Arai et al. : « Abnormal expression of blood group-related antigens in uterine endometrial cancers. » *Jpn J Cancer Res*, août 1991, 82(8), p. 934-41.

encourt en général des cancers moins sérieux et moins tenaces avec un taux de mortalité plus faible. L'écart est particulièrement marqué au niveau de la survie à huit ans. Comme la plupart des cancers, celui de la vessie s'accompagne d'une disparition des antigènes ABO normaux et de l'apparition de molécules d'adhésion spécialisées [1].

Cancer du poumon

GROUPE O	GROUPE A	GROUPE B	GROUPE AB	STATUT SÉCRÉTEUR
Risque global un peu plus faible quand d'autres facteurs, comme le tabac, sont en cause.	Risque global un peu plus élevé quand d'autres facteurs, comme le tabac, sont en cause.	Risque global un peu plus faible quand d'autres facteurs, comme le tabac, sont en cause.	Risque global un peu plus faible quand d'autres facteurs, comme le tabac, sont en cause.	Pas d'incidence connue.

Pour ce type de cancer, qui demeure l'une des premières causes de mortalité en Occident, le rapport avec les groupes sanguins semble ténu. Si l'incidence des cancers du poumon diminue chez les hommes depuis une vingtaine d'années, elle demeure en progression chez les femmes. Le facteur de risque le mieux connu

1. Orlow I., L. Lacombe, I. Pellicer et al. : « Genotypic and phenotypic characterisation of the histoblood group ABO(H) in primary bladder tumors. » *Int J Cancer*, 16 mars 1998, 75(6), p. 819-24.
Orihuela E. et R. S. Sharon. « Influence of blood group type on the natural history of superficial bladder cancer. » *J Urol*, octobre 1987, 138(4), p. 758-59.
Raitanen M. P. et T. L. Tammela : « Relationship between blood groups and tumour grade, number, size, stage, recurrence and survival in patients with transitional cell carcinoma of the bladder. » *Scand J Urol Nephrol*, 1993, 27(3), p. 343-47.
Srinivas V., S. A. Khan, S. Hoisington, A. Varma et M. J. Gonder : « Relationship of blood groups and bladder cancer. » *J Urol*, janvier 1986, 135(1), p. 50-52.

reste la cigarette, mise en cause dans 85 à 90 % des cas. Citons aussi l'exposition à certaines substances dans le cadre de son activité professionnelle (l'amiante et des solvants organiques notamment), à certains rayonnements, au radon (surtout pour les fumeurs) et enfin le tabagisme passif.

Le lien de causalité très fort qui unit le tabac et le cancer du poumon efface en grande partie les écarts éventuels qui pourraient résulter de tel ou tel groupe sanguin. On observe cependant une légère sur-représentation du groupe A et une légère sous-représentation du groupe O parmi les patients. Cette tendance se révèle plus nette chez les sujets âgés de moins de cinquante ans, ce qui laisse supposer que, en augmentant avec chaque nouveau paquet fumé le risque de cancer du poumon, le tabac peut masquer le rôle du groupe sanguin chez des populations de fumeurs de longue durée, sans toutefois camoufler totalement la vulnérabilité des personnes du groupe A.

Cancers de l'appareil digestif : cancer de l'estomac

GROUPE O	GROUPE A	GROUPE B	GROUPE AB	STATUT SÉCRÉTEUR
Risque minime.	Risque accru et taux de survie plus bas.	Risque global inférieur à la moyenne.	Risque accru et taux de survie plus bas.	Risque légèrement inférieur pour les non-sécréteurs.

Les observations concourent à démontrer qu'au groupe A est associé un risque de cancer de l'estomac supérieur à la moyenne, avec un taux de survie inférieur à celle-ci. Les sujets du groupe O, dotés de défenses immunitaires plus puissantes, souffrent de tumeurs de taille plus réduite et moins invasives. Et leur taux de guérison s'avère bien meilleur.

Cette étroite corrélation a conduit certains chercheurs à imaginer que les cellules cancéreuses de l'estomac produisaient un antigène voisin sur le plan immunologique de l'antigène A, c'est-à-dire que celui-ci perçoit comme un ami contre lequel il est inutile de se défendre. Il semble qu'ils aient vu juste, du moins en partie, avec les cellules porteuses de l'antigène T, structurellement proches de l'antigène du groupe A. On l'a vu, le groupe A réagit par nature moins violemment face à ces antigènes.

Les cancers de l'estomac se caractérisent souvent aussi par une hypersécrétion d'antigènes du groupe A, qui ne concerne pas uniquement les sujets du groupe A. On en relève également beaucoup dans les tumeurs plus rares des personnes du groupe O et du groupe B. Il semble que l'évolution des cellules de l'estomac vers une forme cancéreuse implique une mutation nécessaire du gène ABO, qui se traduit par la production d'antigènes A même chez les individus appartenant à d'autres groupes sanguins. Il n'en demeure pas moins que la présence d'antigènes du groupe O ou du groupe B capables d'attaquer tout agent ressemblant à ceux du groupe A, comme les cellules cancéreuses, représente un avantage considérable pour ces derniers. Plus mystérieusement, être non sécréteur réduit un peu le risque de souffrir d'un cancer de l'estomac.

Cancers de l'appareil digestif :
Cancers du pancréas, du foie
et de la vésicule biliaire

GROUPE O	GROUPE A	GROUPE B	GROUPE AB	STATUT SÉCRÉTEUR
Risque global inférieur à la moyenne.	Risque accru pour ces trois types de cancer.	Risque accru de cancers du pancréas et de la vésicule biliaire.	Risque accru pour ces trois types de cancer.	Pas d'incidence connue.

Le cancer du pancréas touche plus les personnes du groupe A et du groupe B ; leurs congénères du groupe O semblent bénéficier d'une certaine protection à l'encontre de cette maladie.

Comme dans beaucoup d'autres cancers, on constate, à la surface des cellules cancéreuses, la présence de structures ressemblant aux antigènes du groupe sanguin et capables de se modifier. Il arrive aussi que le cancer du pancréas se traduise par l'apparition d'antigènes d'un groupe sanguin ne correspondant pas à celui du patient. En général, il s'agit de personnes du groupe A ou du groupe O porteuses d'antigènes B. Peut-être cela indique-t-il des similitudes entre cette affection et le groupe B – au moins chez certains –, ce qui expliquerait le risque accru encouru par les sujets de ce groupe [1].

On observe par ailleurs une légère corrélation entre le groupe A et les cancers du foie et un fort lien entre les cancers de la vésicule biliaire et des canaux biliaires avec les groupes A et B.

1. Annese V., M. Minervini, A. Gabrielli, G. Gambassi et R. Manna : « ABO blood groups and cancer of the pancreas. » *Int J Pancreatol*, mars 1990, 6(2), p. 81-88.
Uchida E., M. A. Tempero, D. A. Burnett, Z. Steplewski et P. M. Pour : « Correlative studies on antigenicity of pancreatic cancer and blood group types. » *Ancer Detect Prev Suppl*, 1987, 1, p. 145-48.

Cancers de l'appareil digestif :
cancer du côlon

GROUPE O	GROUPE A	GROUPE B	GROUPE AB	STATUT RHÉSUS
Pas d'association connue.	Pas d'association connue.	Pas d'association connue.	Pas d'association connue.	Différence au niveau de la propagation du mal : plus localisé chez les Rh- et métastatique chez les Rh+.

Une faible corrélation avec le groupe sanguin et une plus nette avec le facteur Rhésus. Parmi les principaux facteurs de risque de cancer colo-rectal – l'un des plus fréquents – citons la prédisposition familiale, des polypes du côlon et la colite inflammatoire, auxquels viennent s'ajouter des facteurs exogènes tels que la sédentarité, l'exposition à certaines substances chimiques et une alimentation riche en graisses ou pauvre en fibres.

Le groupe sanguin n'influe pas en lui-même sur le risque de cancer du côlon. En revanche, il s'agit d'un des rares cancers qui se préoccupe de manière significative du statut Rhésus de son hôte, non pas au niveau du risque de l'apparition du mal, mais à celui de son évolution. Les individus Rh- sont plus souvent atteints des formes localisées, tandis que le Rh+ s'accompagne d'un risque de métastases accru. Ce qui laisse supposer que les patients atteints de cancers colo-rectaux Rh+ sont moins bien protégés contre la propagation de la maladie que leurs congénères Rh-, surtout au regard des métastases dans les ganglions lymphatiques[1].

---

1. Slater G. et al. : « Clinicopathologic correlations of ABO and Rhesus blood type in colorectal cancer. » *Dis Colon Rectum*, janvier 1993, 36(1), p. 5-7.

Des études déjà anciennes mettent en valeur un lien ténu entre le cancer du gros intestin et le groupe sanguin A. Cela dit, on observe bien dans les cancers du côlon l'apparition de certains antigènes de groupe sanguin ou l'apparition d'autres indices de malignité pour ces affections.

Certains scientifiques ont proposé d'utiliser des lectines – comme la lectine d'amarante – pour détecter précocément les cancers du côlon ; il semble d'ailleurs qu'elles puissent également se révéler précieuses sur le plan thérapeutique. Les lectines ainsi observées sont spécifiques au groupe A, afin de tirer parti de l'altération structurelle des glycoconjugués qui les conduit plus souvent qu'à leur tour à ressembler à l'antigène A. Tout cela semble dépendre du groupe ABO, du statut sécréteur et du phénotype Lewis.

L'agglutinine *Vicia faba*, présente dans les fèves, pourrait elle aussi ralentir la progression du cancer du côlon. Apparemment, cette agglutinine est en mesure d'inciter une cellule cancéreuse indifférenciée du côlon à se différencier en structures de type glandulaire. Autrement dit, elle serait capable de retransformer les cellules malignes en cellules saines et utiles. La même équipe a pu démontrer qu'en outre cette lectine, tout comme celle du champignon de Paris, inhibait la prolifération des lignées de cellules cancéreuses du côlon[1].

---

1. Itzkowitz S. H. : « Blood group-related carbohydrate antigen expression in malignant and premalignant colonic neoplasms. » *J Cell Biochem Suppl*, 1992, 16G, p. 97-101.

Jordinson M. et al. : « Vicia faba agglutinin, the lectin present in broad beans, stimulates differentiation of undifferentiated colon cancer cells. » *Gut*, mai 1999, 44(5), p. 709-14.

Cancers de l'appareil digestif :
cancers de la cavité buccale et de l'œsophage

GROUPE O	GROUPE A	GROUPE B	GROUPE AB	STATUT SÉCRÉTEUR
Risque relativement faible.	Risque le plus élevé pour ces cancers.	Risque élevé pour ces cancers.	Partage avec le groupe A le risque le plus élevé pour ces cancers.	*Sécréteurs :* risque accru de cancer des glandes salivaires. *Non-sécréteurs :* risque global plus élevé pour ces cancers.

Le cancer de la lèvre présente une nette association avec le groupe A, tout comme les cancers de la langue, des gencives, des joues et des glandes salivaires. Ce dernier possède par ailleurs une corrélation, bien que moins étroite, avec le groupe B ainsi qu'avec le sous-groupe sécréteur. Les individus du groupe O semblent pour leur part protégés contre ces types de cancer.

Dans le chapitre consacré à la digestion, nous avons évoqué les liens de l'œsophage de Barrett – une lésion prénéoplasique des tissus œsophagiens – avec le groupe A. On ne s'étonnera donc pas de l'incidence nettement supérieure à la moyenne des cancers de l'œsophage au sein de ce groupe sanguin. Les non-sécréteurs et les membres du sous-groupe Lewis[a+b-] souffrent eux aussi plus fréquemment de ce mal, ainsi que les sujets du groupe B. Le groupe O semble en revanche jouir d'une certaine protection à son encontre[1].

---

1. David L., D. Leitao, M. Sobrinho-Simoes, E. P. Bennett, T. White, U. Mandel, E. Dabelsteen et H. Clausen : « Biosynthetic basis of incompatible histo-blood group A antigen expression : Anti-A transferase antibodies reactive with gastric cancer tissu of type O individuals. » *Cancer Res*, 15 novembre 1993, 53(22), p. 5494-500.
Torrado J., B. Ruiz, J. Garay et al. : « Blood group phenotypes, sulfo-

En règle générale, on détecte plus d'affections buccales chez les non-sécréteurs. Cette règle se vérifie pour
les lésions précancéreuses et cancéreuses des tissus de
la bouche et de l'œsophage. La dysplasie épithéliale ne
touche quant à elle que le sous-groupe non sécréteur.

Pour les cancers de larynx et de l'hypopharynx, on
note une corrélation avec les groupes A, B et AB[1].

La mutation des cellules de la tête et du cou en
cellules squameuses cancéreuses n'est pas rare. Mais si
les tissus normaux de ces régions portent votre groupe
sanguin, l'antigène A disparaît chez environ un tiers
des sujets des groupes A et AB lorsque les cellules cancéreuses les remplacent. Les cellules des carcinomes –
dont le pronostic est généralement mauvais – expriment l'antigène du groupe O, quel que soit le groupe
sanguin du malade, ainsi que, bien souvent, les antigènes T et Tn évoqués plus haut.

Cancers du cerveau et du système nerveux

GROUPE O	GROUPE A	GROUPE B	GROUPE AB	STATUT SÉCRÉTEUR
Risque relativement faible.	Risque très élevé.	Risque assez élevé.	Risque très élevé.	Pas d'incidence connue.

Des observations constantes établissent une association entre le groupe A et les tumeurs du cerveau et du
système nerveux. Un lien plus faible se dessine également avec le groupe B. À l'inverse, les malades du

mucins, and *Helicobacter pylori* in Barrett's esophagus. » *Am J Surg Pathol*,
septembre 1997, 21(9), p. 1023-29.

1. Pyd M., I. Rzewnicki et U. Suwayach : « ABO blood groups in
patients with laryngeal and hypopharyngeal cancer. » *Otolaryngol Pol*, 1995,
49 Suppl 20, p. 396-98.

Xie X., M. Boysen, O. P. Clausen et M. A. Bryne : « Prognostic value
of Le(y) and H antigens in oral tongue carcinomas. » *Laryngoscope*, 1999.

groupe O bénéficient d'un bon pronostic pour ce type de cancer.

Des chercheurs qui étudiaient l'utilisation et l'efficacité d'une polychimiothérapie et d'une immunochimiothérapie après l'ablation de gliomes malins ont comparé leurs résultats au groupe sanguin des patients. Ils découvrirent que lorsqu'on mesurait le succès de la polychimiothérapie et de l'antibiothérapie en fonction de la durée de survie des sujets, il s'agissait d'un protocole intéressant pour les personnes des groupes A et AB. Il se révélait en revanche inefficace sur leurs congénères du groupe O. Ils en conclurent que l'on devrait déterminer l'opportunité d'une polychimiothérapie et d'une immunochimiothérapie en fonction du groupe sanguin du malade. Il s'agit pour l'heure d'une étude isolée, mais elle attire l'attention sur l'outil précieux que l'analyse sanguine peut représenter pour le traitement des cancers et de maintes autres maladies[1].

Cancer de la thyroïde

GROUPE O	GROUPE A	GROUPE B	GROUPE AB	STATUT SÉCRÉTEUR
Risque relativement faible.	Risque très élevé.	Risque modéré.	Risque très élevé.	Pas d'incidence connue.

Les sujets du groupe A font incontestablement montre d'une propension accrue aux cancers de la thyroïde. Ceux du groupe O, en revanche, en souffrent rarement, même s'ils se révèlent sujets à d'autres affections thyroïdiennes. Comme dans beaucoup de cancers, on remarque une altération de la structure de divers

---

1. Gnedkova I. A., N. I. Lisianyi et Ala Glavatskii : « Efficiency of chemotherapy and immunochemotherapy in neuro-oncologic patients of various blood groups. » *Zh Vopr Neirokhir*, janvier-février 1989, (1), p. 17-20 (en russe).

antigènes par rapport à une cellule saine : en règle générale, une disparition des antigènes A et B et une prolifération des antigènes Tn[1].

Mélanomes

GROUPE O	GROUPE A	GROUPE B	GROUPE AB	STATUT SÉCRÉTEUR
Risque le plus élevé de cancers cutanés et de mélanome malin et taux de survie le plus bas.	Meilleur taux de survie, en particulier chez les femmes.	Pas d'association connue.	Pas d'association connue.	Pas d'incidence connue.

Il n'existe que deux études sur les rapports entre le groupe sanguin et les cancers de la peau. Ces derniers semblent en général fortement liés au groupe O. C'est aussi au sein de ce groupe que l'on compte la plus grande occurrence de mélanomes malins et le plus faible taux moyen de survie après le diagnostic. Le groupe A affiche au contraire des taux de survie bien meilleurs, en particulier pour les femmes[2].

---

1. Gonzalez-Campora R., J. A. Garcia-Sanatana et al. : « Blood group antigens in differentiated thyroid neoplasms. » *Arch Pathol Lab Med*, novembre 1998, 122(11), P 957-65.
  Klechova L. et T. S. Gosheva-Antonova : « ABO and Rh blood group factors in thyroid gland diseases. » *Vutr Boles*, 1980, 19, p. 75-79.
  Larena A., M. Vierbuchen, S. Schroder, A. Larena-Avellaneda, I. Hadshiew et R. Fisher : « Blood group antigen expression in papillary carcinoma of the thyroid gland. » *Langenbecks Arch Chir*, 1996, 381(2), p. 102-13.
  2. Dinten fass L. : « Some aspects of haemorrheology of metastasis in malignant melanoma. » *Haematologia* (Budapest), 1977, 11(3-4), p. 301-07.

Cancers des os

GROUPE O	GROUPE A	GROUPE B	GROUPE AB	STATUT SÉCRÉTEUR
Risque relativement faible.	Léger risque.	Risque le plus élevé.	Pas d'association connue.	Pas d'incidence connue.

C'est avec le groupe B que les cancers osseux montrent le plus de liens, avec en bas de l'échelle le groupe A[1].

Leucémies et maladie de Hodgkin

GROUPE O	GROUPE A	GROUPE B	GROUPE AB	STATUT SÉCRÉTEUR
Risque de leucémie plus faible, surtout chez les femmes ; risque accru de maladie de Hodgkin.	Risque accru de leucémie, surtout pour le sous-groupe A2.	Pas d'association connue.	Pas d'association connue.	Pas d'incidence connue.

Les individus du groupe A sont les plus prédisposés aux leucémies, en particulier ceux qui appartiennent au sous-groupe A2. Le groupe O semble opposer une grande résistance aux ravages de ce mal, en particulier en cas de leucémie aiguë. Cette protection se révèle plus nette encore pour les femmes de ce groupe. Cela a conduit les chercheurs à proposer l'hypothèse d'un gène sensible au sexe du sujet proche du gène ABO

---

1. Manthorpe R., L. Staub-Nielsen et al. : « Lewis blood type frequency in patients with primary Sjogren's syndrome : A prospective study including analyses for A1A2BO, Secretor, MNSs, P, Duffy, Kell, Lutheran and rhesus blood groups. » *Scand J Rheumatol*, 1985, 14(2), p. 159-62. Parmi les patients atteints de sclérose en plaques, on observe une tendance similaire à la sur-représentation du phénotype Lewis négatif (Le[a-b]).

sur le chromosome 9, lequel protégerait les femmes du groupe O contre la leucémie aiguë. La maladie de Hodgkin montre en revanche une prédilection pour le groupe O [1].

Les leucémies s'accompagnent le plus souvent d'une destruction complète des antigènes du groupe sanguin, qui retrouve couramment ses caractéristiques d'antan et les antigènes réapparaissent sur les cellules en cas de guérison avec rémission totale.

Votre groupe sanguin détient donc le secret de la bonne santé de votre système immunitaire. Plus encore, il représente la clé de la survie de l'humanité depuis son origine. Si vous adoptez un mode de vie adapté au code génétique que votre groupe sanguin a inscrit dans chacune de vos cellules, vous accroîtrez votre longévité et celle de votre progéniture.

---

1. Hafner V., M. Coatmelec et R. Niculescu : « Temporary changes and permanent changes in the erythrocyte blood group antigens in malignant hemopathies. » *Rom J Intern Med*, juillet-décembre 1996, 34(3-4), p. 183-88.

Uchikawa M. : « Alterations of ABH antigens in leukemic patients. » *Nippon Rinsho*, septembre 1997, 55(9), p. 2369-73.

CHAPITRE 3

Rétablir l'équilibre

Harmonie biologique
et désintoxication

*L*ORSQU'IL FONCTIONNE DE MANIÈRE OPTIMALE, le régime Groupe sanguin induit des changements profonds et permanents chez les êtres qui le suivent et ses bienfaits perdurent pendant de longues années. Mais comment savoir s'il fonctionne ? Peut-on se fier au mieux (ou à la baisse de forme) que l'on ressent au fil de la seconde semaine de régime ? Malheureusement, j'ai appris que ce qui semble agir dans un premier temps se révèle souvent complètement inefficace, et parfois même nocif, à long terme. D'autre part, des changements brusques peuvent déstabiliser l'organisme et provoquer des effets secondaires déplaisants : doit-on en déduire que le programme ne convient pas ? Pour pousser le raisonnement un peu plus loin, comment distinguer les transformations positives des changements négatifs qui se produisent en vous ?

La plupart des naturopathes s'entendraient pour vous répondre que ces « changements négatifs » sont toxiques ; la médecine conventionnelle, elle réserve le terme de toxicité aux toxines capables de vous tuer en moins de vingt-quatre heures. Pour la plupart d'entre nous, l'idée que notre écosystème interne pourrait se corrompre paraît un brin farfelue. Pourtant, j'estime qu'environ 70 % des affections inflammatoires, digestives ou liées au stress que je soigne comportent au moins une part de déséquilibre toxique.

Ce qui nous amène à cette nouvelle question : comment savoir, avant qu'il ne soit trop tard, que quelque chose est toxique ? Eh bien, la plupart du temps, on ne le sait pas. Je me rappelle avoir lu que les mineurs du début du XXe siècle ne disposaient pas d'instruments de mesure de la toxicité des gaz. Ils ne pouvaient donc savoir quand leur accumulation se faisait dangereuse, si bien que beaucoup d'entre eux succombaient sans même comprendre ce qui leur arrivait. Pour prévenir de tels drames, ils prirent l'habitude d'emmener des canaris avec eux dans les galeries souterraines. Lorsque les oiseaux s'écroulaient, ils savaient qu'il était temps pour eux de remonter à l'air libre.

Pour les mêmes raisons, la famille D'Adamo considère depuis deux générations le régime Groupe sanguin comme un outil préventif de désintoxication et se penche avec grand intérêt sur son action à cet égard.

Évaluez vos résultats avec le test d'indican

ADAPTER SON APPORT EN PROTÉINES à la physiologie de son groupe sanguin permet de réduire la proportion de protéines non absorbées qui demeurent dans le tube digestif, ainsi que le niveau de leurs dérivés toxiques. En outre, limiter la consommation d'aliments riches en lectines nocives pour votre groupe sanguin, favorisant de la sorte l'équilibre de votre flore intestinale, ouvrira à votre organisme la voie d'une meilleure santé immunitaire et d'un regain de vitalité. Avant la fin de ce chapitre, vous admettrez avec moi que les bienfaits de l'adoption de ces choix de vie relèvent presque du miracle, puisqu'ils passent par un diminution du risque de contracter un large éventail d'affections chroniques et de handicaps.

J'utilise depuis des années un test appelé indican urinaire (ou test d'Obermeyer) pour mesurer le niveau de certaines protéines liées à une intoxication intestinale[1]. Tôt ou tard, je soumets presque tous mes patients à cet examen car il s'agit d'une des quelques méthodes permettant d'évaluer le bon fonctionnement de leur régime. Ce test mesure le taux d'indican dans un échantillon d'urine prélevé le matin, au lever. Un taux élevé résulte en général de la transformation intempestive de tryptophane en indoles par les bactéries du haut de l'intestin. Dans un organisme en pleine forme, l'acidité de l'estomac détruit les bactéries avant qu'elles pénètrent dans l'intestin, même si on sait que certaines variétés franchissent sans peine cet obstacle. En clair, si on trouve dans les méandres inférieurs de l'intestin des bactéries venues du côlon, la partie proche de l'estomac n'en abrite normalement pas.

Lorsque le système fonctionne moins bien, l'acidité gastrique chute, ce qui laisse les micro-organismes migrer vers le haut de l'intestin pour le coloniser. Ces micro-organismes se nourrissent des protéines mal digérées, toujours à cause du déficit d'acide. Ces protéines incomplètes attirent en outre de nouvelles bactéries venues du bas de l'intestin. La putréfaction de ces résidus alimentaires non digérés produit des indoles,

---

1. Anderson R. L., J. K. Maurer, W. R. Francis et S. L. Buring : « Trypsin inhibitor ingestion-induced urinary indican excretion and pancreatic acinar cell hypertrophy. » *Nutr Cancer*, 1986, 8(2), p. 133-39.

Mayer P. J. et W. I. Beeken : « The role of urinary indican as a predictor of bacterial colonization in the human jejunum. » *Am J Dig Dis*, novembre 1975, 20(11), p. 1003-09.

lesquels passent ensuite dans le flux sanguin avant d'être éliminés avec les urines sous forme d'indican.

EXTRAIT DES ARCHIVES DU GROUPE SANGUIN

Marie L.
Groupe A
Femme, cinquantaine
Amélioration : problèmes digestifs/immunitaires

Je suis venue vous consulter il y a environ huit ans. Après une année de rendez-vous et de votre régime, j'ai quitté votre cabinet persuadée que vous étiez un cinglé avec des idées de fou. J'étais à l'époque en pré-ménopause, un brin hystérique et peu encline à suivre les conseils d'un médecin ou à redouter un cancer. J'ai consulté depuis deux autres médecins holistiques et décidé de mon plein gré que ma nature me portait vers le végéta-risme (j'appartiens au groupe A+, sécréteur, sous-groupe A2). Je suis votre régime de manière quasi reli-gieuse. Je viens de fêter mes cinquante-cinq ans, la moitié des femmes que je connais ont un cancer du sein (pas moi) et l'autre moitié sont soufflées comme des veaux aux hormones : je me réjouis de ne pas suivre d'hormonothérapie. Je me débrouille fort bien avec mon régime végétarien et des dérivés du soja. Mon alimen-tation se compose en majorité de légumes et de fruits et je n'absorbe presque plus de protéines animales – juste du poisson trois ou quatre fois par semaine. Je ne souffre d'aucune allergie, ni de sautes d'humeur liées aux varia-tions hormonales. Et je vous demande pardon d'avoir douté de votre santé mentale.

Le taux d'indican urinaire permet donc de mesurer le niveau d'indoles présents dans l'intestin, lesquels figurent le véritable problème. En ce sens, il permet d'évaluer le degré d'intoxication de votre intestin.

Penchons-nous à présent sur les rapports étroits qui unissent le test d'indican et le régime Groupe sanguin.

Lorsqu'on adopte une alimentation adaptée à son groupe sanguin, on fournit à son organisme le carburant qui lui convient le mieux. Une voiture qui reçoit trop d'essence et pas assez d'air brûle mal son carburant et laisse des résidus divers. De même, si nous n'absorbons ou ne métabolisons pas correctement les nutriments que nous ingérons, il restera des graisses et des protéines digérées en partie. Bien entendu, elles finiront par être éliminées, mais pas avant d'avoir troublé l'équilibre de la flore intestinale. C'est ce degré de « perte » alimentaire que le taux d'indican évalue. Si vous avez un taux élevé, vous verrez qu'il suffira de quelques semaines de régime Groupe sanguin pour que celui-ci chute, un peu comme un carburateur qui se désencrasse progressivement.

Dans ma clinique, nous soumettons tous les nouveaux patients au test d'indican. Environ un sur trois affiche un résultat élevé, signe d'intoxication intestinale. C'est notamment le cas de beaucoup de personnes du groupe O suivant un régime végétarien (à cause des nombreuses lectines des céréales), de celles du groupe A qui absorbent trop de protéines animales que leur organisme ne parvient pas à digérer, ou encore de celles du groupe B qui s'intoxiquent avec des lectines de poulet, de maïs et de sarrasin.

Il est clair pour moi comme pour les autres médecins qui prescrivent le régime Groupe sanguin que, dès que l'on suit convenablement celui-ci, le taux d'indican diminue jusqu'à atteindre un niveau presque indécelable, ce qui est excellent puisqu'un excès d'indoles peut se révéler nocif. Ces deux substances jouent en effet un rôle de catalyseur en présence d'agents carcinogènes. Ajoutons qu'un taux d'indican élevé indique une forte déperdition protéinique, donc un métabolisme peu efficace. Conserver un taux d'indican élevé conduit de ce fait directement ou indirectement à mille maux. Peut-être est-ce la raison pour laquelle le premier conseil qu'Hippocrate donnait aux médecins était de « tout d'abord nettoyer l'intestin » de leurs patients.

Les polyamines :
Une nouvelle approche de la toxicité

LORSQUE J'ÉTUDIAIS à l'université Bastyr, dans les années 1980, je me souviens d'avoir discuté du concept de désintoxication de l'organisme avec l'un de mes professeurs, le Dr Edward Madison. Celui-ci pensait que pour quantifier de façon scientifique une notion aussi vague que celle de toxicité il fallait en premier lieu identifier les substances chimiques responsables de notre intoxication. Les indoles lui semblaient répondre à cette définition, avec d'autres composés couramment détectés dans l'intestin comme la putrescine, la spermidine et la cadavérine.

Voici quelques années, j'ai retrouvé ces termes dans un article médical et découvert que ces substances appartenaient à la classe des polyamines. Les polyamines sont des protéines qualifiées d'amines biogéniques que l'on retrouve en faible concentration dans toutes les cellules humaines, animales et végétales. Nos organes ont besoin de polyamines pour leur croissance, leur renouvellement et leur métabolisme. Le bon renouvellement des cellules dépend de ces substances, qui exercent une puissante action stabilisatrice sur l'ADN. Elles jouent aussi un rôle capital dans le fonctionnement du système nerveux. Les enfants utilisent également les polyamines pour assurer leur croissance et, à ce titre, en fabriquent beaucoup plus que les adultes.

Beaucoup de lectines alimentaires stimulent la production de polyamines dans l'intestin. Sans doute les cellules intestinales en secrètent-elles plus dans le but de réparer les dommages occasionnés par les lectines au niveau des villosités [1].

Paradoxalement, les lectines peuvent en définitive faire chuter le taux global de polyamines. Cela déséquilibre suffisamment la paroi intestinale pour inciter les cellules de ses muqueuses à happer toutes les polyamines passant à leur portée pour accélérer leur régénération. Conséquence : un déficit en polyamines pour les autres tissus de l'organisme. Cela explique peut-être pourquoi les enfants élevés avec une alimentation végétalienne tendent à être en moyenne plus petits que les autres. La richesse en lectines du régime végétalien classique (avec abondance de céréales) conduit en effet les cellules intestinales à retenir assez de polyamines pour que les autres tissus en manquent, entravant ainsi leur croissance et donc, par exemple, celles des os et des muscles de l'enfant.

Certaines lectines provoquent en outre, par un afflux excessif de polyamines vers eux, une croissance anormale de certains organes, parmi lesquels le foie, le pancréas et la rate. La lectine du germe de blé intensifie la sécrétion de polyamine ; quand on en ajoute au régime d'animaux de laboratoire, elle diminue la digestibilité et l'utilisation des protéines alimentaires et ralentit la croissance des animaux de manière significative. On observe aussi une prolifération, liée aux polyamines, des cellules du pancréas et des muqueuses de l'intestin grêle [2]. On a pu constater que plusieurs autres lectines de pois et de légumes secs produisaient des effets similaires. Il ne paraît donc pas irréaliste de

1. Pusztai A. et S. Bardocz : « Biological effects of plant lectins on the gastrointestinal tract : Metabolic consequences and applications. » *Trends in Glycoscience and Glycotechnology*, volume 8, n° 41, mai 1996.

2. Mikkat U., I. Damm, G. Schroder, K. Schmidt, C. Wirth, H. Weber et L. Jonas : « Effect of the lectins wheat germ agglutinin (WGA) and *Ulex europaeus* agglutinin (UEA-I) on the alpha-amylase secretion of rat pancreas *in vitro* and *in vivo*. » *Pancreas*, mai 1998, 16(4), p. 529-38.

croire que l'action stimulante de la lectine du germe de blé sur la synthèse des polyamines puisse se révéler en partie responsable des excédents pondéraux des personnes du groupe O ou du groupe B qui abusent d'aliments où l'on en trouve.

Le contrôle des polyamines *via* l'alimentation vise à équilibrer la sécrétion de ces substances, afin d'en produire assez pour assurer la croissance et le renouvellement des cellules sans toutefois atteindre des niveaux susceptibles d'affaiblir le système immunitaire ou de modifier les métabolisme des tissus. Le régime Groupe sanguin permet de limiter l'absorption de lectines dont la surconsommation conduirait à un excès de polyamines dans l'intestin.

EXTRAIT DES ARCHIVES DU GROUPE SANGUIN

Amelia K.
Groupe B
Femme, cinquantaine
Amélioration : problèmes digestifs/immunitaires/énergie

Je suis les principes de base du régime du groupe B depuis plus d'un an. En pratique, j'ai éliminé de mon assiette le poulet, le maïs et la plupart des légumes secs et de leurs dérivés et je m'efforce de fuir les aliments « à éviter » pour mon groupe sanguin. Le résultat le plus spectaculaire de ce changement nutritionnel réside dans l'amélioration de mes défenses immunitaires : je n'ai pas eu le moindre rhume – pas même un éternuement – depuis que j'ai adopté votre régime. Autrefois, je souffrais chaque années d'au moins trois bons rhumes. Je me sens un peu dans la peau de Wonder Woman lorsqu'il s'agit d'écarter de ma route les germes divers et variés. En second lieu, j'ai observé un incroyable regain d'énergie et de bien-être. C'est seulement quand je me suis mise à absorber assez de protéines que j'ai compris combien j'en avais manqué au fil des années pendant lesquelles je m'étais escrimée à vivre « sainement » en évitant la viande. Enfin, j'ai l'impression que ce régime a totalement bouleversé le fonctionnement chimique de mon organisme : je ne me prive plus, et je perds du poids !

Les polyamines dans votre alimentation

Les manuels de biochimie qualifient souvent les polyamines de protéines de « chair morte » car lorsqu'un tissu vivant subit un choc ou meurt, ses structures protéiniques explosent. Les bactéries et les enzymes des aliments convertissent alors une bonne partie de ces fragments de protéines en polyamines. C'est pourquoi on trouve de fortes concentrations de polyamines dans les tissus de patients atteints de traumatismes graves et dans les produits alimentaires dont la texture et le goût ont été irrévocablement altérés, par exemple à la suite d'un processus de congélation. Mais, n'en déplaise à certains tenants du végétarisme qui invoquent les polyamines pour expliquer leur rejet de la viande et des produits de la mer, les légumes, les céréales, les fruits et les germes en contiennent tout autant que les mets d'origine animale. Et, bien souvent, les végétaux n'en contiennent pas eux-mêmes : ceux-ci seront produits par l'organisme en réponse aux lectines qu'ils renferment.

On trouve classiquement des polyamines dans les aliments fermentés tels que le fromage, la bière, la choucroute ou les extraits de levure, ainsi que dans les conserves ou surgelés dont les tissus ont subi au cours de leur préparation des atteintes structurelles. La plupart des fromages vieillis ou forts se révèlent très riches en putrescine, tout comme les crevettes, surtout en conserve ou surgelées, ou parfois les pommes de terre, les légumes en conserve ou surgelés (sauf les légumes verts), ainsi que certains fruits comme les oranges ou les clémentines. La sauce de soja fermentée fabriquée avec du blé constitue elle aussi une source importante de polyamines, en particulier de putrescine. Les fromages vieillis, les haricots de soja fermentés, le thé fermenté (thé noir), le saké, les champignons de Paris, les pommes de terre et le pain apportent en outre des doses importantes de spermidine. Enfin, les céréales, les légumes en conserve ou en boîte, la viande rouge, la volaille et leurs dérivés renferment de la spermine.

EXTRAIT DES ARCHIVES DU GROUPE SANGUIN

Phillip N.
Groupe B
Homme, cinquantaine
Amélioration : problèmes digestifs/immunitaires

Depuis quelques années, je me débattais avec ce que je prenais pour un déficit immunitaire, ne me relevant d'une bronchite que pour attraper un rhume ou la grippe, etc. Pour couronner le tout, on a diagnostiqué chez moi une hernie hiatale nécessitant un traitement médical constant. Dans l'espoir de découvrir une autre thérapeutique, j'ai consulté un acupuncteur, qui m'a recommandé d'essayer votre régime, ne serait-ce que pour faciliter ma digestion. Avant de lire votre livre, je mangeais du poulet quatre ou cinq fois par semaine (poulet rôti, bouillon de poule, sandwich au poulet...), si bien que j'ai cru qu'il me serait difficile de m'en passer. J'ai cependant remplacé le poulet par de l'agneau. Et moi qui ne cherchais pas particulièrement à maigrir, j'ai perdu près de cinq kilos en deux semaines, alors que je ne me préoccupais absolument pas des portions recommandées. Ma santé dans son ensemble s'est améliorée. Je ne me sens plus épuisé du soir au matin et mon entourage loue mon regain d'énergie. Je pèse aujourd'hui soixante-cinq kilos, soit le poids de mes vingt ans. Cela absolument sans réduire mon apport calorique. Je n'étais pas gros auparavant, mais on me félicite sur ma ligne. Le plus étonnant est que je sens à présent mon organisme capable de se défendre contre les agressions virales : quand je ressens un début de rhume, je me réveille le lendemain matin presque guéri (et non plus fiévreux). Et même si, en dépit de ces résultats, mon entourage demeure sceptique, peu m'importe : je me sens en plein forme et je n'aurai plus honte de ma panse rebondie lors de nos prochaines vacances à Hawaii.

Vos taux de polyamines sont-ils trop élevés ?

Il n'existe pas de méthode simple pour mesurer les taux de polyamines, mais l'on peut utiliser divers examens en guise d'indices.

Un taux d'albumine élevé ou relativement élevé. Le foie fabrique l'albumine, une précieuse protéine qui sert à transporter rapidement d'autres nutriments. La production d'albumine décroît en période de stress environnemental, nutritionnel, toxique ou traumatique. Or la synthèse des polyamines fait grimper le taux d'albumine. Celui-ci permet d'évaluer le statut nutritionnel d'un patient à long terme puisqu'il reflète ses réserves protéiniques du dernier mois. Le taux normal est compris entre 3,5 et 5,2 g/dl. Au-dessus de 4,8 g/dl, on observe en général un taux élevé de polyamines et en deçà de 4 g/dl, un taux sain.

Un taux d'indican urinaire élevé. Le test d'indican mesure le niveau d'indoles dans l'intestin en recherchant dans les urines le produit de leur métabolite, l'indican. Un taux élevé d'indican va généralement de pair avec une forte présence bactérienne dans le haut de l'intestin, laquelle induit une production de polyamines.

Une mauvaise haleine (halitose). Si, en dépit de tous vos efforts pour conserver une bonne hygiène buccale (brossage, fil dentaire, etc.), vous souffrez d'une mauvaise haleine persistante, il est probable que vos taux de polyamines soient trop importants. La putrescine et l'un des polyamines secondaires, la cadavérine, sont en effet largement responsables de ce désagrément. En outre, un excès de polyamines dans la bouche empêche la migration des globules blancs vers les sites infectés ou enflammés.

MAUX DE TÊTE APRÈS L'ABSORPTION D'ALIMENTS FERMENTÉS. Les polyamines accentuent l'action de l'histamine, que l'on retrouve souvent dans les aliments contenant de l'histadine, comme le vin rouge. De ce fait, les maux de tête qui suivent l'ingestion de mets fermentés tels que le vin, la bière ou la choucroute indiquent souvent un excédent de polyamines.

Pour préciser un peu notre propos, considérons à présent les symptômes qui peuvent laisser supposer un surplus d'indican ou de polyamines, selon votre groupe sanguin.

GROUPE O. Si vous appartenez au groupe O, surveillez votre apport en lectines de céréales car celles-ci accroissent la production de polyamines par les cellules de l'intestin, du foie et du pancréas. Elles imitent aussi l'action de l'insuline sur la croissance, ce qui amplifie celle des polyamines dans ce domaine.

Signes de toxicité pour le groupe O
1. Problèmes inflammatoires : douleurs articulaires, douleurs inexpliquées comme celles liées à une fibromyalgie, troubles menstruels.
2. Difficultés à perdre du poids, rétention d'eau (surtout chez les non-sécréteurs).
3. Problèmes intestinaux : spasmes, flatulences et difficultés d'élimination.
4. Fatigue, hyperactivité mentale.

5. Intolérance aux glucides, fatigue et somnolence après les repas riches en glucides.
6. Taux de triglycérides élevé.

GROUPE A. Si vous appartenez au groupe A et abusez des mets d'origine animale, la mauvaise absorption et digestion des protéines qu'ils contiennent fournit une source d'acides aminés très tentante pour les bactéries intestinales. Pour vous remercier de ce repas gratuit, elles produiront des polyamines en abondance.

Signes de toxicité pour le groupe A
1. Problèmes cutanés tels que psoriasis, eczéma ou acné.
2. Maux de tête, en particulier localisés au niveau du front et peu sensibles à l'aspirine et au paracétamol.
3. Kystes mammaires.
4. Agitation mentale, faible tolérance au stress.
5. Fermentation gastrique génératrice de mauvaise haleine (surtout pour les non-sécréteurs).
6. Hypoglycémie (chute du taux de sucre sanguin).
7. Hypercholestérolémie.
8. Selles malodorantes.

GROUPES B ET AB. On note un lien intéressant entre un acide aminé appelé arginine et le groupe sanguin. Celui-ci sert notamment à fabriquer un acide aminé plus rare : l'ornithine. Or le gène de l'enzyme qui produit l'acide arginosuccinique, le précurseur de l'arginine, se trouve localisé tout près du gène ABO, sur le segment chromosomique 9q34, et des études mettent en évidence une forte corrélation entre eux. Des éléments génétiques du groupe sanguin influent donc sur la quantité d'arginine disponible pour être convertie en ornithine, puis ultérieurement en polyamines. L'oxyde

nitrique est lui aussi un dérivé de l'arginine[1]. Ces relations contribuent à expliquer pourquoi les sujets des
groupes B et AB porteurs de l'antigène B gèrent l'oxyde
nitrique différemment de leurs congénères des autres
groupes sanguins. Ces deux groupes se révèlent en effet
assez sensibles aux variations des taux d'oxyde nitrique
et souffrent quand les polyamines détournent l'apport
en arginine, normalement destiné à la fabrication
d'oxyde nitrique.

Signes de toxicité pour les groupes B et AB

1. Libido (appétit sexuel) en baisse.
2. Insuffisance circulatoire caractérisée par des
   mains et des pieds toujours glacés, des écarts de
   tension artérielle entre la position allongée et la
   station debout (hypotension orthostatique), des
   hémorroïdes, des varices et de la fatigue.
3. Hypersensibilité à la lumière (photophobie) et à
   certains parfums.
4. Fermentation gastrique, mauvaise haleine (surtout sujets AB non sécréteurs).
5. Sensation de ballonnement désagréable dans le
   bas de l'intestin.
6. Kystes mammaires.

Comme vous le constaterez en consultant la liste des
aliments riches en polyamines, beaucoup d'entre eux
sont déconseillés pour tous les groupes sanguins. On
remarquera aussi qu'une bonne part des ingrédients qui
bloquent l'ornithine réduisant le taux de polyamines
s'avèrent neutres ou bénéfiques pour tous les groupes.

---

1. Wu G., W. G. Pond, S. P. Flynn, T. L. Ott et F. W. Bazer :
« Maternal dietary protein deficiency decreases nitric oxide synthase and
ornithine decarboxylase activities in placenta and endometrium of pig
during early gestation. » J Nutr, décembre 1998, 128(12), p. 2395-402.
    Wu G. et S. M. Morris Jr. : « Arginine metabolism : nitric oxide and
beyond. » Biochem J, 15 novembre 1998, 336 (Pt 1), p. 1-17.

Si vous suivez le régime spécifique adapté à votre groupe sanguin, vous pourrez encore abaisser votre niveau intestinal de polyamines en évitant les lectines nocives. Méfiez-vous également des adjuvants chimiques, des produits stockés dans de mauvaises conditions et des polluants qui « stressent » les aliments et accroissent de ce fait leur teneur en polyamines. Préférez autant que possible les ingrédients bio.

Les aliments qui font chuter
les polyamines et les indoles

Arabinoglactane de mélèze (ARA6) : Cet extrait de mélèze contribue au bon équilibre du tractus intestinal, tout en limitant la production de résidus de la digestion des protéines tels que l'ammoniaque. Convient à tous les groupes sanguins.

Noix : Des études ont démontré que les noix inhibaient l'ornithine. Convient à tous les groupes sanguins.

Thé vert : Des études ont démontré que les polyphénols du thé vert inhibaient l'ornithine. Convient à tous les groupes sanguins.

Fruits de couleur bleu foncé, violette ou rouge : Ces aliments (cerises, myrtilles, etc.) contiennent des anthocyanidines, des antioxydants qui inhibent l'ornithine. La plupart d'entre eux sont neutres ou bénéfiques pour tous les groupes sanguins.

Grenades, bananes, plantain et goyaves : Inhibent l'ornithine.

Spécial groupe sanguin : les sujets des groupes B et AB doivent éviter les grenades et les groupes A et O les bananes plantain.

Oignons, aneth, estragon, feuilles de brocoli et ail : Ces ingrédients exercent une légère action antibactérienne sur la plupart des souches productrices de polyamines, tout en inhibant un peu l'ornithine. Conviennent à tous les groupes sanguins.

CURCUMA : Cette épice couramment utilisée en cuisine indienne et à laquelle recourent de longue date les praticiens de médecine ayurvédique constitue un puissant inhibiteur de la synthèse des polyamines. Convient à tous les groupes sanguins.

Pour combattre le mal par le mal : La solution probiotique

LORSQUE, en 1910, un biologiste russe du nom d'Élie Metchnikoff suggéra que la meilleure méthode pour améliorer la santé et l'espérance de vie serait de désintoxiquer l'intestin des patients, beaucoup de médecins et de chercheurs le prirent pour un charlatan. Le « nettoyage » intestinal connut cependant une certaine vogue, l'élite partant en villégiature dans des cliniques de santé ou des villes d'eaux tandis que les élixirs purifiants inondaient le marché. Les autorités médicales, d'une méfiance pathologique à l'égard de toute théorie qu'elles n'avaient pas entérinées, rejetèrent l'idée de Metchnikoff avec ces produits. Dommage, car elle devait se révéler juste.

À l'appui de son hypothèse, selon laquelle le processus de vieillissement résulte en fait d'une intoxication chronique provoquée par un déséquilibre de la flore intestinale, Metchnikoff inventa le terme probiotique, qui signifie « favorable à la vie ». Cet enchaînement pouvait selon lui être interrompu grâce à l'absorption régulière de ferments lactiques acides et de produits en comportant.

Aujourd'hui, un peu moins d'un siècle plus tard, on admet généralement que les bactéries intestinales

« amies » protègent les cellules, améliorent la fonction immunitaire et exercent une action positive sur la capacité de l'organisme à utiliser pleinement les nutriments qu'il ingère. On omet cependant souvent de préciser un élément clé : le groupe sanguin orchestre l'équilibre des « bonnes » bactéries [1].

Comme nous l'avons vu plus haut, les antigènes du groupe sanguin s'expriment dans toutes les régions de notre corps en contact avec le monde extérieur. Si vous êtes sécréteur, on en retrouve aussi dans les mucosités qui tapissent votre tube digestif pour le protéger. Quel rôle ces antigènes sanguins jouent-ils dans l'équilibre de la flore intestinale ? Eh bien, pour parler clairement, ils servent de nourriture aux bactéries.

Rappelons en effet que les antigènes du groupe sanguin sont des sucres complexes dont les bactéries se révèlent très friandes. Chaque antigène sanguin possède sa structure glucidique propre et les bactéries les choisissent en fonction de leurs préférences – en fait, beaucoup de bactéries amies se nourrissent en permanence de façon adaptée à leur groupe sanguin en consommant en priorité ces antigènes. Lorsque ceux-ci sont présents en quantité suffisante, elles luttent pour se nourrir avec beaucoup plus d'efficacité que les bactéries nocives (après tout, elles vous *aiment*) et finissent par chasser celles-ci. Dans le côlon, des souches de bactéries favorables dont la structure dépend du groupe sanguin métabolisent les antigènes sanguins en acides gras à chaîne courte excellents pour la santé de ce segment de l'intestin.

---

1. Naidu A. S., W. R. Bidlack et R. A. Clemens : « Probiotic spectra of lactic acid bacteria (LAB). » *Crit Rev Food Sci Nutr*, janvier 1999, 39(1), p. 13-126.

Schaafsma G., W. J. Meuling, W. Van Dokkum et C. Bouley : « Effects of a milk product, fermented by *Lactobacillus acidophilus* and with fructo-oligosaccharides added, on blood lipids in male volunteers. » *Eur J Clin Nutr*, juin 1998, 52(6), p. 436-40.

D'où cette « préférence » provient-elle ? Elle résulte d'un concept baptisé adhérence : tout comme une clé ne fonctionne que sur la serrure à laquelle elle correspond, les bactéries ne s'accolent qu'à certaines combinaisons glucidiques munies de sites d'attachement complémentaires. Si tous les sites d'attachement du tube digestif ne sont pas spécifiques à un groupe sanguin, le processus d'agrégation découle de celui-ci pour beaucoup de bactéries (amies ou non). En fait près de 50 % des souches affichent une certaine prédilection sanguine.

Pour vous donner une idée de l'impact du groupe sanguin sur la microflore intestinale, on estime qu'une personne du groupe B possédera jusqu'à 50 000 souches de bactéries amies de plus que ses congénères du groupe O ou du groupe A. Si ce n'est pas du favoritisme !

L'antigène de votre groupe sanguin apparaît tout au long de votre tractus intestinal, afin d'attirer des variétés spécifiques de bactéries utiles. Tout se passe en fait comme lorsqu'on jette du grain dans divers coins de son jardin afin d'y attirer tel ou tel type d'oiseau.

Conclusion : respectez le régime adapté à votre groupe sanguin pour conserver un milieu interne propre et sain.

TROISIÈME PARTIE

4 Modes de vie

CHAPITRE 1

La clé d'un mode de vie adapté à son groupe sanguin

Pour tirer le meilleur parti du programme adapté à votre groupe sanguin

Cher Dr D'Adamo,

Je vous écris pour vous raconter le succès incroyable de votre régime sur mon fils de neuf mois, Peter, du groupe O. Né avec une hernie diaphragmatique, il a subi deux interventions chirurgicales correctrices à l'âge de cinq jours et à celui de cinq mois. Il est par ailleurs parfaitement normal tant sur le plan mental que sur le plan physique et son frère jumeau se porte comme un charme. Mais Peter continuait à souffrir de sérieux problèmes de reflux gastro-œsophagien que les médicaments ne parvenaient pas à traiter.

Le régime de Peter, prescrit par le diététicien de l'hôpital, se composait essentiellement de céréales pour bébé mélangées avec des fruits et des légumes en une purée très épaisse. Lorsque j'ai suivi vos conseils et commencé à lui donner de la viande et des légumes, il ne lui a fallu que trois jours pour cesser de vomir chacun de ses repas à deux ou trois reprises, comme il le faisait auparavant. Il gardait 75 % de ses repas, revomissait le reste et gardait le supplément que je lui donnais alors. Et depuis deux jours, il n'a plus vomi du tout. Autant dire que l'amélioration fut décelable immédiatement !

On m'avait expliqué qu'une intervention chirurgicale représentait le seul espoir pour mon fils, mais j'espère aujourd'hui qu'il pourra s'en passer. Merci d'avoir transformé la vie de Peter. Vous ne pouvez pas imaginer combien mon bébé a changé. Quelle chance d'avoir entendu parler de votre livre et d'avoir eu l'intelligence de l'acheter !

Avec toute ma gratitude,

Anne T.

Voilà la véritable mesure du succès d'un protocole nutritionnel. Qu'espérer de plus, après la publication de *4 Groupes sanguins 4 Régimes*, que des récits tels que celui de la maman de Peter ? L'instinct qui a poussé celle-ci à aller au-delà des solutions qu'on lui proposait et à effectuer elle-même des recherches a sorti un petit garçon de neuf mois d'un cycle infernal. Plus important encore, l'enfant a surmonté un trouble qui serait sans doute devenu chronique. J'imagine souvent combien la vie de mes patients aurait été différente si l'on avait adapté leur alimentation à leur groupe sanguin dès leur plus jeune âge. Malheureusement, la plupart des gens n'en viennent à se soigner de la sorte qu'après des années de combat d'arrière-garde contre la maladie.

Parler d'un combat d'arrière-garde est un euphémisme militaire pour éviter d'avouer qu'on livre une bataille vouée à l'échec. Et cela correspond assez bien à ce qu'ont vécu les personnes qui viennent me consulter après des années passées à se battre contre une affection chronique ou aiguë. Elles sont épuisées, avec un système immunitaire affaibli, des déséquilibres métaboliques et des troubles digestifs tenaces, auxquels s'ajoutent souvent des problèmes de diabète ou d'obésité.

Tout cela parce que leur alimentation et leur mode de vie sont génétiquement incompatibles avec leur organisme. Peter et son frère jumeau, remis sur le droit chemin dès l'âge de neuf mois grâce à leur maman, en tireront le bénéfice de longues années durant.

Les programmes Groupe sanguin vous aideront à apporter les modifications nécessaires à vos habitudes et à celles des vôtres. Depuis la publication de *4 Groupes sanguins 4 Régimes*, mes lecteurs réclament des informations supplémentaires afin de mieux comprendre le rôle du groupe sanguin dans leur santé. Avec ce livre, nous nous efforçons d'accéder à ce vœu. Les quatre programmes et les sources scientifiques mentionnées forment un guide familial complet du groupe sanguin et de ses implications.

Pour tirer le meilleur parti possible de ce livre

Que vous soyez en bonne santé et désireux de maximiser votre potentiel tout en accroissant votre espérance de vie, ou que vous vous trouviez en butte à un souci agaçant, tel qu'un gain de poids récent, des règles irrégulières ou douloureuses, des troubles digestifs, des infections chroniques ou des migraines handicapantes, ou encore que vous soyez confronté à un tracas plus sérieux tel qu'une maladie potentiellement mortelle, ce livre vous fournira toutes les informations sur l'aide qu'une bonne connaissance des spécificités de votre groupe sanguin peut vous apporter. L'information ne saurait nuire : seule son absence est dangereuse.

J'ai isolé quelques préceptes essentiels pour votre travail de recherche. Conservez-les à l'esprit et vous tirerez le meilleur bénéfice possible de ce livre.

1. MONTREZ-VOUS OUVERT ET FLEXIBLE. La science du groupe sanguin revêt maints aspects. Et comme elle représente par nature une étude des différences, en toute logique, tous les détails ne cadrent pas toujours avec les quatre catégories que représentent les groupes sanguins ABO. Conservez une approche ouverte et veillez à ne pas simplement troquer une structure rigide contre une autre. Efforcez-vous plutôt d'adopter ce programme petit à petit, en le testant en fonction de vos caractéristiques. N'oubliez pas que tout est affaire d'équilibre et qu'un enthousiasme excessif peut se révéler aussi nocif qu'un trop grand scepticisme.

Le succès de *4 Groupes sanguins 4 Régimes* m'a valu d'être submergé de courriers de lecteurs affolés qui en arrivaient à disséquer dans les moindres détails tous les aliments qui franchissaient leurs lèvres. Ils redoutaient que la plus petite déviation de la ligne stricte du régime – telle que l'ajout d'une pincée de cannelle, d'un pickle ou d'un soupçon de moutarde – compromette leurs efforts en lançant des bataillons entiers de lectines à l'assaut de leurs organes. Cette mentalité d'adepte des régimes est contre-productive. Le propos de mes livres n'est pas d'instiller en vous la crainte qu'un aliment nocif vous « attrape », mais de travailler à harmoniser vos prédispositions génétiques avec votre alimentation et votre mode de vie globaux. Si vous jouissez en général d'une bonne santé, vous pouvez adopter une approche plus souple. Ainsi, j'appartiens au groupe A et – ou mais – je raffole du tofu et je n'ai jamais banni cet ingrédient de mon assiette. De même, je me surprends environ une fois par an à saliver à l'idée d'une recette familiale de ma femme Martha, le chou farci à la viande. Et lorsqu'elle m'en prépare, j'en savoure chaque bouchée !

D'autres m'écrivent car l'un des ingrédients recommandés leur pose problème – je pense notamment aux sujets du groupe A qui ne supportent pas les cacahuètes, à ceux du groupe O qui détestent la viande rouge ou à ceux du groupe B qui ne conçoivent pas de ne plus manger de poulet. Rien de bien étonnant en somme. À tous je réponds que chacun doit adapter le régime Groupe sanguin à sa situation, afin de reprendre le contrôle de sa santé et de son bien-être. Nous y reviendrons.

2. Défiez-vous des conclusions réductrices. L'association entre le groupe sanguin et certaines maladies n'est pas une simple relation de cause à effet. Prenons par exemple le cas des affections cardio-vasculaires. On peut en souffrir que l'on appartienne au groupe O, au groupe A, au groupe B et au groupe AB. En revanche, les causes du mal seront différentes, tout comme la méthode à suivre pour améliorer votre état. La plupart des maladies chroniques résultent en effet de facteurs multiples et variés. La corrélation groupe sanguin-maladie représente un outil irremplaçable en ce sens qu'elle vous indique de quels facteurs il vous faut le plus vous méfier.

Cette question des facteurs de risque et de leur évaluation suscite souvent, à juste titre, la confusion, car la terminologie médicale classique laisse supposer l'existence d'un lien de causalité direct entre ceux-ci et la maladie : « fumer provoque le cancer » ou « le stress engendre l'hypertension ». Dans le cas des facteurs de risque associés au groupe sanguin, cette interprétation se révèle erronée : appartenir à tel ou tel groupe sanguin ne vous prédispose pas *en soi* à telle ou telle maladie. En revanche, en présence d'autres éléments comme une mauvaise alimentation, le stress ou certaines conditions environnementales, vous risquerez plus de souffrir de cette maladie que les personnes des autres groupes sanguins. Ne croyez donc pas que « la viande intoxique l'intestin » ou que « tous les glucides se transforment en graisse ». Il ne s'agit pas ici de se soumettre à des diktats nutritionnels sous l'effet de la crainte, ce qui constitue une très mauvaise démarche.

Ce que nous savons des mécanismes liés au groupe sanguin nous permet également de souligner que si ces facteurs de risque sont génétiques, ils ne sont pas pour autant génériques. Résistons à la tendance médicale moderne qui incline à proposer un traitement universel sans tenir compte de variantes pourtant clairement perceptibles.

La science du groupe sanguin ouvre la possibilité de considérer les choses selon une perspective nouvelle et d'adopter une approche toute neuve de la maladie. Ce qui permet de concevoir des traitements d'autant plus spécifiques et précis.

Voilà pourquoi optimiser l'efficacité du programme adapté à votre groupe sanguin nécessite de votre part un effort d'apprentissage. Collectez tous les renseignements possibles sur votre profil : groupe sanguin, statut sécréteur, antécédents familiaux, problèmes médicaux et mode de vie. Et défiez-vous toujours des déclarations applicables à tous.

3. MENEZ L'ENQUÊTE VOUS-MÊME. Comment savoir si une chose est vraie ? À quoi ressemble une preuve scientifique ? Voilà des questions pertinentes pour qui envisage de modifier son alimentation afin d'améliorer son état de santé. Une fois convaincu de la validité scientifique de la science des groupes sanguins, il vous faudra probablement en persuader votre médecin traitant et le reste de votre entourage médical. Pour vous y aider, j'ai inclus dans ce livre une somme substantielle de références scientifiques basée sur 1 200 articles de la presse spécialisée, dont 40 % parus au cours des cinq dernières années. Ces rapports mettent en lumière divers aspects du puzzle sanguin sur la foi de tests cliniques et de laboratoire menés sur des animaux et sur

des humains, ainsi que des analyses complexes de caractères prédominants liés au groupe sanguin.

> *Aimeriez-vous faire partie des archives du groupe sanguin ? Connectez-vous sur www.dadamo.com.*

Vous trouverez en outre au fil de cet ouvrage des extraits des « Archives du groupe sanguin » compilées grâce à mon site Internet. Les 2 330 patients retenus nous ont fourni leur dossier médical et toutes les preuves à l'appui de leurs dires. Ils se répartissent de la manière suivante :

Archives du Régime groupe sanguin
Total : 2 330
  Répartition par sexe
    Hommes : 546
    Femmes : 1 784
  Répartition par âge
    Enfants : 85
    Adolescents : 71
    Jeunes adultes : 666
    50-75 ans : 1 411
    + de 75 ans : 97
  Répartition par groupe sanguin
    Groupe O : 1 209
    Groupe A : 724
    Groupe B : 318
    Groupe AB : 79

Chaque réponse est par ailleurs classée dans l'une des huit catégories suivantes :
  • Énergie/bonne santé
  • Perte de poids
  • Digestion/élimination

- Immunité/cancer
- Muscles/squelette
- Appareil cardio-pulmonaire
- Hormones/reproduction
- Domaine neuro-psychologique

Bien qu'il ne s'agisse pas à proprement parler d'une étude officielle, ce fichier fournit un support scientifique au Régime groupe sanguin. Je pense en outre que les récits des participants vous paraîtront, comme à moi, fascinants, encourageants et instructifs.

Au fil de votre lecture, je vous adjure de conserver votre propre détecteur de vérité en éveil. Je crois en effet que le meilleur point de départ pour se convaincre de la validité d'une théorie consiste à la mettre à l'épreuve afin de voir si elle fonctionne pour soi. Chaque patient représente un nouveau champ d'investigation.

4. DONNEZ DU TEMPS AU TEMPS. Une maladie chronique met souvent des années pour se développer. Ne vous attendez donc pas à guérir en quarante-huit heures (et méfiez-vous de ceux qui vous promettent un tel résultat). Le Programme groupe sanguin n'est pas seulement un régime, mais l'épine dorsale d'un nouveau mode de vie.

5. NE PENSEZ PAS QUE VOTRE GROUPE SANGUIN VA FAIRE TOUT LE TRAVAIL. Même si vous suivez scrupuleusement les recommandations de ce livre, si vous travaillez dans un environnement carcinogène, vous conserverez un risque de cancer accru. Si la violence règne dans votre foyer, ce programme ne vous protégera pas contre les conséquences physiques et psychologiques d'une telle situation. Et si vous portez des chaussures trop petites, elles vous feront toujours souffrir. Mon propos est le suivant : prenez soin de vous,

de votre être dans son ensemble. Certaines mesures pratiques sont recommandées à tous, indépendamment de votre groupe sanguin. La première étape d'un programme santé devrait toujours passer par la mise au point d'un programme de dépistage. Le calendrier de la page 194 en fournit un exemple standard. Ajoutons que chacun devrait se soumettre une fois l'an à un check-up médical et dentaire.

Un programme pour chaque groupe sanguin

DANS LES QUATRE CHAPITRES qui suivent, vous découvrirez des recommandations détaillées pour chacun des groupes sanguins. Voici l'explication de leur contenu.

Le profil sanguin

VOTRE PROFIL : Résumé des principales caractéristiques de votre groupe sanguin.

LE PROFIL DE RISQUE MÉDICAL : Démonstration de la manière dont les caractéristiques de votre groupe sanguin se traduisent par des tendances quantifiables et de la façon dont ces prédispositions peuvent conduire à la maladie.

Calendrier de dépistage recommandé

EXAMEN	FINALITÉ	RYTHME
Test salivaire sécréteur	Déterminer son statut sécréteur	Une fois dans sa vie
Test d'indican urinaire	Détecter des signes de toxicité (indicans et polyamines), facteurs de risque pour tous les états de santé défectueux	Une ou deux fois par an
Analyse sanguine	Rechercher la numération globulaire, le taux d'albumine dans le sérum, les taux de cholestérol, de triglycérides et de fer et les taux hormonaux	Une fois par an. Plus fréquemment si l'on souffre d'une des affections suivantes : diabète, maladie thyroïdienne, anémie, hypercholestérolémie, excès de triglycérides, VIH ou cancer
Test d'impédance bioélectrique	Mesurer la masse musculaire et la masse adipeuse, ainsi que la présence d'eau intracellulaire	Une ou deux fois par an
Électrocardio-gramme	Mesurer l'activité cardiaque	Une fois par an ; plus souvent si l'on souffre d'une affection cardio-vasculaire
Tension artérielle	Mesurer la pression systolique et diastolique	Une fois par an ; plus souvent (jusqu'à une fois par jour avec un appareil personnel) en cas d'hypertension
Examen des seins	Détecter les anomalies des tissus mammaires	– Auto-examen une fois par mois après les règles – Examen par un médecin une fois par an
Mammographie	Examen aux rayons X pour déceler des anomalies des tissus mammaires indétectables par l'examen classique	– À partir de 35-40 ans – Tous les ans ou tous les deux ans entre 40 et 50 ans – Une fois par an au-delà de 50 ans
Sigmoïdoscopie	Examen du rectum et de l'extrémité du gros intestin pour dépister des tumeurs bénignes ou un cancer colo-rectal	– Une fois par an à partir de 40 ans – Coloscopie après 50 ans
Examen de la prostate	Test sanguin et examen rectal pour détecter les premiers signes de cancer de la prostate	Une fois par an à partir de 40 ans
Examen gynécologique et frottis	Détecter les anomalies ou les prémices d'un cancer du col de l'utérus	Une fois par an pour toute femme réglée

Le Programme groupe sanguin

STRATÉGIES DE MODE DE VIE. Ces stratégies mettent en application ce que nous savons des interactions biologiques et chimiques différentes qui distinguent chaque groupe sanguin.

STRATÉGIES DE MODE DE VIE ADAPTÉES. Conseils pratiques pour adapter le programme pour les enfants, les seniors et les cas particuliers, en fonction du groupe sanguin.

ÉGALISATEURS ÉMOTIONNELS. Techniques de gestion du stress, afin de prévenir les complications esprit-corps associées à votre groupe sanguin.

LE RÉGIME À DEUX NIVEAUX. Plus perfectionné que le protocole nutritionnel détaillé dans *4 Groupes sanguins 4 Régimes*, ce système à deux niveaux permet d'assouplir le régime en fonction de vos besoins. Il prévoit aussi des ajustements spécifiques selon votre statut sécréteur.

Directives nutritionnelles personnalisées. Les directives de base pour tirer le meilleur parti de son groupe sanguin et préserver sa santé.

Premier niveau : optimiser votre santé. Ce niveau suffit en général, avec les aliments neutres destinés à la supplémentation nutritionnelle générale, pour la plupart des individus en bonne santé.

Deuxième niveau : surmonter la maladie. Ces adaptations concernent les personnes souffrant de maladies chroniques et celles qui souhaitent s'investir plus avant dans le régime.

THÉRAPIES INDIVIDUALISÉES POUR LES AFFECTIONS CHRONIQUES. Votre groupe sanguin vous expose plus ou moins à certaines affections. Votre Programme groupe sanguin comporte donc, en sus du régime, des recommandations thérapeutiques ciblant ces troubles.

Rappelez-vous toutefois que le fait que votre groupe sanguin vous place dans la catégorie à faible risque de souffrir d'une maladie ne signifie pas que des facteurs exogènes ou votre mode de vie puissent vous y rendre plus vulnérable. Pour cette raison, j'ai compilé l'index qui suit, afin de vous permettre de trouver facilement les conseils adaptés à chaque problème – même s'il ne correspond a priori pas à votre groupe sanguin.

Index thérapeutique

Les profils de risque et les thérapies contre les maladies sont classés par groupe sanguin. Il arrive toutefois qu'on souffre d'une affection plus rare au sein de son groupe sanguin. C'est pourquoi vous trouverez ci-dessous un index des thérapies individualisées pour les affections chroniques.

Infections à streptocoques, 413
Maladies auto-immunes, 414
Maladies auto-immunes de la thyroïde, 266
Ménopause, 337
Problèmes inflammatoires, 268
Syndrome de fatigue chronique (CFS), 415
Troubles viraux/du système nerveux, 417

Divers
Arrêt du tabac, 207
Autisme, 330
Dépression, 216
Ostéoporose, 332
Problèmes d'attention et hyperactivité, 218, 370

CHAPITRE 2

Le mode de vie du groupe O

CONTENU

LE PROFIL DU GROUPE O

Le profil du groupe O

ÊTRE PORTEUR DU GROUPE SANGUIN dominant au XXIᵉ siècle ne présente pas que des avantages. Nos ancêtres du groupe O étaient des prédateurs agressifs et rusés. Leur instinct les poussait à lutter pour se forger une place et à abandonner les faibles afin d'assurer la survie du plus grand nombre. Ces qualités empreintes de pragmatisme et de rudesse ont permis à l'espèce humaine de surmonter un environnement hostile. Certains aspects caractéristiques du groupe O restent essentiels dans le monde moderne, comme la capacité à mener les autres, l'extraversion, l'énergie ou la concentration. Dans le meilleur des cas, les sujets du groupe O s'avèrent puissants et productifs, mais dans des conditions de stress intense ils montreront les limites de ces atouts. Un bon leader inspire et rassure ses troupes. Lorsque, en revanche, cette autorité dégénère, la tyrannie et la loi du plus fort prévalent, ce que nos sociétés du IIIe millénaire supportent mal.

En situation de stress, les personnes du groupe O produisent de grandes quantités de catécholamines et peu de MAO. Cela reflète leur héritage historique, puisqu'un tel profil permet de choisir en un éclair entre le combat et la fuite. Au XXIe siècle, cette capacité n'est plus aussi bénéfique et peut conduire à des accès de colère intense, des crises de nerfs ou une hyperactivité, voire susciter un déséquilibre neurochimique assez sérieux pour provoquer un épisode maniaque. En outre, la sécrétion de dopamine commandant directement les impressions de récompense, de force et de bien-être, ces individus se révèlent aussi plus sujets aux comportements autodestructeurs lorsqu'ils dépassent un certain degré de fatigue, de colère, de dépression ou d'ennui. Parmi ceux-ci s'inscrivent la passion pathologique du jeu, la recherche effrénée de sensations fortes, la prise de risques, la toxicomanie et l'impulsivité.

Votre impératif, en tant que personne du groupe O du XXIe siècle, est donc de juguler les immenses forces physiologiques que votre patrimoine génétique vous apporte. Vous êtes « programmé » pour l'efficacité et vos systèmes digestif, métabolique et immunitaire concourent pour vous donner plus de force et plus d'endurance. Quand ce programme se trouve entravé par une alimentation mal adaptée, le manque d'activité, une mauvaise hygiène de vie ou un niveau de stress élevé, vous devenez vulnérable à divers troubles du métabolisme, parmi lesquels : la résistance à l'insuline, une activité thyroïdienne réduite, les œdèmes et la prise de poids. Et même si votre organisme jouit en général de défenses immunitaires vigoureuses qui vous protègent contre le cancer, un déséquilibre organique peut se traduire par des troubles inflammatoires, de l'arthrite et des allergies.

En adaptant votre existence aux forces que vous procure votre groupe sanguin, vous tirerez le meilleur parti possible de votre ascendance O. Votre patrimoine génétique vous donne la possibilité d'être fort, mince, productif, énergique et optimiste, et surtout de vivre plus longtemps.

Le profil de risque médical du groupe O

CARACTÉRISTIQUES	MANIFESTATIONS
ESPRIT/CORPS Tendance à produire plus de catécholamines (noradrénaline et adrénaline) en situation de stress, à cause du faible taux de l'enzyme d'élimination MAO	• Déséquilibre de la dopamine • Refus de la monotonie conduisant à des comportements à risque • Tendance à exprimer colère et agressivité en cas de stress • Excès d'émotivité et hyperactivité • Tendance aux sautes d'humeur • Extraverti et autoritaire
DIGESTION Surproduction d'acide dans l'estomac et production plus rapide de pepsinogène après les repas	• Favorise la digestion efficace des protéines animales • Peut susciter des sensations d'inconfort gastro-intestinales
Niveaux élevés de l'enzyme intestinale phosphatase alcaline	• Facilite la dissociation des graisses • Procure une protection accrue contre les affections coronariennes • Renforce les os
La bactérie *Helicobacter pylori* affiche une prédilection pour le sucre de l'antigène du groupe O	• Prédisposition aux infections par *H. pylori* • Inflammation accrue
MÉTABOLISME Faible taux de facteurs de coagulation	• Sang plus liquide • Troubles de la coagulation
Métabolisme conçu pour une utilisation efficace des calories	• Mauvaise utilisation des glucides • Une alimentation riche en glucides suscite de l'œdème et un accroissement de la masse adipeuse corporelle • Une alimentation riche en glucides accroît le taux de triglycérides et favorise la résistance à l'insuline • Une alimentation riche en glucides conduit à l'hypothyroïdie
IMMUNITÉ Fabrique beaucoup d'anticorps anti-antigènes sanguins (A et B)	• Accroît le risque de maladie auto-immune
L'antigène du groupe O est un sucre appelé fucose	• Permet l'adhésion de molécules semblables à des lectines qui favorisent la migration des globules blancs
Taux élevé d'anticorps IgE	• Accroît la sensibilité aux pollens
Taux élevé d'anticorps IgA	• Réponse immunitaire trop agressive

RISQUES ACCRUS	VARIATIONS
• Dépression • Dépression bipolaire (maniaco-dépressive) • Maladies cardio-vasculaires (si personnalité de type A) • Maladie de Parkinson • Schizophrénie • Toxicomanie	ENFANTS : Les taux élevés de catécholamines et le déséquilibre de la dopamine sont associés à l'hyperactivité
• Ulcères • Gastrites • Duodénites	NON-SÉCRÉTEURS : Risque accru
	SÉCRÉTEURS : Niveaux les plus élevés de phosphatase alcaline intestinale
• Ulcères	NON-SÉCRÉTEURS : Risque encore accru
• Accident ischémique cérébral (rupture d'un vaisseau cérébral)	
• Faible risque de diabète et d'affection cardio-vasculaire lorsque le métabolisme est équilibré • Une alimentation riche en glucides favorise le syndrome X et, par là, les maladies cardio-vasculaires	NON-SÉCRÉTEURS : Risque accru de syndrome X
• Colite inflammatoire	NON-SÉCRÉTEURS : Risque encore accru
• Troubles inflammatoires • Ulcères	NON-SÉCRÉTEURS : Plus enclins aux inflammations généralisées
• Allergies respiratoires	NON-SÉCRÉTEURS : Risque accru de problèmes respiratoires, en particulier allergiques
• Maladies auto-immunes, en particulier de la thyroïde • Inflammations et plaque dentaires	NON-SÉCRÉTEURS : Risque plus faible de taux accru d'IgA, mais risque accru de problèmes dentaires

Le programme du groupe O

LE PROGRAMME DU GROUPE O combine des thérapies nutritionnelles, comportementales et environnementales destinées à vous aider à mener le mode de vie le mieux adapté à votre groupe sanguin.

DES STRATÉGIES DE MODE DE VIE pour structurer votre existence afin de vivre longtemps et en pleine forme.

DES STRATÉGIES DE MODE DE VIE ADAPTÉES aux besoins spécifiques des enfants, des seniors et des non-sécréteurs.

DES ÉGALISATEURS ÉMOTIONNELS et des techniques anti-stress.

UN RÉGIME SPÉCIALISÉ : Premier niveau, pour optimiser votre santé.

UN RÉGIME CIBLÉ : Deuxième niveau, pour surmonter la maladie.

UN PROGRAMME THÉRAPEUTIQUE SUPPLÉMENTAIRE pour un soutien renforcé.

Stratégies de mode de vie

Clés

- Définissez clairement vos objectifs et vos tâches – pour l'année, le mois, la semaine ou la journée – afin d'éviter les décisions impulsives.
- Modifiez votre mode de vie graduellement au lieu de tenter d'aborder tous les problèmes simultanément.
- Prenez tous vos repas et en-cas assis et à table.
- Mâchez lentement et reposez votre fourchette entre deux bouchées.

➤ Évitez de prendre des décisions importantes ou de dépenser de l'argent quand vous êtes stressé.

➤ Pratiquez une activité physique quand vous êtes stressé.

➤ Faites quarante-cinq minutes à une heure de cardio-training au moins trois fois par semaine.

➤ Lorsque vous éprouvez l'envie d'absorber une substance inductrice de plaisir (alcool, tabac, stupéfiant, sucre), ne succombez pas et pratiquez une activité physique.

Les règles qui suivent vous aideront à mettre au point un programme de mode de vie qui maximisera les atouts du groupe O en termes de santé et de longévité.

1. *Une alimentation adaptée pour préserver vos forces et votre équilibre*

Adoptez une alimentation adaptée au groupe O ; veillez en outre à respecter les préceptes ci-dessous afin de contrôler votre stress.

• Évitez la caféine et l'alcool, surtout en situation de stress. La caféine peut se révéler particulièrement nocive car elle tend à faire grimper les taux d'adrénaline et de noradrénaline, déjà élevés dans votre sang.

• Quand vous avez faim de blé, mangez des protéines, votre fringale s'estompera *en général.*

• Ne vous sous-alimentez pas et ne sautez pas de repas, surtout si vous vous dépensez beaucoup physiquement. La privation alimentaire constitue un stress puissant.

• Prévoyez toujours des en-cas énergétiques, surtout quand vous ne restez pas chez vous : la plupart de ceux que vous trouverez dans les magasins contiennent du blé.

2. Une activité physique pour conserver votre équilibre émotionnel

Les sujets du groupe O tirent un grand bénéfice d'une activité physique énergique et régulière sollicitant l'appareil cardio-vasculaire, les muscles et le squelette. Ces bienfaits vont bien au-delà de la simple forme physique car une telle activité contribue à votre équilibre neurochimique. Le sport libère en effet une activité neurotransmettrice qui stimule tout votre organisme. Une personne du groupe O qui s'entraîne régulièrement réagira aussi mieux sur le plan émotionnel car les médiateurs chimiques fonctionnent mieux. Plus que ses congénères, elle a besoin de faire du sport pour son équilibre physique et émotionnel. Vous trouverez ci-dessous une liste d'activités recommandées pour le groupe O, avec quelques conseils pour en profiter au mieux.

Exercice	Durée	Fréquence
AÉROBIC	40 minutes à 1 heure	3 ou 4 fois par semaine
MUSCULATION	30 à 45 minutes	3 ou 4 fois par semaine
COURSE À PIED	40 à 45 minutes	3 ou 4 fois par semaine
GYMNASTIQUE	30 à 45 minutes	3 fois par semaine
MARCHE SUR TAPIS ROULANT	30 minutes	3 fois par semaine
KICKBOXING	30 à 45 minutes	3 fois par semaine
BICYCLETTE	30 minutes	3 fois par semaine
SPORT DE CONTACT	1 heure	2 ou 3 fois par semaine
PATIN À ROULETTES	30 minutes	2 ou 3 fois par semaine

Trucs pour optimiser votre programme sportif

• Si vous vous lassez vite, choisissez deux ou trois activités différentes que vous pratiquerez en alternance.

• Pour obtenir les meilleurs résultats possibles, pratiquez le cardio-training pendant trente à quarante-cinq minutes au moins quatre fois par semaine.

- Veillez à vous échauffer en vous étirant avant votre séance de cardio-training.
- Pour obtenir des bienfaits cardio-vasculaires optimaux, essayez d'atteindre un rythme cardiaque correspondant à 70 % de votre capacité. Ce niveau atteint, poursuivez la séance de manière à le maintenir pendant vingt à trente minutes.
- Achevez chaque session de cardio-training par au moins cinq minutes d'étirements et de relaxation.

Pour calculer votre rythme cardiaque maximal et la fourchette de rythme cardiaque à maintenir pendant vos séances de cardio-training :

1. *Soustrayez votre âge de 220.*
2. *Multipliez le résultat obtenu par 0,7 (ou 0,6 si vous avez plus de soixante ans). Vous connaissez à présent le rythme maximal à viser.*
3. *Multipliez celui-ci par 0,5 pour obtenir le rythme minimal à maintenir pour une séance d'exercice efficace.*

3. Cessez de fumer

Tous les fumeurs devraient, bien entendu, essayer de se débarrasser de cette habitude nocive, quel que soit leur groupe sanguin, mais j'ai pu remarquer que cela s'avérait particulièrement difficile pour les personnes du groupe O. Je pense que cela résulte d'un déséquilibre au niveau de la dopamine. Fumer provoque en effet une réponse chimique qui procure une sensation de plaisir et de gratification. Or les sujets du groupe O en état de « mal-adaptation » sont plus enclins aux comportements toxicomanes, au sens large du terme. Gérer votre niveau de stress vous aidera donc à surmonter votre dépendance au tabac. Voici quelques suggestions supplémentaires adaptées au groupe O.

- Tenez un journal de votre démarche pour arrêter de fumer. Notez les bienfaits que l'abandon de la cigarette vous apporte.
- Pratiquez des activités physiques intenses pour calmer votre sensation de manque.
- Fuyez les situations qui déclenchent normalement chez vous l'envie de fumer. Méfiez-vous en particulier de celles engendrant la colère ou l'ennui et de celles qui vous dépriment.
- Si vous aviez coutume de fumer après les repas, levez-vous de table la dernière bouchée avalée et allez vous brosser les dents.
- Quand l'envie de fumer vous étreint, pratiquez l'exercice respiratoire suivant :
  1. Inspirez profondément par le nez.
  2. Expirez doucement par la bouche.
  3. Répétez cet exercice à quatre reprises.
- Trouvez-vous de nouvelles « récompenses » pour les moments où vous avez besoin d'un petit remontant.
- Demandez à votre médecin s'il pense que vous devriez utiliser des patchs ou des comprimés anti-tabac.

STRATÉGIES DE MODE DE VIE ADAPTÉES	ENFANTS DU GROUPE O

Introduisez ces précieuses stratégies dans le quotidien de vos enfants du groupe O, afin de leur assurer une croissance harmonieuse, une bonne santé, une résistance accrue aux maladies.

Enfants en bas âge

- Encouragez-les à développer leur indépendance grâce à un emploi du temps flexible.

- Encouragez les échanges avec des enfants du même âge. Les enfants du groupe O, au tempérament de meneur, adorent les jardins d'enfants et les groupes de jeux.
- Prévoyez une heure d'activité physique par jour : course, escalade, natation, vélo...
- Commencez très tôt à introduire des éléments du régime du Groupe O dans leur alimentation, par exemple en remplaçant le lait de vache par des jus de fruits bénéfiques ou en utilisant de l'épeautre en lieu et place de la farine de blé complet.
- Fixez des règles strictes en cas d'accès de colère – durée maximale et conséquences –, tout en inculquant à vos enfants des méthodes pour exprimer leur mécontentement de façon plus positive. Plus tôt ils apprendront à se contrôler, moins ils risqueront de développer par la suite des troubles liés au stress.

Enfants plus âgés
- Accordez à vos enfants des responsabilités dans la bonne marche de la maison.
- Encouragez leur propension au leadership en mettant l'accent sur les notions d'équipe et de travail en équipe.
- Informez-les des dangers de l'alcool, du tabac et des stupéfiants et montrez-leur l'exemple ! N'oubliez pas que la peur de la monotonie rend les sujets du groupe O plus enclins que les autres aux comportements dangereux.
- Fuyez les fast-food, dont presque tous les plats contiennent du blé.
- Apprenez à vos enfants l'art de se concentrer sur la solution lorsqu'un problème les met en colère ou les angoisse.

Vaccinations et groupe O

Les enfants du groupe O. Lors des vaccinations obligatoires, veillez avec une attention toute particulière sur vos enfants du groupe O. Leur système immunitaire hyperactif rend en effet les vaccins plus susceptibles de provoquer des effets secondaires. Pour la vaccination antipoliomyélitique, préférez la forme buvable à la forme injectable, plus concentrée. En cas d'inflammation, de douleurs articulaires ou de fièvre, soignez l'enfant de préférence à l'aide de grande camomille (*Chrysanthemum parthenium*), un fébrifuge naturel. *Dosage : 4 à 8 gouttes de teinture-mère diluées dans du jus de fruits toutes les quatre heures.*

Les futures mamans du groupe O. Les femmes enceintes du groupe O éviteront de se faire vacciner contre la grippe, surtout si le père de leur bébé appartient au groupe A ou au groupe AB. Le vaccin anti-grippal stimule en effet la production d'anticorps anti-A, qui peuvent s'attaquer au fœtus. Prenez en revanche 3 à 4 grammes par jour d'huile de poisson en capsules.

STRATÉGIES DE MODE DE VIE ADAPTÉES	SENIORS DU GROUPE O

La mobilité, qui représente une question cruciale pour les seniors, prend une importance toute particulière au sein du groupe O, qui a plus besoin d'activité physique que les autres. Étudiez donc avec soin les tactiques qui suivent :

• Conservez une alimentation riche en protéines et, en cas de besoin, utilisez des préparations liquides hyperprotéinées. Les protéines jouent en effet un rôle clé dans la prévention de l'arthrite et des troubles inflammatoires, qui touchent souvent le groupe O. C'est aussi le secret du maintien d'une bonne masse musculaire et osseuse.

- Si vous souffrez d'arthrite rhumatoïde ou de douleurs inflammatoires, évitez de prendre des anti-inflammatoires non stéroïdiens tels que l'ibuprofène ; ils favorisent les ulcères gastro-duodénaux chez les personnes du groupe O. Vous vous efforcerez aussi d'éliminer totalement le blé et le maïs de votre alimentation.
- Conservez une activité physique quotidienne, même s'il ne s'agit que d'un peu de marche à pied. Pour cette raison, réfléchissez à deux fois avant d'envisager une intervention chirurgicale non indispensable qui vous laisserait plus de deux jours alité. Les études montrent en effet que, au-delà d'un certain âge, une semaine d'hospitalisation équivaut à une perte d'activité d'une année.

Autres stratégies pour les seniors du groupe O
- Les stomatites, inflammations buccales touchant notamment les porteurs d'appareils dentaires, se révèlent plus fréquentes et plus graves au sein du groupe O. Elles résultent en général d'une infection par le parasite *Candida albicans*. Si vous portez un appareil dentaire, veillez à suivre scrupuleusement les recommandations données p. 265 pour prévenir les candidoses.
- En plus de votre régime du groupe O, prenez une supplémentation en :
  - acide folique (vitamine B9) : 400 µg pour prévenir les affections gingivales ;
  - calcium : 1 000 à 1 200 mg pour la solidité de votre squelette ;
  - valériane : 400 mg ou en tisanes pour apaiser les colites.

Égalisateurs émotionnels

Clés

- ☞ Pratiquez des techniques de contrôle de la colère.
- ☞ Organisez votre emploi du temps de manière à éviter la monotonie. Les personnes du groupe O qui s'ennuient tendent à prendre des risques inconsidérés.
- ☞ Entrecoupez votre journée de travail de pauses consacrées à une activité physique, surtout si vous occupez un emploi sédentaire. Vous gagnerez en énergie.
- ☞ Accordez-vous de petites « récompenses » quand vous avez accompli une tâche.
- ☞ Arrêtez de fumer et fuyez les excitants.
- ☞ Évitez de prendre des antidépresseurs de la classe IMAO.

Pour préserver votre santé émotionnelle et prévenir les déséquilibres caractéristiques du groupe O, adoptez les comportements suivants.

1. Identifiez vos tendances

Les études montrent que les « comportements de type A » sont plus répandus au sein du groupe O que dans les autres groupes sanguins [1]. Or, on sait que beaucoup de troubles liés au groupe sanguin, tels que les ulcères duodénaux ou les accidents cardiaques, possèdent une composante psychosomatique probable. Dans une étude axée sur les corrélations entre le groupe sanguin et certains indicateurs de schémas comportementaux (tels que les éléments de comportement de type A

---

1. Smith D. F. : « Type A personalities tend to have low platelet monoamine oxidase activity. » *Acta Psychiatr Scand*, février 1994, 89(2), p. 88-91.

ou les mesures de colère) parmi des patients jeunes relevant d'accidents cardio-vasculaires, les sujets du groupe O ont obtenu des scores nettement plus élevés que leurs congénères du groupe A. Les patients des groupes B et AB se rangeaient entre ces deux extrêmes.

Le comportement de type A se définit par un intense besoin de réussite, doublé d'un fort esprit de compétition, une perception exagérée de l'urgence des choses qui donne des individus toujours pressés, et une tendance à se montrer agressif et hostile envers ses semblables. Ces personnes s'efforcent volontiers d'accomplir plusieurs tâches à la fois et pensent que le seul moyen de faire les choses bien est de les faire soi-même. Prompts à parler vite, à penser vite et à porter des jugements abrupts, il sont souvent trop occupés pour remarquer la couleur du nouveau papier peint ou la beauté d'un coucher de soleil ou d'une œuvre d'art.

Voyez si vous correspondez aux caractéristiques comportementales que la recherche attribue aux sujets du groupe O, et notamment celles qui concernent les comportements de « type A ». En cas de déséquilibre émotionnel, vos qualités naturelles de leader et votre personnalité extravertie peuvent vous conduire à la colère, à la frustration et à l'agressivité. Ne croyez pas que je tente ici de vous coller une étiquette. Votre personnalité vous est propre et vos prédispositions génétiques n'en constituent qu'une infime partie. Que cela ne vous empêche pas cependant d'étudier ces données. Si j'en crois mon expérience, ces facettes comportementales resurgissent en priorité en situation de stress intense, lorsque la résistance de l'organisme est affaiblie.

2. Recourez à des techniques de contrôle de la colère

Si vous relevez des comportements de type A, les tactiques ci-dessous pourront vous aider à maîtriser votre colère.

- Quand vous commencez à bouillir, prenez le temps de vous calmer : faites le tour du pâté de maisons, buvez un verre, optez pour une séance d'aérobic ou boxez un oreiller. Attendez que votre fureur se dissipe pour prendre une décision.
- Exprimez votre rage par écrit. Lorsque vous en voulez à quelqu'un, couchez vos sentiments sur le papier au lieu d'agresser verbalement l'individu en question. Sitôt votre missive terminée, vous vous apercevrez que votre colère se sera envolée.
- Identifiez les « détonateurs » de vos accès de colère. Demandez-vous si ces derniers résultent d'attentes irréalistes, de comportements adoptés depuis l'enfance ou de méprises quant aux motivations des autres.
- Concentrez-vous sur ce que *vous* ressentez et non plus sur les faits et gestes de votre interlocuteur. Par exemple, au lieu de dire : « Tu as tout gâché », expliquez : « Je suis extrêmement déçu ». Cela vous placera dans une position plus favorable.
- Comptez jusqu'à 10 ou trouvez une activité apaisante ayant le même effet.
- En cas de problème, cherchez à le résoudre ! La colère découle en effet le plus souvent d'un sentiment de perte du contrôle de la situation. Si l'on se concentre sur la recherche d'une solution au lieu d'exploser, les hormones de stress demeureront stables.
- Veillez à toujours savoir à qui vous confier lorsque vous vous sentez furieux ou frustré. Les sujets du groupe O, d'un naturel extraverti, évacuent leur stress s'ils s'épanchent sur une épaule amicale.

3. Utilisez des adaptogènes pour améliorer vos réactions face à un stress

Le terme adaptogène désigne des plantes qui améliorent la réponse globale au stress. Beaucoup d'entre elles exercent une influence bidirectionnelle ou normalisante sur l'organisme : lorsqu'une valeur est trop basse, ces plantes la font remonter. Même chose quand un taux est trop élevé. Les adaptogènes suivantes conviennent à merveille aux personnes du groupe O.

RHODIOLA ROSEA ET RHODIOLA SP. Outre son activité anti-stress, *Rhodiola* possède une action significative sur l'activité des catécholamines dans le cœur et favorise la stabilité des contractions du muscle cardiaque. Elle peut aussi prévenir certaines anomalies de la fonction cardio-pulmonaire observées en altitude.

STÉROLS DE PLANTES ET STÉROLINES. Les stérols de plantes et les stérolines sont des substances phyto-chimiques souvent appelées « graisses » de plantes, de structure très similaire au cholestérol. Elles possèdent un pouvoir adaptogène, prévenant les déséquilibres du système immunitaire liés au stress, et contribuent à la normalisation des niveaux de stress. J'ai également pu constater leur utilité dans la prévention des troubles inflammatoires au sein du groupe O.

VITAMINES DU GROUPE B. Les personnes du groupe O ont en général besoin d'un apport important en vitamines du groupe B pour réagir de manière équilibrée en cas de stress. Les plus importantes pour elles sont les vitamines B1 et B6 et la pantéthine. En période de stress, n'hésitez pas à dépasser nettement les apports journaliers recommandés.

ACIDE LIPOÏQUE. Cet antioxydant joue un rôle important dans le métabolisme des catécholamines, ce qui le rend précieux pour la gestion du stress chez les sujets du groupe O.

La meilleure méthode pour contrer la dépression simple ou bipolaire consiste à suivre le programme nutritionnel, sportif et de mode de vie du groupe O. Votre objectif : équilibrer vos taux d'hormones de stress, en particulier la catécholamine. Certains suppléments peuvent favoriser ou au contraire entraver ce processus.

4. *Évitez les inhibiteurs de MAO (IMAO) ainsi que le millepertuis*

Au bout d'une ou deux semaines de traitement, mes patients du groupe O qui absorbent du millepertuis (*Hypericum perforatum*) disent se sentir léthargiques et faire des rêves « bizarres ». Peut-être savez-vous que certains affirment que le millepertuis est un IMAO. En réalité, le principe actif antidépresseur de cette plante n'inhibe sans doute pas la MAO. En revanche, d'autres composants comme les flavonols et les xanthones exercent une action en ce sens, surtout sur la MAO-B, celles des plaquettes sanguines. Cette enzyme étant déjà produite en faible quantité par les organismes du groupe O, la prise de millepertuis ne peut qu'aggraver la situation. Elle peut même faire chuter la MAO plaquettaire de manière à intensifier les problèmes de comportement de type A, tels que l'impulsivité et la recherche de sensations fortes. En outre, on ignore trop souvent que cette plante inhibe aussi la sécrétion de dopamine bêta-hydroxylase. Or les teintures alcooliques qui constituent la forme la plus répandue de millepertuis agissent encore plus vite que l'hypéricine pure. C'est très dangereux pour les personnes du groupe O, qui affichent à la base des taux de dopamine élevés.

Ceux-ci risquent en effet de grimper jusqu'à un niveau générateur de psychose.

Évitez aussi le kava-kava. Utilisée depuis des temps immémoriaux par les populations des îles du Pacifique sous forme de breuvage hypnotique rituel, cette plante possède un pouvoir tranquillisant qui favorise la relaxation et le sommeil. Malheureusement, les extraits de kava-kava vendus dans les magasins de produits naturels peuvent réduire nettement l'activité de la MAO plaquettaire.

5. *Utilisez ces suppléments pour améliorer votre équilibre neurochimique*

L-TYROSINE. Augmenter le niveau d'acide aminé L-tyrosine peut accroître la concentration de dopamine dans le cerveau. Au cours d'une étude, on a administré à des cadets militaires durant une session d'entraînement particulièrement rude une boisson riche en tyrosine, tandis qu'un groupe témoin absorbait un breuvage riche en glucides. Le premier groupe a obtenu des résultats significativement meilleurs dans les exercices faisant appel à la mémoire et aux capacités d'orientation. Cela permet de supposer que, en période de stress physique et psychosocial, la tyrosine pourrait minimiser l'action de la fatigue et de la tension nerveuse sur les capacités cognitives. J'ai également remarqué l'influence positive de la L-tyrosine sur les sujets du groupe O atteints de troubles dépressifs.

5-HTP. Ce précurseur de la sérotonine, qui fait lui aussi grimper le taux de dopamine, se révèle précieux pour les personnes du groupe O. Si vous vous sentez déprimé, éprouvez des fringales, dormez mal ou êtes épuisé, le 5-HTP absorbé seul ou en synergie avec la L-tyrosine pourra contribuer à vous remettre d'aplomb.

GLUTAMINE. Cet acide aminé, que l'organisme transforme en un neurotransmetteur de catégorie GABA, s'avère particulièrement utile pour les individus du groupe O incapables de résister aux sucreries. En cas de fringale, buvez 500 mg de glutamine dilués dans un verre d'eau.

ACIDE FOLIQUE (VITAMINE B9). Quand on présente une insuffisance de cette vitamine, on réagit rarement bien aux antidépresseurs médicamenteux classiques (Prozac, Zoloft, etc.). Les personnes du groupe O sujettes aux sautes d'humeur devraient prendre régulièrement une supplémentation en acide folique ainsi que d'autres vitamines du groupe B.

MÉTHYLCOBALAMINE. 500 mg.

STRATÉGIES SPÉCIALES	ENFANTS DU GROUPE O PRÉSENTANT UN DÉFICIT D'ATTENTION OU UNE HYPERACTIVITÉ

On observe souvent des taux élevés de catécholamines et un déséquilibre de la dopamine chez les enfants hyperactifs. Je reçois régulièrement des enfants atteints de ce trouble ou d'un syndrome de déficit d'attention. Ces affections difficiles à diagnostiquer – beaucoup de praticiens estiment d'ailleurs qu'elles le sont souvent à tort – se caractérisent notamment par une sur-stimulation, une incapacité à se concentrer, des sautes d'humeur, un comportement agressif et empreint d'impulsivité ainsi que des phases de folle énergie suivies d'accès de fatigue.

On soigne traditionnellement ces troubles avec des médicaments tels que la Ritaline, mais ceux-ci ne traitent que les symptômes du mal sans se pencher sur ses causes profondes, parmi lesquelles des taux élevés d'hormones de stress, des affections auto-immunes et l'alimentation du patient.

Si vous avez un enfant du groupe O hyperactif, essayez les techniques suivantes :

- Nourrissez-le selon les préceptes du régime du groupe O. Donnez la priorité aux protéines de bonne qualité sur les glucides. Limitez l'apport en sucres et composez le moins possible avec les aliments « à éviter » tels que le blé, les pommes de terre et le maïs.

- Permettez à votre enfant de développer ses capacités athlétiques. Mon père ne manquait jamais de donner ce conseil, qui cadre bien avec ce que nous savons des méthodes de contrôle du stress au sein du groupe O. S'il n'apprécie pas les sports d'équipe, encouragez-le à pratiquer des activités comme la natation, le vélo, la course à pied ou le saut à la corde.

- La recherche indique que beaucoup d'enfants atteints de déficits d'attention souffrent également d'hypersensibilité, d'allergies et de maladies auto-immunes. Pour ma part, j'ai pu constater que la plupart des individus du groupe O sujets aux allergies faisaient du blé la base de leur alimentation. Dès que l'on remplace cet aliment par d'autres denrées riches en protéines, l'hyperactivité et les troubles allergiques s'améliorent de manière spectaculaire.

- Administrez à votre enfant une supplémentation en acide folique et en vitamine B12 (400 µg/jour). Ces vitamines jouent un rôle fondamental dans la synthèse des globules rouges et blancs. Servez-lui des mets qui en contiennent en abondance.
  – Foie, légumes verts à feuilles, champignons, pois, noix : *acide folique (vitamine B9)*.
  – Bœuf, foie, agneau, volaille, poisson : *vitamine B12.*

- Enseignez-lui des tactiques de contrôle de la colère – faire une pause, boxer un oreiller, jouer d'un instrument de musique... – pour gérer ses accès de rage.

- Montrez-vous positif, afin qu'il se sente récompensé sur le plan social et prenne confiance en lui.
- Fixez des objectifs réalisables à court terme qui lui permettront de remporter régulièrement ce qui représentera des succès pour lui.

Le régime à deux niveaux du groupe O

CE RÉGIME À DEUX NIVEAUX est conçu pour permettre une approche plus personnalisée. En effet, si j'ai pu observer que certains se portaient fort bien de s'en tenir au Premier niveau – c'est-à-dire au régime de base, lequel donne une priorité modérée aux aliments « bénéfiques » et incite à s'abstenir des mets « à éviter », tout en laissant une large place aux aliments « neutres » –, il en est d'autres pour qui un protocole plus rigide s'avère nécessaire, surtout lorsqu'ils souffrent d'affections chroniques. Ajouter le Deuxième niveau aide l'organisme à surmonter la maladie et à recouvrer santé et bien-être.

BÉNÉFIQUES : Ces aliments renferment des composants qui améliorent la santé métabolique, immunitaire ou structurelle des personnes de votre groupe sanguin.
NEUTRES : Ces aliments n'ont en général aucun effet direct, bénéfique ou nocif, sur les personnes de votre groupe sanguin, mais beaucoup d'entre eux apportent des nutriments indispensables à une alimentation équilibrée.
À ÉVITER : Ces aliments contiennent des composants nocifs pour les personnes de votre groupe sanguin.

Votre statut sécréteur peut influer sur votre capacité à digérer et à métaboliser pleinement certains aliments. Pour cette raison, toutes les listes de mets qui suivent contiennent une colonne destinée aux sécréteurs et une autre pour les non-sécréteurs. En effet, les quelque 20 % de la population qui appartiennent à ce dernier sous-groupe doivent respecter des variations par rapport aux recommandations générales du régime adapté à leur groupe sanguin.

SÉCRÉTEUR OU NON-SÉCRÉTEUR ?
Avant d'entamer ce régime, faites un prélèvement de salive chez vous (voir p. 479) afin de déterminer votre statut sécréteur.

Dans quelques rares cas, le statut Rh ou MN pourra lui aussi rendre nécessaire une adaptation du régime. Vous trouverez les indications adéquates dans les tableaux concernés.

Les niveaux du régime Groupe sanguin

Premier niveau : Optimiser votre santé

Adoptez ces principes aussi rapidement que possible afin d'optimiser votre santé. Pour la plupart des individus en bonne santé, combiner les préceptes de ce Premier niveau avec des aliments neutres se révèle suffisant.

Deuxième niveau : Surmonter la maladie

Ajoutez ces mesures si vous souffrez d'une affection chronique ou si vous souhaitez suivre ce programme de manière plus rigoureuse. Si vous optez pour le

Deuxième niveau, limitez la part des aliments neutres dans vos menus.

Directives nutritionnelles individualisées

Si vous appartenez au groupe O et jouissez d'une bonne santé, le Premier niveau du régime Groupe sanguin vous fournira la recette d'une combinaison d'aliments clés d'une bonne santé. Pour en tirer le meilleur parti possible, portez une attention toute particulière aux directives ci-dessous.

Clés

- Mangez plusieurs fois par semaine des portions petites à modérées de viande maigre, de bonne qualité et issue d'élevages biologiques, afin de gagner en vigueur et d'optimiser votre métabolisme. Les meilleurs effets seront obtenus avec des viandes saignantes ou à point. Si vous cuisez votre viande au barbecue, ou la préférez bien cuite, laissez-la tremper auparavant dans une marinade composée d'ingrédients bénéfiques comme le jus de cerise ou de citron, les épices et les herbes aromatiques.
- Intégrez à votre alimentation des portions régulières de poissons gras pêchés dans des mers froides. Les huiles de poisson vous aideront en effet à combattre d'éventuels troubles inflammatoires, amélioreront vos fonctions thyroïdiennes et stimuleront votre métabolisme.
- Absorbez peu ou pas de laitages, difficiles à digérer pour vous.
- Éliminez de votre assiette le blé et les produits à base de blé, lesquels se révèlent d'ordinaire les plus générateurs de problèmes pour les organismes du

groupe O. Si vous souffrez de problèmes digestifs ou pondéraux, supprimez aussi l'avoine.

- ☞ Limitez votre consommation de pois, lesquels ne constituent pas de très bonnes sources de protéines pour le groupe O.
- ☞ Mangez beaucoup de légumes et de fruits bénéfiques.
- ☞ Si vous ne pouvez pas vous passer d'un apport quotidien en caféine, remplacez le café par du thé vert, non acide et moins riche en caféine.
- ☞ Pour vos en-cas, recourez aux noix bénéfiques ou neutres, ainsi qu'aux fruits séchés.

Stratégies nutritionnelles pour le groupe O

Ces stratégies visent à aider les sujets du groupe O en bonne santé à éviter les problèmes susceptibles de résulter de leurs particularités neurologiques, digestives, métaboliques et immunitaires.

Contrôler votre acidité gastrique élevée

PRENEZ DE LA RÉGLISSE DÉGLYCYRRHIZIQUE. La réglisse déglycyrrhizique augmente la production de sécrétine, une hormone qui inhibe la fabrication d'acide dans l'estomac. La réglisse peut aussi bloquer la libération d'une autre hormone, appelée gastrine, qui stimule les sécrétions gastriques acides. Elle possède en outre la propriété de favoriser une bonne production des mucosités qui protègent les cellules de l'estomac contre les attaques acides. On trouve cette substance dans les magasins de produits naturels et dans les pharmacies sous forme de poudre ou de pastilles à sucer. Évitez en revanche la réglisse brute, qui contient un composant susceptible de provoquer une hausse de la tension artérielle.

PRENEZ UNE SUPPLÉMENTATION EN ÉCORCE D'ORME ROUGE (*Ulmus rubra*). Cette plante favorise la bonne santé des membranes de l'estomac, de l'intestin et de l'appareil urinaire. Elle exerce aussi une action apaisante sur les tissus intestinaux et crée un milieu propice à la croissance des ferments lactiques.

MANGEZ DU GINGEMBRE. Le rhizome du gingembre contient des composés anti-inflammatoires, anti-ulcéreux et antioxydants et stimule la motilité gastrique.

ADDITIONNEZ VOS RECETTES DE CLOU DE GIROFLE. Cet aromate constitue une précieuse source d'eugénol, anti-inflammatoire et anti-ulcéreux. Le clou de girofle contribue en outre à la prévention des candidoses.

PRENEZ UNE SUPPLÉMENTATION EN RACINE DE CURCUMA. Le curcuma possède maintes propriétés bénéfiques : il renferme de puissants composés antioxydants, anti-carcinogènes et anti-inflammatoires, réduit l'activité de l'ornithine, protège l'estomac, stimule la sécrétion de mucine et d'enzymes digestives, et améliore la fonction hépatique.

ADDITIONNEZ VOS RECETTES DE PIMENT DE CAYENNE. Vous protégerez ainsi votre tube digestif contre les toxines, tout en lui apportant des composés anti-inflammatoires, anti-ulcéreux et antioxydants.

BUVEZ DE L'EAU MINÉRALE GAZEUSE. L'absorption d'un verre d'eau minérale gazeuse tiède ou à température ambiante aide souvent à faire chuter la production de gastrine et d'acides gastriques. Elle peut aussi calmer l'appétit.

ÉVITEZ LE LAIT, LA BIÈRE, L'ALCOOL ET LE VIN BLANC. Tous ces breuvages peuvent accroître la sécrétion de gastrine. Préférez-leur le vin rouge, avec modération, plus bénéfique pour les non-sécréteurs que pour les autres.

ÉVITEZ LE CAFÉ ET LE THÉ NOIR. Tous les cafés torréfiés – décaféinés ou non – augmentent la production de gastrine. Le thé noir, quant à lui, augmente les sécrétions acides gastriques.

ÉVITEZ LES ALIMENTS QUI STIMULENT LES SÉCRÉTIONS ACIDES, comme les oranges, les clémentines ou les fraises. Préférez les jus de légumes aux jus de fruits.

EXTRAIT DES ARCHIVES DU GROUPE SANGUIN

Karen T.
Groupe O
Femme, cinquantaine
Amélioration : multiples intolérances alimentaires

J'en étais arrivée au stade où il me semblait que tous les aliments représentaient des poisons pour mon organisme. J'étais malade comme un chien au moins deux fois par jour et seule la prise d'anti-diarrhéiques me permettait de mener une vie professionnelle normale. Autant dire que j'évitais autant que possible de m'éloigner de chez moi. Je souffrais en outre de divers troubles : on m'avait retiré la vésicule biliaire, aucun traitement ne parvenait à juguler mon hypertension et ma thyroïde n'assurait plus qu'un service minimal. En moins d'une semaine de régime du Groupe O, j'ai constaté une nette amélioration de mon état. Voilà que je n'éprouvais plus de douleurs intestinales et qu'il semblait enfin possible de normaliser ma tension artérielle et le fonctionnement de ma thyroïde. J'ai perdu un peu de poids, mais surtout retrouvé bien-être et énergie. Ceux qui m'avaient regardée batailler en vain pour trouver un aliment qui ne me tue pas à demi et savaient combien j'étais affaiblie n'en croient pas leurs yeux. J'ai l'impression de connaître une seconde adolescence ! Je suis la preuve vivante des bienfaits d'une alimentation adaptée à son groupe sanguin. Quelle chance que mon médecin et mon chiropracteur m'aient tous deux recommandé votre régime. J'ai d'ailleurs décidé d'y soumettre ma fille de treize ans, afin qu'elle aussi tire le bénéfice de vos enseignements.

Prévenir les méfaits des lectines

ÉVITEZ LES ALIMENTS LES PLUS NOCIFS POUR LE GROUPE O :
- le blé (agglutinine du germe de blé)
- le maïs
- les haricots rouges
- les haricots beurre
- les lentilles
- les cacahuètes
- les pommes de terre

Les personnes du groupe O peuvent contrer les méfaits des lectines alimentaires grâce aux molécules « suicide » de polysaccharides présentes par exemple dans :
- la NAG (N-acétylglucosamine)
- le goémon (*Fucus vesiculosis*)
- les laminaires (algues)
- l'arabinogalactane de mélèze (ARA 6)

Viande et volaille

LES PROTÉINES tiennent une place déterminante dans l'alimentation des sujets du groupe O. Un apport protidique insuffisant peut sérieusement entraver votre capacité à métaboliser les graisses, ce qui peut conduire au diabète et aux troubles cardio-vasculaires. Pour les personnes du groupe O, une consommation adéquate de protéines de qualité constitue la meilleure prévention de l'obésité. Celles-ci accroissent en effet la masse tissulaire active, laquelle augmente le rythme métabolique de base, permettant la combustion des excédents graisseux. Les non-sécréteurs du groupe O doivent se rapprocher plus encore de l'alimentation de leurs ancêtres chasseurs-cueilleurs des temps paléolithiques.

Choisissez exclusivement des viandes de qualité, maigres et pauvres en substances chimiques et autres pesticides.

GROUPE SANGUIN O : VIANDE ET VOLAILLE			
Portion : 115-170 g (hommes), 60-140 g (femmes et enfants)			
Origine ethnique	Européenne	Africaine	Asiatique
Sécréteurs (portions/semaine)	6 à 9	6 à 9	6 à 9
Non-sécréteurs (portions/semaine)	7 à 12	7 à 12	7 à 11
Rh-	+ 1 ou 2	+ 1 ou 2	+ 1 ou 2

Premier niveau

ALIMENT	GROUPE O SÉCRÉTEUR	GROUPE O NON SÉCRÉTEUR
Agneau	Bénéfique	Neutre
Bison	Bénéfique	Bénéfique
Bœuf	Bénéfique	Bénéfique
Caille	À éviter	Neutre
Gibier à poil	Bénéfique	Bénéfique
Mouton	Bénéfique	Bénéfique
Porc (bacon, jambon)	À éviter	À éviter
Tortue	À éviter	Neutre
Veau (sauf foie)	Bénéfique	Bénéfique
Veau (foie)	Bénéfique	Neutre

Deuxième niveau

ALIMENT	GROUPE O SÉCRÉTEUR	GROUPE O NON SÉCRÉTEUR
Cœur/ris	Bénéfique	Bénéfique

Aliments neutres : supplémentation générale de l'alimentation

ALIMENT	GROUPE O SÉCRÉTEUR	GROUPE O NON SÉCRÉTEUR
Autruche	Neutre	Bénéfique
Canard	Neutre	Neutre
Cheval	Neutre	Neutre
Chevreau	Neutre	Neutre
Dinde	Neutre	Neutre
Faisan	Neutre	Bénéfique
Grouse	Neutre	Neutre
Lapin	Neutre	Bénéfique
Oie	Neutre	Neutre
Perdreau	Neutre	Bénéfique
Pigeon	Neutre	Bénéfique
Pintade	Neutre	Neutre
Poulet	Neutre	Neutre

Poisson, crustacés et mollusques

LE POISSON, LES CRUSTACÉS et les mollusques représentent une source secondaire de protéines pour le groupe O. Les aliments à éviter de cette catégorie sont classifiés ainsi en raison de leur teneur habituelle en lectines ou en polyamines. On notera que les non-sécréteurs semblent plus sensibles aux lectines de ce type de nourriture, sans doute parce qu'ils produisent moins d'anticorps protecteurs de l'intestin. Évitez de consommer du poisson surgelé, qui contient beaucoup plus de polyamines que le poisson frais.

GROUPE SANGUIN O : POISSON, CRUSTACÉS ET MOLLUSQUES			
Portion : 115-170 g (hommes), 60-140 g (femmes et enfants)			
Origine ethnique	Européenne	Africaine	Asiatique
Sécréteurs (portions/semaine)	3 à 5	2 à 4	2 à 5
Non-sécréteurs (portions/semaine)	4 ou 5	2 à 5	4 ou 5
Rh-	+ 2	+ 2	+ 2

Premier niveau

ALIMENT	GROUPE O SÉCRÉTEUR	GROUPE O NON SÉCRÉTEUR
Barracuda	À éviter	À éviter
Brochet	Bénéfique	Bénéfique
Calmar	À éviter	À éviter
Grenouille	À éviter	À éviter
Lambi	À éviter	À éviter
Lieu noir	À éviter	À éviter
Morue	Bénéfique	Bénéfique
Ormeau	À éviter	À éviter
Perche	Bénéfique	Bénéfique
Poisson-chat	À éviter	À éviter
Poulpe	À éviter	À éviter

Deuxième niveau

ALIMENT	GROUPE O SÉCRÉTEUR	GROUPE O NON SÉCRÉTEUR
Alose	Bénéfique	Bénéfique
Bar	Bénéfique	Neutre
Capitaine	Bénéfique	Neutre
Espadon	Bénéfique	Bénéfique
Esturgeon	Bénéfique	Bénéfique
Flétan	Bénéfique	Neutre
Sole	Bénéfique	Bénéfique
Truite arc-en-ciel	Bénéfique	Bénéfique

Aliments neutres :
supplémentation générale de l'alimentation

ALIMENT	GROUPE O SÉCRÉTEUR	GROUPE O NON SÉCRÉTEUR
Anchois	Neutre	À éviter
Anguille	Neutre	Neutre
Baudroie	Neutre	Neutre
Cabillaud	Neutre	Neutre
Carpe	Neutre	Neutre
Caviar	Neutre	Neutre
Clam	Neutre	Neutre
Colin	Neutre	Bénéfique
Coquille St-Jacques	Neutre	Neutre
Crabe	Neutre	À éviter
Crevette	Neutre	Neutre
Daurade	Neutre	Neutre
Éperlan	Neutre	Neutre
Escargot	Neutre	Neutre
Flet	Neutre	Neutre
Grand sébaste	Neutre	Neutre
Grondin	Neutre	Neutre
Haddock	Neutre	Neutre
Hareng	Neutre	Bénéfique
Homard	Neutre	Neutre
Huîtres	Neutre	Neutre
Mahimahi	Neutre	Neutre
Maquereau	Neutre	Bénéfique
Merlan	Neutre	Neutre
Moules	Neutre	À éviter
Mulet	Neutre	Neutre
Pompano	Neutre	Neutre
Requin	Neutre	Neutre
Sardine	Neutre	Bénéfique
Saumon	Neutre	Neutre
Tassergal	Neutre	Neutre
Thon	Neutre	Neutre
Truite de mer	Neutre	Neutre
Truite de rivière	Neutre	Neutre

Œufs et laitages

QU'ILS APPARTIENNENT au sous-groupe sécréteur ou au sous-groupe non sécréteur, les sujets du groupe O doivent éviter les laitages, favorisant chez eux la prise de poids, l'inflammation et la fatigue. Ils peuvent en revanche consommer une quantité modérée d'œufs, excellente source d'acide doco-hexanoïque, qui contribue à la synthèse de la masse tissulaire active.

GROUPE SANGUIN O : ŒUFS			
Portion : 1 œuf			
Origine ethnique	Européenne	Africaine	Asiatique
Sécréteurs (portions/semaine)	3 à 6	1 à 4	3 ou 4
Non-sécréteurs (portions/semaine)	3 à 6	2 à 5	3 ou 4

GROUPE SANGUIN O : LAIT ET YAOURTS			
Portion : 115-170 g (hommes), 60-140 g (femmes et enfants)			
Origine ethnique	Européenne	Africaine	Asiatique
Sécréteurs (portions/semaine)	0 à 3	0 ou 1	0 à 2
Non-sécréteurs (portions/semaine)	0 à 2	0	0 à 3
MM	- 2	- 2	- 2

GROUPE SANGUIN O : FROMAGE			
Portion : 85 g (hommes), 60 g (femmes et enfants)			
Origine ethnique	Européenne	Africaine	Asiatique
Sécréteurs (portions/semaine)	0 à 2	0 ou 1	0 à 2
Non-sécréteurs (portions/semaine)	0 ou 1	0	0

Premier niveau

ALIMENT	GROUPE O SÉCRÉTEUR	GROUPE O NON SÉCRÉTEUR
Babeurre	À éviter	À éviter
Bleu	À éviter	À éviter
Brie	À éviter	À éviter
Camembert	À éviter	À éviter
Caséine	À éviter	À éviter
Cheddar	À éviter	À éviter
Cottage cheese	À éviter	À éviter
Crème aigre	À éviter	À éviter
Crème glacée	À éviter	À éviter
Édam	À éviter	À éviter
Emmenthal	À éviter	À éviter
Gouda	À éviter	À éviter
Gruyère	À éviter	À éviter
Kéfir	À éviter	À éviter
Lait (écrémé ou demi-écrémé)	À éviter	À éviter
Lait entier	À éviter	À éviter
Munster	À éviter	À éviter
Neufchâtel	À éviter	À éviter
Parmesan	À éviter	À éviter
Provolone	À éviter	À éviter
Ricotta	À éviter	À éviter
Yaourt	À éviter	À éviter

Deuxième niveau

ALIMENT	GROUPE O SÉCRÉTEUR	GROUPE O NON SÉCRÉTEUR
Lait de chèvre	À éviter	À éviter
Œuf de caille	À éviter	Neutre
Œuf d'oie	À éviter	Neutre
Œufs de saumon	À éviter	Neutre
Petit-lait	À éviter	À éviter

Aliments neutres :
supplémentation générale de l'alimentation

ALIMENT	GROUPE O SÉCRÉTEUR	GROUPE O NON SÉCRÉTEUR
Beurre	Neutre	Neutre
Blanc d'œuf	Neutre	Neutre
Féta	Neutre	À éviter
Fromage de chèvre	Neutre	À éviter
Ghee (beurre clarifié)	Neutre	Neutre
Jaune d'œuf	Neutre	Neutre
Mozzarella	Neutre	À éviter
Œuf de cane	Neutre	Neutre
Œuf de poule	Neutre	Neutre

Pois et légumes secs

QUOIQUE ESSENTIELLEMENT CARNIVORES en ce qui concerne leur apport protidique, les organismes du groupe O peuvent cependant s'accommoder des protéines présentes dans de nombreux pois et légumes secs. Cette catégorie d'aliments compte toutefois plus d'un membre fauteur de troubles liés aux lectines. Si vous en avez la possibilité, préférez-leur donc les protéines animales.

GROUPE SANGUIN O : POIS ET LÉGUMES SECS			
Portion : 1 tasse de 225 ml (produit sec)			
Origine ethnique	Européenne	Africaine	Asiatique
Sécréteurs (portions/semaine)	1 à 3	1 à 3	2 à 4
Non-sécréteurs (portions/semaine)	0 à 3	0 à 2	2 à 4

Premier niveau

ALIMENT	GROUPE O SÉCRÉTEUR	GROUPE O NON SÉCRÉTEUR
Haricots beurre	À éviter	À éviter
Haricots cocos	À éviter	Neutre
Haricots rouges	À éviter	À éviter
Lentilles rouges	À éviter	Neutre
Lentilles vertes	À éviter	Neutre

Deuxième niveau

ALIMENT	GROUPE O SÉCRÉTEUR	GROUPE O NON SÉCRÉTEUR
Graines de tamarin	À éviter	À éviter
Haricots adzuki	Bénéfique	Neutre
Haricots cornille (blackeyes)	Bénéfique	Neutre

Aliments neutres : supplémentation générale de l'alimentation

ALIMENT	GROUPE O SÉCRÉTEUR	GROUPE O NON SÉCRÉTEUR
Fèves	Neutre	À éviter
Fromage de soja	Neutre	À éviter
Granules de soja	Neutre	À éviter
Haricots blancs	Neutre	Neutre
Haricots mojettes	Neutre	Neutre
Haricots mungo (pousses)	Neutre	Neutre
Haricots noirs	Neutre	Neutre
Haricots Soissons	Neutre	Neutre
Haricots de soja	Neutre	À éviter
Lait de soja	Neutre	À éviter
Miso (soja)	Neutre	À éviter
Pétales de soja	Neutre	À éviter
Petits pois et flageolets	Neutre	Neutre
Pois chiches	Neutre	À éviter
Pois gourmands	Neutre	Neutre
Tempeh (soja)	Neutre	À éviter
Tofu (soja)	Neutre	À éviter

Noix et graines

LES NOIX ET LES GRAINES constituent une source secondaire de protéines pour le groupe O. Les noix possèdent une utile action désintoxiquante, tandis que les graines de lin stimulent les défenses immunitaires. Prudence, cependant : beaucoup de ces aliments, parmi lesquels les graines de tournesol[1] et les châtaignes[1], exercent une activité lectinique sur votre organisme.

GROUPE SANGUIN O : NOIX ET GRAINES			
Portion : 1 poignée (graines), 1 ou 2 cuillerées à soupe (beurre de noix)			
Origine ethnique	Européenne	Africaine	Asiatique
Sécréteurs (portions/semaine)	2 à 5	2 à 5	2 à 4
Non-sécréteurs (portions/semaine)	5 à 7	5 à 7	5 à 7

Premier niveau

ALIMENT	GROUPE O SÉCRÉTEUR	GROUPE O NON SÉCRÉTEUR
Beurre de cacahuète	À éviter	À éviter
Beurre de tournesol	À éviter	À éviter
Cacahuètes	À éviter	À éviter
Châtaigne	À éviter	À éviter
Faines	À éviter	À éviter
Graines de courge	Bénéfique	Bénéfique
Graines de tournesol	À éviter	À éviter
Noix	Bénéfique	Bénéfique
Noix de cajou/ beurre de cajou	À éviter	À éviter
Noix du Brésil	À éviter	À éviter
Pistaches	À éviter	À éviter

1. Nouvelle classification.

Deuxième niveau

ALIMENT	GROUPE O SÉCRÉTEUR	GROUPE O NON SÉCRÉTEUR
Graines de lin	Bénéfique	Neutre
Graines de pavot	À éviter	À éviter

Aliments neutres : supplémentation générale de l'alimentation

ALIMENT	GROUPE O SÉCRÉTEUR	GROUPE O NON SÉCRÉTEUR
Amande	Neutre	Neutre
Beurre d'amande	Neutre	Neutre
Beurre de sésame (tahini)	Neutre	À éviter
Fromage d'amande	Neutre	À éviter
Graines de carthame	Neutre	À éviter
Graines de sésame	Neutre	Neutre
Lait d'amande	Neutre	
Noisette	Neutre	Neutre
Noix de macadamia	Neutre	Neutre
Noix de pécan/ beurre de pécan	Neutre	Neutre
Pignons	Neutre	Neutre

Céréales et féculents

LES CÉRÉALES ET LES FÉCULENTS représentent le talon d'Achille des personnes du groupe O. Toutes supportent mal le maïs, le blé, le sorgho, l'orge et bon nombre de leurs dérivés (édulcorants, etc.). Ces céréales banales augmentent sensiblement leur masse adipeuse. L'agglutinine du blé complet peut en outre aggraver d'éventuels troubles inflammatoires, en particulier chez les non-sécréteurs, et à plus forte raison chez les non-sécréteurs de sexe masculin. Les non-sécréteurs doivent aussi éviter l'avoine (aliment neutre pour les sécréteurs).

GROUPE SANGUIN O : CÉRÉALES ET FÉCULENTS			
Portion : 1/2 tasse de 225 ml de produit sec (céréales et pâtes), 1 muffin, 2 tranches de pain			
Origine ethnique	Européenne	Africaine	Asiatique
Sécréteurs (portions/semaine)	1 à 6	1 à 6	1 à 6
Non-sécréteurs (portions/semaine)	0 à 3	0 à 3	0 à 3
Rh-	1	1	1

Premier niveau

ALIMENT	GROUPE O SÉCRÉTEUR	GROUPE O NON SÉCRÉTEUR
Blé au gluten (produits à base de)	À éviter	À éviter
Blé non raffiné	À éviter	À éviter
Couscous	À éviter	À éviter
Farine de blé complet (et produits à base de)	À éviter	À éviter
Farine de blé raffiné (et produits à base de)	À éviter	À éviter
Farine au gluten	À éviter	À éviter
Fécule de maïs	À éviter	À éviter
Germe de blé	À éviter	À éviter
Maïs	À éviter	À éviter
Orge	À éviter	À éviter
Pain de blé germé	À éviter	À éviter sauf pain Essène
Pop-corn	À éviter	À éviter
Semoule de blé (et produits à base de)	À éviter	À éviter
Son de blé	À éviter	À éviter
Sorgho	À éviter	À éviter

Deuxième niveau

ALIMENT	GROUPE O SÉCRÉTEUR	GROUPE O NON SÉCRÉTEUR
Pain Essène	Bénéfique	Bénéfique

Aliments neutres : supplémentation générale de l'alimentation

ALIMENT	GROUPE O SÉCRÉTEUR	GROUPE O NON SÉCRÉTEUR
Amarante	Neutre	Neutre
Avoine (son/flocons)	Neutre	À éviter
Blé kamut	Neutre	Neutre
Crème de riz	Neutre	Neutre
Épeautre	Neutre	À éviter
Épeautre (produits à base de)	Neutre	À éviter
Farine d'avoine	Neutre	À éviter
Farine de riz/ galettes de riz	Neutre	Neutre
Farine de seigle	Neutre	Neutre
Lait de riz	Neutre	Neutre
Millet	Neutre	Neutre
Pain de soja	Neutre	À éviter
Pain sans gluten	Neutre	À éviter
Quinoa	Neutre	Neutre
Riz/pain de riz	Neutre	Neutre
Riz sauvage	Neutre	Neutre
Riz soufflé	Neutre	Neutre
Sarrasin/kasha	Neutre	À éviter
Seigle/pain 100 % seigle	Neutre	Neutre
Soba (100 % sarrasin)	Neutre	À éviter
Son de riz	Neutre	Neutre
Tapioca	Neutre	À éviter
Teff [1]	Neutre	Neutre

---

1. Céréale proche du millet (*Eragostis abyssinica*) consommée en Afrique orientale depuis plusieurs millénaires et cultivée depuis 1988 dans d'autres régions du monde.

Légumes

LES LÉGUMES apportent des antioxydants et des fibres tout en contribuant à la baisse de la production de polyamines dans le tube digestif. Beaucoup d'entre eux sont en outre riches en potassium, ce qui favorise l'élimination de l'eau extracellulaire dans l'organisme ainsi qu'une meilleure hydratation intracellulaire. Certains légumes, cependant, comme le chou-fleur, le poireau, le taro, le concombre[1] ou le melon amer, contiennent des lectines réactives soupçonnées d'affinités avec le groupe sanguin. Les personnes du groupe O veilleront de surcroît à ne pas remplacer les légumes par des féculents.

GROUPE SANGUIN O : LÉGUMES			
Portion : 1 tasse de 225 ml (légumes cuits ou crus)			
Origine ethnique	Européenne	Africaine	Asiatique
Sécréteurs : aliments bénéfiques	À volonté	À volonté	À volonté
Sécréteurs : aliments neutres (portions/semaine)	2 à 5	2 à 5	2 à 5
Non-sécréteurs : aliments neutres (portions/semaine)	2 ou 3	2 ou 3	2 ou 3
Non-sécréteurs : aliments bénéfiques	À volonté	À volonté	À volonté
MM : Essayez d'utiliser de préférence les aliments bénéfiques du Premier niveau			

---

1. Nouvelle classification.

Premier niveau

ALIMENT	GROUPE O SÉCRÉTEUR	GROUPE O NON SÉCRÉTEUR
Alfalfa (pousses)	À éviter	À éviter
Algues	Bénéfique	Bénéfique
Aloès (jus ou tisane)	À éviter	À éviter
Betterave (fanes)	Bénéfique	Bénéfique
Chicorée	Bénéfique	Bénéfique
Chou-fleur	À éviter	À éviter
Chou frisé	Bénéfique	Bénéfique
Concombre/ jus de concombre	À éviter	À éviter
Épinards/jus d'épinards	Bénéfique	Bénéfique
Gingembre	Bénéfique	Bénéfique
Laminaire	Bénéfique	Bénéfique
Oignon	Bénéfique	Bénéfique
Olive noire	À éviter	À éviter
Pickles (saumure)	À éviter	À éviter
Pickles (vinaigre)	À éviter	À éviter
Pissenlit	Bénéfique	Bénéfique
Poireau	À éviter	À éviter
Raifort	Bénéfique	Bénéfique
Rhubarbe	À éviter	À éviter
Taro	À éviter	À éviter

Deuxième niveau

ALIMENT	GROUPE O SÉCRÉTEUR	GROUPE O NON SÉCRÉTEUR
Artichaut	Bénéfique	Bénéfique
Blettes	Bénéfique	Bénéfique
Brocolis	Bénéfique	Bénéfique
Câpres	À éviter	À éviter
Chou frisé	Bénéfique	Bénéfique
Gombos (okras)	Bénéfique	Bénéfique
Moutarde (feuilles)	À éviter	Neutre

Navet	Bénéfique	Neutre
Panais	Bénéfique	Neutre
Patate douce	Bénéfique	Neutre
Piment	Bénéfique	Bénéfique
Pomme de terre	À éviter	À éviter
Potiron	Bénéfique	Bénéfique
Romaine	Bénéfique	Neutre
Rutabaga	Bénéfique	Bénéfique
Scarole	Bénéfique	Bénéfique
Shiitaké	À éviter	À éviter
Topinambour	Bénéfique	Bénéfique

Aliments neutres : supplémentation générale de l'alimentation

ALIMENT	GROUPE O SÉCRÉTEUR	GROUPE O NON SÉCRÉTEUR
Ail	Neutre	Bénéfique
Asperge	Neutre	Neutre
Aubergine	Neutre	À éviter
Bambou (pousses)	Neutre	Neutre
Betterave/ jus de betterave	Neutre	Neutre
Carotte	Neutre	Bénéfique
Céleri-branche	Neutre	Neutre
Céleri-rave	Neutre	Neutre
Cerfeuil	Neutre	Neutre
Champignon de Paris	Neutre	Neutre
Châtaigne d'eau	Neutre	Neutre
Chou/jus de chou	Neutre	À éviter
Chou de Bruxelles	Neutre	À éviter
Chou romanesco	Neutre	Neutre
Choucroute	Neutre	À éviter
Ciboule	Neutre	Neutre
Coriandre	Neutre	Neutre
Coulemelle	Neutre	Neutre
Courges	Neutre	Neutre

Courgette	Neutre	Neutre
Cresson	Neutre	Neutre
Échalote	Neutre	Neutre
Endive	Neutre	Neutre
Fenouil	Neutre	Neutre
Haricots verts	Neutre	Neutre
Igname	Neutre	Neutre
Jus de carotte	Neutre	Neutre
Jus de céleri-branche	Neutre	Neutre
Laitue	Neutre	Neutre
Olive verte	Neutre	À éviter
Pak-choï	Neutre	Neutre
Piment chili	Neutre	Neutre
Pleurote	Neutre	Neutre
Poivron vert	Neutre	Neutre
Radis	Neutre	Neutre
Radis (germes)	Neutre	Neutre
Roquette	Neutre	Neutre
Tomate/ jus de tomate	Neutre	Neutre
Trévisane	Neutre	Neutre

Fruits et jus de fruits

LES FRUITS se révèlent eux aussi riches en antioxydants. Bon nombre d'entre eux – les myrtilles, les cerises ou les mûres – sont en outre riches en pigments qui bloquent l'action d'une enzyme hépatique appelée ornithine. Il en résulte une chute de la production de polyamines, substances qui interagissent avec l'insuline pour favoriser la croissance des tissus et la prise de poids. De ce fait, une alimentation riche en fruits et légumes appropriés peut favoriser l'amincissement en inhibant ce processus. Elle contribue aussi à modifier l'équilibre hydrique de l'organisme de fortes concentrations extracellulaires vers de fortes concentrations intracellulaires. L'ananas, pour ne citer que lui, renferme par ailleurs des enzymes qui aident à calmer l'inflammation et à restaurer l'équilibre hydrique. Limitez en revanche votre consommation d'oranges, riches en putrescine (une polyamine). Notez que quelques fruits, le kiwi[1] notamment, contiennent des lectines nocives pour le groupe O.

GROUPE SANGUIN O : FRUITS ET JUS DE FRUITS			
Portion : 1 tasse de 225 ml ou 1 fruit			
Origine ethnique	Européenne	Africaine	Asiatique
Sécréteurs (portions/jour)	3 à 5	2 à 4	3 à 5
Non-sécréteurs (portions/jour)	1 à 3	1 à 3	1 à 3
MM : Essayez d'utiliser de préférence les aliments bénéfique du Premier niveau.			

Premier niveau

ALIMENT	GROUPE O SÉCRÉTEUR	GROUPE O NON SÉCRÉTEUR
Avocat	À éviter	Bénéfique
Banane	Bénéfique	Bénéfique
Cerises	Bénéfique	Bénéfique
Clémentine (fruit ou jus)	À éviter	À éviter
Figues fraîches ou séchées	Bénéfique	Bénéfique
Goyave (fruit ou jus)	Bénéfique	Bénéfique
Jus de cerise noire	Bénéfique	Bénéfique
Kiwi	À éviter	À éviter
Lait de coco	À éviter	À éviter
Mangue (fruit ou jus)	Bénéfique	Bénéfique
Melon	À éviter	À éviter
Melon amer	À éviter	À éviter
Mûres (fruit ou jus)	À éviter	À éviter

---

1. Nouvelle classification.

Myrtilles	Bénéfique	Bénéfique
Orange (fruit ou jus)	À éviter	À éviter
Pruneau (fruit ou jus)	Bénéfique	Bénéfique
Prune	Bénéfique	Bénéfique

Deuxième niveau

ALIMENT	GROUPE O SÉCRÉTEUR	GROUPE O NON SÉCRÉTEUR
Banane plantain	À éviter	À éviter
Jus d'ananas	Bénéfique	Bénéfique

Aliments neutres : supplémentation générale de l'alimentation

ALIMENT	GROUPE O SÉCRÉTEUR	GROUPE O NON SÉCRÉTEUR
Abricot (fruit ou jus)	Neutre	
Ananas	Neutre	Neutre
Anone (fruit de l'arbre à pain)	Neutre	Neutre
Canneberges (fruits ou jus)	Neutre	Neutre
Carambole	Neutre	Neutre
Cassis	Neutre	Neutre
Cidre/jus de pomme	Neutre	À éviter
Citron (fruit ou jus)	Neutre	Neutre
Citron vert (fruit ou jus)	Neutre	Neutre
Coing	Neutre	Neutre
Dattes	Neutre	À éviter
Figue de Barbarie	Neutre	Bénéfique
Fraise	Neutre	À éviter
Framboise	Neutre	Neutre
Grenade	Neutre	Bénéfique
Groseille	Neutre	Neutre
Groseille à maquereau	Neutre	Neutre

Kaki	Neutre	Neutre
Kumquat	Neutre	Neutre
Nectarine (fruit ou jus)	Neutre	Neutre
Palmier sagou	Neutre	Neutre
Pamplemousse (fruit ou jus)	Neutre	Neutre
Papaye (fruit ou jus)	Neutre	Neutre
Pastèque	Neutre	Neutre
Pêche	Neutre	Neutre
Poire (fruit ou jus)	Neutre	Neutre
Pomme	Neutre	À éviter
Raisin	Neutre	Neutre
Raisins secs	Neutre	Neutre

Huiles

EN RÈGLE GÉNÉRALE, les organismes du groupe O apprécient au premier chef les huiles mono-insaturées telles que l'huile d'olive et les huiles riches en acides gras oméga comme l'huile de lin. Les sécréteurs, qui métabolisent ces aliments un peu mieux que leurs congénères non sécréteurs, en tirent probablement un bénéfice accru.

GROUPE SANGUIN O : HUILES			
Portion : 1 cuillerée à soupe			
Origine ethnique	Européenne	Africaine	Asiatique
Sécréteurs (portions/semaine)	4 à 8	3 à 8	5 à 8
Non-sécréteurs (portions/semaine)	3 à 5	1 à 7	3 à 6

Premier niveau

ALIMENT	GROUPE O SÉCRÉTEUR	GROUPE O NON SÉCRÉTEUR
Huile d'arachide	À éviter	À éviter
Huile de carthame	À éviter	À éviter
Huile de coco	À éviter	Neutre
Huile de germe de blé	À éviter	À éviter
Huile de graine de coton	À éviter	À éviter
Huile de lin	Bénéfique	Neutre
Huile de maïs	À éviter	À éviter
Huile d'olive	Bénéfique	Bénéfique
Huile de ricin	À éviter	À éviter
Huile de soja	À éviter	À éviter
Huile de tournesol	À éviter	À éviter

Deuxième niveau

ALIMENT	GROUPE O SÉCRÉTEUR	GROUPE O NON SÉCRÉTEUR
Huile d'onagre	À éviter	À éviter

Aliments neutres : supplémentation générale de l'alimentation

ALIMENT	GROUPE O SÉCRÉTEUR	GROUPE O NON SÉCRÉTEUR
Huile d'amande	Neutre	Bénéfique
Huile de bourrache	Neutre	À éviter
Huile de colza	Neutre	À éviter
Huile de foie de morue	Neutre	À éviter
Huile de pépin de cassis	Neutre	Neutre
Huile de noix	Neutre	Bénéfique
Huile de sésame	Neutre	Neutre

Épices, condiments et additifs culinaires

BEAUCOUP D'ÉPICES possèdent des propriétés médicinales plus ou moins importantes, qui agissent souvent sur les niveaux bactériens du gros intestin ou côlon. Fuyez en revanche des agents de texture aussi banals que la gomme de guar ou les carraghénates, susceptibles de potentialiser l'action de lectines présentes dans d'autres aliments.

Premier niveau

ALIMENT	GROUPE O SÉCRÉTEUR	GROUPE O NON SÉCRÉTEUR
Aspartame	À éviter	À éviter
Carraghénates	À éviter	À éviter
Dextrose	À éviter	À éviter
Fécule de maïs (Maïzena)	À éviter	À éviter
Fructose	À éviter	À éviter
Glutamate monosodique	À éviter	Neutre
Gomme de guar	À éviter	À éviter
Guarana	À éviter	À éviter
Ketchup	À éviter	À éviter
Maltodextrine	À éviter	À éviter
Poivre	À éviter	À éviter
Sirop de maïs	À éviter	À éviter
Vinaigre	À éviter	À éviter

Deuxième niveau

ALIMENT	GROUPE O SÉCRÉTEUR	GROUPE O NON SÉCRÉTEUR
Caroube	Bénéfique	Neutre
Curcuma	Bénéfique	Neutre
Curry	Bénéfique	Bénéfique
Noix de muscade	À éviter	Neutre
Persil	Bénéfique	Bénéfique

Aliments neutres :
supplémentation générale de l'alimentation

ALIMENT	GROUPE O SÉCRÉTEUR	GROUPE O NON SÉCRÉTEUR
Aneth	Neutre	Neutre
Anis	Neutre	Neutre
Basilic	Neutre	Bénéfique
Bergamote	Neutre	Neutre
Cannelle	Neutre	À éviter
Cardamome	Neutre	Neutre
Carvi	Neutre	Neutre
Chocolat	Neutre	Neutre
Ciboulette	Neutre	Neutre
Coriandre	Neutre	Neutre
Cumin	Neutre	Neutre
Essence d'amande	Neutre	Neutre
Estragon	Neutre	Bénéfique
Gélatine	Neutre	Neutre
Clou de girofle	Neutre	Neutre
Laurier	Neutre	Bénéfique
Levure de bière	Neutre	Bénéfique
Malt d'orge	Neutre	À éviter
Marjolaine	Neutre	Neutre
Mayonnaise	Neutre	À éviter
Mélasse	Neutre	Neutre
Menthe	Neutre	Neutre
Menthe poivrée	Neutre	Neutre
Miel	Neutre	À éviter
Moutarde (sans vinaigre/ en poudre)	Neutre	Neutre
Origan	Neutre	Bénéfique
Paprika	Neutre	Neutre
Pectine de pomme	Neutre	Neutre
Piment	Neutre	Neutre
Réglisse (racine)	Neutre	Bénéfique
Romarin	Neutre	Neutre

Safran	Neutre	Bénéfique
Sarriette	Neutre	Neutre
Sauce de salade (composée d'ingrédients autorisés)	Neutre	Neutre
Sauce de soja	Neutre	À éviter
Sauce Worcestershire	Neutre	À éviter
Sauge	Neutre	À éviter
Sel de mer	Neutre	Neutre
Sirop d'érable	Neutre	À éviter
Sirop de riz	Neutre	À éviter
Stévia	Neutre	À éviter
Sucre	Neutre	À éviter
Tamari (sans blé)	Neutre	À éviter
Tamarin	Neutre	Neutre
Thym	Neutre	Neutre
Toute-épice	Neutre	Neutre
Vanille	Neutre	À éviter
Vinaigre de cidre	Neutre	À éviter

Boissons

SI VOUS APPARTENEZ AU GROUPE O non sécréteur, ne vous privez pas d'un verre de vin rouge pendant le repas, qui vous procurera de substantiels bienfaits cardio-vasculaires – à condition, bien entendu, de le consommer avec modération ! Le thé vert se révèle également bénéfique, grâce à ses polyphénols qui bloquent la production de polyamines nocives.

Premier niveau

ALIMENT	GROUPE O SÉCRÉTEUR	GROUPE O NON SÉCRÉTEUR
Alcools forts	À éviter	À éviter
Café (normal ou décaféiné)	À éviter	À éviter
Soda (normal ou light)	À éviter	À éviter

Deuxième niveau

ALIMENT	GROUPE O SÉCRÉTEUR	GROUPE O NON SÉCRÉTEUR
Bière	À éviter	À éviter
Eau gazeuse	Bénéfique	Bénéfique
Thé noir (normal ou décaféiné)	À éviter	À éviter
Thé vert	Bénéfique	Bénéfique
Vin blanc	À éviter	À éviter

Aliments neutres : supplémentation générale de l'alimentation

ALIMENT	GROUPE O SÉCRÉTEUR	GROUPE O NON SÉCRÉTEUR
Vin rouge	Neutre	Bénéfique

Thérapies individualisées pour les personnes atteintes d'affections chroniques

COMME VOUS AVEZ PU LE CONSTATER à la lecture de votre profil de risque médical, les personnes du groupe O sont plus prédisposées à certaines affections chroniques que les autres groupes sanguins. Dans les paragraphes qui suivent, nous nous pencherons en détail sur ces troubles, sur leurs liens avec le groupe O et sur les thérapeutiques que vous pouvez ajouter au Régime à deux niveaux.

Voir le profil de risque médical du groupe O, p. 202.

Les affections digestives caractéristiques du groupe O

Maladie de Crohn
Reflux gastro-œsophagien
Ulcères gastro-duodénaux

Maladie de Crohn

Je traite souvent les colites inflammatoires ou la maladie de Crohn par les remèdes suivants.
- Absorbez beaucoup de fibres solubles et insolubles. La meilleure source de fibres solubles est sans doute l'arabinogalactane extraite du mélèze, qui stimule en outre, on l'a vu, les défenses immunitaires. On a également pu constater qu'elle augmentait la concentration dans le tube digestif d'acides gras à chaîne courte, comme le butyrate,

lesquels constituent une précieuse source d'énergie pour les cellules intestinales. Cette substance favorise aussi la baisse du taux d'ammoniaque – un dérivé toxique de la synthèse des protéines normalement éliminé par les reins – dans l'intestin. Parmi les bonnes sources de fibres insolubles, citons les graines de lin brutes. Versez-en une cuillerée à soupe dans un verre d'eau, puis laissez-les gonfler toute la nuit avant d'absorber le mélange.

- Évitez les épaississants, tels que les carraghénates ou la gomme d'acacia – souvent utilisés comme stabilisants alimentaires. Lisez attentivement les étiquettes des produits que vous achetez.
- Prenez un complément probiotique riche en bactéries bénéfiques pour votre groupe sanguin.
- Prenez de la laminaire en guise d'inhibiteur de lectines, surtout si vous êtes non sécréteur.
- Évitez les lectines qui s'agglutinent aux sucres aminés. La plus nocive pour les personnes du groupe O est la lectine du germe de blé, laquelle s'accole au sucre n-acétylglucosamine, tandis que les autres s'agglutinent au mannose, au fucose, au n-acétylglucosamine et au galactose.
- Faites en sorte de réduire votre niveau de stress.
- Utilisez du ghee (beurre clarifié), qui constitue une bonne source de butyrate.

Reflux gastro-œsophagien

Cette affection, caractérisée par une sensation chronique de « brûlure » dans la poitrine et le haut de l'abdomen, empoisonne le quotidien de millions de nos semblables. Elle peut avoir maintes causes, parmi lesquelles une hernie hiatale, mais elle découle le plus souvent d'une mauvaise alimentation. Quand on ne se nourrit pas de façon adaptée à son groupe sanguin, on bouleverse l'équilibre acide de l'estomac, si bien que des sucs acides s'accumulent et refluent dans l'œsophage. Les personnes du groupe O affichant au départ une acidité gastrique élevée sont donc plus enclines à ce dérèglement lorsqu'elles dévient du droit chemin nutritionnel.

Voici quelques méthodes pour prévenir le reflux gastro-œsophagien :

- Évitez le café, le thé noir, le chocolat et les bonbons à la menthe, qui accroissent le taux d'acidité gastrique.
- Évitez le sucre et les sucreries, souvent générateurs de tracas chez les personnes atteintes de reflux gastro-œsophagien.
- Buvez un verre d'eau additionné de cinq gouttes de teinture de gentiane (*Gentiana lutea*) une demi-heure avant les repas. Ce breuvage amer préparera vos sécrétions digestives en vue de votre prochain repas. On notera avec intérêt qu'on consomme dans bon nombre de pays d'Europe des digestifs amers.
- Absorbez plusieurs fois par jour une cuillerée à café de jus de gingembre frais. Certains composants de cette plante exercent en effet une action protectrice sur les cellules de la muqueuse gastrique.
- Ne mangez pas trop et tâchez de vous lever de table avec encore un soupçon d'appétit.

Ulcères gastro-duodénaux

Jusqu'à une date récente, on croyait les ulcères liés à une hyperacidité gastrique provoquée par le stress. On sait depuis le début des années 1980 qu'ils résultent le plus souvent d'une banale bactérie appelée *Helicobacter pylori*. À l'inverse de la plupart de ses consœurs, elle survit sans dommage en milieu acide grâce à sa capacité à ménager autour d'elle une « poche » d'acidité réduite[1].

Les ulcères s'accompagnent en général de douleurs récurrentes, de nausées, de vomissements et d'inappétence. Lorsqu'ils saignent, les selles prennent une couleur noirâtre et la consistance du goudron.

Au début des années 1950, on a découvert que le groupe O affichait une incidence d'ulcères gastro-duodénaux environ deux fois supérieure aux autres groupes sanguins. Ce constat devait se voir confirmer de manière si répétée par la suite (plus de vingt-cinq études au cours des seules vingt dernières années) que l'on peut considérer comme un fait acquis la corrélation ulcère-groupe O[2]. Mais pourquoi cette prévalence anormale ?

Comme bon nombre d'autres bactéries digestives, *H. pylori* témoigne d'une prédilection pour un groupe sanguin, en l'occurrence le groupe O. On a récemment appris que cette bactérie fabriquait une molécule ressemblant à une lectine, que l'on appelle molécule d'adhésion, laquelle facilite son accrochage aux parois de l'estomac et du duodénum. Cette agrégation se trouve potentialisée par les cellules porteuses d'antigènes du groupe O. La recherche indique en outre que la réponse inflammatoire à *H. pylori* des organismes du groupe O est plus accentuée qu'au sein des autres groupes sanguins. Enfin, c'est chez les sujets non sécré-

---

1. Ota H. et al. : « Intestinal metaplasia with adherent *Helicobacter pylori* : A hybrid epithelium with both gastric and intestinal features. » *Hum Pathol*, août 1998, 29(8), p. 846-50.

2. Hein H. O. et al. : « Genetic markers for stomach ulcer. A study of 3,387 men aged 54-74 years from the Copenhagen Male Study. » *Ugeskr Laeger*, 24 août 1998, 160(35), p. 5045-49.

Heneghan M. A. et al. : « Effect of host Lewis and ABO blood group antigen expression on *Helicobacter pylori* colonisation density and the consequent inflammatory response. » *FEMS Immunol Med Microbiol*, avril 1998, 20(4), p. 257-66.

McNamara D. et al. : « *Helicobacter pylori* and gastric cancer. » *Ital J Gastroenterol Hepatol*, 30 octobre 1998, 30 Suppl 3, p. S294-98.

teurs du groupe O que l'on décèle les plus fortes concentrations de cette bactérie.

L'infection par *H. pylori* cédant dans 90 % des cas à un traitement par antimicrobiens et inhibiteurs d'acidité, un dépistage régulier est recommandé afin d'établir un diagnostic précoce. Certains remèdes naturels vous aideront également à contrôler cette bactérie.

GOÉMON ET AUTRES ALGUES RICHES EN FUCOSE. Le chercheur George Springer découvrit dès 1958 que plusieurs plantes agissaient en fonction du groupe sanguin du patient[1]. Parmi elles, le goémon (*Fucus vesiculosus*), riche en fucose, le sucre de l'antigène du groupe O. Or la bactérie *H. pylori* s'agrège volontiers à cet antigène en utilisant des sucres qui imitent sa structure comme des « taupes ». Ce qui inspire la parade suivante : puisque cette bactérie raffole tant du sucre du groupe O, exauçons ses vœux... en inondant ses capteurs de « faux antigène O » – autrement dit de fucose de goémon. Résultat, les bactéries *H. pylori* glisseront sur la paroi gastrique comme sur une patinoire, incapables de s'y accrocher ou d'y provoquer de dommages.

Les fucoses spécifiques du goémon, appelés fucoïdines, possèdent de surcroît une action anti-inflammatoire liée à leur capacité de bloquer une série de médiateurs baptisés compléments. Ils s'avèrent de ce fait d'autant plus précieux pour les individus du groupe O, et c'est encore plus net pour les non-sécréteurs. Parmi les autres algues riches en fucoïdines, mentionnons l'ascophyllum (6 à 8 %) et la laminaire (entre 5 et 20 %). Utilisez uniquement des plantes séchées de frais car les teintures d'algues ne contiennent presque pas, voire pas du tout, de fucose.

BISMUTH. Les composés à base de bismuth combattent *H. pylori* tout en favorisant la cicatrisation des

---

1. Springer G. F. : « Relation of blood group active plant substances to human blood groups. » *Acta Haem*, 1958, 20, p. 147-55.

lésions ulcéreuses. On en trouve dans divers médicaments en vente libre. Ne prenez toutefois jamais de bismuth pendant plus de deux semaines d'affilée.

BERBÉRINE. Cet alcaloïde notamment extrait de l'hydrastis du Canada (*Hydrastis canadensis*) inhibe fortement la croissance de *H. pylori*.

BACTÉRIES PROBIOTIQUES. Certaines souches de bifidobactéries amies de l'organisme (*B. bifidus*, *B. breve* et *B. infantis*) peuvent renforcer votre résistance aux ulcères.

Pour accélérer la cicatrisation de votre muqueuse gastrique (la paroi de l'estomac), essayez les remèdes suivants :
- Racine de guimauve en tisane ou en capsules.
- Orme rouge (surtout pour les non-sécréteurs).
- Sho-saiko-ko, un médicament chinois traditionnel qui supprime les sécrétions gastriques et protège la muqueuse de l'estomac, même en période de stress intense.
- Feuille de thym, d'origan ou de romarin : ces banales aromates culinaires constituent de puissants antioxydants dotés de surcroît d'une légère action anti-inflammatoire. Toutes stimulent en outre la résistance aux bactéries comme *H. pylori* et aux autres micro-organismes tels que *Candida*, susceptibles d'affecter la digestion des sujets du groupe O.
- Rhizome de gingembre : riche en composants anti-inflammatoires, anti-ulcéreux et antioxydants. Améliore en outre la motilité gastrique.
- Clou de girofle : riche en eugénol anti-inflammatoire et anti-ulcéreux.
- Neem ou arbre-pharmacie (*Azadirachta indica*). Cette plante adaptogène originaire d'Inde contribue à limiter la formation d'ulcères liés au stress.

EXTRAIT DES ARCHIVES DU GROUPE SANGUIN

Michael E.
Groupe O
Enfant
Amélioration : problèmes intestinaux chroniques

Mon fils Michael, neuf ans et demi, souffre depuis l'âge de deux ans de problèmes de constipation. Il lui arrivait de ne pas aller à la selle pendant dix jours d'affilée. Notre médecin prescrivit des lavements, des suppositoires, des laxatifs et de l'huile de paraffine. Aucune amélioration. Alors qu'il venait de fêter son neuvième anniversaire et se portait toujours aussi mal, je parcourus votre livre, en désespoir de cause. Et en trente-six heures de régime du groupe O, son problème avait disparu ! Au bout d'une semaine, nous avons cédé à l'envie de goûter à des mets ne figurant pas sur notre liste : le lundi, Michael montrait de nouveau des signes de constipation. Nous reprîmes le régime et tout rentra immédiatement dans l'ordre. Si vous saviez comme mon fils se sent mieux ! Après plus de sept années de traitements inefficaces et quatre médecins, il a suffi de trente-six petites heures pour que vous le guérissiez !

Les affections métaboliques caractéristiques du groupe O

Syndrome X
Troubles de la coagulation

Syndrome X

Le syndrome X se caractérise par une combinaison d'obésité, d'hypertriglycéridémie et de résistance à l'insuline, qui peut conduire au diabète et aux affections cardio-vasculaires. Chez les sujets du groupe O, il se déclenche en réponse à une intolérance aux glucides. De nombreuses lectines de céréales inhibant par leur action sur l'insuline le métabolisme des graisses, les personnes du groupe O prennent du poids lorsqu'elles adoptent une alimentation pauvre en lipides mais riche en lectines de ce type.

Pendant des années, les experts ont soutenu qu'un taux élevé de triglycérides ne constituait pas en soi un facteur de risque cardio-vasculaire et qu'il ne devenait significatif que lorsqu'il se combinait à d'autres facteurs. Néanmoins, tout laisse à penser désormais que l'hypertriglycéridémie représente à elle seule un danger, ce qui pourrait expliquer en partie le schéma atypique selon lequel se déclenche la maladie cardio-vasculaire chez le groupe O.

Une chose est certaine : c'est avant tout l'obésité qui conduit à ce syndrome. Par conséquent, on peut prévenir son apparition en s'attaquant aux facteurs responsables de la prise de poids.

On recommande en général aux personnes du groupe O de se forger – *via* leur alimentation et leur activité physique – une masse tissulaire active aussi importante que possible, afin de s'assurer un métabolisme plus rapide. Les protéines animales se révèlent les plus utiles à cet égard, tandis que les lectines de certains pains, céréales, légumes secs et pois tendent à provoquer une résistance à l'insuline ; celle-ci, à son tour, se traduit par une augmentation de la masse adipeuse corporelle. Rappelons que les plus nocives sont les lectines du germe de blé et des produits à base de blé complet, aux effets diamétralement opposés à ceux des protéines animales. D'ailleurs, bon nombre de patients du groupe O constatent une perte de poids et une amélioration progressive de leurs problèmes de rétention d'eau uniquement en éliminant le blé de leurs menus. Lorsqu'on appartient à ce groupe sanguin et qu'on éprouve des difficultés à se débarrasser de ses kilos superflus, mieux vaut préférer aux céréales les diverses courges, les légumes-racines et le potiron.

Considérez votre programme minceur comme un projet à long terme et entamez-le à votre rythme. Les conseils ci-après reprennent les éléments cruciaux qui vous permettront de perdre votre excédent pondéral. Commencez par le Deuxième niveau du régime du groupe O et ajoutez ces quelques tactiques, afin de maximiser son efficacité.

Si vous souffrez d'un excédent pondéral important ou d'une maladie quelconque, consultez votre médecin traitant avant d'entamer ce protocole nutritionnel (ou tout autre programme d'amincissement).

1. ÉTUDIEZ VOTRE PROFIL MÉTABOLIQUE. Il est souvent plus utile de connaître sa masse musculaire, son pourcentage de graisse corporelle ou son métabolisme de base que de surveiller son poids. Il s'agit en effet des indicateurs de votre équilibre métabolique. L'objectif n'est pas seulement de perdre des kilos, mais de fabriquer du muscle. Pour savoir à quoi vous en tenir, je vous suggère de vous soumettre à un test d'impédance bioélectrique. Sinon, voici quelques méthodes, certes peu précises, mais qui vous fourniront de précieux indices sur votre métabolisme et votre forme, et révéleront une éventuelle rétention d'eau.

Dépistez l'eau extra-cellulaire (œdème)
Pressez fermement du doigt l'avant de votre tibia pendant cinq secondes, puis relâchez. Si vous avez appuyé sur un tissu musculaire ou graisseux, la peau reprendra aussitôt son aspect habituel. En revanche, au cas où de l'eau reste bloquée entre vos cellules, celle-ci aura été déplacée de façon latérale, si bien qu'un creux

persistera pendant quelques instants. Plus celui-ci est lent à se résorber, plus vous retenez d'eau.

Mesurez votre rapport hanches/taille

L'excédent pondéral le plus mauvais et générateur de problèmes métaboliques est celui concentré sur l'abdomen – par opposition aux kilos accumulés sur les hanches ou sur les cuisses. Voici un test simple pour déterminer la répartition de votre masse adipeuse : debout face à un miroir en pied, mesurez votre tour de taille à l'endroit le plus étroit, puis votre tour de hanches au point le plus large. Divisez votre tour de taille par votre tour de hanches. Pour les femmes, un bon ratio sera compris entre 0,70 et 0,75, et entre 0,80 et 0,90 pour les hommes.

EXTRAIT DES ARCHIVES DU GROUPE SANGUIN

Lynn N.
Groupe O
Femme jeune
Amélioration : diabète/perte de poids

Voici un an environ, mon médecin a diagnostiqué chez moi un diabète de type II. Depuis, je me bats – et c'est un faible mot – pour essayer de stabiliser mon taux de glucose sanguin. *4 Groupes sanguins 4 Régimes* m'a littéralement sauvée ! Ayant essayé presque tous les autres régimes existants – y compris le végétarisme, qui, je sais à présent pourquoi, n'a amélioré ni ma santé ni ma ligne –, j'ai résolu d'acheter votre livre et de mettre vos conseils en pratique. Je l'avoue, au départ, vos préceptes me laissaient sceptique. Après tout, raisonnais-je, tous les êtres humains possèdent le même appareil digestif. Mais j'étais tout de même intriguée. À présent, je suis convaincue : il a suffi de quelques semaines de régime du groupe O pour que mon taux de sucre sanguin baisse et que je retrouve mon énergie. Disparus aussi les troubles digestifs, les brûlures d'estomac et les flatulences. Et cela simplement en supprimant les produits à base de blé et de maïs. Je consomme désormais d'autres céréales telles que l'épeautre, le blé kamut, l'orge, le quinoa, le sarrasin, le seigle, ainsi que du riz complet en petite quantité. En règle générale, je suis le régime du groupe O à la lettre, à un détail près : je n'ai toujours pas réussi à éliminer le café. Mère célibataire, obèse et diabétique, cumulant des études à plein temps avec un job de gardienne et des cours particuliers : il était grand temps que je commence à prendre soin de moi correctement. Et j'ai le plaisir de vous annoncer que je mincis et que je me sens en pleine forme !

2. ÉLIMINEZ LES LECTINES QUI IMITENT L'INSULINE. La plupart des sujets du groupe O peuvent perdre du poids rapidement et sans effort en bannissant de leur assiette les aliments qui favorisent la résistance à l'insuline. Le blé, le maïs, les pommes de terre et certains pois renferment, on l'a vu, des lectines qui produisent des effets similaires à ceux de l'insuline sur les récepteurs des cellules adipeuses des organismes du groupe O : elles leur commandent d'interrompre la combustion des lipides et de stocker les calories excédentaires sous forme de graisse. Si vous consommez ces lectines en grande quantité, vous verrez votre masse adipeuse s'accroître au détriment de votre masse tissulaire active.

Les clés de la perte de poids pour le groupe O

REMPLACEZ...	PAR...
Blé	Patates douces
Pommes de terre	Courges
Maïs	Légumes-racines
Pois	Potiron

Les éléments qui contribuent à la résistance à l'insuline et à l'obésité pour le groupe O

- Alimentation riche en glucides
- Déficit en acides gras essentiels, notamment en acides gras oméga-3 (présents dans les huiles de poisson)
- Passé de régimes hypocaloriques
- Sauter des repas
- Sucres raffinés et féculents
- Apport en fibres insuffisant
- Faible consommation de légumes et de fruits riches en antioxydants
- Usage d'édulcorants de synthèse
- Présence de lectines nocives dans l'alimentation
- Manque d'exercice et mode de vie sédentaire
- Excitants tels que le café, le tabac ou l'alcool

EXTRAIT DES ARCHIVES DU GROUPE SANGUIN

Alice S.
Groupe O
Femme jeune
Amélioration : perte de poids

Je suis une femme imposante pour qui perdre du poids relevait de la gageure. J'ai testé le régime Groupe sanguin pour plusieurs raisons : contrôler mon poids, améliorer mes troubles digestifs et soulager mes migraines. En trois mois, j'ai perdu quatorze kilos – et ce sans entamer de programme sportif sérieux –, mes embarras digestifs se dissipent et il me semble que mes migraines s'espacent un tout petit peu et se font un tantinet moins violentes. Mon médecin a en outre constaté la baisse de mon rythme cardiaque au repos et de ma tension artérielle. Je suis ravie ! Même si j'ai eu du mal à surmonter le choc provoqué par le constat que je me nourrissais presque exclusivement de mets « à éviter », je me suis vite adaptée à mon nouveau régime alimentaire. Et cela ne me coûte absolument pas.

---

3. Fuyez les excitants. Beaucoup recourent aux excitants pour perdre du poids, mais il s'agit là d'une méthode contre-productive pour le groupe O. La plupart des produits stimulants contiennent en effet de la caféine ; or tout laisse supposer que, même à faible dose, celle-ci active le système nerveux sympathique des sujets du groupe O, par le biais d'une sécrétion accrue d'adrénaline.

Cet afflux d'adrénaline va provoquer une fausse hypoglycémie sans rapport avec le taux de sucre sanguin, accompagnée des symptômes suivants : sueurs, tremblements, palpitations, sensation de faim, énervement et anxiété. On éprouve aussi parfois d'autres sensations liées à un apport insuffisant de glucose au cerveau : vision brouillée, faiblesse, bafouillage, vertiges et difficultés de concentration.

Si vous souhaitez stimuler votre métabolisme, absorbez donc plutôt une supplémentation en goémon ou en laminaire.

4. Réduisez vos fringales de glucides. On rêve d'excitants ou de glucides lorsque le taux de sérotonine chute et que, pour le faire remonter, le cerveau passe commande de stimulants. Pour apaiser vos fringales, essayez de prendre du 5-HTP, de la tyrosine ou de la glutamine entre les repas.

J'ai également pu constater qu'un taux d'œstrogènes trop bas pouvait susciter des fringales de glucides chez les femmes. Il suffit en général d'une ou deux capsules de maca (une plante) pour stabiliser vos niveaux hormonaux.

**Les suppléments favorables à la santé cardiaque
des personnes du groupe O –
en particulier les non-sécrétrices**

L- carnitine
Aubépine
Magnésium
Pantéthine (vitamine B5 active)
Coenzyme Q10

Troubles de la coagulation

La fluidité du sang qui caractérise le groupe O peut poser problème en cas de blessure ou d'intervention chirurgicale. Voici quelques tactiques destinées à maintenir l'équilibre de vos facteurs de coagulation :

- Une semaine au moins avant une intervention chirurgicale, absorbez chaque jour 2 g de vitamine C et 30 000 UI de vitamine A. Ces vitamines favorisent la cicatrisation des plaies.
- Avant l'opération, surveillez votre apport en vitamine K, essentielle pour la coagulation sanguine. Mangez beaucoup de légumes verts, en particulier de chou frisé et d'épinards, et absorbez une supplémentation en chlorophylle liquide.
- Évitez de prendre de l'aspirine, qui fluidifie le sang.
- Pendant les deux semaines qui précèdent l'intervention, supprimez les autres substances dotées de propriétés fluidifiantes, comme l'ail et le ginkgo biloba.

Une dernière mise en garde : beaucoup d'individus du groupe O croient à tort que la fluidité naturelle de leur sang les protège de tout risque de caillot sanguin. Ce n'est pas toujours vrai. Les phlébites, par exemple, débutent souvent par une inflammation veineuse, laquelle entrave le flux sanguin.

Un mot sur la contraception

Les femmes du groupe O auront avantage à éviter les pilules anticonceptionnelles à cause de leur risque accru de troubles de la coagulation.

Les troubles immunitaires caractéristiques du groupe O

Candidose
Maladies auto-immunes de la thyroïde
Problèmes inflammatoires

Candidose

En règle générale, mes patients du groupe O sont plus vulnérables au parasite *Candida albicans* que ceux des autres groupes sanguins, en particulier les non-sécréteurs.

Il existe des préparations phytothérapiques et d'autres substances naturelles efficaces contre les candidoses. Mais si l'on ne prend pas en considération la santé de l'intestin, le problème tend à resurgir régulièrement. Voilà pourquoi la meilleure protection contre cette affection consiste à suivre le régime adapté à son groupe sanguin.

- Augmentez votre consommation d'huile d'olive.
- La racine d'ortie contient une intéressante lectine capable d'agglutiner *Candida albicans*, ce que j'ai moi-même vérifié expérimentalement. Une supplémentation en cette substance pourra donc vous aider.
- Prenez des bactéries probiotiques. Presque toutes possèdent une activité anti-*Candida*. Et la présence de ferments lactiques bénéfiques constitue

la meilleure arme contre la candidose. Les souches les plus efficaces à cet égard sont *Lactobacillus acidophilus*, *L. reuteri* et *L. casei*.

- Les feuilles de thym, d'origan et de romarin favorisent la résistance aux bactéries telles que *H. pylori* et à d'autres micro-organismes comme *C. albicans*. Leurs principes actifs peuvent empêcher les *Candida* de se fixer sur vos cellules et parfois même déloger des indésirables déjà installés.

- La laminaire (*Laminaria digitata*) et le goémon favorisent la résistance aux *Candida* et aux bactéries.

Maladies auto-immunes de la thyroïde

Les sujets du groupe O qui consomment beaucoup de blé affichent une prévalence accrue de maladie auto-immune de la thyroïde. Les troubles allant dans le sens d'une hyperactivité (maladie de Grave, caractérisée par une destruction auto-immune des tissus thyroïdiens) ou d'une hypo-activité (maladie de Hashimoto, caractérisée par une stimulation auto-immune des tissus thyroïdiens) sont tous plus répandus au sein du groupe O[1]. Mais si les malades atteints du syndrome de Hashimoto parviennent souvent à contrôler leurs troubles avec le seul régime du groupe O (probablement grâce à l'élimination des lectines nocives), la maladie de Grave exige toujours une surveillance médicale adéquate.

La thyroïde exerçant une influence notable sur l'organisme, ces affections se traduisent par des symptômes variés, lesquels peuvent se dessiner peu à peu ou surgir brutalement. On observe notamment de la

---

1. « Observations on abnormal thyroid-stimulating hormone levels and on a possible interaction of blood group O with hyperthyroidism. » *Arch Intern Med*, août 1982, 142(8), p. 1465-69.

fatigue, de la nervosité, des difficultés à supporter le froid ou la chaleur, de la faiblesse, des changements de volume ou de texture de la chevelure, une perte ou une prise de poids. Les affections auto-immunes de la thyroïde touchent une femme sur quatre et apparaissent souvent dans les familles qui comptent déjà d'autres cas de maladies auto-immunes. L'expérience montre que la plupart des patients appartiennent au groupe O. Un simple examen de laboratoire permet de diagnostiquer ces troubles.

L'hypothyroïdie (activité thyroïdienne insuffisante) se régule par la prise de comprimés à base d'extraits thyroïdiens. En cas de dosage erroné, on observe des effets secondaires et des complications. Le traitement de l'hyperthyroïdie (thyroïde trop active) passe par la prise au long cours de médicaments anti-thyroïdiens ou par la destruction de la glande thyroïde par l'iode radioactif ou encore son ablation chirurgicale. Toutes ces procédures comportent des risques et des effets indésirables.

Les tissus thyroïdiens hyperactifs se révèlent beaucoup plus sensibles à l'action agglutinante des lectines du blé ou des haricots de soja que les tissus thyroïdiens sains [1]. Cela explique peut-être les résultats impressionnants rapportés sur mon site Internet par plusieurs lecteurs qui affirment que leurs troubles thyroïdiens ont entièrement disparu dès qu'ils ont adopté le régime convenant à leur groupe sanguin. Tous ces sujets appartenant au groupe O, je suppose qu'une alimentation pauvre en lectines supprime chez eux un facteur déterminant de la réponse inflammatoire ou auto-immune. On sait aussi qu'une thyroïde malade exprime beaucoup plus d'antigènes sanguins qu'elle ne le fait lorsqu'elle est en bonne santé. Les tissus thyroïdiens

---

1. Robbins J. : « Factors altering thyroid hormone metabolism. » *Environ Health Perspect*, avril 1981, 38, p. 65-70.

enflammés produisant de grandes quantités d'antigènes du groupe A, cela ne peut que poser problème aux porteurs d'anticorps anti-A – surtout à ceux du groupe O qui produisent quatre variétés de ces anticorps.

Problèmes inflammatoires

Les organismes du groupe O présentent plus souvent que ceux des autres groupes sanguins des troubles inflammatoires, à cause du fucose qui constitue leur antigène sanguin. Le fucose sert de molécule d'adhésion à des molécules proches des lectines appelées sélectines. Ce processus favorise la migration des globules blancs vers les sites d'inflammation.

La prédisposition accrue des sujets du groupe O à ce type de trouble résulte sans doute aussi de leur taux de cortisol de base plus faible. Le cortisol possède en effet des vertus anti-inflammatoires.

EXTRAIT DES ARCHIVES DU GROUPE SANGUIN

Rick D.
Groupe O
Homme, cinquantaine
Amélioration : inflammation douloureuse
des articulations et des muscles

J'ai cessé de boire du café et ma femme me fait peu ou prou suivre votre régime du groupe O. Je ressens une immense amélioration aux niveaux articulaire et musculaire. Moi qui souffrais en permanence, tous les jours de ma vie, je me sens un peu raide au lever, mais cela ne tarde pas à se dissiper. J'ai tenté de boire un café trois semaines après le début de mon régime ; huit jours plus tard j'en ressentais les méfaits. Quant aux crises de goutte et d'arthrite qui me terrassaient presque deux fois par mois, elles se font rarissimes.

Les grands consommateurs de céréales affichent une vulnérabilité accrue aux affections auto-immunes car les lectines de ces aliments exacerbent leur tendance à l'hyperactivité immunitaire, qui caractérise ce type de maladie.

L'appartenance au groupe O implique toujours un risque inflammatoire supérieur à la moyenne. Au-delà d'un certain âge, on souffrira plus souvent d'ostéoarthrite, une dégénérescence progressive des cartilages osseux, en particulier si l'on fait partie du beau sexe. La meilleure parade réside dans le régime du groupe O. On veillera avec un soin tout particulier à éliminer le blé et les laitages.

Les suppléments suivants exercent une action préventive et curative sur l'inflammation.

- Racine de *Smilax ornata*, une variété de salsepareille originaire de la Jamaïque : c'est un adaptogène qui apaise l'inflammation. Les compléments alimentaires pour sportifs en contiennent souvent.
- Astragale : cette plante chinoise exerce une action équilibrante sur les processus inflammatoires et immunitaires.
- Feuilles de thym, d'origan et de romarin : antioxydantes et légèrement anti-inflammatoires.
- Rhizome de gingembre : anti-inflammatoire, antioxydant et anti-ulcéreux.
- Clou de girofle : riche en eugénol anti-inflammatoire et anti-ulcéreux.
- Curcumine (extrait de curcuma) : une substance chimioprotectrice, en particulier pour les non-sécréteurs.

EXTRAIT DES ARCHIVES DU GROUPE SANGUIN

Julie H.
Groupe O
Femme, cinquantaine
Amélioration : maladie auto-immune

Au mois d'avril dernier, comme je me sentais fatiguée et patraque depuis plusieurs semaines, j'ai demandé à mon médecin de me prescrire les examens appropriés. Mes taux de sédimentation et d'anticorps antinucléaires s'étant révélés trop élevés, il m'a orienté vers un rhumatologue qui, après des examens complémentaires, a diagnostiqué un syndrome de Sjogren. Mes résultats se révélaient en outre légèrement positifs pour la sclérodermie, le lupus et plusieurs autres affections rhumatoïdes ou auto-immunes. Je prenais une aspirine toutes les trois heures et, en dépit de crèmes à la cortisone, ma peau demeurait irritée et encline à peler. J'ai entamé le régime Groupe sanguin durant la première semaine de juillet et j'ai pu danser au mariage de ma fille, le 8 août !

Pour en apprendre plus sur le maintien
de votre santé et de votre équilibre,
connectez-vous sur le site Internet
du groupe sanguin : www.dadamo.com.

Le mode de vie du groupe A

Le profil du groupe A

LES PERSONNES DU GROUPE A qui entrent en scène en ce début de XXIe siècle se trouvent confrontées à des défis bien plus complexes que leurs ancêtres l'imaginaient. Beaucoup de facteurs neurochimiques inscrits dans leur patrimoine génétique font en effet d'eux des êtres conçus pour mener une vie structurée, régulière et harmonieuse, au sein d'une communauté leur apportant soutien et optimisme. Entre le rythme effréné que nous subissons aujourd'hui et le sentiment de solitude qui étreint tant de nos contemporains, de tels besoins paraissent souvent difficiles à combler. De tous les groupes sanguins, c'est sans doute le groupe A qui illustre le mieux les liens étroits qui unissent le corps à l'esprit. Ces qualités ont permis à leurs aïeux d'abandonner un mode de vie voué à la chasse et à la satisfaction des désirs élémentaires pour en adopter un visant à construire et à progresser. Mais l'intériorisation de leur stress qui a si bien servi ces premiers représentants du groupe A pèse parfois sur leurs descendants. Nous encaissons au quotidien une telle accumulation de stress divers qu'il devient difficile de reprendre le dessus, tant les hormones de stress du groupe A atteignent des pics. Les conséquences de ce stress chronique se reflètent dans le profil de risque médical du groupe A par la prévalence accrue des cancers et des maladies cardio-vasculaires. Préserver l'équilibre de ses hormones de stress constitue donc sans doute la démarche la plus utile qu'un sujet du groupe A puisse entreprendre pour préserver sa santé.

La clé de l'évolution du groupe A remonte à l'époque où une population humaine de plus en plus importante dut survivre à l'extinction progressive des grands troupeaux sauvages d'Afrique. Nos ancêtres quittèrent alors leur habitat primitif pour coloniser l'Europe et l'Asie, et adoptèrent peu à peu une alimentation omnivore afin de pallier des ressources en viande limitées. Le processus d'adaptation génétique qui donna naissance à ce nouveau groupe sanguin résultait de la nécessité pour l'homme d'utiliser pleinement les nutriments des aliments glucidiques. Ce souci transparaît encore aujourd'hui dans la structure de l'appareil digestif des sujets du groupe A. Un taux d'acide chlorhydrique gastrique bas associé à des taux intestinaux de disaccharides élevés leur permet de digérer les glucides plus efficacement. Pour les mêmes raisons, il leur est moins facile de métaboliser les protéines et les graisses animales.

Leur fragile équilibre hormonal caractérisé par une forte présence du cortisol rend les organismes du groupe A plus vulnérables au diabète, aux maladies cardio-vasculaires et au cancer, mais ne vous affolez pas pour autant : vous pouvez facilement minimiser les facteurs de risque liés à votre groupe sanguin par la simple adoption du régime et du programme du groupe A.

Le programme du groupe A mêle stratégies de mode de vie, stabilisateurs hormonaux, conseils sportifs et recommandations nutritionnelles spécifiques, afin d'optimiser votre santé, de réduire les facteurs naturels de risque qui vous frappent et de vous aider à surmonter les maladies. Résultat : un organisme performant, un esprit clair, une vitalité accrue et une espérance de vie allongée.

Le profil de risque médical du groupe A

CARACTÉRISTIQUES	MANIFESTATIONS
CORPS/ESPRIT Taux de cortisol de base naturellement élevé et tendance à la surproduction de cortisol en période de stress	• Sur-réaction en cas de stress • Difficulté à se remettre d'un stress • Rythmes du sommeil désorganisés • Esprit embrumé • Anxiété refoulée, hystérie, introversion • Viscosité sanguine accrue • Dépasse facilement ses limites dans le domaine sportif • Déséquilibre de la flore intestinale • Défenses immunitaires affaiblies • Favorise la fonte musculaire et la croissance de la masse adipeuse
DIGESTION Hypersensibilité au facteur de croissance épidermique	• Protège contre les ulcères • Suscite une sécrétion excessive de mucosités • Peut conduire à une croissance anarchique des tissus de l'œsophage et de l'estomac
Faible production de sucs gastriques acides	• Difficulté à digérer les protéines • Bloque l'action des enzymes digestives • Favorise un développement bactérien anormal dans l'estomac et le haut de l'intestin • Peut entraver l'absorption des vitamines et des oligoéléments
Manque de l'enzyme phosphatase alcaline intestinale	• Forte production de cholestérol, surtout LDL • Difficulté à métaboliser les graisses
MÉTABOLISME Taux élevé de facteurs de coagulation	• Sang plus épais et qui tend plus à s'agréger • Sang qui coagule plus facilement
IMMUNITÉ Faible taux d'anticorps IgA	• Vulnérabilité aux infections ORL • Vulnérabilité aux infections gastro-intestinales
Faible taux d'anticorps IgE	• Favorise l'asthme et les allergies
Nombreux marqueurs tumoraux ressemblant à l'antigène du groupe A	• Activité réduite des cellules tueuses • Entrave la capacité du système immunitaire à distinguer ses amis de ses ennemis

RISQUES ACCRUS	VARIATIONS
• Troubles obsessionnels compulsifs (TOC) • Maladies cardio-vasculaires • Syndrome de résistance à l'insuline/ syndrome X/diabète de type II • Hypothyroïdie • Cancer • Un niveau de stress élevé peut aggraver tous les problèmes de santé	SENIORS : • On décèle des taux de cortisol élevés chez les patients atteints de la maladie d'Alzheimer ou de démence sénile • Les déséquilibres des hormones de stress peuvent conduire à une fonte musculaire aggravée par l'âge
• Œsophage de Barrett • Cancer de l'œsophage • Infections respiratoires • Cancer de l'estomac	ENFANTS : La production excessive de mucosités accroît les risques d'infection de l'oreille
• Cancer de l'estomac • Calculs biliaires • Ictères (jaunisse)	NON-SÉCRÉTEURS : Affichent un taux d'acidité gastrique un peu plus élevé qui les rend plus aptes à digérer les protéines animales SENIORS : La diminution du taux d'acidité gastrique rend les protéines animales de plus en plus indigestes
• Maladies coronariennes • Ostéoporose • Cancer du côlon • Hypercholestérolémie	NON-SÉCRÉTEURS : Taux un peu plus élevé de phosphatase alcaline intestinale
• Maladies coronariennes • Thrombose cérébrale • Problématique en cas de cancer	SENIORS : • Risque accru d'accidents vasculaires liés à une embolie • Risque accru d'affections cardio-vasculaires liées à l'obstruction des vaisseaux sanguins
• Maladie cœliaque • Rhumatismes articulaires aigus • Maladies rénales	NON-SÉCRÉTEURS : Risque accru, en particulier chez les enfants, d'infections ORL
• La plupart des cancers	

Le programme du groupe A

LE PROGRAMME du groupe A combine des thérapies nutritionnelles, comportementales et environnementales destinées à vous aider à mener le mode de vie le mieux adapté à votre groupe sanguin.

DES STRATÉGIES DE MODE DE VIE pour structurer votre existence afin de vivre longtemps et en pleine forme.

DES STRATÉGIES DE MODE DE VIE ADAPTÉES aux besoins spécifiques des enfants, des seniors et des non-sécréteurs.

DES ÉGALISATEURS ÉMOTIONNELS et des techniques anti-stress.

UN RÉGIME SPÉCIALISÉ : Premier niveau pour optimiser votre santé.

UN RÉGIME CIBLÉ : Deuxième niveau pour surmonter la maladie.

UN PROGRAMME THÉRAPEUTIQUE SUPPLÉMENTAIRE pour un soutien renforcé.

Stratégies de mode de vie

Clés

- Cultivez votre créativité et veillez à l'exprimer.
- Pliez-vous à un emploi du temps régulier.
- Ne vous couchez pas après 23 heures et dormez au moins huit heures d'affilée. Mais ne traînez pas au lit !
- Accordez-vous au moins deux pauses par jour, de vingt minutes chacune. Consacrez-les à la méditation et à la réflexion.
- Ne sautez pas de repas.
- Mangez plus de protéines en début de journée que le soir.

- Ne mangez pas quand vous êtes énervé.
- Prenez six petits repas au lieu de trois grands.
- Trois fois par semaine au moins, consacrez trente à quarante-cinq minutes à une activité physique apaisante.
- Prévoyez de subir des dépistages réguliers des affections cardio-vasculaires et des cancers.
- Veillez à bien mâcher vos mets, afin d'en optimiser la digestion, car une faible acidité gastrique rend celle-ci moins facile.

Les règles ci-après vous aideront à mettre au point un programme de mode de vie qui maximisera les atouts du groupe A en termes de santé et de longévité.

1. Réinitialisez votre horloge interne

La sécrétion de cortisol, la croissance osseuse, la fonction immunitaire et maintes autres fonctions biologiques fondamentales obéissent à un rythme circadien de vingt-quatre heures. Vous devez donc absolument veiller à respecter des horaires réguliers, notamment en matière de sommeil. Pour réinitialiser votre horloge interne, exposez-vous à une lumière vive naturelle ou artificielle entre 6 heures et 8 heures du matin, ou régulez la luminosité de votre chambre à coucher. Deux compléments peuvent vous aider dans cette démarche : la mélatonine, et une forme de vitamine B12 appelée méthylcobalamine.

La méthode la plus douce consiste à combiner l'exposition à une lumière vive et la prise de méthylcobalamine. Cette dernière renforce en effet l'action de la lumière. Elle améliore aussi la qualité du sommeil, si bien que l'on se réveille plus dispos. Et même si elle n'agit pas sur le niveau total de cortisol, elle peut contribuer à déplacer son pic de sécrétion, afin de recaler votre « horloge de cortisol ».

Le rythme circadien : fondamental

Le cortisol se libère sur une période de vingt-quatre heures, que l'on appelle rythme circadien. Notre organisme, lui, se plie à plus d'une centaine de rythmes circadiens. Chacun de ces cycles spécifiques influe sur un aspect des fonctions corporelles, notamment la température du corps, les taux hormonaux, le rythme cardiaque, la tension artérielle et même le seuil de la douleur. Presque aucune région du corps n'échappe à leur action. Si la science ignore encore comment le cerveau garde en mémoire ces multiples schémas, on sait néanmoins qu'il s'appuie pour ce faire sur des facteurs exogènes, tels que l'alternance du jour et de la nuit. Dans l'idéal, la production de cortisol devrait culminer entre 6 heures et 8 heures du matin, puis décliner progressivement au fil de la journée. Bon nombre de chercheurs pensent aujourd'hui que le cycle circadien du cortisol régule diverses autres horloges biologiques. Et même si l'on ne possède pas encore la preuve irréfutable de cette hypothèse, un taux de cortisol élevé pendant le sommeil désorganise effectivement plusieurs autres cycles corporels. Par exemple, un taux élevé à minuit trouble la régénération osseuse pendant la journée qui suit en incitant le métabolisme des os à négliger sa fonction de création de tissu osseux nouveau au profit de sa fonction de remplacement des tissus anciens. La régénération de l'épiderme se trouve bouleversée de manière analogue en cas d'hypersécrétion nocturne de cortisol, ce qui produit un vieillissement prématuré de la peau. Même chose pour le système immunitaire.

Ajoutons qu'il s'agit d'un cercle vicieux, puisqu'un excédent de cortisol trouble le sommeil et que le manque de sommeil incite l'organisme à sécréter plus de cortisol. Ce qui n'a rien d'étonnant dans la mesure où priver un être de repos revient à lui infliger un stress intense. Si vous vous forcez à demeurer éveillé pendant les heures que vous consacrez d'ordinaire à dormir, tôt ou tard, vous commencerez à vous assoupir car votre température corporelle baissera, tandis que votre taux de cortisol grimpera en flèche. Vous vous sentirez alors presque incapable de résister au sommeil et vous constaterez que vous claquez des dents. Puis, à mesure que votre température basale chutera, votre taux de sucre sanguin commencera à en faire autant.

Notons au passage qu'un taux de cortisol excessif peut produire des effets similaires le jour, avec une sensation d'épuisement croissante et un esprit perpétuellement « embrumé ».

Méthylcobalamine : 1 à 3 mg/jour le matin.

Mélatonine : La mélatonine étant une hormone, mieux vaut ne l'utiliser que sur avis médical. L'expérience m'a démontré son innocuité pour le groupe A, chez qui elle peut même aussi produire une action bénéfique sur les problèmes de facteur de croissance épidermique et sur les troubles immunitaires. On ne devrait cependant recourir à une supplémentation hormonale que lorsque les méthodes plus douces ont échoué.

2. *Une alimentation adaptée pour préserver vos forces et votre équilibre*

Quelques conseils destinés à compléter le régime du groupe A qui visent à préserver l'équilibre nerveux :

- Limitez votre consommation de sucre, de caféine et d'alcool, qui exercent une action stimulante à court terme, mais en définitive accroissent le niveau de stress et ralentissent votre métabolisme. Tâchez de vous limiter à une tasse de café toutes les six heures. Ce dosage ne suscite guère de stress car il affecte surtout les catécholamines, que les sujets du groupe A éliminent sans difficulté. Si vous buvez du café, veillez à limiter votre consommation d'autres boissons ou aliments contenant de la caféine, sinon votre taux de cortisol s'en ressentira.
- Ne vous affamez pas et ne sautez pas de repas. Si vous avez faim entre deux repas, préparez-vous

des en-cas adaptés à votre groupe sanguin. Évitez les régimes basses calories ; n'oubliez pas que toute privation de nourriture représente un stress violent. Ce qui fait grimper le taux de cortisol, ralentit le métabolisme, encourage l'organisme à stocker les graisses et induit une fonte musculaire.

• Prenez un petit déjeuner équilibré plus riche en protéines que les autres repas. Les individus du groupe A doivent apprendre à considérer le premier repas quotidien comme le « roi des repas », surtout s'ils cherchent à perdre du poids. C'est indispensable à votre équilibre métabolique et émotionnel. Mangez comme un roi le matin et comme un mendiant le soir.

• La prise de repas plus légers et plus rapprochés prévient les troubles digestifs liés à votre insuffisante acidité gastrique. Évitez de manger quand vous êtes énervé – ou parce que vous êtes énervé. L'estomac déclenche le processus digestif grâce à la conjugaison de ses sécrétions et des mouvements musculaires qui mélangent celles-ci avec les aliments. Lorsqu'on produit peu de sucs gastriques, les mets tendent à demeurer plus longtemps dans l'estomac. Surveillez aussi la composition de vos menus : vous digérerez et métaboliserez plus efficacement vos repas si vous évitez de manger ensemble des protéines et des féculents. L'absorption d'un digestif amer une demi-heure avant le repas peut également stimuler la digestion.

3. L'activité physique comme soupape de sécurité

À cause de leur taux élevé de cortisol, les sujets du groupe A se remettent plus difficilement d'un stress que les autres. Or, la recherche a démontré que la pratique régulière d'activités axées sur la concentration et la détente pouvait abaisser ce taux global. Les disciplines suivantes sont les plus recommandées :

LE HATHA-YOGA. Le hatha-yoga connaît une vogue croissante chez les Occidentaux. J'ai pu constater qu'il convenait à merveille aux patients du groupe A.

LE TAI-CHI CHUAN. Il s'agit d'un art martial qui s'apparente à une méditation en mouvement et dont les effets anti-stress ont fait l'objet d'études. Une séance de tai-chi pratiquée après un événement déstabilisant permet d'abaisser la teneur en cortisol de la salive comme la tension artérielle et d'améliorer l'humeur. Elle produit le même effet anti-stress qu'une marche effectuée à 6 km/h et se révèle nettement plus efficace à cet égard que la lecture.

LA MÉDITATION ET DES EXERCICES RESPIRATOIRES. On connaît l'action bénéfique de séances de méditation sur les hormones de stress, notamment sur le cortisol. La respiration représente un aspect primordial de ce type d'exercice ainsi que du yoga. La technique de respiration alternée par les narines, notamment, figure un outil précieux de contrôle du stress. Inspirer par la narine gauche exerce un effet plus relaxant et ralentit l'activité sympathique, tandis que les inspirations par la narine droite sont stimulantes. Passer de l'une à l'autre engendre de ce fait un rééquilibrage relatif des systèmes nerveux sympathique et parasympathique, ce qui en fait une puissante arme anti-stress.

Cela ne signifie pas que les personnes du groupe A doivent absolument s'abstenir de toute activité physique plus intensive. Mais même si vous êtes en bonne santé, sachez que ces sports ne peuvent jouer pour votre organisme le rôle de soupape de sécurité rempli par le hatha-yoga, le tai-chi chuan ou la méditation. Veillez aussi à ne pas présumer de vos forces et tenez compte des signes de sur-entraînement tels que des mains toujours glacées, un épuisement écrasant deux heures après la séance ou des vertiges quand vous vous levez. Si vous éprouvez ces symptômes, ralentissez votre rythme.

Je préconise à mes patients du groupe A un programme s'apparentant au suivant :

CARDIO-TRAINING	MUSCULATION	ASSOUPLISSEMENTS/ ÉTIREMENTS
25 minutes	20 minutes	30 minutes
2 ou 3 fois par semaine	2 ou 3 fois par semaine	3 ou 4 fois par semaine

STRATÉGIES DE MODE DE VIE ADAPTÉES	ENFANTS DU GROUPE A

Introduisez ces précieuses stratégies dans le quotidien de vos enfants du groupe A, afin de leur assurer une croissance harmonieuse, une bonne santé et de réduire leur vulnérabilité aux diverses maladies.

Enfants en bas âge

- Limitez le temps passé à regarder la télévision et prohibez les émissions ou les films contenant des scènes de violence, d'horreur, de danger ou de guerre. Ce type d'image fait en effet grimper le taux de cortisol. Encouragez plutôt l'intérêt de votre enfant pour la musique, les livres et l'art.
- Dès l'âge de deux ou trois ans, il pourra se joindre à vous lors d'une séance quotidienne d'exercices respiratoires et d'étirements.
- Fuyez les foules, qui représentent un grand facteur de stress pour le groupe A.
- Apprenez à vos petits à aimer la nature et les sciences.
- Servez-leur six petits repas au lieu de trois plus consistants.
- Ménagez une ou deux périodes de pause-calme dans leur emploi du temps quotidien.

- Fixez un horaire de coucher strict et veillez à ce que votre enfant dorme au moins huit à dix heures par nuit, afin de préserver ses rythmes circadiens et d'éviter tout déséquilibre du cortisol.
- Diffusez de la musique apaisante et des effluves aromathérapiques dans sa chambre.
- Les sujets du groupe A tendant à refouler leurs émotions, prêtez une attention toute particulière aux signes pouvant indiquer que votre enfant est troublé. Encouragez-le à vous parler de ses soucis.

Enfants plus âgés

- Limitez le temps passé à regarder la télévision et préférez les comédies aux films violents. Le rire possède une action anti-stress, tandis que la violence fait grimper le taux de cortisol.
- Limitez le nombre de ses activités extra-scolaires à une ou deux.
- Encouragez-le à opter pour les arts martiaux ou la danse, des activités sportives qui n'accroissent pas le stress. Les sports d'endurance répétitifs conviennent mal à ce groupe.
- Apprenez-lui à se concentrer sur la recherche d'une solution et non plus sur la frustration engendrée par un problème. Les personnes du groupe A se découragent facilement.
- Prenez vos repas à heures fixes.
- Inculquez à vos enfants l'amour de la nature et de la solitude grâce à des activités telles que des longues promenades, des séjours sous la tente ou l'observation des oiseaux.
- Parlez-leur et encouragez-les à discuter avec vous à cœur ouvert, sans crainte de se voir juger ou punir. Les sujets du groupe A tendant à refouler leurs émotions, prêtez une attention toute particulière aux signes pouvant révéler un problème.

STRATÉGIES DE MODE DE VIE ADAPTÉES	SENIORS DU GROUPE A

Le profil du groupe A implique des défis spécifiques pour les seniors, qui tous peuvent être relevés avec les stratégies appropriées. Surveillez attentivement les points suivants :

- L'acidité gastrique déjà faible des sujets du groupe A diminue encore de 20 % chez les personnes âgées. Il devient donc de plus en plus important au fil des ans de respecter le régime du groupe A, afin de maintenir cette acidité à un niveau permettant une digestion correcte des aliments. Prenez chaque jour une supplémentation en L-histidine, buvez une tisane légère de plantes amères avant les repas et évitez les boissons gazeuses.

- La préservation des rythmes circadiens s'avère souvent délicate au-delà d'un certain âge. Les seniors ont en effet une propension accrue à souffrir de troubles du sommeil et d'insomnie. Essayez d'augmenter votre apport en vitamine B12, ou prenez un peu de mélatonine.

- À partir de l'âge de soixante ans, l'odorat perd de sa finesse, parfois de manière spectaculaire. Or celui-ci joue un rôle dans la perception de la saveur d'un mets et agit avec le goût pour déclencher la sécrétion de sucs digestifs et annoncer à votre organisme qu'il est l'heure de se mettre à table. Ce déclin des facultés sensorielles incite donc souvent les patients à se sous-alimenter. Ce problème touche plus souvent les seniors du groupe A que les autres. Un odorat affaibli peut en outre se révéler dangereux, puisqu'il empêche de déceler qu'un aliment n'est plus consommable, d'autant que votre système immunitaire peu actif

vous rend plus vulnérable aux agressions bactériennes.

- Un excès de stress et en particulier de cortisol
peut léser tout votre organisme. Il induit notamment une perte osseuse. C'est pourquoi la pratique quotidienne de la relaxation et d'exercices
d'étirement contribue à prévenir l'ostéoporose.
Elle améliore en outre l'acuité intellectuelle.
Notez qu'on retrouve des taux élevés de cortisol
chez les patients atteints de la maladie d'Alzheimer ou de démence sénile.

Égalisateurs émotionnels

Pour préserver votre santé émotionnelle et éviter les
troubles physiques d'origine nerveuse caractéristiques
du groupe A, suivez les recommandations ci-dessous.

Clés

- Exprimez-vous quand vous vous sentez anxieux ou
dépassé par les événements. Ne cherchez pas à
chasser vos soucis ou à les ignorer. Chantez à tue-
tête !
- Avant d'ajouter à votre emploi du temps une nouvelle activité ou une nouvelle responsabilité, renon-
cez à l'une de celles que vous pratiquez ou assumez
déjà.
- Au bureau, prévoyez une photothérapie naturelle.
- Sachez vous décider. Remettre une tâche au lendemain fait grimper le taux de cortisol.
- Ménagez-vous une journée complète de solitude et
de silence par mois.
- Lorsque vous faites du sport, arrêtez-vous avant
d'atteindre la limite de vos forces.

☞ Divisez vos tâches mentales et physiques en secteurs compartimentés.

☞ Prenez des compléments adaptogènes anti-stress (voir p. 288).

1. Identifiez vos tendances

La recherche semble indiquer une corrélation entre un taux élevé de cortisol et un comportement de « type C », structure de personnalité qui semble prédisposer au cancer. On sait que presque tous les cancers affichent une prédilection plus ou moins marquée pour les organismes du groupe A. Certains traits de caractère de « type C » reflètent bien les effets d'une sécrétion excessive de cortisol. Par exemple, les personnes qui affichent ce type d'attitude dissimulent leurs angoisses sous une assurance et un équilibre apparents. Elles s'entourent volontiers de barrières émotionnelles qui les empêchent de nouer des relations intimes. Persuadées qu'elle ne sont pas dignes d'être aimées, elles donnent plus qu'elles ne reçoivent dans une relation et cèdent fréquemment aux vœux des autres, quitte à taire leurs propres besoins, puis à s'apitoyer sur leur sort et à faire une montagne de problèmes bénins. L'excès de cortisol donne des hommes cyniques et agressifs, des mères encore adolescentes en proie aux dépressions post-natales et à l'anxiété, des enfants hyperactifs qui refoulent leurs émotions ou bien timides et craintifs, qui bégaient et ressentent en général des difficultés à communiquer avec les autres.

Les théories japonaises sur les traits de personnalité liés au groupe sanguin A sont largement axées sur la capacité à gérer les détails avec précision. Ce qui paraît intéressant quand on sait que les troubles obsessionnels compulsifs (TOC) sont indubitablement plus répandus au sein du groupe A. Peut-être est-ce l'attention que ces patients portent aux détails qui dégénèrent en TOC dans des cas extrêmes.

Étudiez votre personnalité afin de déterminer si celle-ci correspond à celle que l'on attribue d'ordinaire aux membres de votre groupe sanguin. Êtes-vous d'un naturel introverti ? Prêtez-vous une attention dispro-portionnée – voire plus ou moins obsessionnelle – aux moindres éléments d'un projet ou d'un récit ? Il ne s'agit pas ici de vous coller une étiquette : on sait que les prédispositions génétiques ne déterminent qu'une petite partie de la personnalité et que chacun de nous est unique. J'ai cependant pu constater que ces traits de caractère spécifiques tendaient à se faire plus pré-sents en période de stress et de résistance affaiblie.

Si vous vous savez introverti et enclin aux compor-tements de « type C », surveillez votre propension à intérioriser vos sentiments et vos émotions. Vous sentez-vous brimé dans votre travail ou dans votre couple ? Avez-vous quelqu'un à qui vous confier ? Votre activité professionnelle ou vos hobbies vous don-nent-ils l'occasion de vous dépasser ? Avez-vous l'im-pression de vous exprimer de manière adéquate ? Attendez-vous que vos sentiments vous étouffent à demi avant de les avouer ?

Mes propres recherches indiquent que cette tour-nure d'esprit introvertie et analytique concerne princi-palement les hommes du groupe A. J'ai également constaté que, pour ce groupe sanguin, le bien-être psy-chique et émotionnel passait souvent par la possibilité de s'exprimer librement, oralement, par écrit, à travers l'art ou physiquement. Les plantes qui équilibrent l'humeur, comme le millepertuis, et les plantes cal-mantes, comme la camomille, la valériane ou la passi-flore, lui conviennent également bien.

Pensez à faire des pauses lorsque vous accomplissez une tâche exigeant une grande concentration. Appar-tenant moi-même au groupe A, j'ai remarqué que je me révélais beaucoup plus productif lorsque, au lieu de m'échiner jusqu'à épuisement, j'entrecoupais mes efforts mentaux d'activités différentes comme l'ébénisterie – mon violon d'Ingres. Je m'efforce ainsi d'alterner disciplines intellectuelles et physiques tout au long de la journée. Cela me permet de conserver un précieux recul concernant mes divers projets, et je gagne en objectivité comme en créativité. Cette stratégie me retient aussi de m'obnubiler sur des détails jusqu'à faire capoter un projet. Winston Churchill s'enorgueillissait volontiers de sa capacité à « reposer » certaines parties de son cerveau en en utilisant d'autres – il devait appartenir au groupe A ! – et aux heures les plus sombres de la Seconde Guerre mondiale, il trouvait le temps de peindre des aquarelles.

2. Utilisez des adaptogènes pour améliorer vos réactions face à un stress

Le terme adaptogène désigne des plantes qui améliorent la réponse globale au stress. Beaucoup d'entre elles exercent une influence bidirectionnelle ou normalisante sur l'organisme : lorsqu'une valeur est trop basse, elles la font remonter. Même chose lorsqu'un taux est trop élevé. Les plus efficaces pour les personnes du groupe A sont les suivantes :

GINSENG CHINOIS OU CORÉEN (*Panax ginseng*). Ces plantes conviennent mieux aux hommes qu'aux femmes. Maintes études ont démontré leur efficacité pour améliorer la réponse aux stress physiques et chimiques, ainsi que leur action bénéfique sur le système nerveux central et les appareils cardio-vasculaire et endocrinien.

ÉLEUTHÉROCOQUE (*Eleutherococcus senticosus*). Cette plante, également connue sous le nom de ginseng sibérien, convient aux femmes comme aux hommes. Elle aide l'organisme à s'adapter aux situations de stress.

WITHANIA SOMNIFERA (ASHWAGANDHA). La médecine ayurvédique considère cette plante, parfois appelée ginseng indien, comme le meilleur des adaptogènes.

OCIMUM SANCTUM (OU BASILIC SACRÉ). La tradition et les religions de l'Inde révèrent ce basilic sacré, classé parmi les adaptogènes favorisant la gestion du stress par les organismes du groupe A.

BOERHAAVIA. Bien que plus réputée pour ses vertus hépatiques, cette plante exerce également une action anti-stress chez les sujets du groupe A. Elle bloque de manière spectaculaire l'élévation du taux de cortisol en phase de tension et prévient de ce fait l'affaiblissement des défenses immunitaires. Quant aux personnes du groupe A qui ont subi un stress suffisamment durable pour épuiser leurs réserves de cortisol, elles tireront parti des propriétés bi-adaptogènes de la boerhaavia, qui les aidera à revenir à un niveau normal.

TERMINALIA ARJUNA. Ce tonicardiaque classique de la pharmacopée indienne se révèle précieux pour les personnes du groupe A, puisqu'on note chez celles-ci une prévalence supérieure à la moyenne des affections cardio-vasculaires. Il possède en outre des vertus anti-stress puisqu'il fait diminuer le taux de cortisol.

INULA RACEMOSA. Voici une autre plante asiatique utilisée au premier chef en matière cardio-vasculaire mais investie d'un pouvoir anti-stress similaire à celui de *Terminalia*.

GINKGO BILOBA. Même si on connaît surtout ses bienfaits pour la mémoire, le ginkgo possède lui aussi des vertus anti-stress (encore une fois *via* son action sur le cortisol). C'est un complément excellent et bien équilibré pour les sujets du groupe A.

4. *Combattez le stress à l'aide des compléments adaptés*

Plusieurs compléments peuvent vous aider en cas de stress mental, émotionnel ou physique intense.

VITAMINE C. Au-delà de 500 mg quotidiens, la vitamine C protège des méfaits d'un excès de cortisol en situation de stress.

VITAMINES DU GROUPE B. Pour optimiser leur réponse au stress, les personnes du groupe A doivent prendre une supplémentation en vitamines B1, B5 et B6 et veiller à leur apport en vitamine B12 si elles suivent un régime strictement végétarien. Les vitamines B1 et B6 favorisent le bon fonctionnement des surrénales et donc la régulation de la production de cortisol, ainsi que son horloge. Toutes les formes de tension ou presque accroissent les besoins en vitamine B5, dont un déficit intensifiera votre tendance aux réactions excessives et à l'épuisement en cas de stress.

ZINC. Une supplémentation quotidienne de 15 à 25 mg de zinc peut abaisser le taux de cortisol.

TYROSINE. Cet acide aminé se révèle particulièrement précieux en période de stress intense. Plusieurs études indiquent en effet que la prise de 3 à 7 g de tyrosine avant un événement stressant en minimisait nettement les conséquences les plus aiguës.

PHOSPHATIDYLSÉRINE. Présente à l'état de trace dans la lécithine, cette substance participe à la régulation de l'activation sous l'effet du stress de l'axe HPA. (N. B. : pour obtenir des résultats, il faut en absorber 400 à 800 mg ; or, il s'agit d'un complément très onéreux.)

STÉROLS DE PLANTES ET STÉROLINES. Les stérols de plantes et les stérolines sont des substances phyto-chimiques, souvent appelées graisses de plantes, de structure très similaire à celle du cholestérol. Elles possèdent un pouvoir adaptogène, prévenant les déséquilibres du système immunitaire liés au stress, et contribuent à la normalisation des niveaux de stress. J'ai pu également constater leur utilité dans la prévention des troubles inflammatoires au sein du groupe O.

4. Réduisez le stress au sein de votre cadre de vie

On sait que les facteurs énumérés ci-après accroissent les niveaux de cortisol et l'épuisement mental des sujets du groupe A. Sachez les reconnaître et les fuir [1].

- foule
- réunions improductives
- soucis financiers
- longues conversations téléphoniques
- produits chimiques puissants
- émotions négatives
- inquiétudes pour les autres
- chaleur ou froid excessifs
- bains de soleil
- manque de sommeil
- café (plus d'une tasse)
- régimes hypocaloriques
- petit déjeuner riche en glucides
- excès de sucre et de féculents
- films violents
- parfums entêtants et odeurs fortes
- bruit intense
- surmenage
- excès de sport
- disputes
- tabac

---

1. Beale N. et S. Nethercott : « Job-loss and family morbidity : a study of a factory closure. » *J R Coll Gen Pract*, novembre 1985, 35(280), p. 510-14.

Cohen B. G., M. J. Colligan, W. Wester et M. J. Smith : « An investigation of job satisfaction factors in an incident of mass psychologic illness at the workplace. » *Occup Health Nurs*, janvier 1978, 26(1), p. 10-16.

Eysenck H. J. : « Personality, stress and cancer : prediction and prophylaxis. » *Br J Med Psychol*, mars 1988, 61(Pt 1), p. 57-75.

Kiecolt-Glaser J. K., R. Glaser et al. : « Marital stress : Immunologic, neuroendocrine, and autonomic correlates. » *Ann NY Acad Sci*, 1er mai 1998, 840, p. 656-63.

Martin R. A. et J. P. Dobbin : « Sense of humor, hassles, and immunoglobin A : Evidence of a stress-moderating effect of humor. » *Int J Psychiatry Med*, 1988, 18(2), p. 93-105.

Rein G., M. Atkinson et R. McCraty : « The physiological and psychological effects of compassion and anger. » *J Advanc Med*, 1995, 8, p. 87-105.

Quelques méthodes pour instaurer l'harmonie autour de vous

MUSIQUE. La musique peut exercer une puissante action apaisante. Utilisés à bon escient, certains airs peuvent aussi limiter votre réponse au stress[1]. D'autres risquent en revanche d'aggraver cette dernière. Il s'agit donc d'un outil à double tranchant. On a pu déterminer que les types de musique suivants abaissaient le taux de cortisol.

* Une valse de Strauss
* Un morceau classique moderne de H. W. Henze
* La musique d'ambiance de B. Thøvayne

AROMATHÉRAPIE. Usez et abusez des senteurs calmantes telles que la camomille et le citron.

5. *Soignez votre anxiété par un traitement adapté*

Si vous suivez un traitement contre l'anxiété ou souffrez de TOC :

* Les traitements des TOC sont souvent axés sur la correction des déséquilibres de la sérotonine et les médecins négligent régulièrement le lien qui unit ces affections et un taux élevé de cortisol. Pour ma part, je crois que ces troubles proviennent d'un problème de cortisol et non de sérotonine. Travaillez donc absolument à réduire votre niveau de stress.
* Les patients atteints de TOC affichent fréquemment un déficit en mélatonine. Discutez avec

---

1. Mockel M., T. Stork, J. Vollert et al. : « Stress reduction through listening to music : Effects on stress hormones, hemodynamics and mental state in patients with arterial hypertension and in healthy persons. *Dtsch Med Wochenschr*, 26 mai 1995, 120(21), p. 745-52 (en allemand).
VanderArk S. D. et D. Ely : « Cortisol, biochemical, and galvanic skin responses to music stimuli of different preference values by college students in bioloy and music. » *Percept Mot Skills*, août 1993, 77(1), p. 227-34.

votre médecin de l'opportunité d'une supplémentation en mélatonine.

6. *Prenez le contrôle de votre existence*

Agissez sur les facteurs que vous pouvez contrôler.
Si l'on n'est pas toujours en mesure de quitter un
emploi, un partenaire ou un environnement familial
stressant, on peut toujours améliorer la situation.
Apprenez par exemple à désamorcer la colère et les
conflits. Entraînez-vous à mieux gérer votre temps.
Apprenez à dire non. Et, surtout, prenez des décisions.
Rien n'est plus irritant qu'un problème en suspens. Il
se comporte un peu comme un virus dans un ordinateur : il dévore tout l'espace disponible, si bien que les
« programmes » comme la bonne santé ou la paix de
l'âme ne peuvent plus fonctionner. Les émotions mal
gérées compromettent ainsi votre santé et votre qualité
de vie. Elles limitent votre clarté d'esprit, votre pro-
ductivité et votre seuil de résistance au stress. C'est
pourquoi j'insiste une fois encore sur le caractère indispensable des exercices apaisants pour les personnes du
groupe A.

Le régime à deux niveaux du groupe A

CE RÉGIME À DEUX NIVEAUX est conçu pour permettre
une approche plus personnalisée. En effet, si j'ai pu
observer que certains se portaient fort bien de s'en tenir
au Premier niveau – c'est-à-dire au régime de base,
lequel donne une priorité modérée aux aliments « bénéfiques » et incite à se priver des mets « à éviter », tout
en laissant une large place aux aliments « neutres » –,
il en est d'autres pour qui un protocole plus rigide

s'avère nécessaire, surtout lorsqu'ils souffrent d'affections chroniques. Ajouter le Deuxième niveau aide l'organisme à surmonter la maladie et à recouvrer santé et bien-être.

BÉNÉFIQUES : Ces aliments renferment des composants qui améliorent la santé métabolique, immunitaire ou structurelle des personnes de votre groupe sanguin.
NEUTRES : Ces aliments n'ont en général aucun effet direct, bénéfique ou nocif, sur les personnes de votre groupe sanguin, mais beaucoup d'entre eux apportent des nutriments indispensables à une alimentation équilibrée.
À ÉVITER : Ces aliments contiennent des composants nocifs pour les personnes de votre groupe sanguin.

Votre statut sécréteur peut influer sur votre capacité à digérer et à métaboliser pleinement certains aliments. Pour cette raison, toutes les listes de mets qui suivent contiennent une colonne destinée aux sécréteurs et une autre pour les non-sécréteurs. En effet, les quelque 20 % de la population qui appartiennent à ce dernier sous-groupe doivent respecter certaines variations par rapport aux recommandations générales du régime adapté à leur groupe sanguin.

SÉCRÉTEUR OU NON-SÉCRÉTEUR ?
Avant d'entamer ce régime, faites un prélèvement de salive chez vous (voir p. 479) afin de déterminer votre statut sécréteur.

Dans quelques rares cas, le statut Rh ou MN pourra lui aussi rendre nécessaire une adaptation du régime.

Vous trouverez les indications adéquates dans les tableaux concernés.

Les niveaux du régime Groupe sanguin

Premier niveau : Optimiser votre santé

Adoptez ces principes aussi rapidement que possible afin d'optimiser votre santé. Pour la plupart des individus en bonne santé, combiner les préceptes de ce Premier niveau avec des aliments neutres se révèle en général suffisant.

Deuxième niveau : Surmonter la maladie

Ajoutez ces mesures si vous souffrez d'une affection chronique ou si vous souhaitez suivre ce programme de manière plus rigoureuse. Si vous optez pour le Deuxième niveau, limitez la part des aliments neutres dans vos menus.

Directives nutritionnelles individualisées

Si vous appartenez au groupe A et jouissez d'une bonne santé, le Premier niveau du régime Groupe sanguin vous fournira la recette d'une combinaison d'aliments clés d'une bonne santé. Pour en tirer le meilleur parti possible, portez une attention toute particulière aux directives ci-dessous.

Clés

- Évitez de consommer trop de viande ou de produits à base de viande. Entre votre faible acidité gastrique et votre taux très bas de phosphatase alcaline intestinale, vous êtes bien mal équipé pour les digérer, ce qui engendre divers troubles métaboliques.

- Ne mangez pas plus de deux à trois fois par semaine des viandes neutres telles que le poulet ou la dinde.
- Faites du soja, de ses dérivés et des produits de la mer vos principales sources de protéines.
- Intégrez dans votre alimentation des doses modérées de produits laitiers fermentés, mais évitez les laitages frais, qui suscitent une sécrétion excessive de mucosités. Les denrées fermentées exercent en revanche une action probiotique, favorisant l'équilibre de la flore intestinale et renforçant les défenses immunitaires.
- Consommez des pois, qui constituent pour vous une excellente source de protéines.
- N'abusez pas des céréales, en particulier du blé et de ses produits dérivés. Évitez carrément le blé si vous souffrez de problèmes de poids ou tendez à sécréter trop de mucosités.
- Mangez beaucoup de fruits et de légumes bénéfiques.
- Ne vous privez pas de noix et de graines, lesquelles vous sont bénéfiques sur le plan cardio-vasculaire.
- Buvez du thé vert pour renforcer votre système immunitaire.
- Consommez des aliments riches en vitamine A comme les carottes, les épinards ou les brocolis, afin de stimuler votre production intestinale de phosphatase alcaline.

Stratégies nutritionnelles pour le groupe A

Ces stratégies visent à aider les sujets du groupe A en bonne santé à éviter les problèmes susceptibles de résulter de leurs particularités neurologiques, digestives, métaboliques et immunitaires.

Pour augmenter votre acidité gastrique

Une acidité gastrique insuffisante se manifeste notamment par des éructations fréquentes et des fissures aux commissures de la bouche. Ces recommandations vous aideront à combattre ce déficit.

PRENEZ 500 MG DE L-HISTIDINE DEUX FOIS PAR JOUR. Cet acide aminé favorise la production d'acide par l'estomac, surtout chez les personnes souffrant d'allergies.

ABSORBEZ DES PLANTES AMÈRES. Les naturopathes prescrivent depuis longtemps des plantes comme la gentiane (*Gentiana* spp) afin de stimuler les sécrétions gastriques. Vous pouvez les absorber en tisane légère une demi-heure avant les repas.

ÉVITEZ LES BOISSONS GAZEUSES. Le gaz carbonique des eaux pétillantes et des sodas réduit la production de gastrine, ce qui fait chuter l'acidité de l'estomac.

PRENEZ DE LA BÉTAÏNE. Le chlorhydrate de bétaïne peut accroître le taux d'acidité gastrique. On lui doit en outre des bienfaits annexes car il fait chuter le taux sanguin d'une substance appelée homocystéine associée aux maladies cardio-vasculaires. L'organisme utilise également la bétaïne pour synthétiser de la S-adénosylméthionine (SAM-e), une molécule qui a attiré l'attention des médias car elle constitue un antidépresseur naturel et favorise la régénération des cellules du foie. On notera au passage avec intérêt que pour la médecine chinoise traditionnelle l'anxiété et la dépression résultent d'un déséquilibre de l'énergie du foie. On trouve de la bétaïne dans les noix de kola ainsi que d'autres substances hépato-protectrices telles que la D-catéchine, la L-épicatéchine, la kolatine et la kolanine. Mais comme elles renferment aussi de la caféine, n'en abusez pas et banissez-les de votre assiette si vous éprouvez des problèmes digestifs.

PRENEZ DU DENDROBIUM. Cette substance accroît la production d'acide et la concentration de gastrine.

En cas de gerçures aux lèvres ou aux commissures de la bouche, utilisez pour les soulager un gel à la réglisse.

Pour prévenir les méfaits des lectines et des polyamines

ÉVITEZ LES LECTINES LES PLUS NOCIVES POUR LE GROUPE A :
- les haricots rouges
- les haricots Soissons
- les pommes de terre
- le chou
- l'aubergine
- la banane (pour les sécréteurs uniquement)
- la tomate

Un conseil : remplacez les tomates par cette boisson plus adaptée à votre organisme. Le Cocktail fluidifiant pour les membranes que je recommande aux sujets du groupe B convient fort bien pour apporter du lycopène à ceux du groupe A. Utilisez comme base du jus de goyave, de pamplemousse ou de pastèque, auquel vous ajouterez 1/2 ou 1 cuillerée à soupe d'huile de graines de lin de bonne qualité, ainsi que 1 cuillerée à soupe de lécithine. Agitez bien le mélange, de manière que la lécithine émulsifie et épaississe le breuvage, que je trouve tout à fait buvable. Cette boisson favorise si bien l'absorption du lycopène que vous en absorberez presque autant qu'avec du concentré de tomate, mais sans lectine de tomate. Mangez également des abricots secs en guise d'en-cas.

Rappelons que vous pouvez aussi bloquer l'action des lectines alimentaires grâce aux molécules « suicide » de polysaccharides présentes par exemple dans :
- la NAG (N-acétylglucosamine)

- le goémon (*Fucus vesiculosis*)
- les laminaires
- l'arabinogalactane de mélèze (ARA 6)

Consommez régulièrement des aliments fermentés

L'absorption régulière d'aliments fermentés adaptés à votre groupe sanguin compte parmi les fondements du programme du groupe A. Ces aliments gorgés de bactéries amies amélioreront vos fonctions immunitaires et digestives, votre résistance aux bactéries, aux virus et aux autres agents pathogènes, désintoxiqueront votre organisme et favoriseront, entre autres bienfaits, la prévention des tumeurs, la régulation hormonale, l'absorption des nutriments, des vitamines et des oligoéléments.

Les personnes du groupe A devraient en outre s'accoutumer à consommer un choix de dérivés fermentés du soja, notamment du miso, du tempeh et du natto. Les yaourts et le kéfir fabriqués avec des ferments vivants sont aussi excellents pour le groupe A. Mangez-en deux ou trois fois par semaine. Sachez enfin que presque tous les pois, les légumineuses, les céréales, les légumes-racines, les légumes verts, les fruits, les épices ou les boissons peuvent subir un processus de fermentation qui fait d'eux des apports précieux à votre régime.

**Bloqueurs de lectines pour les personnes
du groupe A non sécrétrices :**

Sulfate de chondroïtine (complément alimentaire)
Goémon
Laminaire
N-acétylglucosamine (acide aminé)
Mannose

La fausse controverse sur le soja

Beaucoup de lecteurs des groupes A et AB m'ont fait part de leurs inquiétudes relatives au soja et à ses dérivés, expliquant qu'ils avaient lu que ceux-ci pouvaient jouer le rôle d'inhibiteurs de protéase, c'est-à-dire inhiber l'enzyme sécrétée par le pancréas pour faciliter la digestion des protéines. Tordons une bonne fois le cou à ce mythe. Oui, le soja contient un inhibiteur de protéase appelé inhibiteur de protéase du soja de Bowman-Birk (IBB), mais, loin de nuire aux organismes du groupe A et du groupe AB, celui-ci se comporte envers eux en ami fidèle. Voici pourquoi :
• L'IBB possède des propriétés anti-carcinogènes bien établies.
• L'IBB inhibe aussi l'élastase leucocytaire, une enzyme qui dissout la protéine appelée élastine et dégrade ou inactive diverses protéines du plasma. L'élastase joue sans doute également un rôle dans la migration des neutrophiles, dans la phagocytose et dans la régénération des tissus. Elle semble de surcroît contribuer à provoquer emphysème pulmonaire, arthrite rhumatoïde, endométriose, infections et inflammations.

Autant dire que les sujets des groupes A et AB dont le soja constitue la base de l'alimentation peuvent espérer souffrir moins souvent de troubles inflammatoires, d'allergies, du cancer ou de maladies infectieuses – le tout grâce à ce « poison » niché dans le soja [1]. Autre effet

---

1. Wan X. S., L. J. Lu, K. E. Anderson et A. R. Kennedy : « Urinary excretion of Bowman-Birk inhibitor in humans after soy consumption as determined by a monoclonal antibody-based immunoassay. » *Cancer Epidemiol Biomarkers Prev*, juillet 2000, 9(7), p. 741-47.

bénéfique de cette légumineuse, qui revêt une importance toute particulière pour le groupe A : la génestine,
un autre de ses agents phytochimiques, bloque l'action
de l'aromatase, une enzyme qui produit les œstrogènes.
Ce qui signifie qu'inhiber cette enzyme permet de court-
circuiter maints cancers œstrogéno-dépendants. Les
inhibiteurs d'aromatase comptent d'ailleurs parmi les
médicaments le plus couramment prescrits en cas de
cancer du sein métastatique sensible aux œstrogènes.
On trouve également des inhibiteurs d'aromatase dans
certaines huiles de lin et dans des flavones baptisées
apigénine (présente dans la camomille) et chrysine (présente dans la passiflore).

Les dérivés fermentés du soja comme le miso, le natto, l'okara, la sauce de soja ou le tempeh représentent donc tous des denrées précieuses pour le groupe A. Même s'ils ne conviennent pas à tous les groupes sanguins, ce sont aussi de merveilleux antioxydants qui améliorent l'absorption du fer, réduisent l'incidence de l'anémie et accroissent la biodisponibilité du zinc contenu dans les aliments.

Le miso, une pâte fermentée de haricots de soja, se révèle également riche en isoflavones (daidzine et génistine) supposés conférer à la plante tout ou partie de son pouvoir anticancéreux. Le natto, mets japonais traditionnel issu de la fermentation de haricots de soja bouillis sous l'action de *Bacillus natto*, possède des vertus identiques et semble en outre renforcer l'efficacité immunitaire des cellules B et T. De plus, le natto fluidifie le sang et peut même dissoudre les caillots sanguins, ce qui intéressera au premier chef les non-sécréteurs du groupe A, plus sujets à ce type de problème que leurs cousins sécréteurs.

L'okara koji se fabrique grâce à un ferment appelé

Clawson G. A. : « Protease inhibitors and carcinogenesis : A review. » *Cancer Invest*, 1996, 14(6), p. 597-608.

Aspergillus oryzae, qui sert aussi à confectionner le miso. Ce qui donne un produit riche en antioxydants comme le gamma-tocophérol, le delta-tocophérol, la génistine, la daidzine, et l'acide 3-hydroxyanthranilique. On retrouve des propriétés identiques dans la sauce de soja ou le tempeh, un dérivé fermenté du soja originaire d'Indonésie et particulièrement riche en acide 3-hydroxyanthranilique. Ce dernier procédé de fabrication exerce en outre un impact positif sur la teneur et sur la formation des vitamines et des provitamines liposolubles telles que le bêta-carotène ou les stérols de plantes. Il contient aussi beaucoup d'isoflavones et de la vitamine B12, très utile aux végétariens du groupe A. Pour finir, les edamame, des haricots de soja bouillis dans leur cosse, sont eux aussi excellents pour le groupe A. J'en prends souvent en guise d'en-cas.

Viande et volaille

Beaucoup des maladies liées à une alimentation riche en protéines animales se révèlent plus fréquentes au sein du groupe A que des autres groupes sanguins. Les organismes du groupe A ne disposent en effet pas des sucs gastriques acides et des enzymes indispensables à la bonne digestion de ces nutriments. La viande rouge produit en outre des polyamines dans le tube digestif du groupe A, ce qui accroît le risque de cancer. Les individus non sécréteurs semblent un peu plus aptes que les autres à métaboliser les protéines animales ; il doivent cependant essentiellement tirer leur apport protidique d'autres sources.

GROUPE SANGUIN A : VIANDE ET VOLAILLE			
Portion : 115-170 g (hommes), 60-140 g (femmes et enfants)			
Origine ethnique	Européenne	Africaine	Asiatique
Sécréteurs (portions/semaine)	0 à 3	0 à 2	0 à 3
Non-sécréteurs (portions/semaine)	2 à 4	2 à 5	2 à 3
A2	+ 1	+ 1	+ 1
MM	- 1	-1	- 1

Premier niveau

ALIMENT	GROUPE A SÉCRÉTEUR	GROUPE A NON SÉCRÉTEUR
Agneau	À éviter	Neutre
Bison	À éviter	À éviter
Bœuf	À éviter	À éviter
Canard	À éviter	Neutre
Cheval	À éviter	À éviter
Chevreau	À éviter	Neutre
Cœur	À éviter	À éviter
Gibier à poil	À éviter	À éviter
Lapin	À éviter	Neutre
Mouton	À éviter	Neutre
Oie	À éviter	Neutre
Porc	À éviter	À éviter
Tortue	À éviter	Neutre
Veau (foie)	À éviter	À éviter
Veau (sauf foie)	À éviter	À éviter

Deuxième niveau

ALIMENT	GROUPE A SÉCRÉTEUR	GROUPE A NON SÉCRÉTEUR
Caille	À éviter	Neutre
Faisan	À éviter	Neutre
Perdreau	À éviter	Neutre

Aliments neutres :
supplémentation générale de l'alimentation

ALIMENT	GROUPE A SÉCRÉTEUR	GROUPE A NON SÉCRÉTEUR
Autruche	Neutre	Neutre
Dinde	Neutre	Bénéfique
Grouse	Neutre	Neutre
Pigeon	Neutre	Neutre
Pintade	Neutre	Neutre
Poulet	Neutre	Neutre

Poisson, crustacés et mollusques

LE POISSON, LES CRUSTACÉS et les mollusques représentent une source de protides riche en nutriments pour
la plupart des personnes du groupe A. Ce qui explique
que le poisson figure en tête des aliments favorisant
l'accroissement de la masse tissulaire active, en particulier chez les sujets non sécréteurs de ce groupe. Beaucoup de poissons sont riches en acides gras de la variété
oméga, lesquels contribuent à réduire le risque cardio-
vasculaire tout en aidant l'organisme à contrôler sa production de facteurs de croissance cellulaire. En règle
générale, les mets de cette catégorie « à éviter » sont
proscrits à cause de leur teneur en lectines ou en polyamines. Les non-sécréteurs du groupe A charriant nettement moins d'antigènes A dans leur tube digestif que
leurs congénères sécréteurs se révèlent cependant
moins sensibles à l'activité de certaines de ces lectines.
Leur acidité gastrique plus grande leur permet en outre
de mieux métaboliser les poissons pêchés en eaux profondes. L'escargot *Helix pomatia* est recommandé à tous

les organismes du groupe A car il renferme une lectine bénéfique qui renforce leur système immunitaire.

GROUPE SANGUIN A : POISSON, CRUSTACÉS ET MOLLUSQUES			
Portion : 115-170 g (hommes), 60-140 g (femmes et enfants)			
Origine ethnique	Européenne	Africaine	Asiatique
Sécréteurs (portions/semaine)	1 à 3	1 à 3	1 à 3
Non-sécréteurs (portions/semaine)	2 à 5	2 à 5	2 à 4
A2	+ 2	+ 2	+ 2

Premier niveau

ALIMENT	GROUPE A SÉCRÉTEUR	GROUPE A NON SÉCRÉTEUR
Alose	À éviter	Neutre
Capitaine	Bénéfique	Bénéfique
Colin	À éviter	Neutre
Coquille St-Jacques	À éviter	Neutre
Crabe	À éviter	À éviter
Crevette	À éviter	À éviter
Escargot	Bénéfique	Bénéfique
Flet	À éviter	Neutre
Flétan	À éviter	Neutre
Haddock	À éviter	Neutre
Homard	À éviter	À éviter
Lieu noir	Bénéfique	Bénéfique
Maquereau	Bénéfique	Bénéfique
Merlan	Bénéfique	Bénéfique
Moule	À éviter	Neutre
Poulpe	À éviter	Neutre
Sardine	Bénéfique	Bénéfique
Saumon	Bénéfique	Bénéfique
Saumon fumé	À éviter	À éviter
Sole	À éviter	À éviter

Deuxième niveau

ALIMENT	GROUPE A SÉCRÉTEUR	GROUPE A NON SÉCRÉTEUR
Anchois	À éviter	Neutre
Anguille	À éviter	À éviter
Bar	À éviter	Neutre
Barracuda	À éviter	À éviter
Baudroie	Bénéfique	Bénéfique
Calmar	À éviter	À éviter
Carpe	Bénéfique	Bénéfique
Caviar	À éviter	Neutre
Clam	À éviter	À éviter
Grenouille	À éviter	Neutre
Hareng/kipper frais	À éviter	Neutre
Hareng/kipper saur	À éviter	À éviter
Huître	À éviter	À éviter
Lambi	À éviter	À éviter
Morue	Bénéfique	Bénéfique
Perche	Bénéfique	Bénéfique
Poisson-chat	À éviter	À éviter
Tassergal	À éviter	Neutre
Truite arc-en-ciel	Bénéfique	Bénéfique
Truite de mer	Bénéfique	Bénéfique

Aliments neutres : supplémentation générale de l'alimentation

ALIMENT	GROUPE A SÉCRÉTEUR	GROUPE A NON SÉCRÉTEUR
Brochet	Neutre	Neutre
Cabillaud	Neutre	Neutre
Daurade	Neutre	Neutre
Éperlans	Neutre	Neutre
Espadon	Neutre	Bénéfique
Esturgeon	Neutre	Neutre
Grand sébaste	Neutre	Bénéfique

Grondin	Neutre	Neutre
Mahimahi	Neutre	Neutre
Mulet	Neutre	Bénéfique
Pompano	Neutre	Bénéfique
Ormeau	Neutre	Neutre
Requin	Neutre	Neutre
Thon	Neutre	Neutre
Truite de rivière	Neutre	Bénéfique

Œufs et laitages

LES SUJETS SÉCRÉTEURS du groupe A peuvent consommer de petites quantités de laitages. Réduisez cet apport si vous êtes non sécréteur et/ou pâtissez de sinusites ou de rhumes récurrents car ces aliments favorisent la production de mucosités par votre organisme. Les œufs représentent une bonne source secondaire de protéines, mais n'en abusez pas. Les non-sécréteurs, qui les métabolisent plus efficacement, pourront en consommer un peu plus souvent.

GROUPE SANGUIN A : ŒUFS			
Portion : 1 œuf			
Origine ethnique	Européenne	Africaine	Asiatique
Sécréteurs (portions/semaine)	1 à 3	1 à 3	1 à 3
Non-sécréteurs (portions/semaine)	2 à 5	2 ou 3	2 à 4
MM	+ 2	+ 2	+ 2

GROUPE SANGUIN A : LAIT ET YAOURTS			
Portion : 115-170 g (hommes), 60-140g (femmes et enfants)			
Origine ethnique	Européenne	Africaine	Asiatique
Sécréteurs (portions/semaine)	1 à 3	0 ou 1	0 à 3
Non-sécréteurs (portions/semaine)	1 ou 2	0 ou 1	0 à 2
A2	- 2	- 2	- 2

GROUPE SANGUIN A : FROMAGE			
Portion : 85 g (hommes), 60 g (femmes et enfants)			
Origine ethnique	Européenne	Africaine	Asiatique
Sécréteurs (portions/semaine)	1 à 3	0 à 2	0 à 2
Non-sécréteurs (portions/semaine)	0 ou 1	0	0 à 2
MM (pour lait, yaourt et fromage)	- 2	- 2	- 2

Premier niveau

ALIMENT	GROUPE A SÉCRÉTEUR	GROUPE A NON SÉCRÉTEUR
Babeurre	À éviter	À éviter
Beurre	À éviter	À éviter
Bleu	À éviter	À éviter
Brie	À éviter	À éviter
Camembert	À éviter	À éviter
Caséine	À éviter	À éviter
Cheddar	À éviter	À éviter
Crème glacée	À éviter	À éviter
Édam	À éviter	À éviter
Emmenthal	À éviter	À éviter
Fromage frais	À éviter	À éviter
Gouda	À éviter	À éviter
Gruyère	À éviter	À éviter
Lait (vache)	À éviter	À éviter
Munster	À éviter	À éviter
Neufchâtel	À éviter	À éviter
Parmesan	À éviter	À éviter
Provolone	À éviter	À éviter

Deuxième niveau

ALIMENT	GROUPE A SÉCRÉTEUR	GROUPE A NON SÉCRÉTEUR
Cottage cheese	À éviter	Neutre
Petit-lait	À éviter	Neutre

Aliments neutres :
supplémentation générale de l'alimentation

ALIMENT	GROUPE A SÉCRÉTEUR	GROUPE A NON SÉCRÉTEUR
Blanc d'œuf	Neutre	Neutre
Crème aigre	Neutre	À éviter
Féta	Neutre	Neutre
Fromage de chèvre	Neutre	Neutre
Ghee (beurre clarifié)	Neutre	Neutre
Jaune d'œuf	Neutre	Neutre
Kéfir	Neutre	Neutre
Lait de chèvre	Neutre	À éviter
Mozzarella	Neutre	Neutre
Œuf de caille	Neutre	Neutre
Œuf de cane	Neutre	Neutre
Œuf d'oie	Neutre	Neutre
Œuf de poule	Neutre	Neutre
Œufs de saumon	Neutre	Neutre
Ricotta	Neutre	Neutre
Yaourt	Neutre	Neutre

Pois et légumes secs

LES PERSONNES DU GROUPE A tirent le meilleur parti des protéines végétales de bien des pois et des légumes secs, même si ceux-ci contiennent parfois des lectines nocives pour elles. Joints à un apport suffisant en produits de la mer, ces aliments suffisent d'ordinaire largement pour la construction de votre masse tissulaire active. Mettez l'accent sur les haricots de soja et sur leurs dérivés : tous constituent une bonne source d'acides aminés et renferment une lectine susceptible de vous protéger contre certains cancers. Elles inhibent également la croissance des vaisseaux sanguins qui alimentent les cellules cancéreuses – un processus que les organismes du groupe A savent mal contrer seuls. On trouve aussi dans les fèves des lectines anticancéreuses susceptibles de contribuer à prévenir plusieurs cancers du tube digestif.

GROUPE SANGUIN A : POIS ET LÉGUMES SECS			
Portion : 1 tasse de 225 ml (produit sec)			
Origine ethnique	Européenne	Africaine	Asiatique
Sécréteurs (portions/semaine)	5 à 7	5 à 7	5 à 7
Non-sécréteurs (portions/semaine)	3 à 5	3 à 5	3 à 5
MM	+ 2	+ 2	+ 2

Premier niveau

ALIMENT	GROUPE A SÉCRÉTEUR	GROUPE A NON SÉCRÉTEUR
Fèves	Bénéfique	Neutre
Granules de soja	Bénéfique	Neutre
Haricots adzuki	Bénéfique	Neutre
Haricots beurre	À éviter	À éviter
Haricots cocos	Bénéfique	Bénéfique
Haricots cornille (*blackeyes*)	Bénéfique	Neutre
Haricots noirs	Bénéfique	Neutre
Haricots rouges	À éviter	Neutre
Haricots Soissons	À éviter	À éviter
Haricots de soja	Bénéfique	Neutre
Lentilles rouges	Bénéfique	Bénéfique
Lentilles vertes	Bénéfique	Bénéfique
Miso	Bénéfique	Bénéfique
Pétales de soja	Bénéfique	Neutre
Pois chiches	À éviter	À éviter
Tempeh (soja fermenté)	Bénéfique	Neutre
Tofu (soja)	Bénéfique	Neutre

Deuxième niveau

ALIMENT	GROUPE A SÉCRÉTEUR	GROUPE A NON SÉCRÉTEUR
Fromage de soja	Bénéfique	Neutre
Graines de tamarin	À éviter	À éviter
Lait de soja	Bénéfique	Neutre
Petits pois et flageolets	Bénéfique	Bénéfique

Aliments neutres : supplémentation générale de l'alimentation

ALIMENT	GROUPE A SÉCRÉTEUR	GROUPE A NON SÉCRÉTEUR
Haricots blancs	Neutre	Neutre
Haricots mojettes	Neutre	Neutre
Haricots mungo (pousses)	Neutre	Neutre
Pois gourmands	Neutre	Neutre

Noix et graines

SONGEZ À RECOURIR AUX NOIX et aux graines pour compléter votre apport en protéines. Certaines, comme les noix, favorisent l'abaissement des taux de polyamines en inhibant la production de l'enzyme ornithine. Les graines de lin, particulièrement riches en lignine, contribuent à réduire le nombre des récepteurs de facteur de croissance épidermique, indispensables au développement de bon nombre de cancers. Également excellentes pour votre groupe sanguin, les cacahuètes comportent une lectine capable de bloquer très tôt les modifications des tissus cancéreux mammaires grâce à son action inhibitrice de l'aromatase, une enzyme génératrice d'œstrogènes.

GROUPE SANGUIN A : NOIX ET GRAINES			
Portion : 1 poignée (graines), 1 ou 2 cuillerées à soupe (beurres de noix)			
Origine ethnique	Européenne	Africaine	Asiatique
Sécréteurs (portions/semaine)	4 à 7	4 à 7	4 à 7
Non-sécréteurs (portions/semaine)	5 à 7	5 à 7	5 à 7
MM	+ 2	+ 2	+ 2

Premier niveau

ALIMENT	GROUPE A SÉCRÉTEUR	GROUPE A NON SÉCRÉTEUR
Beurre de cacahuète	Bénéfique	Bénéfique
Cacahuètes	Bénéfique	Bénéfique
Graines de lin	Bénéfique	Bénéfique
Noix	Bénéfique	Bénéfique

Deuxième niveau

ALIMENT	GROUPE A SÉCRÉTEUR	GROUPE A NON SÉCRÉTEUR
Noix de cajou	À éviter	À éviter
Noix du Brésil	À éviter	À éviter
Pistaches	À éviter	À éviter

Aliments neutres : supplémentation générale de l'alimentation

ALIMENT	GROUPE A SÉCRÉTEUR	GROUPE A NON SÉCRÉTEUR
Amande	Neutre	Neutre
Beurre d'amande	Neutre	Neutre
Beurre de sésame (tahini)	Neutre	Neutre
Beurre de tournesol	Neutre	À éviter
Châtaigne	Neutre	Neutre

Faine	Neutre	Neutre
Fromage d'amande	Neutre	Neutre
Graines de carthame	Neutre	À éviter
Graines de pavot	Neutre	Neutre
Graines de sésame	Neutre	Neutre
Graines de tournesol	Neutre	À éviter
Noisettes	Neutre	Neutre
Noix de macadamia	Neutre	Neutre
Noix de pécan/ beurre de pécan	Neutre	Neutre
Pignons	Neutre	Neutre

Céréales et féculents

S'ILS SONT UN TANTINET FAVORISÉS pour la digestion des protéines animales, les non-sécréteurs du groupe A doivent en revanche se défier des glucides complexes – un souci qui ne concerne normalement pas leurs cousins sécréteurs. Surveillez en particulier votre consommation de blé et de maïs, dont les lectines peuvent induire chez vous un effet de type insulinique avec fonte des tissus actifs au profit des tissus adipeux. Même si vous appartenez au sous-groupe sécréteur, n'abusez pas des aliments à base de blé complet car, présente en trop grande quantité, leur lectine risque d'aggraver d'éventuels troubles inflammatoires et de faire chuter votre masse tissulaire active. Cette lectine disparaît cependant souvent après mouture du grain et la germination de ce dernier la détruit. N'oubliez pas l'amarante, dont la lectine protège sans doute du cancer du côlon.

GROUPE SANGUIN A : CÉRÉALES ET FÉCULENTS			
Portion : 1 tasse de 225 ml de produit sec (céréales et pâtes)			
Origine ethnique	Européenne	Africaine	Asiatique
Sécréteurs (portions/semaine)	7 à 9	7 à 10	7 à 10
Non-sécréteurs (portions/semaine)	5 à 7	5 à 7	5 à 7
A2	- 1	- 1	- 1
Rh-	- 1	- 1	- 1

Premier niveau

ALIMENT	GROUPE A SÉCRÉTEUR	GROUPE A NON SÉCRÉTEUR
Amarante	Bénéfique	Bénéfique
Farine d'avoine	Bénéfique	Neutre
Farine de riz/ galettes de riz	Bénéfique	Neutre
Farine de seigle	Bénéfique	Neutre
Pain de blé germé	Bénéfique	Neutre
Pain Essène	Bénéfique	Neutre
Pain de soja	Bénéfique	Neutre
Sarrasin/kasha	Bénéfique	Neutre
Soba (100 % sarrasin)	Bénéfique	Neutre

Deuxième niveau

ALIMENT	GROUPE A SÉCRÉTEUR	GROUPE A NON SÉCRÉTEUR
Blé complet (produits à base de)	Neutre	À éviter
Germe de blé	À éviter	À éviter
Son de blé	À éviter	À éviter
Teff [1]	À éviter	Neutre

---

1. Céréale proche du millet (*Eragostis abyssinica*) consommée en Afrique orientale depuis plusieurs millénaires et cultivée depuis 1988 dans d'autres régions du monde.

Aliments neutres :
supplémentation générale de l'alimentation

ALIMENT	GROUPE A SÉCRÉTEUR	GROUPE A NON SÉCRÉTEUR
Avoine (son/flocons)	Neutre	Neutre
Blé kamut	Neutre	Neutre
Blé au gluten (produits à base de)	Neutre	À éviter
Blé non raffiné	Neutre	À éviter
Blé raffiné (produits à base de)	Neutre	À éviter
Couscous	Neutre	À éviter
Crème de riz	Neutre	Neutre
Épeautre	Neutre	Neutre
Épeautre (produits à base de)	Neutre	Neutre
Farine au gluten	Neutre	À éviter
Fécule de maïs (maïzena)	Neutre	À éviter
Lait de riz	Neutre	Neutre
Maïs	Neutre	À éviter
Millet	Neutre	Neutre
Orge	Neutre	Neutre
Pain sans gluten	Neutre	Neutre
Pop-corn	Neutre	À éviter
Quinoa	Neutre	Neutre
Riz	Neutre	Neutre
Riz sauvage	Neutre	Neutre
Seigle/pain 100 % seigle	Neutre	Neutre
Semoule de blé (et produits à base de)	Neutre	À éviter
Son de riz	Neutre	Neutre
Sorgho	Neutre	Neutre
Tapioca	Neutre	Neutre

Légumes

LES LÉGUMES représentent l'arme numéro un du groupe A pour combattre les affections chroniques. Riches en antioxydants et en fibres, ils abaissent en outre la production de polyamines dans le tractus intestinal. La plupart d'entre eux apportent aussi du potassium, précieux outil anti-rétention d'eau.

Parmi les plus bénéfiques, on mentionnera les oignons, qui constituent une bonne source de quercétine antioxydante, les champignons de Paris (même s'il ne s'agit pas techniquement de légumes) pour leurs lectines anticancéreuses, les artichauts, excellents pour le foie et la vésicule biliaire – points faibles des organismes du groupe A –, ou encore les panais, dont les polysaccharides stimuleront votre système immunitaire.

Les tomates contiennent une lectine qui réagit avec la salive et avec les sucs digestifs des sécréteurs du groupe A, mais apparemment pas avec ceux des non-sécréteurs. À éviter autant que possible pour tous : les ignames, riches en phénylalanine, un acide aminé qui inactive l'enzyme anti-graisses qu'est la phosphatase alcaline intestinale (déjà produite en faible quantité par ce groupe sanguin).

GROUPE SANGUIN A : LÉGUMES			
Portion : 1 tasse de 225 ml (légumes crus ou cuits)			
Origine ethnique	Européenne	Africaine	Asiatique
Sécréteurs (portions/semaine)	À volonté	À volonté	À volonté
Non-sécréteurs (portions/semaine)	À volonté	À volonté	À volonté
MM : Essayez d'utiliser de préférence les aliments bénéfiques du Premier niveau			

Premier niveau

ALIMENT	GROUPE A SÉCRÉTEUR	GROUPE A NON SÉCRÉTEUR
Ail	Bénéfique	Neutre
Artichaut	Bénéfique	Bénéfique
Betterave (fanes)	Bénéfique	Bénéfique
Blettes	Bénéfique	Bénéfique
Brocolis	Bénéfique	Bénéfique
Carotte/jus de carotte	Bénéfique	Neutre
Céleri-branche/ jus de céleri	Bénéfique	Neutre
Chicorée	Bénéfique	Bénéfique
Chou frisé	Bénéfique	Bénéfique
Chou romanesco	Bénéfique	Neutre
Épinards/jus d'épinards	Bénéfique	Bénéfique
Fenouil	Bénéfique	Neutre
Gingembre	Bénéfique	Bénéfique
Gombos (okras)	Bénéfique	Bénéfique
Navet	Bénéfique	Bénéfique
Oignons-tige	Bénéfique	Bénéfique
Panais	Bénéfique	Bénéfique
Pissenlit	Bénéfique	Bénéfique
Poireau	Bénéfique	Bénéfique
Pomme de terre	À éviter	À éviter
Potiron	Bénéfique	Bénéfique
Raifort	Bénéfique	Neutre
Romaine	Bénéfique	Neutre
Rutabaga	Bénéfique	Bénéfique
Topinambour	Bénéfique	Bénéfique

Deuxième niveau

ALIMENT	GROUPE A SÉCRÉTEUR	GROUPE A NON SÉCRÉTEUR
Alfalfa (pousses)	Bénéfique	Neutre
Aloès (jus/tisane)	Bénéfique	Neutre
Aubergine	À éviter	Neutre
Câpres	À éviter	À éviter
Chou	À éviter	À éviter
Choucroute	À éviter	À éviter
Oignons	Bénéfique	Bénéfique
Igname	À éviter	À éviter
Olive noire	À éviter	À éviter
Patate douce	À éviter	Neutre
Pickles (vinaigre)	À éviter	À éviter
Piment chili	À éviter	Neutre
Poivron rouge	À éviter	Neutre
Poivron vert	À éviter	Neutre
Rhubarbe	À éviter	À éviter
Scarole	Bénéfique	Bénéfique
Shiitaké	À éviter	Neutre
Tomate/jus de tomate	À éviter	Neutre

Aliments neutres : supplémentation générale de l'alimentation

ALIMENT	GROUPE A SÉCRÉTEUR	GROUPE A NON SÉCRÉTEUR
Algues	Neutre	Neutre
Asperge	Neutre	Neutre
Bambou (pousses)	Neutre	Neutre
Betterave/jus de betterave	Neutre	Neutre
Céleri-rave	Neutre	Neutre
Cerfeuil	Neutre	Neutre
Champignon de Paris	Neutre	Neutre
Châtaigne d'eau	Neutre	Neutre

Chou-fleur	Neutre	Neutre
Ciboule	Neutre	Neutre
Concombre/ jus de concombre	Neutre	Neutre
Coriandre	Neutre	Bénéfique
Courges	Neutre	Neutre
Courgette	Neutre	Neutre
Cresson	Neutre	Neutre
Échalote	Neutre	Neutre
Endive	Neutre	Neutre
Haricots verts	Neutre	Neutre
Jus de chou	Neutre	À éviter
Laitue	Neutre	Neutre
Laminaire	Neutre	Neutre
Moutarde (feuilles)	Neutre	Neutre
Olive verte	Neutre	À éviter
Pak-choï	Neutre	Neutre
Pickles (saumure)	Neutre	À éviter
Pleurote	Neutre	Neutre
Radis	Neutre	Neutre
Radis (fanes)	Neutre	Neutre
Taro	Neutre	Neutre
Trévisane	Neutre	Neutre

Fruits et jus de fruits

TOUS LES FRUITS renferment des antioxydants et certains – comme les myrtilles, les cerises ou les mûres – contiennent de surcroît des pigments qui inhibent la prise de poids. Un régime riche en légumes et en fruits bien choisis favorise donc l'amincissement en tempérant l'action de l'insuline. Les fruits contribueront aussi à lutter contre la rétention d'eau. Parmi les autres substances bénéfiques apportées par cette catégorie d'aliments, citons les enzymes favorisant la réduction des inflammations et un bon équilibre hydrique – dans l'ananas, par exemple – ou le lycopène du pamplemousse rose et des goyaves, qui fait d'eux d'excellents substituts des tomates.

Si vous êtes non sécréteur et sensible au sucre, veillez toutefois à limiter votre consommation d'espèces très riches en glucose, comme le raisin et les figues.

GROUPE SANGUIN A : FRUITS ET JUS DE FRUITS			
Portion : 1 tasse de 225 ml ou 1 fruit			
Origine ethnique	Européenne	Africaine	Asiatique
Sécréteurs (portions/jour)	3 à 4	2 à 4	3 à 4
Non-sécréteurs (portions/jour)	2 à 3	2 à 3	2 à 3
Rh-	- 1	- 1	- 1

MM : Essayez d'utiliser de préférence les aliments bénéfiques du Premier niveau

Premier niveau

ALIMENT	GROUPE A SÉCRÉTEUR	GROUPE A NON SÉCRÉTEUR
Ananas (fruit ou jus)	Bénéfique	Bénéfique
Banane	À éviter	Neutre
Banane plantain	À éviter	Neutre
Canneberge	Bénéfique	Bénéfique
Cerises	Bénéfique	Bénéfique
Citron (fruit ou jus)	Bénéfique	Bénéfique
Figues fraîches/sèches	Bénéfique	Bénéfique
Jus de cerise noire	Bénéfique	Bénéfique
Melon	À éviter	À éviter
Mûres (fruit ou jus)	Bénéfique	Bénéfique
Myrtilles	Bénéfique	Bénéfique
Orange (fruit ou jus)	À éviter	À éviter
Pamplemousse (fruit ou jus)	Bénéfique	Bénéfique
Pruneau (fruit ou jus)	Bénéfique	Bénéfique
Prune	Bénéfique	Bénéfique

Deuxième niveau

ALIMENT	GROUPE A SÉCRÉTEUR	GROUPE A NON SÉCRÉTEUR
Abricot (fruit ou jus)	Bénéfique	Bénéfique
Citron vert (fruit ou jus)	Bénéfique	Neutre
Clémentine (fruit ou jus)	À éviter	Neutre
Mangue (fruit ou jus)	À éviter	Neutre
Noix de coco/lait de coco	À éviter	Neutre
Papaye (fruit ou jus)	À éviter	À éviter

Aliments neutres : supplémentation générale de l'alimentation

ALIMENT	GROUPE A SÉCRÉTEUR	GROUPE A NON SÉCRÉTEUR
Anone (fruit de l'arbre à pain)	Neutre	Neutre
Avocat	Neutre	Neutre
Carambole	Neutre	Neutre
Cassis	Neutre	Neutre
Cidre/jus de pomme	Neutre	Neutre
Coing	Neutre	Neutre
Datte	Neutre	Neutre
Figue de Barbarie	Neutre	Neutre
Fraise	Neutre	Neutre
Framboise	Neutre	Neutre
Goyave (fruit ou jus)	Neutre	Neutre
Grenade	Neutre	Neutre
Groseilles	Neutre	Neutre
Groseilles à maquereaux	Neutre	Neutre
Jus de canneberge	Neutre	Bénéfique
Kaki	Neutre	Neutre
Kiwi	Neutre	Neutre
Kumquat	Neutre	Neutre

Nectarine (fruit ou jus)	Neutre	Neutre
Palmier sagou	Neutre	Neutre
Pastèque	Neutre	Neutre
Pêche	Neutre	Neutre
Pomme	Neutre	Neutre
Raisin	Neutre	Neutre
Raisins secs	Neutre	Neutre

Huiles

LES HUILES qui conviennent le mieux aux sujets du groupe A sont les huiles mono-insaturées, comme l'huile d'olive, et leurs consœurs riches en acides gras oméga, telles que l'huile de lin. Les sécréteurs métabolisent ces aliments un peu plus aisément que les non-sécréteurs et en tirent sans doute un bénéfice plus grand.

GROUPE SANGUIN A : HUILES			
Portion : 1 cuillerée à soupe			
Origine ethnique	Européenne	Africaine	Asiatique
Sécréteurs (portions/semaine)	5 à 8	5 à 8	5 à 8
Non-sécréteurs (portions/semaine)	3 à 7	3 à 7	3 à 6
A2	+ 1	+ 1	+ 1

Premier niveau

ALIMENT	GROUPE A SÉCRÉTEUR	GROUPE A NON SÉCRÉTEUR
Huile de lin	Bénéfique	Bénéfique
Huile de noix	Bénéfique	Bénéfique
Huile d'olive	Bénéfique	Bénéfique

Deuxième niveau

ALIMENT	GROUPE A SÉCRÉTEUR	GROUPE A NON SÉCRÉTEUR
Huile d'arachide	À éviter	Neutre
Huile de coco	À éviter	À éviter
Huile de graine de coton	À éviter	À éviter
Huile de maïs	À éviter	À éviter
Huile de pépin de cassis	Bénéfique	Bénéfique
Huile de ricin	À éviter	À éviter

Aliments neutres : supplémentation générale de l'alimentation

ALIMENT	GROUPE A SÉCRÉTEUR	GROUPE A NON SÉCRÉTEUR
Huile d'amande	Neutre	Neutre
Huile de bourrache	Neutre	Neutre
Huile de carthame	Neutre	À éviter
Huile de colza	Neutre	Neutre
Huile de foie de morue	Neutre	Bénéfique
Huile de germe de blé	Neutre	Neutre
Huile d'onagre	Neutre	Neutre
Huile de sésame	Neutre	Bénéfique
Huile de soja	Neutre	Neutre
Huile de tournesol	Neutre	Neutre

Épices, condiments et additifs culinaires

BEAUCOUP D'ÉPICES possèdent de légères propriétés médicinales, souvent actives sur les bactéries présentes dans le côlon inférieur. Nombre d'épaississants couramment employés comme la gomme de guar vous conviennent mal car ils tendent à potentialiser l'action des lectines des autres aliments. Pour édulcorer vos mets, préférez la mélasse, excellente pour votre groupe sanguin car elle apporte en outre du fer. Le curcuma (un des composants de la poudre de curry) renferme un puissant agent phyto-chimique appelé curcumine, qui favorise l'abaissement du taux intestinal de toxines. Si vous appartenez au sous-groupe non sécréteur, prenez de la levure de bière, qui améliorera votre métabolisme du glucose et favorisera le bon équilibre de votre flore intestinale.

Premier niveau

ALIMENT	GROUPE A SÉCRÉTEUR	GROUPE A NON SÉCRÉTEUR
Aspartame	À éviter	À éviter
Carraghènes	À éviter	À éviter
Curcuma	Bénéfique	Neutre
Gélatine	À éviter	À éviter
Glutamate monosodique	À éviter	À éviter
Gomme de guar	À éviter	À éviter
Ketchup	À éviter	À éviter
Malt d'orge	Bénéfique	Neutre
Mayonnaise	À éviter	À éviter
Mélasse	Bénéfique	Neutre
Mélasse non raffinée	Bénéfique	Neutre
Persil	Bénéfique	Neutre
Sauce de soja	Bénéfique	Neutre
Sauce Worcestershire	À éviter	À éviter
Tamari	Bénéfique	Neutre
Vinaigre	À éviter	À éviter

Deuxième niveau

ALIMENT	GROUPE A SÉCRÉTEUR	GROUPE A NON SÉCRÉTEUR
Moutarde sans vinaigre	Bénéfique	Bénéfique
Piment	À éviter	À éviter
Poivre	À éviter	À éviter

Aliments neutres : supplémentation générale de l'alimentation

ALIMENT	GROUPE A SÉCRÉTEUR	GROUPE A NON SÉCRÉTEUR
Aneth	Neutre	Neutre
Anis	Neutre	Neutre
Basilic	Neutre	Neutre
Bergamote	Neutre	Neutre
Cannelle	Neutre	Neutre
Cardamome	Neutre	Neutre
Caroube	Neutre	Neutre
Carvi	Neutre	Neutre
Chocolat	Neutre	Neutre
Ciboulette	Neutre	Neutre
Coriandre	Neutre	Neutre
Cumin	Neutre	Neutre
Curry	Neutre	Neutre
Dextrose	Neutre	À éviter
Essence d'amande	Neutre	Neutre
Estragon	Neutre	Neutre
Fécule de maïs (maïzena)	Neutre	À éviter
Fructose	Neutre	Neutre
Clou de girofle	Neutre	Neutre
Guarana	Neutre	Neutre
Laurier	Neutre	Neutre
Levure de bière	Neutre	Bénéfique
Levure de boulanger	Neutre	Bénéfique

Maltodextrine	Neutre	À éviter
Marjolaine	Neutre	Neutre
Menthe poivrée	Neutre	Neutre
Miel	Neutre	Neutre
Moutarde au vinaigre	Neutre	Neutre
Moutarde en poudre	Neutre	Neutre
Noix de muscade	Neutre	Neutre
Origan	Neutre	Neutre
Paprika	Neutre	Neutre
Pectine de pomme	Neutre	Neutre
Romarin	Neutre	Neutre
Safran	Neutre	Neutre
Sarriette	Neutre	Neutre
Sauce de salade (composée d'ingrédients autorisés)	Neutre	Neutre
Sauge	Neutre	Neutre
Sel de mer	Neutre	Neutre
Sirop de maïs	Neutre	À éviter
Sirop de riz	Neutre	À éviter
Stévia	Neutre	Neutre
Sucre	Neutre	À éviter
Tamarin	Neutre	Neutre
Thym	Neutre	Neutre
Toute-épice	Neutre	Neutre
Vanille	Neutre	Neutre

Boissons

LES NON-SÉCRÉTEURS ne se priveront pas d'un verre de vin occasionnel au cours des repas : c'est excellent pour leur système cardio-vasculaire (à condition, bien entendu, de s'en tenir à une consommation modérée). Tous les sujets du groupe A doivent en outre absolument se convertir au thé vert. Si vous ne présentez pas de sensibilité excessive à la caféine, vous pouvez vous autoriser une tasse de café par jour, d'autant que celui-ci contient diverses enzymes favorables au bon fonctionnement de votre système immunitaire qui sont aussi présentes dans le soja.

Premier niveau

ALIMENT	GROUPE A SÉCRÉTEUR	GROUPE A NON SÉCRÉTEUR
Alcools forts	À éviter	À éviter
Eau gazeuse	À éviter	Neutre
Soda (normal ou light)	À éviter	À éviter
Thé noir (normal ou décaféiné)	À éviter	Neutre
Thé vert	Bénéfique	Bénéfique
Vin rouge	Bénéfique	Bénéfique

Deuxième niveau

ALIMENT	GROUPE A SÉCRÉTEUR	GROUPE A NON SÉCRÉTEUR
Bière	À éviter	Neutre
Café (normal ou décaféiné)	Bénéfique	Bénéfique

Aliments neutres : supplémentation générale de l'alimentation

ALIMENT	GROUPE A SÉCRÉTEUR	GROUPE A NON SÉCRÉTEUR
Vin blanc	Neutre	Bénéfique

Thérapies individualisées pour les personnes atteintes d'affections chroniques

COMME VOUS AVEZ PU LE CONSTATER à la lecture de votre profil de risque médical, les personnes du groupe A sont plus prédisposées à certaines affections chroniques que celles qui appartiennent aux autres groupes sanguins. Dans les paragraphes qui suivent, nous nous pencherons en détail sur ces troubles, sur leurs liens avec le groupe A et sur les thérapeutiques que vous pouvez ajouter au Régime à deux niveaux.

*Voir le profil de risque médical
du groupe A, p. 274.*

Les affections digestives caractéristiques du groupe A

Affections du foie et de la vésicule biliaire
Œsophage de Barrett

Affections du foie et de la vésicule biliaire

Petite poche placée juste sous le foie et servant d'entrepôt de stockage pour la bile, la vésicule biliaire libérera cette dernière lorsque les aliments pénétreront dans l'intestin grêle. Il arrive que certains composants de la bile, notamment le cholestérol et la bilirubine, se précipitent sous forme de cristaux, autrement dit de calculs biliaires. Ce problème se rencontre beaucoup plus souvent chez les sujets du groupe A que chez les autres, comme tous les maux en rapport avec le foie.

On a pu établir il y a soixante-quinze ans déjà une corrélation entre les ictères (jaunisses) et le groupe sanguin A. Les cirrhoses sont elles aussi plus fréquentes, ce que j'ai vérifié dans ma pratique clinique [1]. On pense aujourd'hui que la cirrhose des canaux biliaires résulte des attaques répétées par les radicaux libres, sans doute issus du travail d'épuration assuré par le foie. Si tel est le cas, raison de plus pour consommer sans modération des fruits et des légumes riches en antioxydants et de boire du thé vert.

EXTRAIT DES ARCHIVES DU GROUPE SANGUIN

Tom M.
Groupe A
Homme, cinquantaine
Amélioration : œsophage de Barrett

Quoique j'aie éprouvé quelques difficultés à suivre le régime du groupe A – il est parfois ardu de se défaire de ses mauvaises habitudes –, l'élimination presque totale de la viande rouge m'a fait un bien fou. Je me sens globalement mieux et, si l'on excepte mon œsophage de Barrett, je suis en pleine santé. J'ai même pu diviser par deux ma dose quotidienne d'Azantac.

La meilleure tactique pour protéger votre foie et votre vésicule consiste à vous maintenir à un poids adéquat. Et aussi :
- Évitez de prendre des contraceptifs oraux, qui semblent favoriser la formation de calculs biliaires.
- Consommez des racines de pissenlit, excellentes pour le groupe A, dont elles régulent en douceur les fonctions hépatiques.

---

1. Billington B. P. : « A note on the distribution of ABO blood groups in bronchiectasis and portal cirrhosis. » *Aust Annal Med*, 1956, 5, p. 20-22.

- Les substances amères puissantes comme l'extrait de feuille d'artichaut stimulent la production d'enzymes digestives et protègent le foie et la vésicule en facilitant le flux biliaire et en améliorant le métabolisme du cholestérol.
- Le bupleurum, une plante de la pharmacopée traditionnelle chinoise, accroît l'excrétion des acides biliaires et du cholestérol, ce qui en abaisse les taux sanguins.
- La curcumine, principe actif du curcuma, très apprécié des praticiens ayurvédiques, semble prévenir la formation des calculs biliaires.
- Prenez chaque jour une ou deux cuillerées à soupe de lécithine de soja, dont les phospholidides augmentent la sécrétion de bile et contribuent à en réguler la stabilité. Lorsque la bile contient plus de lécithine, le cholestérol s'avère moins enclin à se cristalliser sous forme de calculs.
- Mangez du thon, riche en phosphatides.

**Enfants autistes :
la clé de la maladie se cacherait-elle dans leur foie ?**

On se penche depuis peu sur l'utilité possible de la sécrétine, une hormone qui stimule la production de bile par le foie et déclenche l'activité pancréatique, dans le traitement de l'autisme. Rappelons que cette affection entrave le développement normal des régions du cerveau qui commandent les interactions sociales et les facultés de communication. Les enfants et les adultes autistes ont du mal à s'exprimer oralement ou par d'autres biais, nouent peu de contacts avec les gens et avec le monde extérieur et s'adaptent mal aux activités récréatives. Certains affichent des comportements agressifs ou autodestructeurs. Chez d'autres, la maladie se caractérise par des mouvements répétitifs (gestes de la main, balancements...), des réactions inattendues face aux autres, un attachement à un objet inanimé ou une répugnance à accepter le moindre changement dans leur emploi du temps. Contrairement à une croyance répandue, l'autisme ne touche pas uniquement les individus de sexe masculin, puisqu'un patient sur cinq appartient au beau sexe. Et bien qu'aucune étude officielle ne le démontre, on note une prédominance du groupe A parmi les enfants autistes.

Au cours d'une étude sur la sécrétine et l'autisme, on a constaté que trois enfants présentant en outre des troubles gastro-intestinaux ont vu leurs capacités de socialisation et de communication s'améliorer en même temps que leur santé digestive après un traitement par la sécrétine. On m'a par ailleurs rapporté une influence positive du régime Groupe sanguin chez plusieurs enfants du groupe A atteints de cette affection. Or le régime du groupe A limite l'apport en plusieurs lectines alimentaires réputées entraver la production de sécrétine. Il ne paraît donc pas incroyable que les progrès de ces enfants résultent d'une optimisation de leur métabolisme de la sécrétine... Je laisserai à la maman d'Anna, trois ans, le mot de la fin : « Grâce à votre livre, nous avons guéri l'autisme de notre fille *et* la constipation dont elle souffrait depuis sa naissance. »

- Assaisonnez vos recettes de coriandre (*Coriandrum sativum*), dont les graines facilitent la synthèse hépatique d'acide biliaire, ainsi que la dégradation du cholestérol en acides biliaires fécaux et en stérols neutres, ce qui abaisse le taux de cholestérol. Les graines de coriandre accroissent en outre la concentration de « bon » cholestérol HDL.
- Prenez du chardon-Marie (*Silybum marianum*), un antioxydant particulièrement actif dans le foie et dans les canaux biliaires. Si vous souffrez de calculs biliaires ou de problèmes hépatiques, ou si ceux-ci sont monnaie courante dans votre famille, ajoutez une supplémentation en chardon-Marie à votre protocole nutritionnel. *Attention : n'utilisez*

pas ce complément pour traiter une affection maligne sise ailleurs que dans le foie.

Alerte à l'ostéoporose : Les femmes ménopausées du groupe A

Toutes les femmes ménopausées voient s'accroître leur risque de perte de densité osseuse, laquelle conduit à l'ostéoporose sous l'action de la baisse des taux d'œstrogènes, et ce phénomène se révèle encore plus aigu chez celles qui appartiennent au groupe A à cause de leur faible production de phosphatase alcaline intestinale. De nombreuses études indiquent en effet que cette enzyme influe sur le métabolisme du calcium. Autre désavantage pour le groupe A : plus le milieu gastrique est acide, mieux le calcium est absorbé par l'organisme. Ajoutons que, quoique la diététique classique soutienne qu'une alimentation riche en protéines accélère la fuite calcique, la littérature scientifique récente indique qu'il n'en est rien, bien au contraire.

Autant dire qu'il s'agit là pour les femmes du groupe A d'un défi supplémentaire, surtout si elles ne suivent pas d'hormonothérapie de substitution, et à plus forte raison quand elles appartiennent au sous-groupe non sécréteur, caractérisé par une fabrication intestinale minimale de phosphatase alcaline. Pour conserver une ossature saine, suivez les conseils ci-dessous.

1. Mangez du saumon et des sardines en conserve avec leurs arêtes.
2. Consommez régulièrement des yaourts maigres, du lait de soja et du lait de chèvre.
3. Ménagez une large place aux brocolis et aux épinards dans votre alimentation.
4. Prenez chaque jour une supplémentation en citrate de calcium de 300 à 600 mg.
5. Respectez le programme sportif du groupe A et déplacez-vous à pied aussi souvent que possible.
6. Préférez aux autres formules le calcium marin, mieux absorbé par l'organisme.

Œsophage de Barrett

L'œsophage de Barrett est un état précancéreux qui se développe parfois chez les personnes atteintes de reflux gastro-œsophagien chronique. Certes, cette dernière affection touche plus fréquemment les sujets du groupe O que les autres, mais lorsqu'elle atteint ceux du groupe A, ceux-ci risquent davantage de la voir dégénérer. Quelque 20 % souffriront d'œsophage de Barrett et environ 10 % de ces derniers verront grimper leur risque de cancer de l'estomac ou de l'œsophage. Or ces deux cancers présentent des liens étroits avec le groupe sanguin A. Ajoutons que les patients atteints d'œsophage de Barrett souffrant d'un cancer connaissent souvent un pronostic pessimiste, leur mal étant diagnostiqué plus tardivement. 76 % des cas d'œsophage de Barrett signalés sur mon site Internet touchaient des sujets du groupe A ; tous ont rapporté une amélioration de leur capacité de déglutition ainsi qu'une diminution de leurs brûlures et autres douleurs gastriques lorsqu'ils ont adopté le régime du groupe A et les stratégies suivantes.

- Fuyez le café, le thé noir, le chocolat et les pastilles de menthe, qui favorisent le reflux gastro-œsophagien. Même si le café est normalement bénéfique pour les individus du groupe A, dont il accentue l'acidité gastrique, évitez d'en boire si vous souffrez de reflux gastro-œsophagien.
- Apprenez à apprécier le thé vert. Bon nombre d'études ont en effet démontré son action préventive des mutations précancéreuses des tissus, entre autres, de l'œsophage et de l'estomac. Ses principes actifs appartiennent à la catégorie des polyphénols. On ignore encore comment ces substances fonctionnent au juste, mais on pense qu'elles inhibent l'ornithine, une enzyme qui favorise le développement de tumeurs, tout en poten-

tialisant l'action d'antioxydants tels que le gluta-
thion peroxydase, lequel possède en outre des
vertus anti-inflammatoires. Pour toutes ces raisons, les polyphénols du thé vert sont des chimio-
protecteurs des cancers de l'œsophage et de
l'estomac. Buvez-en au moins trois tasses par jour.

Un truc pour le régime du groupe A : le thé vert

Ce breuvage, le plus largement consommé sur notre planète, peut paraître fade à des palais occidentaux accou-
tumés aux expressos et aux capuccinos. Pour ma part,
j'apprécie tout particulièrement une variété japonaise
baptisée genmaï-cha, mêlant aux feuilles de thé un peu
de riz torréfié, ce qui lui confère une saveur plus soutenue. On vend ces infusions dans les magasins de produits exotiques naturels et diététiques, ainsi que dans
les épiceries fines. Efforcez-vous d'acheter du thé vert
de bonne qualité, le meilleur étant le « first flush » (la
première récolte), le plus riche en polyphénols.
Pour apprécier le thé vert, évitez en outre de le laisser
infuser trop longuement – ce qui donne un breuvage très
amer : trente-cinq à quarante-cinq secondes suffisent à
en libérer la saveur.

- Évitez le sucre et les sucreries, souvent problématiques pour les personnes souffrant de reflux
  gastro-œsophagien.
- Buvez une demi-heure avant les repas un verre
  d'eau additionné de cinq gouttes de teinture de
  gentiane (*Gentiana lutea*). Ce breuvage amer préparera vos sécrétions digestives en vue du prochain repas. On notera avec intérêt qu'on
  consomme dans bon nombre de pays d'Europe des
  digestifs amers.
- Absorbez plusieurs fois par jour une cuillerée à
  café de jus de gingembre frais. Les composants de

cette plante exercent en effet une action protectrice sur les cellules de la muqueuse gastrique.
• Prenez du fenugrec, qui favorise la digestion.

À l'adresse des parents :
Un truc pour vaincre les otites à répétition

Les otites sont responsables à elles seules de la moitié des consultations pédiatriques et l'on estime que deux tiers des enfants en ont au moins une avant leur deuxième anniversaire. Et si ces infections – isolées ou récurrentes – touchent les enfants de tous les groupes sanguins, l'appartenance au groupe A fait à peu près doubler le risque d'otite. Les enfants de ce groupe ont une probabilité de 26 % supérieure à la moyenne de souffrir d'otites à répétition [1]. De fait, certaines souches bactériennes apprécient au premier chef l'antigène du groupe A. Les antibiothérapies conventionnelles se révèlent à la fois inefficaces et nocives à long terme. Mieux vaut recourir à des stratégies s'appuyant sur le groupe sanguin de l'enfant.
• Les futures mères du groupe A prendront les mesures nécessaires pour être en aussi bonne santé que possible lors de la naissance de leur bébé.
• Les jeunes mamans auront avantage à allaiter leurs enfants pendant au moins quatre mois, afin de les protéger. On constate en effet une prévalence accrue des otites chez les bébés nourris au biberon. Si toutefois, vous choisissez cette solution, veillez à ne jamais allonger votre bébé sur le dos pendant ses repas, posi-

---

1. Steuer M. K., F. Hofstader, L. Probster et al. : « Are ABH antigenic determinants on human outer ear canal epithelium responsible for Pseudomonas aeruginosa infections ? » *ORL J Otorhinolaryngol Relat Spec*, 1995, 57, p. 148-52.
Mortensen E. H., T. Lildholdt, N. P. Gammelgard et P. H. Christensen : « Distribution of ABO blood groups in secretary otitis media and cholesteatoma. » *Clin Otolaryngol*, 1983, 8, p. 263-65.
Gannon M., C. Jagger et M. P. Haggard : « Material blood group in otitis media with effusion. » *Clin Otolaryngol*, 1994, 19, p. 327-31.

---

tion qui favorise les régurgitations dans l'oreille moyenne.

- Évitez de servir à vos petits des aliments dont la consommation est étroitement associée aux otites, parmi lesquels le lait de vache, le blé, le blanc d'œuf, les cacahuètes, le soja, le maïs, les tomates, le poulet et les pommes. Entamez en outre leur passage à une alimentation solide par l'introduction de fruits et de légumes bénéfiques, donc faciles à digérer. Les céréales, les légumes secs, les noix et les graines viendront plus tard, lorsque l'appareil digestif de l'enfant disposera de meilleurs mécanismes de défense (à partir de l'âge de trois mois, mais mieux vaut attendre jusqu'à six à neuf mois).

Les affections métaboliques caractéristiques du groupe A

Affections cardio-vasculaires
Coagulation sanguine trop active
Hypercholestérolémie
Obésité/métabolisme paresseux

Affections cardio-vasculaires

Adoptez une alimentation convenant à votre groupe sanguin, contrôlez votre stress, abaissez votre taux de cholestérol et prenez les suppléments favorables à la santé cardio-vasculaires suivants :

AUBÉPINE. La tradition naturopathe veut que cette plante se comporte comme un solvant dans nos artères. On l'utilise aujourd'hui pour traiter l'angine de poitrine, l'hypertension, les arythmies cardiaques et les affections congestives du cœur.

COENZYME Q10. Cette substance protège le cœur tout en prévenant les maladies parodontiques dont les formes infectieuses peuvent endommager les artères.

Une supplémentation en coenzyme Q10 modifie le cours naturel de votre parcours cardio-vasculaire et inhibe les accidents dans ce domaine en bloquant l'oxydation du cholestérol LDL et en préservant un fonctionnement cellulaire optimal en dépit des ans et du stress.

ANTIOXYDANTS. Des découvertes récentes suggèrent que l'oxydation des lipoprotéines de basse densité riches en cholestérol (LDL) constitue l'un des mécanismes qui prédisposent nos congénères à l'athérosclérose. Pour la prévenir, on absorbera des antioxydants naturels comme la vitamine C, la vitamine E et le bêta-carotène, de préférence par le biais de son alimentation ou sous forme de compléments dérivés.

Le groupe A et la ménopause

Si vous approchez de la ménopause ou traversez actuellement cette phase, discutez avec votre médecin de l'opportunité de prendre 2 à 4 mg quotidiens d'estriol, un composé moins nocif que les compléments hormonaux classiques, pour soulager vos symptômes et prévenir la perte de densité osseuse et les troubles cardio-vasculaires suscités par la chute du taux d'œstrogènes. Le dong quai, une plante chinoise, et l'huile d'onagre conviennent généralement bien aux femmes du groupe A. Vous pouvez aussi recourir à une plante appelée cimicifuga [1] pour calmer vos bouffées de chaleur.

MÉFIEZ-VOUS DES SUPPLÉMENTATIONS EN FER. Si vous souffrez d'anémie, trouble fréquent au sein du groupe A, maniez avec prudence les compléments en fer. Une étude menée sur plus de 1 900 Finnois de sexe masculin, âgés de quarante-deux à soixante ans, a en effet mis en évidence une augmentation de 4 % du risque d'accident cardiaque chaque fois que la teneur

---

1. (N.d.T.) : le *black cohosh* américain.

en ferritine (la protéine utilisée par l'organisme pour stocker le fer) du sérum sanguin grimpe de 1 %. Il semble qu'un taux élevé de fer agisse comme un catalyseur sur la formation de radicaux libres, lesquels endommagent les parois artérielles quand ils sont trop nombreux.

Suppléments phytothérapiques

Terminalia arjuna : Ce tonicardiaque de la pharmacopée indienne traditionnelle se révèle utile pour les sujets du groupe A prédisposés aux affections cardio-vasculaires. Il contribue en outre à abaisser le taux de cortisol.

Inula racemosa : Voici une autre plante asiatique utilisée au premier chef en matière cardio-vasculaire, mais investie d'un pouvoir anti-stress similaire à celui de *Terminalia*.

Coagulation sanguine trop active

L'appartenance au groupe A s'accompagne de taux plus élevés de facteur chimique de coagulation VIII et de maladie de von Willebrand. Ces deux troubles de la coagulation accroissent le risque d'accident cardiaque.

CITRONNADE. On n'en trouve guère trace dans la littérature scientifique, mais l'un de mes professeurs, John Bastyr, affirmait que le jus de trois ou quatre citrons possédait presque la même action anticoagulante que les dérivés coumariniques. Ce breuvage constitue un excellent tonique matinal pour les sujets du groupe A, dont il abaisse en outre la production de mucosités.

RÉDUCTION DU STRESS. Plusieurs éléments semblent indiquer que les organismes du groupe A réagissent au stress par une augmentation de la viscosité de leur sang (épaississement). Les techniques de relaxation, le yoga ou le tai-chi ne peuvent donc que favoriser votre santé cardio-vasculaire.

GINKGO BILOBA/ASPIRINE. Le ginkgo inhibe le facteur d'activation plaquettaire, ce qui peut minimiser la probabilité que des caillots se forment. L'aspirine semble quant à elle diminuer le risque coronarien, en partie grâce à son action inhibitrice du facteur VIII. Prise à petite dose, elle abaisserait aussi la fréquence du cancer du côlon, une autre maladie connue pour sa prédilection pour le groupe A. Évitez cependant d'absorber conjointement du ginkgo biloba et de l'aspirine : dans ce cas, ces deux ingrédients tendent à se potentialiser mutuellement.

Parmi les autres substances amies du groupe A qui limitent l'agrégation plaquettaire, citons le gingembre, l'ail et la bromélaïne.

Hypercholestérolémie

Plusieurs études indiquent une prédisposition accrue des sujets des groupes A et AB aux affections cardio-vasculaires et aux décès liés à un excès de cholestérol. Si vous appartenez au groupe A, il vous faut admettre une bonne fois que vous n'êtes pas équipé sur le plan métabolique pour digérer les graisses alimentaires, si bien qu'un régime riche en lipides se traduira presque immanquablement par un problème d'hypercholestérolémie. Surveillez donc avant tout votre alimentation. Ces quelques compléments vous aideront cependant à contrôler vos taux de cholestérol.

PANTÉTHINE. La pantéthine est la forme active de la vitamine B5, ou acide pantothénique. Ne confondez donc pas vitamine B5 et pantéthine et veillez à commander à votre pharmacien ou à votre fournisseur de produits diététiques la bonne substance. De nombreuses études attestent l'action réductrice du cholestérol de la pantéthine (baisse de 18 à 24 %). Elle abaisse aussi la concentration des particules de lipoprotéines responsables du durcissement des artères. La prise quotidienne pendant six à neuf mois de 600 mg de pantéthine provoque en outre une chute moyenne du taux de triglycérides de 37,7 % chez les patients diabétiques (un score supérieur à celui obtenu par l'autre médicament testé dans le cadre de la même étude). Une équipe italienne a également soumis des femmes en préménopause – qui voient leur risque cardio-vasculaire grimper en flèche – à un traitement de seize semaines, au terme duquel elle a observé une baisse significative du taux de cholestérol total, du taux de LDL et du ratio cholestérol LDL/cholestérol HDL[1]. Sans danger – on en a administré des doses importantes à des animaux sans noter le moindre effet néfaste –, la pantéthine est en outre bien tolérée par les organismes du groupe A. Et en plus, elle améliore leur capacité d'adaptation au stress sans épuiser leurs réserves surrénales.

SOJA. Bon nombre d'études démontrent que la consommation de produits à base de soja peut faire chuter les taux de cholestérol. L'efficacité de ces aliments se révèle plus grande chez les sujets affichant des taux très élevés (plus de 355 mg/dl) : on note une chute de l'ordre de 20 %. Dans la tranche entre 260 et 333 mg/dl, elle reste toujours inférieure à 10 %. Pour obtenir un effet maximal, il faut consommer environ 50 g de protéines de soja par jour. À titre d'exemple, 250 ml de lait de soja en fournit entre 4 et 10 g, 115 g de tofu 8 à 13 g et un « hamburger » de soja 18 g.

FIBRES ALIMENTAIRES. Il existe deux variétés de fibres alimentaires, les fibres solubles et les fibres insolubles. La première catégorie est réputée faire chuter le taux

1. Bertolini S., C. Donati, N. Elicio et al. : « Lipoprotein changes induces by pantethine in hyperlipoproteinic patients : adults and children. » *Int J Clin Pharmacol Ther Toxicol*, 1986, 24, p. 630-37.

sanguin de cholestérol, en absorbant les acides biliaires dans l'intestin. Ces acides étant composés de cholestérol, leur élimination incite l'organisme à en sécréter plus à partir du cholestérol, ce qui réduit la concentration sanguine de cette substance. Malheureusement, il faut absorber beaucoup de fibres (entre 60 et 100 g par jour) pour déclencher ce processus et, lorsqu'on en abuse, le taux de « bon » cholestérol HDL diminue lui aussi. Conclusion : les fibres sont excellentes pour la santé, mais en abuser dans le seul but d'abaisser votre taux de cholestérol me paraît irrationnel. Cela revient à éponger le sol sans prendre la peine de fermer le robinet à l'origine de l'inondation. La poudre de psyllium constitue sans doute la meilleure source de fibres solubles : une cuillerée à café trois fois par jour induit une baisse de cholestérol pouvant atteindre 15 %.

MAGNÉSIUM. Beaucoup de patients atteints d'hypercholestérolémie et d'hypertriglycéridémie manquant de magnésium, il peut s'avérer utile d'absorber une supplémentation. On recommande en général aux personnes du groupe A un dosage quotidien de 250 à 500 mg. Parmi les bonnes sources alimentaires de cet oligoélément, mentionnons les légumes verts à feuilles.

EXTRAIT DES ARCHIVES DU GROUPE SANGUIN

Barry F.
Groupe A
Homme, cinquantaine
Amélioration : cardio-vasculaire

Mes derniers examens indiquent une chute spectaculaire de mon cholestérol sanguin et de mon taux de triglycérides, j'ai perdu dix kilos, je digère beaucoup mieux, mon énergie reste plus stable et j'ai l'esprit plus clair. Bref, depuis que je suis votre régime, tout va mieux ! Et comme je pratique l'acupuncture et la médecine par les plantes, je le recommande régulièrement à mes patients.

HUILES DE POISSON, HUILE DE LIN. On constate que les huiles de poisson font grimper le taux de cholestérol HDL et chuter celui d'homocystéine, qui figure depuis peu sur la liste des facteurs de risque cardiaque. L'huile de lin et les noix sont elles aussi de bonnes sources d'acide alpha-linolénique (acide gras oméga-3).

BACTÉRIES PROBIOTIQUES ET ALIMENTS FERMENTÉS. Les bactéries bénéfiques induisent une légère tendance à la baisse du taux de cholestérol.

PYROXYDINE (VITAMINE B6). Elle favorise le métabolisme des protéines et la régulation de l'équilibre hydrique de l'organisme.

Obésité/métabolisme paresseux

À bien des égards, le groupe A affiche un comportement métabolique diamétralement opposé à celui du groupe O. Les protéines animales qui stimulent le rythme métabolique de ce dernier et le rendent plus performant produisent un effet bien différent sur les organismes du groupe A. Les patients se plaignent de fatigue et de manque d'énergie, surtout après une séance d'aérobic ou lorsqu'ils réduisent la part des glucides complexes dans leurs repas. Leur incapacité à bien digérer ces nutriments les conduit aussi souvent à souffrir de rétention d'eau. Tandis que le groupe O brûle la viande comme un carburant de qualité, le groupe A la transforme plutôt en fouillis toxique.

Les personnes du groupe A affligées d'un métabolisme paresseux et de kilos superflus se trouvent confrontées au défi supplémentaire que représente leur excès de cortisol. Handicapées par des hormones de stress génératrices de résistance à l'insuline et de déséquilibres hormonaux, elles voient souvent se vérifier l'équation stress = gain de poids. Elles tendent à brûler leurs tissus musculaires plutôt que leurs adipocytes.

L'obésité favorisant en soi la résistance au cortisol, la situation ne tarde pas à se muer en cercle vicieux. Ajoutons qu'on connaît l'existence d'une corrélation entre l'excès de cortisol et l'action de la leptine, une protéine liée au gène de l'obésité qui stimule l'appétit[1].

Vous devez donc impérativement apprendre à contrôler votre stress. Voici quelques suggestions pour les personnes du groupe A qui doivent perdre du poids :

1. Étudiez votre profil métabolique. Il s'avère souvent plus utile de connaître sa masse musculaire, son pourcentage de graisse corporelle ou son métabolisme de base que de surveiller son poids. Il s'agit en effet des indicateurs de votre équilibre métabolique. Votre objectif n'est pas seulement de perdre des kilos, mais de fabriquer du muscle. Pour savoir à quoi vous en tenir, je vous suggère de vous soumettre à un test d'impédance bioélectrique. Si ce n'est pas possible, voici quelques méthodes qui manquent de précision, mais vous fourniront de précieux indices sur votre métabolisme et votre forme, et révéleront une éventuelle rétention d'eau.

Dépistez l'eau extra-cellulaire (œdème)
Pressez fermement du doigt l'avant de votre tibia pendant cinq secondes, puis relâchez. Si vous avez appuyé sur un tissu musculaire ou graisseux, la peau reprendra aussitôt son aspect habituel. En revanche, au cas où de l'eau reste bloquée entre vos cellules, celle-ci aura été déplacée de façon latérale, si bien qu'un creux persistera pendant quelques instants. Plus celui-ci est lent à se résorber, plus vous retenez d'eau.

---

1. Samuels, M. H. et P. A. McDaniel : « Thyrotropin levels during hydrocortisone infusions that mimic fasting-induced cortisol elevations : À clinical research center study. » *J Clin Endocrinol Metab*, novembre 1997, 82(11), p. 3700-04.

Mesurez votre rapport hanches/taille

L'excédent pondéral le plus mauvais et le plus générateur de problèmes métaboliques est celui concentré
sur l'abdomen – par opposition aux kilos accumulés sur
les hanches ou sur les cuisses. Voici un test simple pour
déterminer la répartition de votre masse adipeuse :
debout face à un miroir en pied, mesurez votre tour de
taille à l'endroit le plus étroit, puis votre tour de hanches au point le plus large. Divisez votre tour de taille
par votre tour de hanches. Pour les femmes un ratio
normal sera compris entre 0,70 et 0,75 et entre 0,80 et
0,90 pour les hommes.

EXTRAIT DES ARCHIVES DU GROUPE SANGUIN

Sarah P.
Groupe A
Femme jeune
Amélioration : perte de poids

J'ai suivi le régime du groupe A pendant quatre mois
environ et je me suis sentie incroyablement mieux : plus
d'excès de mucosités – un miracle ! –, cinq kilos perdus
et surtout, pour la première fois depuis bien longtemps,
j'étais bien dans ma peau. Mais quand, au bout de neuf
mois, j'ai traversé une phase de grande fatigue, j'ai résolu
de changer mon fusil d'épaule et, en bonne victime de
la mode, d'adopter une alimentation hyperprotéinée. Je
me gorgeais de viande, de crème et de noix en tout
genre, avec quelques feuilles de laitue en guise d'accompagnement. Au bout d'une semaine, j'avais pris deux
kilos et j'avais l'impression que toutes ces toxines animales m'avaient souillée. Bref : je ne savais plus très
bien où j'en étais. Tous les articles que j'avais lus m'assu-
raient que mes kilos superflus fondraient comme neige
au soleil et voilà que je grossissais ! Sans doute ces
régimes doivent-ils leur vogue à la prédominance du
groupe O au sein de la population humaine ! Reprenant
mes esprits, j'ai alors compris que le régime du groupe A
me convenait à merveille et que ma fatigue provenait

essentiellement d'un besoin de prendre des vacances et du fait que mon emploi me satisfaisait de moins en moins. Je suis donc de nouveau le régime Groupe sanguin et je porte un toast au Dr D'Adamo avec mon capuccino au lait de soja.

2. Faites attention aux horaires de vos repas. Bien souvent, ce que vous mangez importe moins que l'heure à laquelle vous l'absorbez. La plupart des gens perdent du poids si, avec un apport calorique inchangé, ils se nourrissent plus le matin et moins le soir, et vice versa. Sauter le petit déjeuner ou vous contenter d'un biscuit avalé à la va-vite ne convient pas du tout au métabolisme lent du groupe A. Cela bouleverse l'équilibre de votre cortisol et de vos hormones thyroïdiennes. Même chose quand vous vous passez de déjeuner. Si vous souhaitez vraiment mincir, veillez donc absolument à déguster un petit déjeuner équilibré, un déjeuner équilibré et un dîner adapté, que vous prendrez de préférence tôt dans la soirée. Et vous éviterez les en-cas tardifs.

3. Complétez votre alimentation avec des stimulants du métabolisme.
- Coenzyme Q10 (CoQ10) : 60 mg deux fois par jour. Il s'agit d'une substance essentielle pour le métabolisme de l'énergie et la santé cardio-vasculaire. On a démontré qu'une supplémentation de ce type réduisait la tension artérielle, le taux de sucre sanguin et le taux de triglycérides, tout en améliorant celui du cholestérol HDL. La coenzyme Q10 étant antioxydante, elle limite aussi le stress oxydant souvent observé chez les obèses et accroît vos stocks de vitamines antioxydantes.
- L-carnitine : il faut 1 à 2 g de cette substance pour déplacer les graisses vers les mitochondries (les

« accumulateurs » de vos cellules), où elles pourront être utilisées comme source d'énergie. On sait aussi que la L-carnitine abaisse la résistance à l'insuline.

- Biotine (ou vitamine H) : une vitamine indispensable au métabolisme des graisses. À dose adaptée, elle peut réduire le taux de sucre sanguin, améliorer la tolérance au sucre et abaisser la résistance à l'insuline.
- Acide lipoïque : 100 à 600 mg par jour contribuent à élargir votre capacité de gestion des sucres alimentaires. L'acide lipoïque joue un rôle déterminant dans le métabolisme de l'énergie et possède un puissant pouvoir antioxydant.
- Magnésium : 200 à 300 mg par jour. Les personnes en surpoids, en particulier celles qui gèrent très mal leur apport en sucres, en manquent souvent.
- Zinc : 25 mg. Le zinc s'avère indispensable pour le fonctionnement de l'hormone de croissance, celui de la thyroïde et pour une bonne capacité de réaction au stress.
- L-glutamine : 200 à 500 mg deux fois par jour.

Les troubles immunitaires caractéristiques du groupe A

Cancer
(en particulier du sein, de l'estomac, du côlon et de la prostate)

La meilleure parade contre le cancer consiste à respecter le régime du groupe A et à réduire votre niveau de stress. Au fil des ans, j'ai mis au point quelques méthodes annexes, afin de fournir à mes patients le plus grand nombre possible d'armes anticancéreuses.

Attention : aucune des suggestions énoncées ci-après ne doit se substituer aux recommandations de votre oncologue ou du chirurgien. Mes patients suivent les meilleurs protocoles thérapeutiques dont la médecine conventionnelle dispose et je vous adjure d'en faire autant. Si vous avez un cancer, n'utilisez pas ces stratégies seules : elles donnent leurs meilleurs résultats en accompagnement d'un bon traitement médical.

Les tactiques que nous allons évoquer à présent attaquent le mal sous un angle pour l'heure ignoré ou négligé des traitements allopathiques. Certaines d'entre elles sont d'ailleurs en cours d'investigation et finiront sans doute par être intégrées aux soins classiques. En attendant, considérez-les comme des barrières supplémentaires érigées entre votre jardin et celui d'un voisin mauvais coucheur.

1. PRENEZ DES COMPLÉMENTS PROBIOTIQUES. Les mets fermentés apportent mille agents anticancéreux (pour plus de détails, reportez-vous à la p. 299).

2. UTILISEZ LES LECTINES CONTRE LA MALADIE. Toutes les lectines ne sont pas nocives pour vous. On sait en effet que certaines d'entre elles agglutinent les cellules malignes. Il s'agit en l'occurrence de lectines structurellement proches de l'antigène A. Ce qui pourrait poser problème si, pour s'agglutiner, les cellules malignes n'avaient pas besoin de doses de lectines beaucoup plus faibles que les cellules normales, parce qu'elles portent à leur surface des récepteurs plus gros, à cause de leur rythme de reproduction extraordinairement rapide.

La lectine de cacahuète a ainsi fait la preuve de sa capacité à inhiber la croissance de plusieurs lignées de cellules cancéreuses du sein, tout en favorisant la destruction des cellules malignes[1]. Quant aux lectines de l'amarante, des fèves et des champignons de Paris, elles aident à combattre le cancer du côlon.

C'est probablement à sa richesse en dérivés du soja (et à l'apport élevé qui en découle en lectine de soja) que le régime macrobiotique doit sa réputation anti-cancéreuse. On pense aussitôt aux vertus de cette légumineuse, liées à ses composants proches des œstrogènes. Mais les lectines du soja, qui représentent jusqu'à 5 % de son poids sec, agissent elles aussi en « emmêlant » les cellules malignes, en particulier celles du côlon et du sein.

3. AMÉLIOREZ L'ACTIVITÉ DE VOS CELLULES TUEUSES. Pour stimuler ces cellules investies d'un rôle primordial dans la lutte contre le cancer, suivez ces quelques recommandations :
- Augmentez votre apport en légumes verts.
- Augmentez votre apport en dérivés du soja.
- Augmentez votre apport en acides gras oméga-3.
- Réduisez votre apport en graisses végétales poly-insaturées.
- Maintenez la part des lipides dans votre alimentation entre 20 et 25 % de l'apport calorique (le taux idéal se situant probablement autour de 22 %).
- Conservez un poids adéquat.
- Bougez sans vous épuiser. Respectez le programme sportif mis au point pour le groupe A.
- Recherchez l'air frais et la lumière du jour.
- Modérez votre consommation d'alcool (pour les hommes surtout).
- Limitez vos heures de travail.

---

1. Melato M. et al. : « The lectin-binding sites for peanut agglutinin in invasive breast ductal carcinomas and their metastasis. » *Pathol Res Pract*, 1998, 194(9), p. 603-08.

- Ne fumez pas.
- Réduisez votre stress. Toutes les formes de stress exercent en effet une action négative sur le fonctionnement de vos cellules tueuses. Suite à des études menées sur des femmes atteintes de cancers du sein de stade I et de stade II, on a remarqué une activité accrue de ces cellules chez les patientes bénéficiant d'un bon soutien émotionnel de la part de leur conjoint, de leur médecin ou d'autres membres de leur entourage. En général, les mesures globales de stress pratiquées après un diagnostic de cancer du sein reflètent bien l'activité des cellules tueuses. Qui dit stress élevé dit cellules moins efficaces pour détruire leurs consœurs malignes, mais aussi un effet plus faible des techniques visant à améliorer leurs performances[1].

Helix pomatia : la lectine antimétastatique

Les propriétés anticancéreuses de la lectine de l'escargot *Helix pomatia* ont fait l'objet de maintes recherches. On a pu notamment démontrer sa capacité à démasquer des cellules cancéreuses et précancéreuses ressemblant à l'antigène A, de façon à ce que les anticorps du groupe A les décèlent et les attaquent[2]. Pour

---

1. Andersen B. L., W. B. Farrar, D. Golden-Kreutz et al. : « Stress and immune responses after surgical treatment for regional breats cancer. » *J Natl Cancer Inst*, 7 janvier 1998, 90(1), p. 30-36.

Irwin M., T. Patterson, T. L. smith et al. : « Reduction of immune function in life stress and depression. » *Biol Psychiatry*, 1er janvier 1990, 27(1), p. 22-30.

Sieber W. J., J. Rodin, L. Larson et al. : « Modulation of human natural killer cell activity by exposure to uncontrollable stress. » *Brain Behav Immun*, juin 1992, 6(2), p. 141-56.

2. Schumacher U., D. Higgs, M. Loizidou, R. Pickering, A. Leathem et I. Taylor : « Helix pomatia agglutinin binding is a useful prognostic indicator in colorectal carcinoma. » *Cancer*, 15 décembre 1994, 74(12), p. 3104-07.

ce faire, cette lectine fixe des cellules malignes sur le marqueur A, appelé LLC, lequel assume un rôle de passeport interne permettant aux « méchants » de franchir les barrages que représentent les ganglions lymphatiques afin de pénétrer dans l'organisme.

Je recommande presque toujours à mes patientes atteintes d'un cancer du sein de prendre *Helix pomatia* à titre de complément. Et j'ai observé des altérations significatives des gonflements lymphatiques chez des malades souffrant de lymphomes lorsqu'ils consommaient cet aliment et sa lectine.

4. MODIFIEZ VOTRE FACTEUR DE CROISSANCE ÉPIDERMIQUE (FCE). Le facteur de croissance épidermique est une hormone polypeptidique qui favorise la croissance et la régénération du tissu protecteur épithélial. On en trouve dans tout l'organisme, les concentrations les plus fortes se nichant dans la salive, la prostate et le duodénum. Le récepteur de ce facteur de croissance (FCE-R) est conçu pour un glucide qui ressemble beaucoup à l'antigène du groupe A.

Les liens entre ce récepteur et cet antigène ressortent clairement de la recherche actuelle [1]. Or le FCE-R joue un rôle important dans le développement de nombreux cancers, lesquels affichent comme par hasard une prédilection pour le groupe A. Pour agir sur le facteur de croissance épidermique *via* l'alimentation, la politique la plus sûre consiste à surveiller son apport en lipides tant sur le plan quantitatif que sur le plan qualitatif. L'acide linoléique, acide gras essentiel poly-insaturé, stimule en effet la progression des cancers. Plusieurs options s'offrent à vous :

---

1. Defize L. H., D. J. Arndt-Jovin, T. M. Jovin, J. Boonstra, J. Meisenhelder, T. Hunter, H. T. de Hey et S. W. de Laat : « A431 cell variants lacking the blood groupe A antigen display increased high affinity epidermal growth factor-receptor number, protein-tyrosine kinase activity, and receptor turnover. » *J Cell Biol*, septembre 1988, 107(3), p. 939-49.

- Réduire la part des lipides dans votre alimentation.
- Prendre une supplémentation en mélatonine, le soir au coucher. Cette hormone inhibe en effet la recapture de l'acide linoléique.
- Bloquer l'activité de la 5-lipoxygénase, un composé actif de la croissance des cellules malignes. Le tamoxifène est un inhibiteur de la 5-lipoxygénase ; l'huile d'olive aussi, ainsi que quelques plantes médicinales :
  – gingembre (renferme au moins huit agents anti-5-lipoxygénase)
  – curcuma
  – ortie
  – serenoa [1]
  – boswellia
  – romarin
- La quercétine et la lutéoline antioxydantes semblent bloquer l'action stimulante du FCE, sans doute en inhibant son action sur les récepteurs de FCE.
- La lectine du germe de blé active les récepteurs du FCE aussi efficacement que ce facteur lui-même. Autant dire que les produits qui en contiennent sont vivement déconseillés aux patients cancéreux. En revanche, les lectines qui agglutinent le mannose semblent produire l'effet inverse, et le groupe A aura grand avantage à consommer des aliments qui en renferment, notamment :
  – l'oignon (*Allium cepa*)
  – l'ail (*Allium sativum*)
  – le maïs (*Zea mays*)
  – le poireau (*Allium porrum*)
  – l'aloès (*Aloe arborescens*)

---

1. (N.d.T.) : le *saw palmetto* américain.

– le safran (*Crocus sativus*)
et, en moindre quantité :
– les fèves (*Vicia fabia*)
– les petits pois (*Pisum sativum*)
– les pois de senteur (*Lathyrus odoratus*)
– les lentilles (*Lens culinaris*)

5. DISCUTEZ AVEC VOTRE MÉDECIN DU VACCIN CONTRE LA TYPHOÏDE. Le Dr George Springer a consacré plus de vingt années à étudier le potentiel du système immunitaire dans la lutte contre le cancer. Pionnier de la recherche sur les antigènes sanguins, il a voué sa vie à tenter de percer les mystères du cancer du sein, sa femme ayant succombé à ce mal. Ses travaux devaient donner naissance à ce qu'on appelle le « vaccin de Springer ». Et son protocole thérapeutique novateur, utilisant les antigènes T (Thomson-Friedenreich) et Tn, donne des taux de survie (jusqu'à dix ans) à des patientes atteintes de cancers mammaires de stade II, III et IV absolument stupéfiants comparés aux statistiques classiques.

Springer a tiré parti des disparités entre cellules saines et cellules malignes afin de mettre au point un vaccin capable d'inciter le système immunitaire à attaquer spécifiquement les cellules porteuses d'antigènes T ou Tn.

Ce vaccin comporte trois ingrédients :
• des cellules sanguines du groupe O traitées chimiquement, qui fournissent les antigènes T et Tn ;
• le vaccin contre la typhoïde *Salmonella typhii*, lequel contient aussi des antigènes T et Tn ;
• du phosphate de calcium (il pensait que les antigène T et Tn pouvaient s'agglutiner à cette substance).

Springer administra ce vaccin à ses patientes par voie sous-cutanée, au départ toutes les six semaines ; plus tard, il devait porter le délai de vaccination à douze semaines. Pour celles traitées par chimiothérapie, il attendait trois à quatre semaines avant d'entamer ce protocole et entre un et trois mois après des radiothérapies. Il leur recommandait de se faire revacciner ainsi jusqu'à la fin de leurs jours.

Le Dr Springer a disparu au printemps 1988 et son précieux vaccin est à ma connaissance introuvable depuis lors. En revanche, le vaccin contre la typhoïde qui entrait dans sa composition est largement disponible sous forme buvable et injectable. Seuls les vaccins injectables doivent être utilisés pour stimuler la production d'anticorps anti-T et anti-Tn. On recommande en général deux injections espacées d'un mois avec un premier rappel au bout de trois ans.

Attention : ne vous faites jamais vacciner enceinte ou si vous souffrez d'une maladie infectieuse en phase active. Attendez au moins un mois après la fin d'un cycle de chimiothérapie et un à trois mois après votre dernière séance de rayons.

Le vaccin contre la typhoïde est en général bien toléré, même s'il provoque parfois des symptômes proches de ceux de la grippe persistant pendant un ou deux jours après l'injection. On note aussi des rougeurs, une inflammation et une sensation d'inconfort dans la région de l'injection, surtout chez les personnes atteintes d'un cancer en phase active ; ces désagréments se dissipent en un à deux jours.

Si l'on ne peut attendre de cette mesure des résultats aussi spectaculaires que ceux que Springer obtenait avec sa formule spécifique, ce vaccin constitue l'une des rares méthodes capables de multiplier les anticorps anti-T et anti-Tn. Ce qui fait de ce vaccin un adjuvant intéressant des protocoles anticancéreux − qui vous protégera contre la typhoïde. Ce vaccin inoffensif pour tous les groupes sanguins exige des rappels tous les six ans.

Springer était un véritable précurseur et j'espère que ses idées ne tarderont pas à se diffuser dans le monde médical. En attendant, nous devrons nous contenter du vaccin contre la typhoïde et tirer parti de la nouvelle approche de l'immunité et du traitement du cancer qu'il nous a proposée.

Pour en apprendre plus sur le maintien de votre santé et de votre équilibre, connectez-vous sur le site Internet du groupe sanguin : www.dadamo.com.

Le mode de vie
du groupe B

Le profil du groupe B

LE PATRIMOINE GÉNÉTIQUE des personnes du groupe B leur confère une grande capacité d'adaptation à un environnement en perpétuelle mutation. À l'inverse de vos congénères des groupes O et A, aussi différents que possible dans la plupart des domaines, vos ancêtres vous ont légué une position plus souple entre ces deux extrêmes. On comprend aisément l'utilité d'une telle

Le profil de risque médical du groupe B

CARACTÉRISTIQUES	MANIFESTATIONS
ESPRIT/CORPS Taux de cortisol naturellement élevé et tendance à en surproduire en cas de stress	• Vive réaction au stress • Difficulté à surmonter le stress • Rythme de sommeil désorganisé • Esprit « embrumé » • Flore intestinale déséquilibrée • Défenses immunitaires inhibées
Tend à éliminer rapidement l'oxyde nitrique grâce à l'influence de l'allèle du gène B sur la production enzymatique de cette substance	*En cas de déséquilibre :* • Réactions excessives en situation de stress • Léthargie, démotivation • Effets systémiques étendus
DIGESTION Niveaux modérés ou élevés de phosphatase alcaline intestinale (enzyme)	• Favorise le métabolisme des lipides • Protection accrue contre les affections coronariennes • Renforce le squelette
MÉTABOLISME Puissante influence des lectines sur l'équilibre métabolique	• Les lectines ralentissent le métabolisme • Les lectines suscitent une résistance à l'insuline
IMMUNITÉ Beaucoup de bactéries possèdent des antigènes structurellement proches de ceux du groupe B	• Les antigènes B ne lancent pas d'assaut contre des micro-organismes qui leur ressemblent
Prédisposition aux infections virales à développement lent	• Dysfonctionnement des réactions immunitaires

RISQUES ACCRUS	VARIATIONS
• Dépression • Résistance à l'insuline • Hypothyroïdie • Un stress intense peut aggraver presque tous les défis santé	SENIORS : • On décèle des taux de cortisol élevés chez les patients atteints de la maladie d'Alzheimer ou de démence sénile • Le déséquilibre des hormones de stress peut favoriser une fonte musculaire et osseuse liée à l'âge ENFANTS : • Un excès de cortisol pourrait figurer parmi les facteurs d'autisme
En cas de déséquilibre : • Infections virales chroniques • Syndrome de fatigue chronique, sclérose en plaques, sclérose latérale amyotrophique • Tension artérielle très élevée ou très basse	
• Faible risque de diabète et de maladie cardio-vasculaire lorsque le métabolisme est en situation d'équilibre	SÉCRÉTEURS : • Effet plus prononcé des lectines
• Hypoglycémie • Obésité • Dérangements intestinaux	SENIORS : • libido très atténuée
• Grippe (aggravée) • Colibacillose (aggravée) • Gastro-entérite • Infections urinaires • Infections à staphylocoques • Infections des sinus	ENFANTS : • Risque d'infections néo-natales à streptocoques, surtout si la mère appartient au groupe B ORIGINE ETHNIQUE : • Les sujets d'origine asiatique affichent un risque de tuberculose accru NON-SÉCRÉTEURS : • Les plus prédisposés de tous aux infections urinaires
• Maladies auto-immunes • Diabète de type I	ORIGINE ETHNIQUE : • Les sujets afro-américains affichent un risque spécifique de diabète de type I et de maladie auto-immune

flexibilité pour les premiers représentants du groupe B apparus sur la Terre, qui devaient maintenir un équilibre entre les forces du règne animal et celles du règne végétal. Mais comme gérer deux pôles antagonistes n'est pas une mince affaire, les personnes du groupe B sont aussi les plus sensibles aux déséquilibres.

Quels sont alors les grands défis du groupe B dans le domaine de la santé ? Une sécrétion excessive de cortisol en période de stress, des inflammations ainsi qu'une prédisposition au syndrome X provenant des méfaits de lectines nocives, et une grande vulnérabilité aux virus à développement lent – tels que ceux qui provoquent la sclérose en plaques, le syndrome de fatigue chronique ou le lupus – comme aux maladies auto-immunes.

En résumé, je dirai qu'un sujet du groupe B en bonne santé et menant une vie adaptée à son groupe sanguin accumule globalement moins de facteurs de risque que les personnes des groupes O, A ou AB. Il jouit aussi d'une meilleure forme physique et d'un meilleur équilibre mental et émotionnel. Il supporte d'ailleurs l'altitude mieux que les autres et affiche généralement une taille supérieure à la moyenne.

Le programme du groupe B

LE PROGRAMME DU GROUPE B mêle thérapies nutritionnelles, comportementales et environnementales, afin de vous aider à adopter le mode de vie idéal pour votre groupe sanguin.

DES STRATÉGIES DE MODE DE VIE pour structurer votre existence afin de vivre longtemps et en pleine forme.

DES STRATÉGIES DE MODE DE VIE ADAPTÉES aux besoins spécifiques des enfants, des seniors et des non-sécréteurs.

DES ÉGALISATEURS ÉMOTIONNELS et des techniques anti-stress.

UN RÉGIME SPÉCIALISÉ : Premier niveau pour optimiser votre santé.

UN RÉGIME CIBLÉ : Deuxième niveau pour surmonter la maladie.

UN PROGRAMME THÉRAPEUTIQUE SUPPLÉMENTAIRE pour un soutien renforcé.

Stratégies de mode de vie

Clés

- Les techniques de visualisation conviennent fort bien aux individus du groupe B : si vous visualisez un projet, vous pouvez le réaliser.
- Trouvez des modes d'expression sains pour manifester votre anticonformisme.
- Consacrez au moins vingt minutes par jour à des tâches créatives absorbant toute votre attention.
- Ne vous couchez pas après 23 heures et dormez au moins huit heures par nuit.
- Recourez à des techniques de visualisation pour vous détendre pendant les pauses.

☞ Adoptez des activités collectives génératrices de liens réels avec un groupe. Les personnes du groupe B sont faites pour les relations publiques.

☞ Restez spontané.

Les règles qui suivent vous aideront à mettre au point un programme de mode de vie qui maximisera les atouts du groupe B en termes de santé et de longévité.

1. Une alimentation adaptée pour préserver vos forces et votre équilibre

Les sujets du groupe B partagent en partie la tendance de leurs congénères du groupe A à l'excès de cortisol. Voici donc, en plus du régime du groupe B, quelques recommandations pour équilibrer votre taux de cortisol :

- Calmez vos fringales de glucides en prenant six petits repas quotidiens au lieu de trois repas plus consistants.
- Quand vous vous sentez fatigué, mangez des protides.
- Ne vous sous-alimentez pas et ne sautez pas de repas, surtout si vous vous dépensez beaucoup. Le jeûne est un stress violent.
- Prévoyez toujours des en-cas énergétiques, surtout quand vous êtes en déplacement : la plupart de ceux que vous trouverez dans le commerce contiennent du blé.

2. Respectez votre rythme circadien

Lorsqu'on appartient au groupe B, la meilleure méthode pour gérer son stress consiste à respecter un emploi du temps régulier. Ce qui semble logique puisqu'une des clés de la régulation de la sécrétion de cortisol réside dans le maintien d'un rythme circadien de vingt-quatre heures. Vous pouvez réinitialiser votre horloge interne en vous exposant à une lumière vive naturelle ou artificielle entre 6 heures et 8 heures du matin ou en réglant la luminosité de votre chambre à coucher. Deux compléments peuvent vous aider dans cette démarche : la mélatonine et une forme de vitamine B12 appelée méthylcobalamine.

La méthode la plus douce consiste à combiner l'exposition à une lumière vive et la prise de méthylcobalamine. Cette dernière renforce en effet l'action de la lumière. Elle améliore aussi la qualité du sommeil, si bien que l'on se réveille plus dispos. Et même si elle n'agit pas sur le niveau total de cortisol, elle peut contribuer à déplacer son pic de sécrétion, afin de recaler votre « horloge de cortisol ».

Méthylcobalamine : 1 à 3 mg/jour le matin.

Mélatonine : La mélatonine étant une hormone, mieux vaut ne l'utiliser que sous contrôle médical.

3. *Choisissez une activité physique qui sollicite à la fois le corps et l'esprit*

Les personnes du groupe B doivent associer des activités propices à la méditation avec des phases d'exercice plus intensif. Les disciplines qui leur conviennent le mieux sont celles qui ne sont pas trop épuisantes sur le plan cardio-vasculaire, représentent un défi mental et se pratiquent en groupe. Citons notamment le tennis, les arts martiaux, la bicyclette, la randonnée et le golf.

Pour un programme d'exercice global combinant travail de musculation, cardio-training et contrôle du stress, je recommande le rythme suivant :

CARDIO-TRAINING	MUSCULATION	ASSOUPLISSEMENTS/ ÉTIREMENTS
25 minutes	20 minutes	30 minutes
4 ou 5 fois par semaine	2 ou 3 fois par semaine	2 ou 3 fois par semaine

STRATÉGIES DE MODE DE VIE ADAPTÉES	ENFANTS DU GROUPE B

Introduisez ces précieuses stratégies dans le quotidien de vos enfants du groupe B, afin de leur assurer une croissance harmonieuse, une bonne santé et une résistance aux maladies.

Enfants en bas âge
- Créez-leur un environnement non restrictif. Laissez par exemple l'enfant choisir ses vêtements, même si vous jugez que son pull jure avec son bonnet.
- Quand c'est possible, faites preuve de souplesse, notamment en ce qui concerne les horaires du coucher ou des repas.
- Trouvez des moyens pour satisfaire ses tendances anticonformistes : servez-lui un sandwich à midi ou une assiette décorée de façon amusante.
- Tâchez de satisfaire son amour de l'ordre : donnez-lui des listes de choses à faire, offrez-lui un réveil et des coffres de rangement.
- Dès l'âge de deux ou trois ans, il peut pratiquer au quotidien des exercices respiratoires, d'étirement ou de méditation.
- Encouragez sa créativité et les jeux faisant appel à son imagination.
- Éveillez-le à d'autres cultures.
- Limitez sa consommation de sucres et d'édulcorants de synthèse, dont on pense qu'il favorisent les troubles de l'attention.

Enfants plus âgés

- Comprenez leur besoin de braver les conventions par des gestes inoffensifs comme l'adoption d'une coupe de cheveux fantasque ou le port de vêtements originaux.
- Encouragez-les à pratiquer au quotidien des exercices de visualisation.
- Permettez-leur d'opter pour des activités sportives sollicitant à la fois l'esprit et le corps, ou d'alterner phases d'exercice intense et phases d'activité intellectuelle.
- Apprenez-leur à se concentrer sur la solution d'un problème, afin de mieux gérer leur stress. Inculquez-leur la différence entre le bon et le mauvais stress.

STRATÉGIES DE MODE DE VIE ADAPTÉES	SENIORS DU GROUPE B

- Les seniors du groupe B semblent plus prédisposés que les autres aux pertes de mémoire et au déclin des facultés mentales au-delà d'un certain âge ; on leur recommandera donc d'« entretenir » leur cerveau grâce à des tâches exigeant de la concentration telles que les mots-croisés.
- La pratique quotidienne du stretching, du yoga et de la méditation permet d'abaisser le taux de cortisol et d'accroître l'acuité intellectuelle. On décèle en effet des taux de cortisol élevés chez les patients atteints de la maladie d'Alzheimer ou de démence sénile.
- Montrez-vous pointilleux quant à l'hygiène et à la préparation de vos repas car vous êtes particulièrement vulnérable aux infections bactériennes. Si votre odorat a perdu de sa finesse et que vous ne parvenez plus à juger à l'odeur de la fraîcheur

d'un aliment, faites-vous accompagner pour vos courses par un ami ou un parent plus jeune.

- La préservation des rythmes circadiens s'avèrent souvent délicate au-delà d'un certain âge. Les seniors présentent en effet une propension accrue aux troubles du sommeil et à l'insomnie. Essayez d'augmenter votre apport en vitamine B12, ou prenez un peu de mélatonine.
- Ménagez-vous des plages de relaxation, de méditation ou de visualisation.

Égalisateurs émotionnels

Les relations complexes qui unissent le physique et le mental chez les sujets du groupe B ne cesseront jamais de me fasciner. Lorsque ces personnes sont « en équilibre » — l'état que vous devez rechercher —, elles se montrent capables de combattre le stress, l'anxiété et la dépression grâce à leur don pour la relaxation et la visualisation. Enfin, la recherche génétique et biochimique semble apporter un commencement d'explication à cette particularité que j'ai toujours observée chez mes patients du groupe B. On sait maintenant qu'ils éliminent plus rapidement l'oxyde nitrique — ce qui permet une meilleure intercommunication des systèmes organiques — et utilisent à leur façon leurs hormones de stress.

En résumé, une personne du groupe B équilibrée se révélera flexible, créative, sensible et dotée d'une grande agilité mentale ainsi que d'une bonne intuition. En situation de déséquilibre, elle pâtit des méfaits d'un excès de cortisol et devient plus vulnérable aux affections virales, à la fatigue chronique et aux maladies auto-immunes. Elle se plaint souvent d'avoir l'esprit « embrumé ». Elle devra donc concentrer ses efforts sur la réduction du taux de cortisol et l'amélioration de son acuité intellectuelle.

1. Identifiez vos tendances

Les sujets du groupe B tendent à faire montre de comportements dits de « type B » caractérisés par un certain flegme, la capacité d'encaisser les soucis sans broncher et sans perdre de vue leurs priorités et une bonne conscience de leurs limites. Moins obsédés par la réussite que les individus d'autres groupes sanguins, ils savent prendre le temps de se détendre.

Par ailleurs, ils maîtrisent fort bien les techniques de relaxation et de visualisation pour gérer leur stress. C'est pourquoi je ne traite jamais l'hypertension d'un patient du groupe B par des médicaments avant de lui avoir d'abord conseillé de se détendre. Et, bien souvent, de simples exercices de visualisation soignent les déséquilibres globaux de ces individus aussi bien, sinon mieux, qu'un traitement allopathique. Peut-être tirent-ils un meilleur parti de ces techniques en raison de leur don pour moduler l'action de l'oxyde nitrique sur la communication des organes. En effet, lorsqu'ils recourent à la visualisation pour améliorer leur équilibre nerveux, afin de mieux contrôler leur tension artérielle, leur système nerveux adresse un message aux vaisseaux sanguins, par l'intermédiaire de l'oxyde nitrique, leur commandant de moins se contracter.

Lorsqu'ils s'écartent de cet indispensable équilibre, en revanche, les conséquences de leur taux élevé de cortisol les frappe de plein fouet : épuisement, dépression et démotivation. C'est sans doute pour cela que la typologie japonaise populaire les définit comme « paresseux ». Et que la plupart de mes patients atteints du syndrome de fatigue chronique appartiennent au groupe B.

Plus complexes sur le plan émotionnel que les autres,

peut-être à cause de leur tendance à osciller entre les deux extrêmes O et A, ils expriment souvent des idées originales et supportent mal les règlements.

Étudiez votre personnalité afin de déterminer si celle-ci correspond à celle que l'on attribue d'ordinaire aux membres de votre groupe sanguin. Vous sentez-vous attiré par ce qui s'écarte des conventions ? Les carcans réglementaires vous étouffent-ils ? Les raisonnements trop linéaires vous agacent-ils ? Vous sentez-vous vite frustré et enclin à sombrer dans la léthargie et la démotivation lorsque les choses se révèlent plus difficiles que prévu ? Il ne s'agit pas ici de vous coller une étiquette : on sait que les prédispositions génétiques ne déterminent qu'une petite partie de la personnalité et que chacun de nous est unique. J'ai cependant pu constater que ces traits de caractère spécifiques tendaient à se faire plus présents en période de stress et de résistance affaiblie.

2. *Recourez à la méditation et à la visualisation*

Les personnes du groupe B possèdent un don particulier pour calmer leur stress par la méditation et la visualisation. De toutes les techniques de méditation, c'est la méditation transcendantale dont on connaît le mieux l'action apaisante. On sait que le taux de cortisol diminue durant les séances, surtout chez les adeptes de longue date, et qu'il reste plus bas même après la fin de celles-ci.

La respiration est l'aspect primordial d'une séance de méditation. La technique de respiration alternée par les narines, notamment, représente un outil précieux de contrôle physiologique. Inspirer par la narine gauche exerce un effet plus relaxant et ralentit l'activité sympathique, tandis que les inspirations par la narine droite stimuleraient celle-ci. Passer de l'une à l'autre engendre de ce fait un rééquilibrage relatif des systèmes nerveux sympathique et parasympathique, ce qui en fait une puissante arme anti-stress.

Pratiquez le tai-chi chuan, idéal pour vous puisqu'il exige réflexion et concentration. On a également étudié l'action anti-stress de cet art martial qui s'apparente à une méditation en mouvement. Une séance de tai-chi pratiquée après un événement déstabilisant permet de réduire la teneur en cortisol de la salive, de faire chuter la tension artérielle et d'améliorer l'humeur.

Combinez musique et image. Cette combinaison se révèle un outil efficace de gestion du stress et de l'humeur chez les adultes en bonne santé. Elle convient particulièrement bien aux sujets du groupe B, plus aptes que les autres à tirer parti des techniques de visualisation. Parmi les types de musique utiles à cet égard, citons les valses de Strauss, les morceaux classiques-modernes de H. W. Henze ou l'album *Discreet Music* de Brian Eno.

3. *Utilisez des adaptogènes pour améliorer vos réactions face à un stress*

Le terme adaptogène désigne des plantes qui améliorent la réponse globale au stress. Beaucoup d'entre elles exercent une influence bidirectionnelle ou normalisante sur l'organisme : lorsqu'une valeur est trop basse, elles la font remonter. Même chose lorsqu'un taux est trop élevé. Les adaptogènes ci-après conviennent à merveille aux personnes du groupe B.

Ginseng (*Panax ginseng*). Cette plante semble accroître la sensibilité et la capacité de réponse de l'axe HPA, ce qui contribue sans doute à favoriser une production de cortisol en hausse en cas de besoin, mais aussi un retour à la normale plus rapide lorsque le stress se dissipe. Le ginseng cadre donc bien avec la définition d'un adaptogène, laquelle implique une action bidirectionnelle ou régulatrice des fonctions physiologiques. S'il convient à tous les groupes sanguins, la tradition en réserve l'usage à la gent masculine. J'ai pour ma part constaté que certaines femmes supportaient moins bien cette plante que le ginseng de Sibérie ou éleuthérocoque. Inutile d'en abuser, mais veillez à ingérer du ginseng de qualité.

ÉLEUTHÉROCOQUE (*Eleutherococcus senticosus*). Cette plante est plus connue sous le nom de ginseng de Sibérie (on la trouve aussi parfois dans les magasins asiatiques sous le nom de *Ci Wu Jia*). Sachez que, en dépit de son surnom, ce n'est pas du tout une variété de ginseng. Lorsque les chercheurs russes se sont intéressés aux adaptogènes, dans les années 1940 et 1950, ils ont constaté que l'éleuthérocoque comptait parmi les plus efficaces. Elle aide votre organisme à s'adapter à des conditions physiques rudes et améliore les performances intellectuelles, ainsi que la qualité du travail accompli en situation de stress. Cette plante semble aussi exercer une action régulatrice sur la réponse au stress, ce qui rend plus apte à gérer celui-ci et à demeurer efficace sous pression. L'éleuthérocoque se révèle aussi un précieux outil en cas d'hypotension.

WITHANIA SOMNIFERA (ASHWAGANDHA). La médecine ayurvédique considère cette plante, parfois appelée ginseng indien, comme le meilleur des adaptogènes. Elle possède la même action anti-stress et anabolisante que le ginseng et permet de contrer la plupart des bouleversements biologiques qui accompagnent un stress intense, notamment ceux qui concernent le taux de sucre et de cortisol sanguins. La withania améliore en outre légèrement les troubles thyroïdiens induits par le stress.

EXTRAIT DE FEUILLES DE *BACOPA MONNIERA*. Cette substance procure au cerveau et au système nerveux un support antioxydant. Elle favorise également la clarté mentale chez les individus du groupe B.

OCIMUM SANCTUM OU BASILIC SACRÉ. Le basilic sacré abaisse le taux de cortisol et réduit les troubles physiologiques liés au stress. Il accroît en outre l'endurance physique et émotionnelle tout en régulant le taux de sucre sanguin grâce à son impact sur le métabolisme du glucose.

RACINE DE RÉGLISSE. La réglisse (non déglycyrrhisique) renforce les glandes surrénales et favorise la santé endocrinienne des personnes du groupe B, ainsi que le bon fonctionnement de leur système immunitaire. Prenez-la toujours associée à une supplémentation en potassium et de préférence sous la surveillance d'un naturopathe ou d'un médecin compétent.

TRIBULUS TERRESTRIS. Cette plante adaptogène induit une réponse équilibrée au stress.

4. Combattez le stress à l'aide des suppléments appropriés

Le régime du groupe B comporte un large éventail de vitamines et d'oligoéléments. Cependant, les compléments ci-dessous pourront se révéler utiles en période de stress mental, émotionnel ou physique intense.

VITAMINE C. Au-delà de 500 mg quotidiens, la vitamine C favorise la fonction surrénale et protège l'organisme des méfaits d'un excès de cortisol en situation de stress.

VITAMINES DU GROUPE B. Les vitamines B1 et B6 améliorent la régulation du cortisol par les glandes surrénales et l'activité de ces glandes. Un déficit en vitamine B5 compromet sérieusement le fonctionnement du cortex surrénal, responsable de la production de cortisol. Toutes les formes de tension ou presque accrois-

sent les besoins en vitamine B5, dont un déficit intensifiera votre tendance à l'hypersécrétion de cortisol et
à l'épuisement en cas de stress.

ZINC. Une supplémentation quotidienne de 15 à
25 mg de zinc peut abaisser le taux de cortisol.

TYROSINE. Cet acide aminé se révèle particulièrement
précieux en période de stress intense. Plusieurs études
indiquent en effet que la prise de 3 à 7 g de tyrosine
avant un événement générateur de stress psychosocial
et physique en minimisait nettement les conséquences
les plus dramatiques.

PHOSPHATIDYLSÉRINE. Présente à l'état de trace dans
la lécithine, cette substance participe à la régulation de
l'activation sous l'effet du stress de l'axe HPA et à celle
du taux de cortisol. (N. B. : pour obtenir des résultats,
il faut cependant en absorber 400 à 800 mg ; or il s'agit
d'un complément très onéreux.)

STÉROLS DE PLANTES ET STÉROLINES. Les stérols de
plantes et les stérolines sont des substances phyto-chimiques souvent appelées graisses de plantes, de structure très similaire à celle du cholestérol. Elles possèdent
un pouvoir adaptogène, préviennent les déséquilibres
du système immunitaire liés au stress et contribuent à
la normalisation des niveaux de cortisol et de DHEA.

ARGININE. Cet acide aminé est indispensable à la synthèse de l'oxyde nitrique.

CITRULLINE. Cet acide aminé participe au cycle énergétique et à la synthèse de l'oxyde nitrique. On en
trouve notamment dans les pastèques.

STRATÉGIES SPÉCIALES	ENFANTS DU GROUPE B PRÉSENTANT UN DÉFICIT D'ATTENTION OU UNE HYPERACTIVITÉ

Même s'il n'existe aucune étude comparative sur le
manque d'attention et les groupes sanguins, j'ai pu
observer que beaucoup d'enfants du groupe B présentaient des difficultés de concentration et de mémorisa-

tion, souvent associées à une tendance aux infections chroniques (virus, otites...). Ce qui paraît logique quand on sait que, au sein du groupe B, une maladie ou un déséquilibre trouble en premier lieu l'acuité intellectuelle. J'ai obtenu d'excellents résultats avec des enfants du groupe B atteints de déficits d'attention grâce aux techniques exposées ci-après. Elle exigent beaucoup de temps et de patience de la part des parents, mais s'attaquent beaucoup plus efficacement à la source du problème que les médicaments.

1. Le régime du groupe B constitue l'épine dorsale du traitement. Il vous aidera à combattre les infections chroniques qui accompagnent souvent les troubles de l'attention. Veillez à éviter les aliments riches en lectines nocives avec un soin tout particulier : supprimez complètement le poulet, le maïs et les cacahuètes et efforcez-vous de remplacer les produits à base de blé par de l'épeautre ou d'autres céréales bénéfiques.

2. Instaurez un horaire de coucher régulier, afin de favoriser la normalisation du rythme circadien de votre enfant. Veillez à ce qu'il dorme au moins huit à dix heures par nuit.

3. Incitez-le à pratiquer des activités nécessitant calme et concentration. Réservez chaque jour un moment – même s'il ne s'agit que d'une vingtaine de minutes – pour faire avec lui un puzzle, une maquette ou du dessin, ou encore pour jouer avec lui aux échecs.

4. Ne l'encouragez pas à pratiquer des activités sportives trop intenses ou compétitives. Préférez des disciplines plus douces comme la bicyclette, la randonnée, la natation ou des arts martiaux tels que le taekwondo.

5. Limitez son apport en sucre, qui peut favoriser la résistance à l'insuline. On a en effet mis en évi-

dence une corrélation entre la surconsommation de sucreries et les troubles de l'attention.

Le régime à deux niveaux
du groupe B

CE RÉGIME À DEUX NIVEAUX est conçu pour permettre une approche plus personnalisée. En effet, si j'ai pu observer que certains se portaient fort bien de s'en tenir au Premier niveau – c'est-à-dire au régime de base, lequel donne une priorité modérée aux aliments « bénéfiques » et incite à proscrire avec une certaine rigueur les mets « à éviter », tout en laissant une large place aux aliments « neutres » –, il en est d'autres pour qui un protocole plus rigide s'avère nécessaire, surtout lorsqu'ils souffrent d'affections chroniques. Ajouter le Deuxième niveau aide l'organisme à surmonter la maladie et à retrouver santé et bien-être.

BÉNÉFIQUES : Ces aliments renferment des composants qui améliorent la santé métabolique, immunitaire ou structurelle des personnes de votre groupe sanguin.
NEUTRES : Ces aliments n'ont en général aucun effet direct, bénéfique ou nocif, sur les personnes de votre groupe sanguin, mais beaucoup d'entre eux apportent des nutriments indispensables à une alimentation équilibrée.
À ÉVITER : Ces aliments contiennent des composants nocifs pour les personnes de votre groupe sanguin.

Votre statut sécréteur peut influer sur votre capacité à digérer et à métaboliser pleinement certains aliments. Pour cette raison, toutes les listes de mets qui suivent contiennent une colonne destinée aux sécréteurs et une autre pour les non-sécréteurs. En effet, les quelque 20 % de la population qui appartiennent à ce dernier sous-groupe doivent respecter des variations par rapport aux recommandations générales du régime adapté à leur groupe sanguin.

> *SÉCRÉTEUR OU NON-SÉCRÉTEUR ?*
> *Avant d'entamer ce régime, faites un prélèvement de salive chez vous (voir p. 479) afin de déterminer votre statut sécréteur.*

Dans quelques rares cas, le statut Rh ou MN pourra lui aussi rendre nécessaire une adaptation du régime. Vous trouverez les indications adéquates dans les tableaux concernés.

Les niveaux du régime Groupe sanguin

Premier niveau : Optimiser votre santé

Adoptez ces principes aussi rapidement que possible afin d'optimiser votre santé. Pour la plupart des individus en bonne santé, combiner les préceptes de ce Premier niveau avec des aliments neutres suffit.

Deuxième niveau : Surmonter la maladie

Prenez ces mesures si vous souffrez d'une affection chronique ou si vous souhaitez suivre ce programme de manière plus rigoureuse. Si vous optez pour le Deuxième niveau, limitez la part des aliments neutres dans vos menus.

Directives nutritionnelles individualisées

Si vous appartenez au groupe B et jouissez d'une bonne santé, le Premier niveau du régime Groupe sanguin vous fournira la recette d'une combinaison d'aliments clés d'une bonne santé. Pour en tirer le meilleur parti possible, portez une attention toute particulière aux directives ci-dessous.

Clés

- Mangez plusieurs fois par semaine des portions petites ou modérées de viande maigre, de bonne qualité et issue d'élevages biologiques, afin de gagner en vigueur et d'optimiser votre métabolisme. Les meilleurs effets seront obtenus avec des viandes saignantes ou à point. Si vous faites griller votre viande au barbecue ou la préférez bien cuite, laissez-la tremper auparavant dans une marinade composée d'ingrédients bénéfiques tels que du jus de cerise ou de citron, des épices et des herbes aromatiques.
- Intégrez à votre alimentation des portions régulières de poissons gras pêchés dans des mers froides. Les huiles de poisson stimulent en effet votre métabolisme.

**Conseils aux personnes du groupe B
qui suivaient auparavant un régime végétarien**

Parmi les nouveaux adeptes du régime du groupe B, on compte beaucoup de végétariens de longue date. Ce groupe sanguin se révèle en outre plus répandu au sein des populations d'Asie (au Japon, en Chine, en Mongolie et en Inde, notamment) et des personnes d'origine asiatique, lesquelles respectent des traditions culinaires mettant l'accent sur les céréales et le poisson, avec une certaine répugnance à l'égard des laitages, en particulier ceux produits avec du lait de vache, auxquels on préfère les dérivés du soja. Il s'agit là plus d'interdits culturels que de véritables intolérances alimentaires. Cela dit, toutes ces personnes auront avantage à adopter le régime du groupe B de manière plus progressive. Voici quelques conseils :

1. Si vous n'avez pas l'habitude de consommer des laitages, attendez d'avoir suivi le régime du groupe B pendant quelques semaine avant de commencer à intégrer ceux-ci à vos menus. Débutez par des laitages fermentés comme le yaourt et le kéfir, qui sont mieux tolérés que les laitages frais.

2. Pour votre apport en protéines, privilégiez les produits de la mer et les laitages, avec de petites quantités de viandes bénéfiques. Écartez les viandes neutres telles que le bœuf, le veau et le faisan, jusqu'à ce que votre organisme se soit adapté au régime du groupe B.

3. Pour favoriser l'adaptation de votre appareil digestif à cette nouvelle alimentation, prenez lors des repas principaux des enzymes digestives comme la bromélaïne (commercialisée sous forme de supplément). Absorbez aussi du gingembre, de la menthe poivrée ou du persil, qui tous exercent une influence tonifiante sur votre estomac.

Stratégies nutritionnelles pour le groupe B

Ces stratégies ont pour but d'éviter aux sujets du groupe B les problèmes susceptibles de résulter de leurs particularités neurologiques, digestives, métaboliques et immunitaires. En général, ils jouissent d'un appareil digestif solide et adaptable, capable de digérer efficacement aussi bien les protéines animales que les glucides. Ils ne présentent en effet ni les problèmes du groupe O (hyperacidité gastrique), ni ceux du groupe A (acidité gastrique trop faible), qui entravent l'absorption de certains nutriments. En revanche, ils partagent avec le groupe O une production adéquate de phosphatase alcaline intestinale, qui les protège des méfaits d'une alimentation riche en protéines et/ou en lipides.

Pour conserver une bonne santé digestive, les sujets du groupe B doivent uniquement veiller à empêcher leur intestin de s'intoxiquer et leur taux d'indican de grimper. Leur propension aux infections auriculaires et leur sensibilité aux lectines nocives leur adressent un message clair : respectez le régime convenant à votre groupe sanguin et votre appareil digestif vous récompensera de vos soins.

Prévenir les méfaits des lectines

ÉVITEZ LES ALIMENTS LES PLUS NOCIFS POUR LE GROUPE B :
- le poulet
- le maïs
- le sarrasin
- les lentilles
- les cacahuètes
- les graines de sésame
- les tomates

Un conseil : remplacez les tomates par une boisson plus adaptée à votre organisme, le Cocktail fluidifiant pour les membranes. Utilisez comme base du jus de goyave, de pamplemousse ou de pastèque, auquel vous ajouterez 1/2 ou 1 cuillerée à soupe d'huile de graines de lin de bonne qualité, ainsi que 1 cuillerée à soupe de lécithine. Agitez bien le mélange, de manière à ce que la lécithine émulsifie et épaississe le breuvage, que je trouve tout à fait buvable. Cette boisson favorise si bien l'absorption du lycopène que vous en absorberez presque autant qu'avec du concentré de tomate, mais sans lectine de tomate. Mangez également des abricots secs en guise d'en-cas.

Rappelons que vous pouvez aussi bloquer l'action des lectines alimentaires grâce aux molécules suicide de polysaccharides présentes par exemple dans :
- la NAG (N-acétylglucosamine)
- le goémon (*Fucus vesiculosis*)
- les laminaires
- l'arabinogalactane de mélèze

Viande et volaille

LES PERSONNES DU GROUPE B sont en mesure de métaboliser efficacement les protéines animales, mais pas n'importe lesquelles. Le poulet, par exemple, très apprécié de nos contemporains, contient en effet une lectine nocive pour ce groupe sanguin. La dinde, en revanche, vous convient fort bien, ainsi que les morceaux maigres d'agneau et de mouton. Tous ces ingrédients favorisent la croissance de la masse tissulaire active, ce qui accélère le métabolisme. Les non-sécréteurs du groupe B affichent des besoins protidiques similaires à ceux du groupe O et doivent donc augmenter leur apport quotidien de viande et de volaille.

GROUPE SANGUIN B : VIANDE ET VOLAILLE			
Portion : 115-170 g (hommes), 60-140 g (femmes et enfants)			
Origine ethnique	Européenne	Africaine	Asiatique
Sécréteurs (portions/semaine)	2 à 6	3 à 6	2 à 5
Non-sécréteurs (portions/semaine)	4 à 7	4 à 7	4 à 7
Rh-	+ 1	+ 1	+ 1

Premier niveau

ALIMENT	GROUPE B SÉCRÉTEUR	GROUPE B NON SÉCRÉTEUR
Agneau	Bénéfique	Bénéfique
Caille	À éviter	À éviter
Canard	À éviter	À éviter
Chevreau	Bénéfique	Bénéfique
Mouton	Bénéfique	Bénéfique
Perdreau	À éviter	À éviter
Poulet	À éviter	À éviter

Deuxième niveau

ALIMENT	GROUPE B SÉCRÉTEUR	GROUPE B NON SÉCRÉTEUR
Cheval	À éviter	Neutre
Cœur	À éviter	Neutre
Gibier à poil	Bénéfique	Bénéfique
Grouse	À éviter	À éviter
Lapin	Bénéfique	Bénéfique
Oie	À éviter	À éviter
Pigeon	À éviter	Neutre
Pintade	À éviter	À éviter
Porc	À éviter	À éviter
Tortue	À éviter	À éviter

Aliments neutres : supplémentation générale de l'alimentation

ALIMENT	GROUPE B SÉCRÉTEUR	GROUPE B NON SÉCRÉTEUR
Autruche	Neutre	Neutre
Bison	Neutre	Neutre
Bœuf	Neutre	Neutre
Dinde	Neutre	Neutre
Faisan	Neutre	Neutre
Veau (foie)	Neutre	Bénéfique
Veau (sauf foie)	Neutre	Neutre

Poisson, crustacés et mollusques

LE POISSON, LES CRUSTACÉS ET LES MOLLUSQUES représentent une excellent source de protéines pour le groupe B, auquel ils apportent maints précieux nutriments favorisant la croissance de la masse tissulaire active. Ces bienfaits sont encore accentués pour les non-sécréteurs. Les aliments les plus bénéfiques de cette catégorie affichent une forte teneur en acides gras oméga-3, lesquels contribuent à l'amélioration de la fonction immunitaire en plus de leur action régulatrice des facteurs de croissance cellulaire. Les produits de la mer représentent de surcroît une bonne source d'acide doco-hexaénoïque, indispensable au développement harmonieux des nerfs, des tissus, ainsi qu'à la croissance, principalement pour les enfants du groupe B. En général, les aliments « à éviter » de cette catégorie sont riches en lectines ou en polyamines nocives pour le groupe B. Abstenez-vous de poisson surgelé, qui contient beaucoup plus de polyamines que le poisson frais.

GROUPE SANGUIN B : POISSON, CRUSTACÉS ET MOLLUSQUES			
Portion : 115-170 g (hommes), 60-140 g (femmes et enfants)			
Origine ethnique	Européenne	Africaine	Asiatique
Sécréteurs (portions/semaine)	3 à 5	4 ou 5	3 à 5
Non-sécréteurs (portions/semaine)	4 ou 5	4 ou 5	4 ou 5

Premier niveau

ALIMENT	GROUPE B SÉCRÉTEUR	GROUPE B NON SÉCRÉTEUR
Anchois	À éviter	À éviter
Anguille	À éviter	À éviter
Bar	À éviter	À éviter

Clam	À éviter	À éviter
Crabe	À éviter	À éviter
Crevette	À éviter	À éviter
Grenouille	À éviter	À éviter
Grondin	Bénéfique	Bénéfique
Homard	À éviter	À éviter
Huîtres	À éviter	À éviter
Lambi	À éviter	À éviter
Lieu noir	À éviter	À éviter
Moules	À éviter	À éviter
Poisson-chat	Bénéfique	Bénéfique
Poulpe	À éviter	À éviter
Sardine	Bénéfique	Bénéfique

Deuxième niveau

ALIMENT	GROUPE B SÉCRÉTEUR	GROUPE B NON SÉCRÉTEUR
Alose	Bénéfique	Bénéfique
Barracuda	À éviter	Neutre
Brochet	Bénéfique	Neutre
Caviar	Bénéfique	Neutre
Colin	Bénéfique	Bénéfique
Daurade	Bénéfique	Bénéfique
Escargot	À éviter	Neutre
Esturgeon	Bénéfique	Bénéfique
Flet	Bénéfique	Neutre
Flétan	Bénéfique	Neutre
Haddock	Bénéfique	Bénéfique
Mahimahi	Bénéfique	Bénéfique
Maquereau	Bénéfique	Bénéfique
Morue	Bénéfique	Bénéfique
Saumon	Bénéfique	Neutre
Sole	Bénéfique	Neutre

Aliments neutres :
supplémentation générale de l'alimentation

ALIMENT	GROUPE B SÉCRÉTEUR	GROUPE B NON SÉCRÉTEUR
Cabillaud	Neutre	Neutre
Calmar	Neutre	Neutre
Capitaine	Neutre	Neutre
Carpe	Neutre	Bénéfique
Coquille St-Jacques	Neutre	À éviter
Éperlan	Neutre	Neutre
Espadon	Neutre	Neutre
Grand sébaste	Neutre	Neutre
Hareng/kipper frais	Neutre	Neutre
Hareng/kipper saur	Neutre	Neutre
Merlan	Neutre	Neutre
Mulet	Neutre	Neutre
Ormeau	Neutre	Neutre
Perche	Neutre	Neutre
Pompano	Neutre	Neutre
Requin	Neutre	Neutre
Saumon fumé	Neutre	Neutre
Tassergal	Neutre	Neutre
Thon	Neutre	Neutre

Œufs et laitages

PRESQUE TOUS LES INDIVIDUS SÉCRÉTEURS du groupe B et, à un moindre degré, leurs cousins non sécréteurs, peuvent consommer des laitages. De plus, à l'inverse des sujets des groupes O et A, ils sont en mesure d'utiliser ceux-ci pour construire leur masse tissulaire active, dont le développement stimule le métabolisme. Sachez toutefois que certains d'entre vous ne produisent pas de lactase, une enzyme indispensable pour bien digérer les laitages. Les non-sécréteurs veilleront à ne pas abuser du fromage car ils semblent plus sensibles sur le plan immunologique aux souches bactériennes des fromages faits. Cette faiblesse touche plus particulièrement les personnes d'origine africaine. Méfiez-vous également si vous souffrez souvent de rhume ou de sinusite car les laitages favorisent la production de mucosités. Les œufs représentent pour vous une bonne source d'acide doco-hexaénoïque et de protéines, susceptible de contribuer à la construction de vos tissus actifs. La sérine et la choline, deux phophatides, se révèlent aussi fort utiles aux systèmes immunitaire et nerveux du groupe B. Achetez de préférence des laitages biologiques.

GROUPE SANGUIN B : ŒUFS			
Portion : 1 œuf			
Origine ethnique	Européenne	Africaine	Asiatique
Sécréteurs (portions/semaine)	3 ou 4	3 ou 4	3 ou 4
Non-sécréteurs (portions/semaine)	5 ou 6	5 ou 6	5 ou 6

GROUPE SANGUIN B : LAIT ET YAOURT			
Portion : 115-170 g (hommes), 60-140 g (femmes et enfants)			
Origine ethnique	Européenne	Africaine	Asiatique
Sécréteurs (portions/semaine)	3 ou 4	3 à 5	3 ou 4
Non-sécréteurs (portions/semaine)	2 à 4	1 à 3	1 à 3

GROUPE SANGUIN B : FROMAGE			
Portion : 85 g (hommes), 60 g (femmes et enfants)			
Origine ethnique	Européenne	Africaine	Asiatique
Sécréteurs (portions/semaine)	3 à 5	3 ou 4	3 ou 4
Non-sécréteurs (portions/semaine)	1 à 4	1 à 4	1 à 4
MM (pour lait, yaourt et fromage)	- 2	- 2	- 2

Premier niveau

ALIMENT	GROUPE B SÉCRÉTEUR	GROUPE B NON SÉCRÉTEUR
Crèmes glacées	À éviter	À éviter
Fromage de chèvre	Bénéfique	Bénéfique
Kéfir	Bénéfique	Bénéfique
Lait de chèvre	Bénéfique	Bénéfique
Mozzarella	Bénéfique	Bénéfique
Œuf de caille	À éviter	À éviter
Œuf de cane	À éviter	À éviter
Œuf d'oie	À éviter	À éviter
Œufs de saumon	À éviter	À éviter
Ricotta	Bénéfique	Bénéfique

Deuxième niveau

ALIMENT	GROUPE B SÉCRÉTEUR	GROUPE B NON SÉCRÉTEUR
Bleu	À éviter	À éviter
Cottage cheese	Bénéfique	Neutre
Féta	Bénéfique	Bénéfique
Lait (vache)	Bénéfique	Neutre
Yaourt	Bénéfique	Bénéfique

Aliments neutres : supplémentation générale de l'alimentation

ALIMENT	GROUPE B SÉCRÉTEUR	GROUPE B NON SÉCRÉTEUR
Babeurre	Neutre	Neutre
Beurre	Neutre	Neutre
Blanc d'œuf	Neutre	Neutre
Brie	Neutre	Neutre
Camembert	Neutre	À éviter
Caséine	Neutre	Neutre

Cheddar	Neutre	À éviter
Crème aigre	Neutre	Neutre
Édam	Neutre	Neutre
Emmenthal	Neutre	À éviter
Fromage frais	Neutre	Neutre
Ghee (beurre clarifié)	Neutre	Bénéfique
Gouda	Neutre	Neutre
Gruyère	Neutre	Neutre
Jaune d'œuf	Neutre	Neutre
Munster	Neutre	À éviter
Neufchâtel	Neutre	Neutre
Œuf (poule)	Neutre	Neutre
Parmesan	Neutre	À éviter
Petit-lait	Neutre	Bénéfique
Provolone	Neutre	À éviter

Pois et légumes secs

LES PROTÉINES DES POIS ET DES LÉGUMES SECS conviennent en général tout à fait aux organismes du groupe B, même si plusieurs aliments de cette catégorie renferment des lectines problématiques. Associés à des produits de la mer bien choisis, ils suffisent à la régénération de votre masse tissulaire active. N'abusez toutefois pas des produits dérivés du soja riches en une variété d'enzymes susceptibles d'interactions négatives avec l'antigène du groupe B. Certains de ces aliments, comme les haricots mungo, contiennent une lectine qui agglutine cet antigène, ce qui doit vous inciter à les proscrire. Si vous êtes non sécréteur, privilégiez le poisson et les laitages pour votre apport en protéines.

GROUPE SANGUIN B : POIS ET LÉGUMES SECS			
Portion : 1 tasse de 225 ml (produit sec)			
Origine ethnique	Européenne	Africaine	Asiatique
Sécréteurs (portions/semaine)	5 à 7	5 à 7	5 à 7
Non-sécréteurs (portions/semaine)	3 à 5	3 à 5	3 à 5

Premier niveau

ALIMENT	GROUPE B SÉCRÉTEUR	GROUPE B NON SÉCRÉTEUR
Granules de soja	À éviter	À éviter
Haricots adzuki	À éviter	À éviter
Haricots beurre	Bénéfique	Neutre
Haricots cocos	À éviter	À éviter
Haricots cornille (blackeyes)	À éviter	À éviter
Haricots mungo (pousses)	À éviter	À éviter
Haricots noirs	À éviter	À éviter
Haricots rouges	Bénéfique	Neutre
Lentilles	À éviter	À éviter
Pétales de soja	À éviter	À éviter
Pois chiches	À éviter	À éviter
Tempeh (soja)	À éviter	À éviter
Tofu (soja)	À éviter	À éviter

Deuxième niveau

ALIMENT	GROUPE B SÉCRÉTEUR	GROUPE B NON SÉCRÉTEUR
Fromage de soja	À éviter	À éviter
Haricots Soissons	Bénéfique	Neutre
Lait de soja	À éviter	Neutre
Miso (soja)	À éviter	À éviter

Aliments neutres :
supplémentation générale de l'alimentation

ALIMENT	GROUPE B SÉCRÉTEUR	GROUPE B NON SÉCRÉTEUR
Fèves	Neutre	Neutre
Graines de tamarin	Neutre	Neutre
Haricots blancs	Neutre	Neutre
Haricots mojettes	Neutre	Neutre
Haricots de soja	Neutre	À éviter
Petits pois et flageolets	Neutre	Neutre
Pois gourmands	Neutre	Neutre

Noix et graines

SONGEZ À RECOURIR aux noix et aux graines pour compléter votre apport en protéines. Certaines, telles les noix, favorisent l'abaissement des taux de polyamines en inhibant la production de l'enzyme ornithine. Sachez toutefois que, comme toujours s'agissant du groupe B, certaines spécificités devront être prises en compte : les graines de tournesol et de sésame, par exemple, qui comportent une lectine agglutinant l'antigène B, ne vous conviennent pas.

GROUPE SANGUIN B : NOIX ET GRAINES			
Portion : 1 poignée (graines), 1 ou 2 cuillerées à soupe (beurres de noix)			
Origine ethnique	Européenne	Africaine	Asiatique
Sécréteurs (portions/semaine)	4 à 7	4 à 7	4 à 7
Non-sécréteurs (portions/semaine)	5 à 7	5 à 7	5 à 7

Premier niveau

ALIMENT	GROUPE B SÉCRÉTEUR	GROUPE B NON SÉCRÉTEUR
Beurre de cacahuète	À éviter	À éviter
Beurre de sésame (tahini)	À éviter	À éviter
Beurre de tournesol	À éviter	À éviter
Cacahuètes	À éviter	À éviter
Graines de carthame	À éviter	À éviter
Graines de courge	À éviter	Neutre
Graines de pavot	À éviter	À éviter
Graines de sésame	À éviter	À éviter
Graines de tournesol	À éviter	À éviter
Noix	Bénéfique	Bénéfique
Noix de cajou/ beurre de cajou	À éviter	À éviter
Pignons	À éviter	À éviter
Pistaches	À éviter	À éviter

Deuxième niveau

ALIMENT	GROUPE B SÉCRÉTEUR	GROUPE B NON SÉCRÉTEUR
Noisettes	À éviter	À éviter

Aliments neutres : supplémentation générale de l'alimentation

ALIMENT	GROUPE B SÉCRÉTEUR	GROUPE B NON SÉCRÉTEUR
Amande	Neutre	Neutre
Beurre d'amande	Neutre	Neutre
Châtaigne	Neutre	Neutre
Faine	Neutre	Neutre
Fromage d'amande	Neutre	Neutre
Graines de lin	Neutre	Neutre

Lait d'amande	Neutre	Neutre
Noix de macadamia	Neutre	Neutre
Noix de pécan/ beurre de pécan	Neutre	Neutre
Noix du Brésil	Neutre	Neutre

Céréales et féculents

LES CÉRÉALES posent des problèmes divers aux sujets du groupe B, et plus encore à ceux appartenant au sous-groupe non sécréteur, qui surveilleront d'autant plus près leur apport en glucides complexes qu'ils affichent une sensibilité exacerbée à l'insuline. Évitez le seigle et le sarrasin : leurs lectines exercent sur votre organisme une influence similaire à celle de l'insuline. Les sécréteurs du groupe B ne doivent pas non plus absorber de produits à base de blé complet, car l'agglutinine de cette céréale peut aggraver leurs troubles inflammatoires et réduire leur masse tissulaire active. Sachez toutefois que cette lectine est normalement éliminée par le processus de mouture et détruite par la germination.

GROUPE SANGUIN B : CÉRÉALES ET FÉCULENTS			
Portion : 1 tasse de 225 ml de produit sec (céréales et pâtes)			
Origine ethnique	Européenne	Africaine	Asiatique
Sécréteurs (portions/semaine)	5 à 9	5 à 7	5 à 9
Non-sécréteurs (portions/semaine)	3 à 5	3 à 5	3 à 5
Rh-	- 1	- 1	- 1

Premier niveau

ALIMENT	GROUPE B SÉCRÉTEUR	GROUPE B NON SÉCRÉTEUR
Blé kamut	À éviter	À éviter
Farine de maïs	À éviter	À éviter
Farine de riz/ galettes de riz	Bénéfique	Bénéfique
Farine de seigle	À éviter	À éviter
Lait de riz	Bénéfique	Bénéfique
Maïs	À éviter	À éviter
Millet	Bénéfique	Bénéfique
Pain Essène	Bénéfique	Bénéfique
Pop-corn	À éviter	À éviter
Riz soufflé	Bénéfique	Bénéfique
Sarrasin/kasha	À éviter	À éviter
Seigle/pain 100 % seigle	À éviter	À éviter
Soba (100 % sarrasin)	À éviter	À éviter
Son de riz	Bénéfique	Bénéfique
Sorgho	À éviter	Neutre

Deuxième niveau

ALIMENT	GROUPE B SÉCRÉTEUR	GROUPE B NON SÉCRÉTEUR
Amarante	À éviter	Neutre
Avoine (son/flocons)	Bénéfique	Neutre
Blé au gluten (produits à base de)	À éviter	À éviter
Blé complet (produits à base de)	À éviter	À éviter
Couscous	À éviter	À éviter
Épeautre	Bénéfique	Neutre
Farine d'avoine	Bénéfique	Neutre
Farine au gluten	À éviter	À éviter
Germe de blé	À éviter	À éviter
Riz sauvage	À éviter	Neutre
Son de blé	À éviter	À éviter
Tapioca	À éviter	Neutre
Teff [1]	À éviter	À éviter

---

1. Céréale proche du millet (*Eragostis abyssinica*) consommée en Afrique Orientale depuis plusieurs millénaires et cultivée depuis 1988 dans d'autres régions du monde.

Aliments neutres :
supplémentation générale de l'alimentation

ALIMENT	GROUPE B SÉCRÉTEUR	GROUPE B NON SÉCRÉTEUR
Blé non raffiné	Neutre	À éviter
Blé raffiné (produits à base de)	Neutre	À éviter
Crème de riz	Neutre	Neutre
Farine d'épeautre (et produits à base de)	Neutre	Neutre
Malt	Neutre	Neutre
Orge	Neutre	Neutre
Pain de blé germé	Neutre	Neutre
Pain sans gluten	Neutre	Neutre
Pain de soja	Neutre	À éviter
Quinoa	Neutre	Neutre
Riz	Neutre	Neutre
Semoule de blé (et produits à base de)	Neutre	À éviter

Légumes

LES LÉGUMES représentent pour le groupe B une précieuse source d'antioxydants et de fibres. Ils contribuent à abaisser la production de polyamines dans le tractus intestinal. Parmi les plus bénéfiques, on mentionnera les oignons, riches en quercétine antioxydante, un puissant agent antimutagène. Tous les légumes « neutres » ou « bénéfiques » aideront grandement ceux d'entre vous qui aspirent à perdre du poids. Les artichauts sont excellents pour le foie et la vésicule biliaire – deux points faibles des organismes du groupe B – et les panais sont riches en polysaccharides stimulantes du système immunitaire. Les tomates contiennent une lectine qui réagit avec la salive et avec les sucs digestifs des sécréteurs du groupe B, mais apparemment pas avec ceux des non-sécréteurs.

GROUPE SANGUIN B : LÉGUMES			
Portion : 1 tasse de 225 ml (légumes cuits ou crus)			
Origine ethnique	Européenne	Africaine	Asiatique
Sécréteurs : bénéfiques (portions/jour)	À volonté	À volonté	À volonté
Sécréteurs : neutres (portions/jour)	2 à 5	2 à 5	2 à 5
Non-sécréteurs : bénéfiques (portions/jour)	2 ou 3	2 ou 3	2 ou 3
Non-sécréteur : neutres (portions/jour)	À volonté	À volonté	À volonté
MM : Essayez d'utiliser de préférence les aliments bénéfiques du Premier niveau			

Premier niveau

ALIMENT	GROUPE B SÉCRÉTEUR	GROUPE B NON SÉCRÉTEUR
Aloès (jus/tisane)	À éviter	À éviter
Betterave	Bénéfique	Bénéfique
Betterave (fanes)	Bénéfique	Bénéfique
Brocolis	Bénéfique	Bénéfique
Carotte	Bénéfique	Bénéfique
Chou de Bruxelles	Bénéfique	Bénéfique
Chou frisé	Bénéfique	Bénéfique
Gingembre	Bénéfique	Bénéfique
Moutarde (feuilles)	Bénéfique	Bénéfique
Olive noire	À éviter	À éviter
Panais	Bénéfique	Bénéfique
Patate douce	Bénéfique	Bénéfique
Radis	À éviter	À éviter
Radis (fanes)	À éviter	À éviter
Rhubarbe	À éviter	À éviter
Shiitaké	Bénéfique	Bénéfique
Tomate/ jus de tomate	À éviter	Neutre

Deuxième niveau

ALIMENT	GROUPE B SÉCRÉTEUR	GROUPE B NON SÉCRÉTEUR
Artichaut	À éviter	Neutre
Aubergine	Bénéfique	Neutre
Chou	Bénéfique	Neutre
Chou-fleur	Bénéfique	Bénéfique
Igname	Bénéfique	Bénéfique
Jus de chou	Bénéfique	Neutre
Olive verte	À éviter	À éviter
Poivron rouge	Bénéfique	Neutre
Poivron vert	Bénéfique	Neutre
Potiron	À éviter	Neutre
Topinambour	À éviter	Neutre

Aliments neutres :
supplémentation générale de l'alimentation

ALIMENT	GROUPE B SÉCRÉTEUR	GROUPE B NON SÉCRÉTEUR
Ail	Neutre	Bénéfique
Alfalfa (pousses)	Neutre	Neutre
Asperge	Neutre	Neutre
Bambou (pousses)	Neutre	Neutre
Blettes	Neutre	Neutre
Câpres	Neutre	Neutre
Céleri-branche/ jus de céleri	Neutre	Neutre
Céleri-rave	Neutre	Neutre
Cerfeuil	Neutre	Neutre
Châtaigne d'eau	Neutre	Neutre
Chicorée	Neutre	Neutre
Chou romanesco	Neutre	Neutre
Choucroute	Neutre	Neutre
Ciboule	Neutre	Neutre

Concombre/ jus de concombre	Neutre	Neutre
Coriandre	Neutre	Neutre
Coulemelle	Neutre	Neutre
Courges	Neutre	Neutre
Courgette	Neutre	Neutre
Cresson	Neutre	Neutre
Échalote	Neutre	Neutre
Endive	Neutre	Neutre
Épinards/jus d'épinards	Neutre	Neutre
Fenouil	Neutre	Neutre
Gombos (okras)	Neutre	Bénéfique
Haricots verts	Neutre	Neutre
Jus de carotte	Neutre	Neutre
Laitue	Neutre	Neutre
Laminaire	Neutre	Neutre
Navet	Neutre	Neutre
Oignon-tige	Neutre	Bénéfique
Oignon	Neutre	Bénéfique
Pickles (saumure)	Neutre	Neutre
Pickles (vinaigre)	Neutre	Neutre
Piment chili	Neutre	Neutre
Pissenlit	Neutre	Neutre
Pleurote	Neutre	Neutre
Poireau	Neutre	Neutre
Pomme de terre	Neutre	À éviter
Raifort	Neutre	Neutre
Romaine	Neutre	Neutre
Roquette	Neutre	Neutre
Rutabaga	Neutre	Neutre
Scarole	Neutre	Neutre
Taro	Neutre	Neutre
Trévisane	Neutre	Neutre

Fruits et jus de fruits

UN RÉGIME RICHE EN LÉGUMES ET EN FRUITS bien choisis favorise l'amincissement en tempérant l'action de l'insuline. Les fruits contribueront aussi à lutter contre la rétention d'eau. L'ananas est riche en enzymes favorisant la réduction des inflammations et un bon équilibre hydrique. D'autre fruits, tels le pamplemousse rose ou la pastèque, apportent du lycopène, ce qui fait d'eux d'excellents substituts des tomates. Notez que l'antigène du groupe B vous expose à de surprenantes interactions. Les avocats, les kakis et les grenades contiennent ainsi une lectine qui agglutine vos cellules. Les non-sécréteurs tirent parti d'un plus large éventail de fruits que les autres individus du groupe B. Ceux qui affichent une sensibilité aux sucres ou ont une « brioche » au niveau de l'abdomen veilleront cependant à limiter leur consommation d'espèces très riches en glucose, comme le raisin et les figues.

GROUPE SANGUIN B : FRUITS ET JUS DE FRUITS			
Portion : 1 tasse de 225 ml ou 1 fruit			
Origine ethnique	Européenne	Africaine	Asiatique
Sécréteurs (portions/jour)	3 à 5	2 à 4	3 à 5
Non-sécréteurs (portions/jour)	2 ou 3	2 ou 3	2 ou 3

Premier niveau

ALIMENT	GROUPE B SÉCRÉTEUR	GROUPE B NON SÉCRÉTEUR
Ananas (fruit ou jus)	Bénéfique	Bénéfique
Avocat	À éviter	À éviter
Canneberges (fruits ou jus)	Bénéfique	Bénéfique
Grenade	À éviter	À éviter

Kaki	À éviter	À éviter
Pastèque	Bénéfique	Bénéfique
Prunes	Bénéfique	Bénéfique

Deuxième niveau

ALIMENT	GROUPE B SÉCRÉTEUR	GROUPE B NON SÉCRÉTEUR
Banane	Bénéfique	Neutre
Carambole	À éviter	À éviter
Figue de Barbarie	À éviter	À éviter
Lait de coco	À éviter	À éviter
Papaye (fruit ou jus)	Bénéfique	Bénéfique
Raisin	Bénéfique	Bénéfique

Aliments neutres : supplémentation générale de l'alimentation

ALIMENT	GROUPE B SÉCRÉTEUR	GROUPE B NON SÉCRÉTEUR
Abricot (fruit ou jus)	Neutre	Neutre
Anone (fruit de l'arbre à pain)	Neutre	Neutre
Banane plantain	Neutre	Neutre
Cassis	Neutre	Bénéfique
Cerises	Neutre	Bénéfique
Cidre/jus de pomme	Neutre	Neutre
Citron (fruit ou jus)	Neutre	Neutre
Citron vert (fruit ou jus)	Neutre	Neutre
Clémentine (fruit ou jus)	Neutre	Neutre
Coing	Neutre	Neutre
Dattes	Neutre	Neutre
Figues fraîches ou sèches	Neutre	Bénéfique
Fraise	Neutre	Neutre
Framboise	Neutre	Bénéfique
Goyave (fruit ou jus)	Neutre	Neutre
Groseilles	Neutre	Bénéfique

Groseilles à maquereau	Neutre	Neutre
Kiwi	Neutre	Neutre
Kumquat	Neutre	Neutre
Mangue (fruit ou jus)	Neutre	Neutre
Melon	Neutre	À éviter
Mûres (fruits ou jus)	Neutre	Bénéfique
Myrtilles	Neutre	Bénéfique
Nectarine (fruit ou jus)	Neutre	Neutre
Orange (fruit ou jus)	Neutre	Neutre
Palmier sagou	Neutre	Neutre
Pamplemousse (fruit ou jus)	Neutre	Neutre
Pêche	Neutre	Neutre
Poire (fruit ou jus)	Neutre	Neutre
Pomme	Neutre	Neutre
Pruneau (fruit ou jus)	Neutre	Neutre
Raisins secs	Neutre	Neutre

Huiles

LES HUILES qui conviennent le mieux aux sujets du groupe B sont les huiles mono-insaturées, comme l'huile d'olive, et leurs consœurs riches en acides gras oméga, telles que l'huile de lin. Les sécréteurs, qui métabolisent ces aliments un peu plus aisément que les non-sécréteurs et en tirent sans doute un bénéfice plus grand, absorberont aussi de l'huile de noix et de l'huile de pépin de cassis. Évitez en revanche les huiles de sésame, de tournesol et de maïs, qui renferment des lectines nocives pour votre appareil digestif.

GROUPE SANGUIN B : HUILES			
Portion : 1 cuillerée à soupe			
Origine ethnique	Européenne	Africaine	Asiatique
Sécréteurs (portions/semaine)	5 à 8	5 à 8	5 à 8
Non-sécréteurs (portions/semaine)	3 à 7	3 à 5	3 à 6

Premier niveau

ALIMENT	GROUPE B SÉCRÉTEUR	GROUPE B NON SÉCRÉTEUR
Huile d'arachide	À éviter	À éviter
Huile de bourrache	À éviter	À éviter
Huile de carthame	À éviter	À éviter
Huile de coco	À éviter	À éviter
Huile de graine de coton	À éviter	À éviter
Huile de maïs	À éviter	À éviter
Huile d'olive	Bénéfique	Bénéfique
Huile de ricin	À éviter	À éviter
Huile de sésame	À éviter	À éviter
Huile de soja	À éviter	À éviter
Huile de tournesol	À éviter	À éviter

Deuxième niveau

ALIMENT	GROUPE B SÉCRÉTEUR	GROUPE B NON SÉCRÉTEUR
Huile de colza	À éviter	À éviter

Aliments neutres : supplémentation générale de l'alimentation

ALIMENT	GROUPE B SÉCRÉTEUR	GROUPE B NON SÉCRÉTEUR
Huile d'amande	Neutre	Neutre
Huile de foie de morue	Neutre	Neutre
Huile de germe de blé	Neutre	Neutre
Huile de lin	Neutre	Bénéfique
Huile de noix	Neutre	Bénéfique
Huile d'onagre	Neutre	Neutre
Huile de pépin de cassis	Neutre	Bénéfique

Épices, condiments et additifs culinaires

BEAUCOUP D'ÉPICES possèdent de légères propriétés médicinales, souvent actives sur la présence bactérienne dans le côlon inférieur. Nombre d'épaississants couramment employés comme la gomme de guar vous conviennent mal car ils tendent à potentialiser l'action des lectines des autres aliments. Pour édulcorer vos mets, préférez la mélasse, excellente pour votre groupe sanguin car elle apporte en outre du fer. Le curcuma (un des composants de la poudre de curry) renferme un puissant agent phyto-chimique appelé curcumine, qui favorise l'abaissement du taux intestinal de toxines. Si vous appartenez au sous-groupe non sécréteur, prenez de la levure de bière, qui améliorera votre métabolisme du glucose et favorisera le bon équilibre de votre flore intestinale. Les organismes du groupe réagissent en outre fort bien aux épices « chaudes » telles que le gingembre, le raifort ou le piment de Cayenne.

Premier niveau

ALIMENT	GROUPE B SÉCRÉTEUR	GROUPE B NON SÉCRÉTEUR
Aspartame	À éviter	À éviter
Carraghènes	À éviter	À éviter
Curry	Bénéfique	Bénéfique
Essence d'amande	À éviter	À éviter
Fécule de maïs (maïzena)	À éviter	À éviter
Glutamate monosodique	À éviter	À éviter
Gomme de guar	À éviter	À éviter
Ketchup	À éviter	À éviter
Mélasse non raffinée	Bénéfique	Bénéfique
Persil	Bénéfique	Bénéfique

Poivre	À éviter	À éviter
Réglisse (racine)	Bénéfique	Bénéfique
Sirop de maïs	À éviter	À éviter

Deuxième niveau

ALIMENT	GROUPE B SÉCRÉTEUR	GROUPE B NON SÉCRÉTEUR
Cannelle	À éviter	À éviter
Dextrose	À éviter	À éviter
Gélatine	À évlter	À éviter
Malt d'orge	À éviter	À éviter
Maltodextrine	À éviter	À éviter
Sauce de soja	À éviter	À éviter
Stévia	À éviter	Neutre
Toute-épice	À éviter	À éviter

Aliments neutres : supplémentation générale de l'alimentation

ALIMENT	GROUPE B SÉCRÉTEUR	GROUPE B NON SÉCRÉTEUR
Aneth	Neutre	Neutre
Anis	Neutre	Neutre
Basilic	Neutre	Neutre
Bergamote	Neutre	Neutre
Cardamome	Neutre	Neutre
Caroube	Neutre	Neutre
Carvi	Neutre	Neutre
Chocolat	Neutre	Neutre
Ciboulette	Neutre	Neutre
Coriandre	Neutre	Neutre
Cumin	Neutre	Neutre
Curcuma	Neutre	Neutre
Estragon	Neutre	Neutre
Fructose	Neutre	À éviter

400 G ROUPES S ANGUINS - 4 M ODES DE V IE

Laurier	Neutre	Neutre
Marjolaine	Neutre	Neutre
Mayonnaise	Neutre	Neutre
Mélasse	Neutre	Neutre
Menthe	Neutre	Neutre
Menthe poivrée	Neutre	Neutre
Miel	Neutre	Neutre
Moutarde au vinaigre	Neutre	Neutre
Moutarde en poudre	Neutre	Neutre
Moutarde sans vinaigre	Neutre	Neutre
Noix de muscade	Neutre	Neutre
Origan	Neutre	Bénéfique
Paprika	Neutre	Neutre
Pectine de pomme	Neutre	Neutre
Piment	Neutre	Neutre
Romarin	Neutre	Neutre
Safran	Neutre	Neutre
Sarriette	Neutre	Neutre
Sauce de salade (composée d'ingrédients autorisés)	Neutre	Neutre
Sauge	Neutre	Neutre
Sel de mer	Neutre	Neutre
Sirop d'érable	Neutre	Neutre
Sirop de riz	Neutre	Neutre
Sucre	Neutre	À éviter
Tamari	Neutre	Neutre
Tamarin	Neutre	Neutre
Thym	Neutre	Neutre
Vanille	Neutre	Neutre
Vinaigre de cidre	Neutre	Neutre

Boissons

LES NON-SÉCRÉTEURS ne se priveront pas d'un verre de vin occasionnel au cours des repas : c'est excellent pour leur système cardio-vasculaire (à condition, bien entendu, de s'en tenir à une consommation modérée). Tous les sujet du groupe B doivent en outre absolument se convertir au thé vert, qui bloque la production de polyamines nocives.

Premier niveau

ALIMENT	GROUPE B SÉCRÉTEUR	GROUPE B NON SÉCRÉTEUR
Thé vert	Bénéfique	Bénéfique

Deuxième niveau

ALIMENT	GROUPE B SÉCRÉTEUR	GROUPE B NON SÉCRÉTEUR
Alcools forts	À éviter	Neutre
Eau gazeuse	À éviter	Neutre
Soda (normal ou light)	À éviter	Neutre

Aliments neutres : supplémentation générale de l'alimentation

ALIMENT	GROUPE B SÉCRÉTEUR	GROUPE B NON SÉCRÉTEUR
Bière	Neutre	Neutre
Café (normal ou décaféiné)	Neutre	À éviter
Thé noir (normal ou décaféiné)	Neutre	À éviter
Vin blanc	Neutre	Bénéfique
Vin rouge	Neutre	Bénéfique

Thérapies individualisées pour les personnes atteintes d'affections chroniques

COMME VOUS AVEZ PU LE CONSTATER à la lecture de votre profil de risque médical, les personnes du groupe B sont plus prédisposées à certaines affections chroniques que les autres groupes sanguins. Dans les paragraphes qui suivent, nous nous pencherons en détail sur ces troubles, sur leurs liens avec le groupe B et sur les thérapeutiques que vous pouvez ajouter au Régime à deux niveaux.

Voir le profil de risque médical du groupe B p. 356.

Les affections métaboliques caractéristiques du groupe B

Syndrome X

Syndrome X

L'équilibre métabolique des organismes du groupe B est extrêmement sensible à l'action des lectines alimentaires. Celles du poulet, du maïs, du sarrasin, des lentilles, des cacahuètes et des graines de sésame suscitent une résistance à l'insuline et la formation de polyamines. Résultat : un gain de poids accompagné de rétention d'eau et d'hypoglycémie. Si, donc, vous appartenez au groupe B et souhaitez mincir, proscrivez absolument le maïs, puis le blé.

Les sujets du groupe B réagissent en effet de manière analogue à ceux du groupe O lorsqu'ils consomment du blé, même si la lectine de cet aliment n'est pas aussi nocive pour eux. Mais elle aggrave les méfaits d'autres ingrédients ralentisseurs du métabolisme. Or, dès qu'un nutriment n'est pas digéré correctement et utilisé comme carburant de l'organisme, ce dernier le stocke sous forme de graisse corporelle. Si bien que lorsqu'on ajoute du blé au mélange maïs-lentilles-sarrasin-cacahuètes, on aboutit à un résultat tout aussi indésirable que quand un sujet du groupe O absorbe du blé. Surveillez aussi les produits à base de seigle, qui peuvent provoquer des dommages similaires.

J'ai constaté que, une fois ces pourvoyeurs de lectines éliminés, les personnes du groupe B réussissaient le plus souvent fort bien à contrôler leur poids. Elle ne pâtissent en effet pas des barrières physiologiques antiperte de poids comme les problèmes thyroïdiens qui entravent les efforts de leurs congénères du groupe O. Il arrive cependant parfois, si elles gèrent mal leur stress, que leur taux de cortisol fasse des siennes. Mais, dans l'ensemble, leur appareil digestif offrant un bon équilibre, il leur suffit de suivre leur régime pour voir les kilos s'envoler.

Certains lecteurs s'étonneront sans doute qu'un groupe sanguin auquel on recommande vivement les laitages ne présente pas plus de troubles pondéraux. Bien sûr, abuser de mets riches en calories vous fera grossir. En revanche, une consommation modérée de laitages fermentés (yaourt ou kéfir) favorise une bonne digestion, ainsi que l'équilibre de la flore intestinale et la croissance de la masse tissulaire active. Préférez évidemment des laitages biologiques.

Vous écarter du régime adapté à votre groupe sanguin vous rendra vulnérable aux divers troubles métaboliques associés au syndrome X, et notamment à l'obésité, à la résistance à l'insuline et à l'hypertriglycéridémie. Ce risque s'accroît nettement pour les sujets non sécréteurs.

La résistance à l'insuline se manifeste typiquement, chez les personnes du groupe B, par une silhouette en forme de pomme avec une masse adipeuse concentrée autour de la taille et de l'abdomen. Or on sait que les cellules graisseuses de l'abdomen libèrent leur lipides dans le sang plus facilement que les autres adipocytes (à partir de trois ou quatre heures après un repas). Voilà pourquoi une silhouette en forme de poire, qui s'épaissit au niveau des hanches et des cuisses, ne présente pas les mêmes dangers. Cette spécificité des adipocytes abdominaux se traduit par une élévation des taux de triglycérides et d'acides gras libres, lesquels provoquent une résistance à l'insuline. L'excès de triglycérides s'accompagne en général d'un faible niveau de cholestérol HDL – le « bon » cholestérol –, tandis que la surproduction d'insuline induite par la résistance à l'insuline fait grimper le taux de « très mauvais » cholestérol, le VLDL. Ce qui signifie que les personnes du groupe B dotées d'une silhouette en forme de pomme et d'un excédent de graisse abdominale doivent perdre du poids afin d'éviter de voir apparaître des troubles plus sérieux.

Les sujets du groupe B pourront mincir en apportant quelques aménagements simples au programme du groupe B. Tenir un journal de leur régime se révélera aussi souvent fructueux.

Considérez votre programme minceur comme un projet à long terme et entamez-le à votre rythme. Les conseils ci-dessous récapitulent les éléments principaux qui vous permettront de perdre votre excédent pondéral. Commencez par le Deuxième niveau du régime du groupe B et ajoutez ces quelques tactiques afin de maximiser son efficacité.

Si vous souffrez d'un excédent pondéral important ou d'une maladie quelconque, consultez votre médecin traitant avant d'entamer ce protocole nutritionnel ou tout autre programme d'amincissement.

1. ÉTUDIEZ VOTRE PROFIL MÉTABOLIQUE. Il s'avère souvent plus utile de connaître sa masse musculaire, son pourcentage de graisse corporelle ou son métabolisme de base que de surveiller son poids. Il s'agit en effet des indicateurs de votre équilibre métabolique. L'objectif n'est pas seulement de perdre des kilos, mais de fabriquer du muscle. Pour savoir à quoi vous en tenir, je vous suggère de vous soumettre à un test d'impédance bioélectrique. Si ce n'est pas possible, voici quelques méthodes qui, bien qu'elles manquent de précision, vous fourniront de précieux indices sur votre métabolisme et votre forme, et révéleront une éventuelle rétention d'eau.

Dépistez l'eau extra-cellulaire (œdème)
Pressez fermement du doigt l'avant de votre tibia pendant cinq secondes, puis relâchez. Si vous avez appuyé sur un tissu musculaire ou graisseux, la peau reprendra aussitôt son aspect habituel. En revanche, au cas où de l'eau reste bloquée entre vos cellules, celle-ci aura été déplacée de façon latérale, si bien qu'un creux persistera pendant quelques instants. Plus celui-ci est lent à se résorber, plus vous retenez d'eau.

Mesurez votre rapport hanches/taille
L'excédent pondéral le plus mauvais et générateur de problèmes métaboliques est celui concentré sur l'abdomen – par opposition aux kilos accumulés sur les hanches ou sur les cuisses. Voici un test simple pour déterminer la répartition de votre masse adipeuse : debout face à un miroir en pied, mesurez votre tour de

taille à l'endroit le plus étroit, puis votre tour de hanches au point le plus large. Divisez votre tour de taille par votre tour de hanches. Pour les femmes, un ratio normal sera compris entre 0,70 et 0,75 et entre 0,80 et 0,90 pour les hommes.

2. ÉLIMINEZ LES PLUS GRANDS COUPABLES. Pour accélérer votre amincissement, éliminez les ingrédients suivants :

* Le maïs et les produits à base de maïs.
* Le blé. Bien que le groupe B pâtisse moins des méfaits du gluten de blé que le groupe O, il doit clairement proscrire celui-ci dans le cadre d'un programme minceur.
* Les lectines inhibant l'absorption des nutriments et l'efficacité de votre métabolisme. Supprimez donc le poulet, les lentilles, les cacahuètes, les graines de sésame et le sarrasin.
* Choisissez des laitages maigres ou allégés en lipides et préférez les fromages à pâte tendre à leurs cousins à pâte dure. Ces derniers se révèlent en effet plus riches en lipides et en calories.
* Mangez plusieurs fois par semaine des produits de la mer.

EXTRAIT DES ARCHIVES DU GROUPE SANGUIN

Michelle W.
Groupe B
Femme, cinquantaine
Amélioration : perte de poids

J'ai entamé le régime du groupe B le 1er janvier 1998 et je le suis fidèlement depuis lors. À ma grande surprise, j'absorbais plus de calories que par le passé, ce qui m'intéressait car je redoutais, à la lecture de votre livre, que l'élimination de certains aliments ne cache en fait un souci de diminuer l'apport calorique. Au début, je pesais

123 kilos, sans problème de santé particulier. Je souffrais juste de flambées de rétention d'eau, mais le cancer
qui avait commandé l'ablation de la moitié de ma glande
thyroïde était en rémission depuis plus de vingt ans. Je
gérais ma rétention d'eau en buvant de l'eau et du jus
de citron et en mangeant des concombres. Mais depuis
deux mois environ, ces tactiques ne produisaient plus
aucun effet. Votre régime a immédiatement réduit mon
problème de 80 %. J'ai aujourd'hui perdu plus de trente-
cinq kilos et il ne m'en reste plus que cinq à éliminer. Les
deux fois où j'ai essayé de m'écarter du régime Groupe
sanguin, j'ai souffert de problèmes digestifs et repris du
poids.

3. SURVEILLEZ LES SYMPTÔMES DE MÉTABOLISME
RALENTI. Restez à l'écoute de votre métabolisme afin
de déceler d'éventuels signes de paresse, notamment :
- fatigue
- sécheresse cutanée
- pieds et mains froids
- baisse de libido
- constipation et rétention d'eau
- étourdissements quand vous vous levez

4. CONTRÔLEZ VOTRE STRESS. Le stress peut entraver
l'amincissement car les hormones de stress favorisent
la résistance à l'insuline et les déséquilibres hormonaux.
Elles tendent en outre à brûler des tissus musculaires
plutôt que les graisses. Vous trouverez des recommandations à cet égard sous les rubriques *Stratégies de mode
de vie* (p. 362) et *Égalisateurs émotionnels* (p. 364).

5. PRENEZ DES SUPPLÉMENTS QUI STIMULENT LE MÉTA-
BOLISME.
- Magnésium : 200 à 300 mg par jour et 300 à
  500 mg en période de stress ou de fatigue intense.
  Les sujets du groupe B présentent plus souvent

que les autres un déficit en magnésium, en partie parce qu'ils assimilent mieux le calcium. Ajoutons qu'on observe souvent un tel déficit chez les personnes en excédent pondéral, en particulier les plus mal équipées pour gérer leur apport en sucres.

- Coenzyme Q10 (CoQ10) : 60 mg deux fois par jour. Cette substance joue un rôle déterminant dans le métabolisme de l'énergie et la santé cardio-vasculaire. La prise d'une supplémentation fait baisser la tension artérielle, les taux d'insuline à jeun et, après deux heures, le taux de triglycérides, tandis que le cholestérol HDL augmente. La coenzyme Q10 possédant en outre des vertus antioxydantes, elle favorise la baisse du stress oxydant fréquent chez les obèses et potentialise les vitamines antioxydantes A, C et E et le bêta-carotène.
- L-carnitine : 500 mg. Cet acide aminé se révèle indispensable pour déplacer les graisses vers les mitochondries (les « accumulateurs » de vos cellules), où elles pourront être utilisées comme source d'énergie. On sait aussi que la L-carnitine abaisse la résistance à l'insuline.
- Biotine : 2 à 8 mg. Une vitamine indispensable au métabolisme des graisses. À dose correcte, elle peut réduire le taux de sucre sanguin, améliorer la tolérance au sucre et abaisser la résistance à l'insuline.
- Chrome ou levure riche en chrome. Cet oligo-élément est lui aussi associé à la régulation du taux de sucre sanguin. À dose correcte, il peut stabiliser le taux de sucre à jeun et améliorer la sensibilité des récepteurs insuliniques.
- Zinc : 25 mg. Le zinc s'avère indispensable au bon fonctionnement de l'hormone de croissance, à celui de la thyroïde et pour une bonne capacité de réaction au stress.
- Acide lipoïque : 100 à 600 mg par jour contri-

buent à élargir votre capacité de gestion des sucres alimentaires. L'acide lipoïque joue un rôle déterminant dans le métabolisme de l'énergie et possède un puissant pouvoir antioxydant.

- Pyridoxine (vitamine B6) : Elle stimule le métabolisme des protéines et favorise la création de masse tissulaire active.

EXTRAIT DES ARCHIVES DU GROUPE SANGUIN

Richard S.
Groupe B
Homme, cinquantaine
Amélioration : perte de poids

Arrivé à l'âge de cinquante-trois ans, j'illustrais parfaitement le syndrome du « un kilo par an » qui atteint tant de personnes passé trente-cinq ans. Je faisais du sport régulièrement, dans l'espoir de perdre une dizaine de kilos. Sans succès. Il a suffi d'un mois de votre régime pour que je perde quatre kilos sans fringales ni fatigue — mes précédents régimes me laissaient trop affaibli pour faire du sport. Mon humeur s'est elle aussi considérablement améliorée, peut-être parce que j'ai abandonné les alcools de grain. Ce qui explique sans doute le soutien sans faille de mon épouse, qui juge pourtant vos préceptes « dingues ».

---

6. SURVEILLEZ VOS HABITUDES. La consommation d'alcool peut exacerber la résistance à l'insuline par sa contribution métabolique à l'hypoglycémie. C'est pourquoi vous aurez avantage à supprimer la bière si vous souhaitez mincir, bien qu'il s'agisse pour vous d'un breuvage « neutre ». Le vin rouge peut vous apporter des bienfaits liés à sa richesse en substances phyto-chimiques, mais aussi un excédent de calories en raison du sucre qu'il renferme. Buvez-en plutôt pendant les

repas, afin de minimiser son action sur le taux de sucre sanguin.

Cessez de fumer. Si vous redoutez d'arrêter la cigarette par peur de prendre du poids, sachez tout de même que les fumeurs chroniques affichent une résistance à l'insuline et une hyperinsulinémie.

Les troubles immunitaires caractéristiques du groupe B

Infections bactériennes
Maladies auto-immunes
Troubles viraux/du système nerveux

Le système immunitaire constitue le talon d'Achille du groupe B : même si ce groupe sanguin procure une certaine protection contre le cancer, il rend aussi plus vulnérable aux infections bactériennes, aux maladies virales à développement lent et à certaines affections auto-immunes.

Infections bactériennes

Beaucoup de bactéries se révèlent particulièrement virulentes au sein des organismes du groupe B car les plus courantes d'entre elles possèdent une structure similaire à leur antigène, si bien qu'ils ne produisent pas d'anticorps à leur encontre.

INFECTIONS RÉNALES ET URINAIRES. Le groupe sanguin influe sur votre vulnérabilité aux infections urinaires, ainsi que sur votre réaction face à une telle agression bactérienne. En général, on observe plus d'infections urinaires isolées ou récurrentes au sein du groupe B qu'au sein des autres groupes, en particulier chez les non-sécréteurs. L'appartenance à ce sous-groupe représente en effet une véritable synergie dont vous subissez inévitablement les conséquences[1].

La vulnérabilité des non-sécréteurs résulte de plusieurs facteurs : incapacité à prévenir l'adhésion des bactéries, plus grande présence de sites sur lesquels celles-ci peuvent se fixer et difficulté à éliminer les colonies bactériennes implantées dans l'organisme. On sait par exemple que les femmes et les enfants porteurs de tissus rénaux cicatriciels liés à des infections urinaires récurrentes se révèlent le plus souvent non sécréteurs. 55 à 60 % de ces derniers conservent la trace de lésions rénales en dépit de traitements antibiotiques appropriés. Ce qui semble résulter avant tout non d'une virulence accrue des bactéries, mais d'une réponse inflammatoire plus violente.

Bon nombre de micro-organismes peuvent provoquer des infections urinaires. Les plus répandues chez les sujets du groupe B sont :
- *Klebsellia pneumoniae*
- *Proteus* sp
- *Pseudomonas* sp

Pour vous protéger de ces infections :
- Les canneberges et les myrtilles possèdent une activité antiadhésive qui prévient la fixation des bactéries sur les cellules de votre vessie et de vos canaux urinaires.
- L'*uva ursi* et la buchu sont deux plantes qui se révèlent précieuses contre ce type d'infection.
- Mangez beaucoup de laitages fermentés, lesquels contribuent à l'équilibre de l'appareil urinaire.

GRIPPE. Le groupe B est le plus mal équipé de tous pour lutter contre les virus grippaux les plus courants.

---

1. Kinane, D. F., C. C. Blackwell, R. P. Brettle et al. : « ABO blood group, secretor state, and susceptibility to recurrent urinary tract infection in women. » *Br Med J* (Clin Res Ed), 3 juillet 1982, 285(6334), p. 7-9.

Je leur recommande donc la prise régulière d'extraits de baies de sureau (1 cuillerée à café trois ou quatre fois par jour dès le début de la saison de la grippe). Cette plante utilisée par les médecines traditionnelles depuis des siècles a montré sa capacité à inhiber la reproduction de toutes les souches grippales. Elle fonctionne en stimulant les défenses immunitaires et en inhibant la neuroaminidase, une enzyme dont l'action devrait toujours être prévenue car elle contribue à permettre aux micro-organismes d'envahir et de détruire les tissus. Elle aggrave en outre les méfaits des lectines.

Attention : pris à dose excessive, l'extrait de sureau peut provoquer des nausées.

COLIBACILLOSE. Beaucoup des formes les plus pathogènes de l'*Escherichia coli*, génératrices de diarrhées, ressemblent sur le plan immunologique à l'antigène du groupe B[1]. Ce qui laisse les sujets de ce groupe sanguin sans défenses à leur égard. La meilleure politique réside dans la prévention.

- Ne consommez pas de viande hachée crue ou saignante. L'intérieur d'un hamburger ou d'une boulette de viande doit être plus brun que rose et à une température de 70 °C, il doit laisser échapper un « jus » presque incolore.
- Ne mangez pas de pousses crues.
- Lorsque vous avez manipulé de la viande crue, lavez-vous les mains et nettoyez toutes les surfaces de travail et les ustensiles de cuisine à l'eau chaude et au savon avant tout contact avec un mets déjà cuit ou un plat destiné à être servi cru.

---

1. Blackwell C. C. : « The role of ABO blood groups and secretor status in host defences. » *FEMS Microbiol Immunol*, juin 1989, 1(6-7), p. 341-49.

Gabr N. S. et A. M. Mandour : « Relation of parasitic infection to blood group in El Minia Governorate, Egypt. » *J Egypt Soc Parasitol*, décembre 1991, 21(3), p. 679-83.

• Respectez ces règles d'hygiène élémentaires : lavez-vous les mains à l'eau chaude et au savon après avoir été aux toilettes ou après avoir changé un bébé ; si vous souffrez de diarrhée, ne faites pas la cuisine pour autrui et conservez tout ce qui concerne votre hygiène personnelle dans un étui dans votre armoire à pharmacie.

Si vous attrapez néanmoins une colibacillose (infection par *E. coli*), combattez la déshydratation provoquée par la diarrhée en buvant abondamment des jus de légumes (jus de carotte ou de céleri, par exemple) et de fruits (myrtille). On sait en effet que seuls les liquides contenant du sel et des sucres réhydratent convenablement l'organisme. Prenez aussi des bouillons et des tisanes douces (camomille), ainsi que des suppléments probiotiques et des laitages fermentés, qui apportent des bactéries antagonistes de l'*E. coli* et de la plupart des autres germes pathogènes gastro-intestinaux.

Infections à streptocoques. Plus répandues au sein du groupe B que des autres, ces maladies vont de l'angine à des infections plus graves comme le syndrome de choc toxique, la bactérémie et la pneumonie. Les affections à streptocoques les plus dangereuses touchent les nouveau-nés, chez qui elles peuvent provoquer septicémies, pneumonies et méningites, avec parfois des atteintes neurologiques allant de la surdité ou la cécité au retard mental. Ces maladies se révèlent fatales pour 6 % des nourrissons et 16 % des adultes[1].

On note une corrélation entre le groupe sanguin B et ces infections à streptocoques néonatales. Elle peut même résulter du groupe sanguin de la mère, si bien

---

1. Haverkorn M. J. et W. R. Goslings : « Streptococci, ABO blood groups, and secretor status. » *Am J Hum Genet*, juillet 1969, 21(4), p. 360-75.

qu'un enfant du groupe B né d'une mère du groupe B voit doubler son risque d'en souffrir.

Maladies auto-immunes

Même si la plupart de ces affections sont rares, elles concernent des millions d'individus de par le monde. Les femmes sont en moyenne plus touchées que les hommes et souvent plus jeunes, ce qui laisse supposer que des déclencheurs hormonaux entrent en jeu. Quelques maladies auto-immunes sont plus répandues au sein de certaines populations, ainsi observe-t-on plus de cas de lupus chez les Américaines d'origine africaine ou méditerranéenne que chez celles dont les ancêtres sont venus du nord de l'Europe. L'arthrite rhumatoïde et la sclérodermie affectent avec une fréquence supérieure à la moyenne certaines ethnies amérindiennes [1].

Ce type de maladie affiche en outre une prédilection accrue pour les organismes du groupe B. C'est le cas par exemple de l'arthrite rhumatoïde, du lupus et de la sclérodermie, les non-sécréteurs semblant encore plus vulnérables que les sécréteurs. Les premiers rencontrent en effet souvent des difficultés d'origine génétique pour éliminer de leurs tissus les complexes immunitaires, ce qui accroît le risque que ceux-ci attaquent leurs tissus hôtes.

En plus du régime du groupe B, vous pouvez recourir aux compléments préventifs suivants afin de renforcer votre système immunitaire :
- Magnésium (300 à 500 mg par jour).
- Extrait de racine de réglisse, aux vertus antivirales

---

1. Tang W., A. Matsumoto, K. Shikata, F. Takeuchi, T. Konishi, M. Nakata et T. Mizuochi : « Detection of disease-specific augmentation of abnormal immunoglobulin G in sera of patients with rheumatoid arthritis. »

reconnues, qui aide en outre à combattre le syndrome de fatigue chronique.
- Lécithine, qui préserve la perméabilité des membranes.
- Arabinogalactane de mélèze, un régulateur immunitaire doux et sans danger.

Syndrome de fatigue chronique

Les diverses stratégies nutritionnelles recommandées pour le traitement du syndrome de fatigue chronique sont de plus en plus couramment prescrites, même par les praticiens conventionnels. On sait qu'on retrouve un déficit en magnésium et un stress oxydant chez plus de 50 % des malades. La littérature médicale laisse en outre supposer que diverses carences pourraient elles aussi jouer un rôle. Parmi les nutriments en cause, les vitamines du groupe B, la vitamine C, le magnésium, le sodium, le zinc, le L-tryptophane, la L-carnitine, la coenzyme Q10 et les acides gras essentiels. Ces déficits semblent plus liés à la progression de la maladie qu'à une mauvaise alimentation des patients [1]. Voici un protocole simple et efficace pour les sujets du groupe B, à ajouter à votre programme groupe sanguin :
- Méthylcobalamine : 500 μg deux fois par jour. Notez bien qu'il ne s'agit pas ici de vitamine B12 ordinaire, mais de sa forme active.
- Magnésium : 500 mg par jour. Sachez qu'une telle supplémentation peut produire un effet laxatif. Si vous souffrez de diarrhée, diminuez la dose ; vous

---

1. Manuel Y., B. Keenoy, G. Moorkens, G. Vertommen, J. Noe, J. J. Neve et I. De Leeuw : « Magnesium status and parameters of the oxidant-antioxidant balance in patients with chronic fatigue : effects of supplementation with magnesium. » *J Am Coll Nutr*, juin 2000, 19(3), 374-82.
  Werbach M. R. : « Nutritional strategies for treating chronic fatigue syndrome. » *Altern Med Rev*, avril 2000, 5(2), p. 93-108.

la ré-augmenterez progressivement lorsque vous vous serez habitué à ce complément.

* Un bon complément multivitaminé.
* Acides gras essentiels : normalement le Cocktail fluidifiant des membranes devrait vous en fournir plus qu'assez. Si, pour une raison quelconque, vous n'avez pu absorber celui-ci, remplacez-le par quelques capsules d'huile de pépin de cassis.
* Réglisse : cette substance produit quelques effets secondaires rares, parmi lesquels la rétention d'eau. Utilisez-la de préférence sous contrôle médical. La forme déglycyrrhisique ne fonctionne en général pas.

EXTRAIT DES ARCHIVES DU GROUPE SANGUIN

John W.
Groupe B
Homme, cinquantaine
Amélioration : syndrome de fatigue chronique

Je souffre depuis quelques années de plusieurs symptômes du syndrome de fatigue chronique. Il arrivait que je sente mon état s'améliorer, mais cela ne durait jamais bien longtemps. Lorsque j'ai entamé le régime Groupe sanguin, au début du mois de mars 1999, j'ai presque immédiatement éprouvé un mieux (en trois jours). Depuis deux mois, j'ai pu reprendre le jogging et, plus important, recouvré mes capacités cognitives d'antan. Je crois que le Dr D'Adamo a découvert une piste passionnante et ne peux qu'espérer que ses idées se diffusent bientôt plus largement au sein du corps médical et du public.

Troubles viraux/du système nerveux

J'ai vu beaucoup de cas de fibromyalgie s'améliorer de manière spectaculaire avec le régime Groupe sanguin. Comme l'a écrit un chercheur à propos des lectines : « Éviter celles-ci constitue souvent la seule manœuvre diététique préventive utile, surtout lorsque la maladie s'est déclarée depuis peu[1]. » Or, comme on l'a vu, les céréales de consommation courante contiennent souvent des lectines, lesquelles sont attirées par les sucres, en particulier le n-acétylglucosamine, présents en abondance dans les tissus conjonctifs. La lectine du germe de blé affiche notamment une prédilection marquée pour ce glucide. Tout cela place les céréales en tête de file des aliments favorisant les inflammations articulaires et me laisse supposer que le mieux-être observé chez les patients atteints de fibromyalgie résulte essentiellement de l'élimination du blé, surtout chez les sujets du groupe B.

MESURES PRÉVENTIVES
- Suivez le régime du groupe B.
- Prenez de l'extrait de baies de sureau, qui a démontré expérimentalement sa capacité à inhiber la reproduction de toutes les souches grippales humaines testées. Il ressort notamment d'une étude en double aveugle que cette substance se révèle efficace contre la grippe. Les patients traités au sureau ont guéri plus vite : plus de 70 % d'entre eux se sentaient mieux au bout de deux jours et le troisième jour, plus de 90 % d'entre eux avaient totalement surmonté le virus. Les personnes ayant absorbé un placebo mirent quant à elles en moyenne six jours à se remettre. Des chercheurs

---

1. Freed D. J. : Patchs anti-rhumatismaux. www.elfstrom.com/arthritis/articles/r-patch.html (site en langue anglaise).

ont en outre découvert que ceux qui prenaient de
l'extrait de sureau décelaient plus aisément le
virus de la grippe et se laissaient moins souvent
abuser par sa ressemblance avec l'antigène B.
Dans mon expérience, un traitement préventif à
base d'extrait concentré de baies de sureau, de
myrtille, de cerise et de pomme permet en général
aux patients de traverser la mauvaise saison sans
encombre. Sachez toutefois que, à dose excessive,
l'extrait de sureau peut provoquer des nausées. Je
recommande de prendre 2 cuillerées à soupe trois
ou quatre fois par jour pour les adultes, à doser
pour les enfants en fonction de leur poids, surtout
pour les personnes appartenant aux groupes sanguins B et AB.

- Mangez des champignons orientaux tels que les
  shiitaké, qui renforcent efficacement les défenses
  antivirales à long terme.
- Prenez des vitamines du groupe B, en particulier
  de la thiamine (vitamine B1) et de la riboflavine
  (vitamine B2), lesquelles favorisent l'équilibre
  nerveux.
- L'arginine (250 mg par jour) peut contribuer à
  accroître le taux d'oxyde nitrique et à stimuler les
  défenses antivirales.
- Prenez de l'extrait de racine d'astragale (*Astra-
  galus membranaceus*), contenant entre 0,8 % et
  1 % d'isoflavones. Cette plante excellente pour
  l'immunité a donné la preuve de sa capacité à
  augmenter l'activité des cellules tueuses, à équilibrer le système immunitaire et à promouvoir l'activité anti-stress et antivirale.
- La racine de réglisse stimule les défenses immunitaires antivirales.
- Les compléments probiotiques favorisent l'action
  de toute une catégorie d'agents antiviraux.
- La pectine, en général extraite de pommes, se

révèle riche en polysaccharides, lesquelles peuvent bloquer l'adhésion des virus et des bactéries aux cellules.

EXTRAIT DES ARCHIVES DU GROUPE SANGUIN

Nora A.
Groupe B
Femme, cinquantaine
Amélioration : arthrite

J'avais consulté un rhumatologue pour mon arthrite extrêmement douloureuse des hanches et des genoux. D'autres articulations me faisaient également souffrir, mais moins intensément. Après avoir supprimé pendant trente jours les aliments « à éviter » et consommé le plus possible des ingrédients « bénéfiques », j'ai commencé à ressentir un soulagement. Aujourd'hui, je ne souffre presque plus. J'ai en outre perdu un poids considérable. Pour les sceptiques, je préciserai qu'il m'était déjà arrivé de mincir auparavant et que cela n'avait rien changé à mon arthrite. Maintenant, je me sens en pleine forme !

Pour en apprendre plus sur le maintien de votre santé et de votre équilibre, connectez-vous sur le site Internet du groupe sanguin : www.dadamo.com.

Le mode de vie du groupe AB

Le profil du groupe AB

CE GROUPE SANGUIN, qui ne semble exister que depuis un millier d'années environ, n'est représenté que dans 2 à 5 % de la population. On peut à bien des égards le considérer comme un « chantier » en cours. Seul groupe sanguin issu du brassage ethnique et non d'une adaptation à un environnement en mutation, le groupe AB présente d'intéressantes particularités immunologiques.

Le profil de risque médical du groupe AB

CARACTÉRISTIQUES	MANIFESTATIONS
ESPRIT/CORPS Tendance à surproduire des catécholamines (adrénaline et noradrénaline) en cas de stress, à cause du faible niveau d'enzyme anti-stress MAO	• Tendance à la colère et au sentiment d'isolement • Déséquilibre de la dopamine • Introversion extrême
Tendance à éliminer rapidement l'oxyde nitrique grâce à l'influence de l'allèle du gène B sur la production enzymatique de cette substance	*En cas de déséquilibre :* • Réactions émotionnelles excessives en situation de stress
DIGESTION Faible acidité gastrique	• Problème de digestion des protéines • Bloque l'action des enzymes digestives • Favorise la prolifération bactérienne dans l'estomac et dans le haut de l'intestin • Peut entraver l'absorption des vitamines et des oligoéléments
Déficit de phosphatase alcaline intestinale (enzyme)	• Taux de cholestérol élevé (surtout LDL) • Difficultés à métaboliser les graisses
MÉTABOLISME Taux élevé de facteurs de coagulation	• Le sang coagule plus facilement
IMMUNITÉ Faible taux d'anticorps IgA	• Vulnérabilité aux infections ORL • Vulnérabilité aux infections gastro-intestinales
Faible taux d'anticorps IgE	• Favorise l'asthme et les allergies
Manque de défenses anti-A et anti-B	• Entrave la capacité du système immunitaire à distinguer les « amis » des « ennemis » • Oblige à maintenir une activité accrue des cellules tueuses

RISQUES ACCRUS	VARIATIONS
• Dépression bipolaire • Dépression • Maladies cardiaques (parmi les personnalités de « type A ») • Maladie de Parkinson • Schizophrénie • Toxicomanie	
• Hypertension artérielle	
• Cancer de l'estomac • Calculs biliaires • Ictère (jaunisse) • Intoxication intestinale	NON-SÉCRÉTEURS : • Acidité gastrique légèrement plus élevée permettant une meilleure digestibilité des protéines animales
• Maladies coronariennes • Ostéoporose • Cancer du côlon • Hypercholestérolémie	NON-SÉCRÉTEURS : • Taux extrêmement bas de phosphatase alcaline intestinale
• Maladies coronariennes • Thrombose cérébrale • Problématique en cas de cancer	SENIORS : • Risque accru d'accidents cardio-vasculaires résultant d'embolies • Risque accru d'athérosclérose
• Maladie cœliaque • Rhumatismes articulaires aigus • Maladies rénales • Dérangements intestinaux	NON-SÉCRÉTEURS : • Risque accru, surtout chez les enfants
• Défenses anti-parasitaires peu efficaces	
• La plupart des cancers • Infections virales chroniques • Infections bénignes	SÉCRÉTEURS : • Risque accru d'infections bénignes • Taux de cellules tueuses plus bas SENIORS : • Activité des cellules tueuses diminuant avec l'âge

Tel le caméléon, le groupe AB s'approprie en effet tour à tour les caractéristiques de chacun des autres groupes sanguins. S'il présente un profil proche de celui du groupe O en termes d'hormones de stress, il partage en partie le comportement du groupe B à l'égard de l'oxyde nitrique. Et si son profil digestif se rapproche de celui du groupe A, il affiche une prédilection pour la viande directement héritée du groupe B. Ses besoins en protéines animales excèdent ceux du groupe A, mais son acidité gastrique et son taux de phosphatase alcaline intestinale demeurent insuffisants pour qu'il puisse digérer celles-ci efficacement. Enfin, le groupe AB dispose d'un système immunitaire proche de celui du groupe A, avec la même prédisposition accrue aux cancers.

En revanche, il a une plus grande endurance sportive puisqu'il gère mieux son taux de cortisol. Ce qui résulte sans doute de son hérédité complexe. On ignore encore l'étendue des implications de ce mélange génétique, mais la recherche indique que, lorsqu'ils sont au mieux de leur forme, les individus du groupe AB se révèlent intuitifs, attirés par le spiritualité et capables de voir au-delà des conventions sociales. Bref, même si leur désir d'indépendance entre parfois en conflit avec leur sociabilité, ils possèdent bon nombre de qualités très prisées dans notre univers moderne plus ouvert.

Le programme du groupe AB

LE PROGRAMME DU GROUPE AB combine des thérapies nutritionnelles, comportementales et environnementales destinées à vous aider à mener le mode de vie idéal pour votre groupe sanguin.

DES STRATÉGIES DE MODE DE VIE pour structurer votre existence afin de vivre longtemps et en pleine forme.

DES STRATÉGIES DE MODE DE VIE ADAPTÉES aux besoins spécifiques des enfants, des seniors et des non-sécréteurs.

DES ÉGALISATEURS ÉMOTIONNELS et des techniques anti-stress.

UN RÉGIME SPÉCIALISÉ : Premier niveau pour optimiser votre santé.

UN RÉGIME CIBLÉ : Deuxième niveau pour surmonter la maladie.

UN PROGRAMME THÉRAPEUTIQUE SUPPLÉMENTAIRE pour un soutien renforcé.

Stratégies de mode de vie

Clés

- Laissez votre nature sociable s'exprimer dans un cadre amical. Évitez les situations de compétition trop marquée.
- Évitez de vous laisser obnubiler par les rituels ou envahir par les problèmes – surtout ceux auxquels vous ne pouvez rien.
- Établissez des programmes (annuels, mensuels, hebdomadaires et journaliers) pour vos tâches et vos objectifs.
- Faites évoluer votre mode de vie de manière progressive au lieu de chercher à tout régler simultanément.
- Faites quarante-cinq minutes ou une heure de cardio-training au moins deux fois par semaine, que vous contrebalancerez par la pratique quotidienne d'étirements ou d'exercices de méditation ou de yoga.
- Adoptez des activités collectives génératrices d'échanges réels avec un groupe.

☞ Exercez-vous chaque jour à la visualisation.
☞ Ménagez-vous de plages de solitude. Choisissez au moins une activité ou un hobby que vous pratiquerez seul.

1. Une alimentation adaptée pour préserver votre bien-être

Une règle simple pour les personnes du groupe AB : la plupart des aliments proscrits pour leurs cousins des groupes A et B le sont aussi pour eux. Ce qui leur confère un profil diététique complexe dont voici les clés :

• Évitez le café et l'alcool, surtout en situation de stress. La caféine se révèle particulièrement nocive pour vous, puisqu'elle fait grimper les taux d'adrénaline et de noradrénaline, déjà élevés chez les sujets du groupe AB.

• Tirez votre apport protidique d'autres sources que la viande rouge, vos meilleurs alliés étant le poisson et les fruits de mer.

• Ne vous affamez pas et ne sautez pas de repas. Si vous avez faim entre deux repas, préparez-vous des en-cas adaptés à votre groupe sanguin. Évitez les régimes basses calories ; n'oubliez pas que toute privation de nourriture représente un stress violent. Ce qui fait grimper le taux de cortisol, ralentit le métabolisme, encourage l'organisme à stocker les graisses et induit une fonte musculaire.

• Prenez un petit déjeuner équilibré plus riche en protéines que vos autres repas. Les individus du groupe AB doivent apprendre à considérer le premier repas quotidien comme le « roi des repas », surtout s'ils cherchent à perdre du poids. C'est indispensable à leur équilibre métabolique et émotionnel.

• La prise de repas plus légers et plus rapprochés

prévient les troubles digestifs liés à votre acidité gastrique insuffisante. Évitez de manger quand vous êtes énervé – ou parce que vous êtes énervé. L'estomac déclenche le processus digestif grâce à la conjugaison de ses sécrétions et des mouvements musculaires qui mélangent lesdites sécrétions avec les aliments. Lorsqu'on produit peu de sucs gastriques, les mets tendent donc à demeurer plus longtemps dans l'estomac. Surveillez aussi la composition de vos menus : vous digérerez et métaboliserez plus efficacement vos repas si vous dissociez protéines et féculents. L'absorption d'un digestif amer une demi-heure avant le repas peut stimuler la digestion.

2. Combinez des activités physiques intenses avec des exercices calmants

Vous devez cumuler activités apaisantes (deux fois par semaine) et disciplines plus intensives (trois fois par semaine), selon le rythme de votre choix.

Pour vous calmer, pratiquez le hatha-yoga, qui connaît une vogue croissante auprès des Occidentaux. J'ai pu constater qu'il convenait à merveille aux patients du groupe AB.

Les personnes du groupe AB en bonne santé s'efforceront de respecter le programme sportif suivant :

CARDIO-TRAINING	MUSCULATION	ASSOUPLISSEMENTS/ ÉTIREMENTS
25 minutes	20 minutes	30 minutes
2 ou 3 fois par semaine	3 ou 4 fois par semaine	2 ou 3 fois par semaine

STRATÉGIES DE MODE DE VIE ADAPTÉES	ENFANTS DU GROUPE AB

Introduisez ces précieuses stratégies dans le quotidien de vos enfants du groupe AB, afin de leur assurer une croissance harmonieuse, une bonne santé et une résistance aux maladies.

Enfants en bas âge

- Créez un environnement non restrictif. Laissez par exemple l'enfant choisir ses vêtements, même si vous jugez que son pull jure avec son bonnet.
- Quand c'est possible, faites preuve de souplesse, notamment en ce qui concerne les horaires du coucher ou des repas.
- Veillez à ce que votre enfant passe beaucoup de temps à l'extérieur, l'air frais et le rayonnement solaire favorisant le maintien d'un taux optimal de cellules tueuses.
- Dès l'âge de deux ou trois ans, votre enfant peut pratiquer au quotidien des exercices respiratoires, d'étirement ou de méditation avec vous.
- Encouragez les interactions sociales dans un environnement non compétitif. Les enfants du groupe AB sont généralement sociables, mais enclins à s'isoler lorsque la pression se fait trop forte.
- Les sujets du groupe AB tendant à refouler leurs émotions, alors prêtez une attention toute particulière aux signes de trouble chez votre enfant. Encouragez-le à vous parler de ses soucis.

Enfants plus âgés

- Informez-les des dangers de l'alcool, du tabac et des stupéfiants et montrez-leur le bon exemple ! Tout comme les sujets du groupe O, ceux du groupe AB sont parfois prédisposés aux comportements toxicomanes. Ce qui nuit à l'activité de leurs cellules tueuses.

- Encouragez-les à opter pour des activités sportives peu compétitives, mais laissant libre cours à la créativité, en leur faisant pratiquer la danse, par exemple.
- Comblez leur besoin d'indépendance et d'autonomie en les aidant à trouver un job à temps partiel ou en les inscrivant à un programme d'études libres.

STRATÉGIES DE MODE DE VIE ADAPTÉES	SENIORS DU GROUPE AB

- L'acidité gastrique déjà faible des sujets du groupe AB diminue encore de 20 % chez les personnes âgées. Il devient donc de plus en plus crucial au fil des ans de respecter le régime du groupe AB, afin de maintenir cette acidité à un niveau permettant une digestion correcte des aliments. Prenez chaque jour une supplémentation en L-histidine, ainsi qu'une tisane légère de plantes amères avant les repas, et évitez les boissons gazeuses.
- À partir de l'âge de soixante ans, l'odorat perd de sa finesse, parfois de manière spectaculaire. Or, celui-ci joue un rôle dans la perception de la saveur d'un mets et agit avec le goût pour déclencher la sécrétion de sucs digestifs et annoncer à l'organisme qu'il est l'heure de se mettre à table. Ce déclin des facultés sensorielles incite souvent les patients à se sous-alimenter. Ce problème touche plus souvent les seniors du groupe AB que les autres. Un odorat affaibli peut de surcroît se révéler dangereux, car il vous empêche de déceler qu'un aliment n'est plus consommable, d'autant que votre système immunitaire peu actif vous rend plus vulnérable aux agressions bactériennes.

Égalisateurs émotionnels

Clés

- ☞ Organisez votre emploi du temps de manière à minimiser les surprises et à éviter les « coups de feu ».
- ☞ Entrecoupez votre journée de travail de pauses consacrées à une activité physique, surtout si vous occupez un emploi sédentaire. Vous gagnerez en énergie.
- ☞ Accordez-vous de petites « récompenses » quand vous avez accompli une tâche.
- ☞ Cessez de fumer et fuyez les excitants.
- ☞ Consacrez une partie de votre temps à aider les autres. Les personnes du groupe AB sont naturellement enclines à la philanthropie et à prêter une oreille compatissante aux problèmes d'autrui. Donnez de votre argent et/ou de votre temps.

1. Identifiez vos tendances

Le groupe AB offre un profil émotionnel ambivalent. Amicaux, confiants et aimant être entourés, les sujets de ce groupe se sentent pourtant souvent un brin marginaux. Lorsqu'ils sont au mieux de leur forme, ils se révèlent intuitifs, attirés par le spirituel, au point de s'abstraire des conventions sociales. Mais s'ils sont prêts à défendre leurs convictions avec passion, ils aspirent aussi à être aimés, ce qui suscite parfois des conflits.

Sur le plan des hormones de stress, le groupe AB se rapproche surtout du groupe O, avec une tendance à la surproduction de catécholamines comme l'adrénaline. Les individus de ce groupe adjoignent cependant à cette caractéristique une bonne aptitude, héritée du groupe B, à éliminer l'oxyde nitrique, si bien qu'ils ressentent dans leur chair les émotions fortes. Leur plus grande faiblesse reste cependant leur propension à intérioriser leurs sentiments, en particulier leur colère, contrairement à leurs amis du groupe O. Or, le fait de garder de telles émotions pour soi est beaucoup plus nocif que d'exprimer celles-ci. Cernez donc votre personnalité afin de déterminer si elle correspond à celle que l'on attribue d'ordinaire aux membres de votre groupe sanguin. Il ne s'agit pas ici de vous coller une étiquette : on sait que les prédispositions génétiques ne déterminent qu'une petite partie de la personnalité et que chacun de nous est unique. J'ai cependant pu constater que ces traits de caractère spécifiques tendaient à se faire plus présents en période de stress et de résistance affaiblie.

EXTRAIT DES ARCHIVES DU GROUPE SANGUIN

Gwen S.
Groupe AB
Femme, cinquantaine
Amélioration : arrêt du tabac

Je crois que le changement le plus spectaculaire apporté par le régime du groupe AB a été de m'apercevoir, au bout d'une semaine seulement, que je n'éprouvais plus la moindre envie de fumer. Ce qui relevait du miracle car, comme beaucoup d'artistes, j'appréciais jusqu'alors les effets apaisants de la nicotine pendant mes phases créatives. Désormais, le tryptophane de la chair de dinde et la teneur en calcium du programme suffisent à me calmer. Je ne fume plus depuis quatre mois et ne pense que très rarement au tabac. Pas mal pour quelqu'un qui s'encrassait les poumons depuis dix-huit années, non ? J'espère seulement n'avoir pas trop attendu et endommagé mon fragile système immunitaire du groupe AB. J'aime beaucoup votre régime et n'éprouve aucune difficulté à le suivre. Entre lui et l'arrêt du tabac, il me semble que mon cœur a retrouvé une nouvelle jeunesse.

2. Utilisez des adaptogènes pour améliorer vos réactions face à un stress

Le terme adaptogène désigne des plantes qui améliorent la réponse globale au stress. Beaucoup d'entre elles exercent une influence bidirectionnelle ou normalisatrice sur l'organisme : lorsqu'une valeur est trop basse, elles la font remonter. Même chose lorsqu'un taux est trop élevé. Les adaptogènes qui suivent conviennent à merveille aux personnes du groupe AB.

RHODIOLA ROSEA ET RHODIOLA SP. Outre son activité anti-stress, *Rhodiola* possède une action significative sur l'activité liée au stress des catécholamines dans le cœur et favorise la stabilité des contractions du muscle cardiaque. Elle peut aussi prévenir certaines anomalies de la fonction cardio-pulmonaire observées en altitude.

VITAMINES DU GROUPE B. Les personnes du groupe AB ont en général besoin d'un apport important en vitamines du groupe B pour réagir de manière équilibrée en cas de stress. Les plus importantes pour elles sont les vitamines B1 et B6 et la pantéthine. En période de stress, n'hésitez pas à dépasser nettement les apports journaliers recommandés.

ACIDE LIPOÏQUE. Cet antioxydant joue un rôle important dans le métabolisme des catécholamines, ce qui le rend précieux pour la gestion du stress chez les sujets du groupe AB.

3. Utilisez les suppléments ci-dessous pour améliorer votre équilibre neurochimique

L-TYROSINE. Un surplus d'acide aminé L-tyrosine peut accroître la concentration de dopamine dans le cerveau. Au cours d'une étude, on a administré une boisson riche en tyrosine à des cadets militaires durant une session d'entraînement particulièrement rude, tandis qu'un groupe témoin absorbait un breuvage riche en glucides. Le premier groupe a obtenu des résultats significativement meilleurs dans les exercices faisant appel à la mémoire et aux capacités d'orientation. Cela permet de supposer que, en période de stress physique et psychosocial, la tyrosine peut minimiser l'action de la fatigue et de la tension nerveuse sur les capacités cognitives.

CITRULLINE. Cet acide aminé participe au cycle énergétique et à la synthèse de l'oxyde nitrique. On en trouve notamment dans la pastèque.

RACINE DE DANSHEN. 50 mg. Cette plante de la pharmacopée traditionnelle chinoise aide l'organisme à réguler sa production d'oxyde nitrique, tout comme deux autres remèdes phytothérapiques chinois, *Cordyceps sinensis* (100 mg) et *Gynostemma pentaphyllum* (50 mg).

SANGRE DE GRADO. 50 mg. Il s'agit d'une plante amazonienne qui favorise la régulation de l'oxyde nitrique.

GLUTAMINE. Cet acide aminé que l'organisme transforme en un neurotransmetteur de catégorie GABA s'avère particulièrement utile pour les individus du groupe AB incapables de résister aux sucreries. En cas de fringale, dissolvez-en 1 g dans un verre d'eau et buvez ce mélange.

ACIDE FOLIQUE (VITAMINE B9). On réagit rarement bien aux antidépresseurs médicamenteux classiques (Prozac, Zoloft, etc.) quand on présente une insuffisance en acide folique. Les personnes du groupe AB sujettes aux sautes d'humeur devraient prendre régulièrement une supplémentation en acide folique ainsi qu'en autres vitamines du groupe B. L'acide folique induit en outre une baisse du taux d'homocystéine et influe par là sur le risque cardio-vasculaire.

434   4 Groups Sanguins - 4 Modes de Vie

Le régime à deux niveaux du groupe AB

CE RÉGIME À DEUX NIVEAUX est conçu pour permettre une approche plus personnalisée. En effet, si j'ai pu observer que certains se portaient fort bien de s'en tenir au Premier niveau – c'est-à-dire au régime de base, lequel donne une priorité modérée aux aliments « bénéfiques » et incite à proscrire avec une certaine rigueur les mets « à éviter », tout en laissant une large place aux aliments « neutres » –, il en est d'autres pour qui un protocole plus rigide est nécessaire, surtout lorsqu'ils souffrent d'affections chroniques. Ajouter le Deuxième niveau aide l'organisme à surmonter la maladie et à recouvrer santé et bien-être.

BÉNÉFIQUES : Ces aliments renferment des composants qui améliorent la santé métabolique, immunitaire ou structurelle des personnes de votre groupe sanguin.
NEUTRES : Ces aliments n'ont en général aucun effet direct, bénéfique ou nocif, sur les personnes de votre groupe sanguin, mais beaucoup d'entre eux apportent des nutriments indispensables à une alimentation équilibrée.
À ÉVITER : Ces aliments contiennent des composants nocifs pour les personnes de votre groupe sanguin.

Votre statut sécréteur peut influer sur votre capacité à digérer et à métaboliser pleinement certains aliments. Pour cette raison, toutes les listes de mets qui suivent contiennent une colonne destinée aux sécréteurs et une autre pour les non-sécréteurs. En effet, les quelque 20 % de la population qui appartiennent à ce dernier sous-groupe doivent respecter certaines variations par rapport aux recommandations générales du régime adapté à leur groupe sanguin.

SÉCRÉTEUR OU NON-SÉCRÉTEUR ?
Avant d'entamer ce régime, faites un prélèvement
de salive chez vous (voir p. 479) afin de déterminer
votre statut sécréteur.

Dans quelques rares cas, le statut Rh ou MN pourra lui aussi rendre nécessaire une adaptation du régime. Vous trouverez les indications adéquates dans les tableaux concernés.

Les niveaux du régime Groupe sanguin

Premier niveau : Optimiser votre santé

Adoptez ces principes aussi rapidement que possible afin d'optimiser votre santé. Pour la plupart des individus en bonne santé, combiner les préceptes de ce Premier niveau avec des aliments neutres suffit.

Deuxième niveau : Surmonter la maladie

Ajoutez ces mesures si vous souffrez d'une affection chronique ou si vous souhaitez suivre ce programme de manière plus rigoureuse. Si vous optez pour le Deuxième niveau, limitez la part des aliments neutres dans vos menus.

Directives nutritionnelles individualisées

Si vous appartenez au groupe AB et jouissez d'une bonne santé, le Premier niveau du régime Groupe sanguin vous fournira la recette d'une combinaison d'aliments clés d'une bonne santé. Pour en tirer le meilleur parti, portez une attention toute particulière aux directives ci-dessous.

Clés

- ◦— Limitez votre consommation de viande rouge et évitez de manger du poulet. En raison de votre faible acidité gastrique et de votre déficit en phosphatase alcaline, vous êtes a priori mal équipé pour digérer ce type d'aliments, ce qui peut induire divers problèmes métaboliques.
- ◦— Tirez votre apport protidique principalement des dérivés du soja et des produits de la mer.
- ◦— Intégrez à votre alimentation de petites doses de laitages fermentés, mais évitez les laitages frais, qui peuvent susciter une sécrétion excessive de mucosités. Les laitages fermentés possèdent des vertus probiotiques. Ils favorisent de ce fait l'équilibre de la flore intestinale et renforcent le système immunitaire.
- ◦— Consommez régulièrement des poisson gras pêchés dans les mers froides. Les huiles de poisson peuvent stimuler votre métabolisme.
- ◦— Mangez des aliments riches en vitamine A comme les carottes, les épinards et les brocolis, afin d'accroître votre taux intestinal de phosphatase alcaline.

Stratégies nutritionnelles pour le groupe AB

Ces stratégies visent à aider les sujets du groupe AB en bonne santé à éviter les problèmes susceptibles de résulter de leurs particularités neurologiques, digestives, métaboliques et immunitaires.

Pour augmenter votre acidité gastrique

PRENEZ 500 MG DE L-HISTIDINE DEUX FOIS PAR JOUR. Cet acide aminé favorise la production d'acide par l'estomac, surtout chez les personnes souffrant d'allergies.

ABSORBEZ DES PLANTES AMÈRES. Les naturopathes prescrivent depuis longtemps des plantes comme la gentiane (*Gentiana* spp) afin de stimuler les sécrétions gastriques. Vous pouvez les absorber en tisane légère une demi-heure avant les repas.

ÉVITEZ LES BOISSONS GAZEUSES. Le gaz carbonique des eaux pétillantes et des sodas réduit votre production de gastrine déjà faible, ce qui fait chuter l'acidité de l'estomac.

PRENEZ DE LA BÉTAÏNE. Le chlorhydrate de bétaïne peut accroître le taux d'acidité gastrique. On lui doit des bienfaits annexes car il fait chuter le taux sanguin d'une substance appelée homocystéine associée aux maladies cardio-vasculaires. L'organisme utilise également la bétaïne pour synthétiser de la S-adénosylméthionine (SAM-e), une molécule qui a attiré l'attention des médias car il s'agit d'un antidépresseur naturel qui favorise la régénération du foie. Au passage, on notera avec intérêt que, pour la médecine chinoise traditionnelle, l'anxiété et la dépression résultent d'un déséquilibre de l'énergie du foie. On trouve de la bétaïne dans les noix de kola ainsi que d'autres substances hépatoprotectrices telles que la D-catéchine, la L-épicatéchine, la kolatine et la kolanine. Mais comme elles renferment aussi de la caféine, n'en abusez pas et bannissez-les de votre assiette si vous connaissez des problèmes digestifs.

PRENEZ DU DENDROBIUM. Cette substance accroît la production d'acide et la concentration de gastrine.

Prévenez les méfaits des lectines

ÉVITEZ LES ALIMENTS LES PLUS NOCIFS POUR LE GROUPE AB :
- le poulet
- le maïs
- le sarrasin
- les haricots beurre
- les haricots rouges
- les tomates

Rappelons que vous pouvez aussi bloquer l'action des lectines alimentaires grâce aux molécules suicide de polysaccharides présentes par exemple dans :
- la NAG (N-acétylglucosamine)
- le goémon (*Fucus vesiculosis*)
- les laminaires
- l'arabinogalactane de mélèze (ARA 6).

Viande et volaille

MÊME SI VOTRE ORGANISME est un peu mieux adapté à l'ingestion de protéines animales que ceux du groupe A – principalement grâce à l'action positive de votre gène B sur l'absorption des graisses –, vous devez néanmoins vous défier de l'hypercholestérolémie, surtout si vous êtes sécréteur. Préférez toujours des viandes issues d'élevages biologiques.

GROUPE SANGUIN B : VIANDE ET VOLAILLE			
Portion : 115-170 g (hommes), 60-140 g (femmes et enfants)			
Origine ethnique	Européenne	Africaine	Asiatique
Sécréteurs (portions/semaine)	1 à 5	2 à 5	1 à 5
Non-sécréteurs (portions/semaine)	2 à 5	3 à 5	2 à 5
A2B	+ 1	+ 1	+ 1
MM	- 2	- 2	- 2

Premier niveau

ALIMENT	GROUPE B SÉCRÉTEUR	GROUPE B NON SÉCRÉTEUR
Caille	À éviter	Neutre
Canard	À éviter	À éviter
Cheval	À éviter	À éviter
Dinde	Bénéfique	Bénéfique
Grouse	À éviter	À éviter
Perdreau	À éviter	À éviter
Pigeon	À éviter	À éviter
Pintade	À éviter	À éviter
Porc	À éviter	À éviter
Poulet	À éviter	À éviter
Tortue	À éviter	À éviter

Deuxième niveau

ALIMENT	GROUPE B SÉCRÉTEUR	GROUPE B NON SÉCRÉTEUR
Agneau	Neutre	Bénéfique
Bison	À éviter	À éviter
Bœuf	À éviter	À éviter
Cœur/ris	À éviter	À éviter
Gibier à poil	À éviter	Neutre
Lapin	Neutre	Bénéfique
Mouton	Neutre	Bénéfique
Oie	À éviter	À éviter
Pigeon	À éviter	À éviter
Veau (sauf foie)	À éviter	À éviter

Aliments neutres : supplémentation générale de l'alimentation

ALIMENT	GROUPE B SÉCRÉTEUR	GROUPE B NON SÉCRÉTEUR
Autruche	Neutre	Neutre
Faisan	Neutre	Neutre
Veau (foie)	Neutre	Neutre

Poisson, crustacés et mollusques

LE POISSON, LES CRUSTACÉS ET LES MOLLUSQUES représentent une des meilleures sources de protides pour la plupart des personnes du groupe AB, chez qui ils permettent de soutenir l'activité des cellules tueuses. En règle générale, les mets de cette catégorie « à éviter » sont proscrits à cause de leur teneur en lectines réagissant avec l'antigène A ou l'antigène B, ou en polyamines. Évitez de consommer des poissons surgelés, beaucoup plus riches en polyamines que les produits frais. Leur prédisposition accrue au cancer devrait inciter toutes les personnes du groupe AB à se régaler régulièrement d'escargots *Helix pomatia*.

GROUPE SANGUIN B : POISSON, CRUSTACÉS ET MOLLUSQUES			
Portion : 115-170 g (hommes), 60-140 g (femmes et enfants)			
Origine ethnique	Européenne	Africaine	Asiatique
Sécréteurs (portions/semaine)	3 à 5	4 à 6	3 à 5
Non-sécréteurs (portions/semaine)	4 à 6	4 à 7	4 à 6
A2B*	+2	+2	+2

   * Pour le sous-groupe A2B, le flet, le flétan et le merlan sont « neutres », tandis que la carpe, le grondin, la perche et le cabillaud sont « bénéfiques ».

Premier niveau

ALIMENT	GROUPE B SÉCRÉTEUR	GROUPE B NON SÉCRÉTEUR
Alose	Bénéfique	Bénéfique
Anchois	À éviter	À éviter
Anguille	À éviter	À éviter
Bar	À éviter	À éviter
Barracuda	À éviter	À éviter
Capitaine	Bénéfique	Bénéfique

Clam	À éviter	À éviter
Colin	À éviter	À éviter
Crabe	À éviter	À éviter
Escargot	Bénéfique	Bénéfique
Flet	À éviter	À éviter
Flétan	À éviter	À éviter
Grenouille	À éviter	À éviter
Haddock	À éviter	À éviter
Huître	À éviter	À éviter
Lambi	À éviter	À éviter
Mahimahi	Bénéfique	Bénéfique
Maquereau	Bénéfique	Bénéfique
Merlan	À éviter	À éviter
Poulpe	À éviter	À éviter
Sardine	Bénéfique	Bénéfique
Saumon	Bénéfique	Bénéfique
Sole	À éviter	À éviter
Thon	Bénéfique	Bénéfique
Truite	À éviter	Neutre

Deuxième niveau

ALIMENT	GROUPE B SÉCRÉTEUR	GROUPE B NON SÉCRÉTEUR
Baudroie	Bénéfique	Bénéfique
Brochet	Bénéfique	Bénéfique
Crevette	À éviter	À éviter
Daurade	Bénéfique	Bénéfique
Esturgeon	Bénéfique	Bénéfique
Homard	À éviter	À éviter
Morue	Bénéfique	Bénéfique

Aliments neutres :
supplémentation générale de l'alimentation

ALIMENT	GROUPE B SÉCRÉTEUR	GROUPE B NON SÉCRÉTEUR
Cabillaud	Neutre	Neutre
Calmar	Neutre	Neutre
Carpe	Neutre	Neutre
Caviar	Neutre	Neutre
Coquille St-Jacques	Neutre	Neutre
Éperlans	Neutre	Neutre
Espadon	Neutre	Neutre
Grand sébaste	Neutre	Neutre
Grondin	Neutre	Neutre
Hareng	Neutre	Bénéfique
Lieu noir	Neutre	Neutre
Moules	Neutre	Neutre
Mulet	Neutre	Neutre
Ormeau	Neutre	Neutre
Perche	Neutre	Neutre
Poisson-chat	Neutre	Neutre
Pompano	Neutre	Neutre
Requin	Neutre	Neutre
Tassergal	Neutre	Neutre

Œufs et laitages

BEAUCOUP DE PERSONNES du groupe AB peuvent consommer des laitages avec modération, surtout parmi les sécréteurs. Les œufs, qui constituent, tout comme le poisson, une bonne source d'acide doco-hexaconoïque, peuvent compléter votre apport en protéines pour favoriser l'accroissement de votre masse tissulaire active. Si vous êtes d'origine africaine, il se peut que vous deviez réduire votre consommation de laitages non fermentés tels que le lait.

GROUPE SANGUIN B : ŒUFS			
Portion : 1 œuf			
Origine ethnique	Européenne	Africaine	Asiatique
Sécréteurs (portions/semaine)	3 ou 4	2 à 5	3 ou 4
Non-sécréteurs (portions/semaine)	3 à 6	3 à 6	3 à 6
A2B*	+ 2	+ 2	+ 2

GROUPE SANGUIN B : LAIT ET YAOURT			
Portion : 115-170 g (hommes), 60-140 g (femmes et enfants)			
Origine ethnique	Européenne	Africaine	Asiatique
Sécréteurs (portions/semaine)	3 à 6	2 à 6	1 à 6
Non-sécréteurs (portions/semaine)	0 à 4	0 à 3	0 à 3
MM	- 2	- 2	- 2

GROUPE SANGUIN B : FROMAGE			
Portion : 85 g (hommes), 60 g (femmes et enfants)			
Origine ethnique	Européenne	Africaine	Asiatique
Sécréteurs (portions/semaine)	3 à 5	2 à 4	2 à 5
Non-sécréteurs (portions/semaine)	4 à 5	2 à 5	4 à 5
A2B* (pour lait, yaourt et fromage)	- 2	- 2	- 2

* Pour le sous-groupe A2B, les œufs de cane sont « neutres », le cheddar et le gruyère, « à éviter ».

Premier niveau

ALIMENT	GROUPE B SÉCRÉTEUR	GROUPE B NON SÉCRÉTEUR
Blanc d'œuf	Bénéfique	Bénéfique
Brie	À éviter	À éviter
Fromage de chèvre	Bénéfique	Neutre
Kéfir	Bénéfique	Bénéfique

Mozzarella	Bénéfique	Bénéfique
Œuf de cane	À éviter	À éviter
Œufs de saumon	À éviter	À éviter
Ricotta	Bénéfique	Bénéfique
Yaourt	Bénéfique	Neutre

Deuxième niveau

ALIMENT	GROUPE B SÉCRÉTEUR	GROUPE B NON SÉCRÉTEUR
Babeurre	À éviter	À éviter
Beurre	À éviter	À éviter
Bleu	À éviter	À éviter
Camembert	À éviter	À éviter
Cottage cheese	Bénéfique	Bénéfique
Crème aigre	Bénéfique	Bénéfique
Crèmes glacées	À éviter	À éviter
Féta	Bénéfique	Bénéfique
Lait de chèvre	Bénéfique	Bénéfique
Lait entier (vache)	À éviter	À éviter
Parmesan	À éviter	À éviter
Provolone	À éviter	À éviter

Aliments neutres : supplémentation générale de l'alimentation

ALIMENT	GROUPE B SÉCRÉTEUR	GROUPE B NON SÉCRÉTEUR
Caséine	Neutre	Neutre
Cheddar	Neutre	Neutre
Édam	Neutre	Neutre
Emmenthal	Neutre	À éviter
Fromage frais	Neutre	Neutre
Ghee (beurre clarifié)	Neutre	Bénéfique

Gouda	Neutre	Neutre
Gruyère	Neutre	Neutre
Jaune d'œuf	Neutre	Bénéfique
Lait écrémé/demi-écrémé	Neutre	Neutre
Munster	Neutre	Neutre
Neufchâtel	Neutre	Neutre
Œuf de caille	Neutre	Neutre
Œuf d'oie	Neutre	Neutre
Petit-lait	Neutre	Neutre

Pois et légumes secs

LES PROTÉINES DES POIS ET DES LÉGUMES conviennent en général tout à fait aux organismes du groupe AB, même si plusieurs aliments de cette catégorie renferment des lectines problématiques. Sachez toutefois qu'il ne peuvent contribuer que de façon marginale à la bonne régénération de votre masse tissulaire active, surtout si vous êtes non sécréteur.

GROUPE SANGUIN B : POIS ET LÉGUMES SECS			
Portion : 1 tasse de 225 ml (produit sec)			
Origine ethnique	Européenne	Africaine	Asiatique
Sécréteurs (portions/semaine)	3 à 6	3 à 6	4 à 6
Non-sécréteurs (portions/semaine)	2 à 5	2 à 5	3 à 6
MM*	+ 3	+ 3	+ 3

* Pour le sous-groupe MM, les fèves, les graines de tamarin, le tofu et tous les dérivés du soja sont « bénéfiques ».

Premier niveau

ALIMENT	GROUPE B SÉCRÉTEUR	GROUPE B NON SÉCRÉTEUR
Haricots adzuki	À éviter	À éviter
Haricots cocos	Bénéfique	Bénéfique
Haricots cornille (*blackeyes*)	À éviter	À éviter
Haricots mungo (pousses)	À éviter	À éviter
Haricots noirs	À éviter	À éviter
Haricots rouges	À éviter	À éviter
Haricots Soissons	À éviter	À éviter
Lentilles vertes	Bénéfique	Bénéfique
Miso (soja)	Bénéfique	Neutre
Pois chiches	À éviter	À éviter
Tempeh (soja)	Bénéfique	Neutre

Deuxième niveau

ALIMENT	GROUPE B SÉCRÉTEUR	GROUPE B NON SÉCRÉTEUR
Haricots beurre	Bénéfique	Neutre
Haricots de soja	Bénéfique	Neutre
Tofu (soja)	Bénéfique	Neutre

Aliments neutres : supplémentation générale de l'alimentation

ALIMENT	GROUPE B SÉCRÉTEUR	GROUPE B NON SÉCRÉTEUR
Fromage de soja	Neutre	À éviter
Graines de tamarin	Neutre	Neutre
Granules de soja	Neutre	Neutre
Haricots blancs	Neutre	Neutre
Haricots mojettes	Neutre	Neutre
Lait de soja	Neutre	À éviter

Lentilles rouges	Neutre	Neutre
Pétales de soja	Neutre	Neutre
Petits pois et flageolets	Neutre	Neutre
Pois gourmands	Neutre	Neutre

Noix et graines

SONGEZ À RECOURIR aux noix et aux graines pour compléter votre apport en protéines. Certaines, comme les noix, favorisent l'abaissement des taux de polyamines en inhibant la production de l'enzyme ornithine. Les graines de lin, particulièrement riches en lignine, contribuent à réduire le nombre des récepteurs de facteur de croissance épidermique, indispensables au développement de bon nombre de cancers.

GROUPE SANGUIN B : NOIX ET GRAINES			
Portion : 1 poignée (graines), 1 ou 2 cuillerées à soupe (beurres de noix)			
Origine ethnique	Européenne	Africaine	Asiatique
Sécréteurs (portions/semaine)	5 à 10	5 à 10	5 à 9
Non-sécréteurs (portions/semaine)	2 à 5	2 à 5	3 à 6
MM*	+ 3	+ 3	+ 3

* Pour le sous-groupe MM, les amandes sont « bénéfiques ».

Premier niveau

ALIMENT	GROUPE B SÉCRÉTEUR	GROUPE B NON SÉCRÉTEUR
Beurre de cacahuète	Bénéfique	Neutre
Beurre de sésame (tahini)	À éviter	À éviter
Beurre de tournesol	À éviter	À éviter
Cacahuètes	Bénéfique	Neutre

Graines de courge	À éviter	À éviter
Graines de pavot	À éviter	À éviter
Graines de sésame	À éviter	À éviter
Graines de tournesol	À éviter	À éviter
Noisettes	À éviter	À éviter
Noix	Bénéfique	Bénéfique

Deuxième niveau

ALIMENT	GROUPE B SÉCRÉTEUR	GROUPE B NON SÉCRÉTEUR
Châtaigne	Bénéfique	Bénéfique

Aliments neutres : supplémentation générale de l'alimentation

ALIMENT	GROUPE B SÉCRÉTEUR	GROUPE B NON SÉCRÉTEUR
Amande	Neutre	Neutre
Beurre d'amande	Neutre	Neutre
Faine	Neutre	Neutre
Fromage d'amande	Neutre	Neutre
Graines de carthame	Neutre	Neutre
Graines de lin	Neutre	Neutre
Lait d'amande	Neutre	Neutre
Noix de cajou/ beurre de cajou	Neutre	À éviter
Noix de macadamia	Neutre	Neutre
Noix de pécan/ beurre de pécan	Neutre	Neutre
Noix du Brésil	Neutre	Neutre
Pignons	Neutre	Neutre
Pistaches	Neutre	À éviter

Céréales et féculents

S'ILS SONT UN TANTINET FAVORISÉS pour la digestion des protéines animales, grâce à leur sensibilité à l'insuline, les non-sécréteurs du groupe AB doivent en revanche se méfier des glucides complexes – un souci qui ne concerne pas leurs cousins sécréteurs. Surveillez en particulier votre consommation de blé, de maïs et de leurs dérivés, dont les lectines peuvent induire chez vous un effet de type insulinique avec fonte des tissus actifs au profit des tissus adipeux. N'oubliez pas l'amarante, excellente pour vous, dont la lectine prévient le cancer du côlon.

GROUPE SANGUIN B : CÉRÉALES ET FÉCULENTS			
Portion : 1/2 tasse de 225 ml de produit sec (céréales ou pâtes), 1 muffin, 2 tranches de pain			
Origine ethnique	Européenne	Africaine	Asiatique
Sécréteurs (portions/semaine)	6 à 9	6 à 8	6 à 10
Non-sécréteurs (portions/semaine)	4 à 6	5 à 7	6 à 8
A2B*	- 1	- 1	- 1

* Pour le sous-groupe A2B, le blé et les produits à base de blé sont « à éviter » ; pour le sous-groupe MM, le quinoa est « bénéfique ».

Premier niveau

ALIMENT	GROUPE B SÉCRÉTEUR	GROUPE B NON SÉCRÉTEUR
Amarante	Bénéfique	Bénéfique
Avoine (son/flocons)	Bénéfique	Bénéfique
Farine d'avoine	Bénéfique	Bénéfique
Farine de riz/ galettes de riz	Bénéfique	Bénéfique
Lait de riz	Bénéfique	Bénéfique

Maïs	À éviter	À éviter
Millet	Bénéfique	Bénéfique
Pain Essène	Bénéfique	Bénéfique
Pop-corn	À éviter	À éviter
Riz	Bénéfique	Bénéfique
Riz sauvage	Bénéfique	Bénéfique
Riz soufflé	Bénéfique	Bénéfique
Sarrasin/kasha	À éviter	À éviter
Soba (100 % sarrasin)	À éviter	À éviter
Son de riz	Bénéfique	Bénéfique
Sorgho	À éviter	À éviter
Tapioca	À éviter	À éviter
Teff [1]		

Deuxième niveau

ALIMENT	GROUPE B SÉCRÉTEUR	GROUPE B NON SÉCRÉTEUR
Blé kamut	À éviter	À éviter
Blé non-raffiné	À éviter	À éviter
Épeautre	Bénéfique	Bénéfique
Farine de seigle	Bénéfique	Bénéfique
Pain de blé germé	Bénéfique	Bénéfique
Pain de soja	Bénéfique	Bénéfique
Seigle/pain 100 % seigle	Bénéfique	Bénéfique

1. Céréale proche du millet (*Eragostis abyssinica*) consommée en Afrique orientale depuis plusieurs millénaires et cultivée depuis 1988 dans d'autres régions du monde.

Aliments neutres :
supplémentation générale de l'alimentation

ALIMENT	GROUPE B SÉCRÉTEUR	GROUPE B NON SÉCRÉTEUR
Blé complet (produits à base de)	Neutre	À éviter
Couscous	Neutre	Neutre
Crème de riz	Neutre	Neutre
Épeautre (produits à base de)	Neutre	Neutre
Farine au gluten (produits à base de)	Neutre	À éviter
Farine de blé raffiné (produits à base de)	Neutre	À éviter
Germe de blé	Neutre	À éviter
Orge	Neutre	Neutre
Pain sans gluten	Neutre	Neutre
Quinoa	Neutre	Neutre
Semoule de blé (et produits à base de)	Neutre	À éviter
Son de blé	Neutre	Neutre

Légumes

LES LÉGUMES représentent une précieuse source d'antioxydants et de fibres ; ils abaissent en outre la production de polyamines dans le tractus intestinal. Parmi les plus bénéfiques, on mentionnera les oignons, riches en quercétine antioxydante, un puissant agent antimutagène. Si vous êtes sécréteur et appartenez au sous-groupe MM, consommez régulièrement les aliments « bénéfiques » du Premier niveau de ce régime en guise de stratégie préventive du cancer. Les champignons de Paris (même s'il ne s'agit pas techniquement de légumes) renferment aussi des lectines anti-cancé-

reuses, les artichauts sont excellents pour le foie et la
vésicule biliaire – deux points faibles des organismes du
groupe AB. Les panais, enfin, contiennent des polysaccharides qui stimulent votre système immunitaire.

GROUPE SANGUIN B : LÉGUMES			
Portion : 1 tasse de 225 ml (légumes cuits ou crus)			
Origine ethnique	Européenne	Africaine	Asiatique
Sécréteurs (portions/semaine)	À volonté	À volonté	À volonté
Non-sécréteurs (portions/semaine)	À volonté	À volonté	À volonté
MM* : Essayez d'utiliser de préférence les aliments bénéfiques du Premier niveau			

    * Pour le sous-groupe A2B, le poivron rouge est « neutre » ;
pour le sous-groupe MM, les oignons, le pak-choï et les tomates
sont « bénéfiques ».

Premier niveau

ALIMENT	GROUPE AB SÉCRÉTEUR	GROUPE AB NON SÉCRÉTEUR
Ail	Bénéfique	Bénéfique
Aloès (jus/tisane)	À éviter	À éviter
Artichaut	À éviter	À éviter
Betterave	Bénéfique	Neutre
Betterave (fanes)	Bénéfique	Bénéfique
Brocolis	Bénéfique	Bénéfique
Chou frisé	Bénéfique	Bénéfique
Chou-fleur	Bénéfique	Bénéfique
Concombre	Bénéfique	Bénéfique
Olive noire	À éviter	À éviter
Pissenlit	Bénéfique	Bénéfique
Poivron vert/piment vert	À éviter	À éviter
Radis	À éviter	À éviter
Radis (fanes)	À éviter	À éviter
Rhubarbe	À éviter	À éviter
Topinambour	À éviter	À éviter

Deuxième niveau

ALIMENT	GROUPE AB SÉCRÉTEUR	GROUPE AB NON SÉCRÉTEUR
Alfalfa (pousses)	Bénéfique	Bénéfique
Aubergine	Bénéfique	Bénéfique
Câpres	À éviter	À éviter
Céleri-branche/ jus de céleri	Bénéfique	Bénéfique
Igname	Bénéfique	Bénéfique
Jus de carotte	Bénéfique	Bénéfique
Jus de chou	Bénéfique	Bénéfique
Moutarde (feuilles)	Bénéfique	Bénéfique
Panais	Bénéfique	Bénéfique
Pickles (saumure)	À éviter	À éviter
Pickles (vinaigre)	À éviter	À éviter
Piment chili	À éviter	À éviter
Shiitaké	À éviter	À éviter

Aliments neutres : supplémentation générale de l'alimentation

ALIMENT	GROUPE AB SÉCRÉTEUR	GROUPE AB NON SÉCRÉTEUR
Algues	Neutre	Neutre
Asperge	Neutre	Neutre
Bambou (pousses)	Neutre	Neutre
Blettes	Neutre	Neutre
Carotte	Neutre	Neutre
Cerfeuil	Neutre	Neutre
Champignons de Paris	Neutre	Neutre
Châtaigne d'eau	Neutre	Neutre
Chicorée	Neutre	Neutre
Chou	Neutre	Neutre
Chou de Bruxelles	Neutre	Neutre
Chou romaneso	Neutre	Neutre
Choucroute	Neutre	Neutre

Ciboule	Neutre	Neutre
Concombre/ jus de concombre	Neutre	Neutre
Coriandre	Neutre	Neutre
Courges	Neutre	Neutre
Courgette	Neutre	Neutre
Cresson	Neutre	Neutre
Échalote	Neutre	Neutre
Endive	Neutre	Neutre
Épinards/jus d'épinards	Neutre	Neutre
Fenouil	Neutre	Neutre
Gingembre	Neutre	Bénéfique
Gombos (okras)	Neutre	Neutre
Haricots verts	Neutre	Neutre
Laitue	Neutre	Neutre
Laminaire	Neutre	Neutre
Navet	Neutre	Neutre
Oignon	Neutre	Neutre
Olive verte	Neutre	Neutre
Pak-choï	Neutre	Neutre
Poireau	Neutre	Neutre
Pomme de terre	Neutre	Neutre
Potiron	Neutre	Neutre
Raifort	Neutre	Neutre
Romaine	Neutre	Neutre
Roquette	Neutre	Neutre
Rutabaga	Neutre	Neutre
Scarole	Neutre	Neutre
Taro	Neutre	À éviter
Tomate/jus de tomate	Neutre	Bénéfique
Trévisane	Neutre	Neutre

Fruits et jus de fruits

LES FRUITS se révèlent aussi riches en antioxydants. Bon nombre d'entre eux – les myrtilles, les cerises ou les mûres – sont en outre riches en pigments qui bloquent l'action d'une enzyme hépatique appelée ornithine. Il en résulte une chute de la production de polyamines, substances qui s'associent à l'insuline pour favoriser la croissance des tissus comme la prise de poids et qui accroissent le potentiel mutagène des cellules. Les sécréteurs auront avantage à consommer régulièrement les fruits « bénéfiques » du Premier niveau du régime en guise de stratégie préventive du cancer.

Un régime riche en légumes et en fruits bien choisis favorise donc l'amincissement en tempérant l'action de l'insuline. Les fruits contribueront aussi à lutter contre la rétention d'eau. Bon nombre de fruits, parmi lesquels l'ananas, apportent en outre des enzymes susceptibles de contribuer à la réduction des inflammations et au bon équilibre hydrique. Si vous êtes non sécréteur et sensible aux sucres, veillez toutefois à limiter votre consommation d'espèces trop riches en glucose, comme le raisin et les figues.

GROUPE SANGUIN AB : FRUITS ET JUS DE FRUITS			
Portion : 1 tasse de 225 ml ou 1 fruit			
Origine ethnique	Européenne	Africaine	Asiatique
Sécréteurs (portions/jour)	3 à 6	3 à 4	3 à 5
Non-sécréteurs (portions/jour)	2 à 3	1 à 3	3 à 4
A2B*	- 1	- 1	- 1
MM** : Essayez d'utiliser de préférence les aliments bénéfiques du Premier niveau			

* Pour le sous-groupe A2B, les clémentines sont « à éviter ».
** Pour le sous-groupe MM, les cassis, les groseilles et les myrtilles sont « bénéfiques ».

Premier niveau

ALIMENT	GROUPE AB SÉCRÉTEUR	GROUPE AB NON SÉCRÉTEUR
Ananas	Bénéfique	Bénéfique
Avocat	À éviter	À éviter
Banane	À éviter	À éviter
Cerises	Bénéfique	Bénéfique
Coing	À éviter	À éviter
Figues fraîches ou sèches	Bénéfique	Bénéfique
Figue de Barbarie	À éviter	À éviter
Goyave (fruit ou jus)	À éviter	À éviter
Grenade	À éviter	À éviter
Jus de cerise noire	Bénéfique	Bénéfique
Kaki	À éviter	À éviter
Kiwi	Bénéfique	Bénéfique
Melon amer	À éviter	À éviter
Palmier sagou	À éviter	À éviter
Pamplemousse	Bénéfique	Bénéfique
Pastèque	Bénéfique	Bénéfique
Raisin	Bénéfique	Bénéfique
Prunes	Bénéfique	Bénéfique

Deuxième niveau

ALIMENT	GROUPE AB SÉCRÉTEUR	GROUPE AB NON SÉCRÉTEUR
Canneberges (fruits ou jus)	Bénéfique	Bénéfique
Carambole	À éviter	À éviter
Citron (fruit ou jus)	Bénéfique	Bénéfique
Groseilles à maquereau	Bénéfique	Bénéfique
Mangue (fruit ou jus)	À éviter	À éviter
Noix de coco	À éviter	À éviter
Orange (fruit ou jus)	À éviter	À éviter

Aliments neutres :
supplémentation générale de l'alimentation

ALIMENT	GROUPE AB SÉCRÉTEUR	GROUPE AB NON SÉCRÉTEUR
Abricot (fruit ou jus)	Neutre	Neutre
Anone (fruit de l'arbre à pain)	Neutre	Neutre
Banane plantain	Neutre	Neutre
Cassis	Neutre	Neutre
Cidre/ jus de pomme	Neutre	Neutre
Citron vert (fruit ou jus)	Neutre	Bénéfique
Clémentine (fruit ou jus)	Neutre	À éviter
Dattes	Neutre	Neutre
Fraise	Neutre	Neutre
Framboise	Neutre	Neutre
Groseilles	Neutre	Neutre
Jus de pamplemousse	Neutre	Neutre
Kumquat	Neutre	Neutre
Melon	Neutre	À éviter
Mûres (fruit ou jus)	Neutre	Neutre
Myrtilles	Neutre	Bénéfique
Nectarine (fruit ou jus)	Neutre	Neutre
Papaye	Neutre	Neutre
Pêche	Neutre	Neutre
Poire (fruit ou jus)	Neutre	Neutre
Pomme	Neutre	Neutre
Pruneau (fruit ou jus)	Neutre	À éviter
Raisins secs	Neutre	Neutre

Huiles

LES HUILES qui conviennent le mieux aux sujets du groupe AB sont les huiles mono-insaturées, comme l'huile d'olive, et leurs consœurs riches en acides gras oméga telles que l'huile de lin. Les sécréteurs métabolisent ces aliments un peu plus aisément que les non-sécréteurs et en tirent sans doute un bénéfice plus grand car ces huiles favorisent l'absorption du calcium dans l'intestin grêle.

GROUPE SANGUIN AB : HUILES			
Portion : 1 cuillerée à soupe			
Origine ethnique	Européenne	Africaine	Asiatique
Sécréteurs (portions/semaine)	5 à 8	4 à 7	5 à 7
Non-sécréteurs (portions/semaine)	3 à 6	3 à 6	3 ou 4
A2B*	+2	+2	+2

* Pour le sous-groupe A2B, l'huile de coco est « neutre » ; pour le sous-groupe Rh-, l'huile de bourrache est « à éviter ».

Premier niveau

ALIMENT	GROUPE AB SÉCRÉTEUR	GROUPE AB NON SÉCRÉTEUR
Huile de graine de coton	À éviter	À éviter
Huile de maïs	À éviter	À éviter
Huile de noix	Bénéfique	Bénéfique
Huile d'olive	Bénéfique	Bénéfique
Huile de sésame	À éviter	À éviter
Huile de tournesol	À éviter	À éviter

Deuxième niveau

ALIMENT	GROUPE AB SÉCRÉTEUR	GROUPE AB NON SÉCRÉTEUR
Huile de carthame	À éviter	À éviter
Huile de coco	À éviter	À éviter

Aliments neutres : supplémentation générale de l'alimentation

ALIMENT	GROUPE AB SÉCRÉTEUR	GROUPE AB NON SÉCRÉTEUR
Huile d'amande	Neutre	Neutre
Huile d'arachide	Neutre	Neutre
Huile de bourrache	Neutre	Neutre
Huile de colza	Neutre	Neutre
Huile de foie de morue	Neutre	Neutre
Huile de germe de blé	Neutre	Neutre
Huile de lin	Neutre	Neutre
Huile d'onagre	Neutre	Neutre
Huile de pépin de cassis	Neutre	Neutre
Huile de ricin	Neutre	Neutre
Huile de soja	Neutre	Neutre

Épices, condiments et additifs culinaires

BEAUCOUP D'ÉPICES possèdent de légères propriétés médicinales, souvent actives sur la présence bactérienne dans le côlon inférieur. Nombre d'épaississants couramment employés – comme la gomme de guar – vous conviennent mal car ils tendent à potentialiser l'action des lectines des autres aliments. Pour édulcorer vos mets, préférez la mélasse, excellente pour votre groupe sanguin car elle apporte en outre du fer. Le curcuma (un des composants de la poudre de curry) renferme un puissant agent phytochimique appelé curcumine, qui favorise l'abaissement du taux intestinal de toxines. Si vous appartenez au sous-groupe non sécréteur, prenez de la levure de bière, qui améliorera votre métabolisme du glucose et favorisera le bon équilibre de votre flore intestinale.

N. B. : Pour le sous-groupe A2B, la stévia et la levure de bière sont « à éviter » et le poivron rouge, « neutre » ; pour le sous-groupe MM, le curcuma est « bénéfique ».

Premier niveau

ALIMENT	GROUPE AB SÉCRÉTEUR	GROUPE AB NON SÉCRÉTEUR
Anis	À éviter	À éviter
Aspartame	À éviter	À éviter
Carraghènes	À éviter	À éviter
Curry	Bénéfique	Bénéfique
Dextrose	À éviter	À éviter
Essence d'amande	À éviter	À éviter
Fécule de maïs (maïzena)	À éviter	À éviter
Fructose	À éviter	À éviter
Gélatine	À éviter	À éviter
Gomme de guar	À éviter	À éviter
Guarana	À éviter	À éviter
Ketchup	À éviter	À éviter
Malt d'orge	À éviter	À éviter
Maltodextrine	À éviter	À éviter
Persil	Bénéfique	Bénéfique
Piment	À éviter	À éviter
Poivre	À éviter	À éviter
Sauce Worcestershire	À éviter	À éviter
Sirop de maïs	À éviter	À éviter
Vinaigre	À éviter	À éviter

Deuxième niveau

ALIMENT	GROUPE AB SÉCRÉTEUR	GROUPE AB NON SÉCRÉTEUR
Glutamate monosodique	À éviter	À éviter
Toute-épice	À éviter	À éviter

Aliments neutres : supplémentation générale de l'alimentation

ALIMENT	GROUPE AB SÉCRÉTEUR	GROUPE AB NON SÉCRÉTEUR
Aneth	Neutre	Neutre
Basilic	Neutre	Neutre
Bergamote	Neutre	Neutre
Cannelle	Neutre	Neutre
Cardamome	Neutre	Neutre
Caroube	Neutre	Neutre
Carvi	Neutre	Neutre
Chocolat	Neutre	Neutre
Ciboulette	Neutre	Neutre
Coriandre	Neutre	Neutre
Cumin	Neutre	Neutre
Curcuma	Neutre	Bénéfique
Estragon	Neutre	Neutre
Laurier	Neutre	Bénéfique
Levure de bière	Neutre	Neutre
Marjolaine	Neutre	Neutre
Mayonnaise	Neutre	Neutre
Mélasse	Neutre	Neutre
Menthe poivrée	Neutre	Neutre
Miel	Neutre	À éviter
Moutarde (sans vinaigre/en poudre)	Neutre	Neutre
Noix de muscade	Neutre	Neutre
Paprika	Neutre	Neutre
Pectine de pomme	Neutre	Neutre

Réglisse (racine)	Neutre	Neutre
Romarin	Neutre	Neutre
Safran	Neutre	Neutre
Sarriette	Neutre	Neutre
Sauce de soja	Neutre	Neutre
Sauge	Neutre	Neutre
Sel de mer	Neutre	Neutre
Sirop d'érable	Neutre	À éviter
Sirop de riz	Neutre	À éviter
Stévia	Neutre	Neutre
Sucre	Neutre	À éviter
Tamari sans blé	Neutre	Neutre
Tamarin	Neutre	Neutre
Thym	Neutre	Neutre
Vanille	Neutre	Neutre

Boissons

LES NON-SÉCRÉTEURS ne se priveront pas d'un verre de vin occasionnel au cours des repas : c'est excellent pour leur système cardio-vasculaire (à condition, bien entendu, de s'en tenir à une consommation modérée). Tous les sujets, du groupe AB doivent en outre absolument se convertir au thé vert, riche en polyphénols qui bloquent la production de polyamines nocives.

Premier niveau

ALIMENT	GROUPE AB SÉCRÉTEUR	GROUPE AB NON SÉCRÉTEUR
Thé vert	Bénéfique	Bénéfique

Deuxième niveau

ALIMENT	GROUPE AB SÉCRÉTEUR	GROUPE AB NON SÉCRÉTEUR
Café(normal ou décaféiné)	À éviter	À éviter
Alcool fort	À éviter	Neutre
Soda (normal ou light)	À éviter	À éviter
Thé noir (normal ou décaféiné)	À éviter	À éviter

Aliments neutres : supplémentation générale de l'alimentation

ALIMENT	GROUPE AB SÉCRÉTEUR	GROUPE AB NON SÉCRÉTEUR
Bière	Neutre	À éviter
Eau gazeuse	Neutre	Neutre
Vin blanc	Neutre	Neutre
Vin rouge	Neutre	Bénéfique

Thérapies individualisées pour les personnes atteintes d'affections chroniques

C OMME VOUS AVEZ PU LE CONSTATER à la lecture de votre profil de risque médical, les personnes du groupe AB sont plus prédisposées à certaines affections chroniques que celles qui appartiennent aux autres groupes sanguins.

Voir le profil de risque médical du groupe AB, p. 422.

Le tableau s'avère plus complexe pour le groupe AB du fait qu'il porte à la fois l'antigène A et l'antigène B, ce qui revient un peu à faire garder conjointement une porte par deux ennemis jurés. Cette situation accentue sa vulnérabilité aux troubles immunitaires : raison de plus pour suivre à la lettre le régime du groupe AB.

J'ai pu constater que, en ce qui concerne les affections chroniques, les organismes du groupe AB se comportent plus comme ceux du groupe A que comme ceux du groupe B. Sans doute faut-il imputer cela à la vulnérabilité de l'antigène A aux attaques de toute sorte, qu'elles soient digestives, immunitaires ou cardio-vasculaires. Par ailleurs, les sujets du groupe AB ne semblent par partager la prédisposition du groupe B aux affections bactériennes ou virales à développement lent. En revanche, ils affichent un risque de cancer parfois plus élevé que leurs congénères du groupe A.

Je recommande en général à mes patients du groupe AB de suivre le régime adapté à leur groupe sanguin et de se plier aux recommandations thérapeutiques édictées pour le groupe A (voir p. 328).

Surveillez cependant sans faiblir votre statut immunitaire. On constate en effet plus souvent au sein du groupe AB que des autres une chute de l'activité des cellules tueuses. Respecter quelques consignes simples suffit toutefois pour maintenir l'activité de ces cellules. On sait en effet que sauter le petit déjeuner, se nourrir de façon irrégulière ou encore consommer trop de blé ou de lipides (en particulier de graisses très riches en acides gras polyinsaturés) ralentit l'activité des cellules tueuses.

- En règle générale, l'exposition aux substances chimiques toxiques et aux métaux lourds réduit l'activité des cellules tueuses. Normalement, celle-ci retrouve un niveau normal après quelques semaines ou quelques mois, mais, chez certains, l'effet délétère de telles expositions est durable. Fuyez donc au maximum ces poisons.

- Des déficits nutritionnels, notamment en sélénium, en zinc, en vitamine C, en coenzyme Q10, en bêta-carotène, en vitamine A, en vitamine E ou en vitamine D, peuvent produire un effet analogue.

- Le tamoxifène semble exercer indirectement un effet positif sur l'activité des cellules tueuses. Les études menées sur des femmes ménopausées atteintes d'un cancer du sein de stade I indiquent un net accroissement de cette activité après un mois de traitement.

- Faites de temps à autre des cures de L-arginine (3 à 30 g par jour trois fois par semaine), à plus forte raison si vous devez subir une chimiothérapie. Il semble que cela permette de maintenir efficacement un taux convenable de globules blancs.

- Pour stimuler l'activité des cellules tueuses, je prescris volontiers de l'arabinogalactane de mélèze, même si plusieurs autres polysaccharides exercent aussi une action sur ces cellules. Beaucoup de plantes stimulantes du système immunitaire – ginseng, astragale, réglisse, échinacée, etc. – se révèlent également précieuses, tout comme les extraits de champignons médicinaux orientaux. Tous ces remèdes fonctionnent cependant mieux en mode préventif que lorsque votre activité cellulaire a déjà chuté.

Pour en apprendre plus sur le maintien de votre santé et de votre équilibre, connectez-vous sur le site Internet du groupe sanguin : www.dadamo.com.

Dr Jeffrey BLAND
Fondateur de l'Institut de médecine fonctionnelle
Auteur de *Genetic Nutritioneering*

*J*USQU'À LA PUBLICATION DU LIVRE du Dr Peter D'Adamo *4 Groupes sanguins 4 Régimes*, rares étaient ceux qui savaient que leur groupe sanguin ou leur statut sécréteur pouvait influer sur les réactions de leur corps face à certains aliments ou agents de l'environnement. Pour ceux qui se consacrent aux troubles métaboliques d'origine génétique, l'idée n'était toutefois pas nouvelle. Voici plus de soixante ans en effet que la littérature médicale évoque la soumission du groupe ABO aux gènes et à leur impact sur la vulnérabilité à diverses maladies, parmi lesquelles les affections cardio-vasculaires, certains cancers et les allergies. *4 Groupes sanguins 4 Modes de vie* pousse l'application pratique de ces préceptes quelques degrés plus avant.

Depuis 1996, le Dr D'Adamo, comme d'autres praticiens et chercheurs, a bénéficié de nouvelles percées, notamment de celles résultant du projet Génome humain. On commence également à comprendre que le patrimoine génétique – et en particulier le groupe sanguin – est lié à des facteurs qui déterminent pour partie notre personnalité et notre humeur, ainsi que notre état de santé général. N'est-il pas fascinant que, en un siècle, la médecine ait dépassé ses théories relatives à l'inscription indélébile des maladies dans nos gènes pour en venir à considérer que l'on peut agir au quotidien afin de renforcer ses atouts héréditaires et de contrer les faiblesses correspondantes ?

À ceux qui se demanderaient pourquoi la science du groupe sanguin telle qu'elle est présentée par les travaux du Dr D'Adamo n'est pas reconnue par les autorités médicales, je répondrai que le praticien moyen n'a généralement pas bénéficié d'une formation lui permettant de saisir les implications du groupe sanguin, du statut sécréteur, de l'alimentation, du mode de vie et de la santé. Mais, fils d'un éminent naturopathe, Peter D'Adamo a très tôt appris à observer, à se poser des questions et à en chercher lui-même les réponses dans la littérature médicale et en étudiant l'effet des diverses thérapeutiques sur ses patients. Ce qui représente un éventail d'expériences dont peu de médecins sont dotés.

Le Dr D'Adamo a fourni avec ce livre un travail remarquable sur les corrélations entre notre hérédité, notre groupe sanguin ABO et les divers facteurs susceptibles d'influencer notre personnalité, notre humeur et notre santé.

4 Groupes sanguins 4 Modes de vie constitue un guide très pratique des mesures que nous pouvons prendre pour modifier la façon dont nos gènes expriment leur message ancestral. Adopter un régime et un mode de vie adaptés à notre génotype permet de museler certains messages génétiques producteurs de maladies tout en favorisant l'expression de ceux qui améliorent notre santé. Grâce à ce livre, nous pourrons vivre mieux et plus longtemps.

Annexes

Votre typographie génétique

Le groupe sanguin constitue le principal architecte de votre structure cellulaire par l'intermédiaire de ses antigènes, des marqueurs chimiques présents à la surface des cellules afin d'aider celles-ci à distinguer leurs ennemis de leurs amis. Les antigènes sanguins sont extrêmement puissants ; lorsque vous jouissez d'une excellente santé, ils barrent la route aux envahisseurs de tout poil, tels que les bactéries nocives. Il semble en outre à peu près certain que ces antigènes jouent aussi un rôle différentiateur, ouvrant la voie au développement des nerfs et des vaisseaux sanguins du fœtus, un peu comme un contremaître qui dirige une équipe de terrassiers en leur donnant ses instructions pour le tracé d'une route.

Chaque groupe sanguin possède son propre antigène, doté d'une structure chimique propre et qui lui donne son nom. Les lettres choisies pour les désigner sont dépourvues de signification, à l'exception du groupe O, ainsi baptisé pour évoquer le chiffre zéro.

Le système immunitaire produit des anticorps destinés à repousser le antigènes étrangers, notamment ceux des autres groupes sanguins, et votre antigène sanguin vous empêche de produire des anticorps à l'encontre de votre propre sang. Les personnes du groupe A charrient dans leurs veines des anticorps anti-B capables de détruire tout cellule sanguine du groupe B pénétrant dans leur organisme. De même, les individus appartenant au groupe B sont porteurs d'anticorps anti-A. Les sujets du groupe O produisent à la fois des anticorps anti-A et des anticorps anti-B, tandis que le groupe AB n'en fabrique *aucun*.

L'étude des groupes sanguins dans les facultés de médecine s'arrête peu ou prou là. On s'intéresse en effet presque exclusivement à leur utilité dans le cadre d'une transfusion sanguine. Il suffit donc de savoir que les personnes du groupe A et du groupe B ne peuvent se donner de sang et que celles du groupe O peuvent en donner à tous (on dit que ce groupe est donneur universel), mais n'en recevoir que d'un autre sujet du groupe O, tandis que celles du groupe AB peuvent recevoir du sang de tous les autres groupes, mais n'en donner à aucun autre (receveur universel). Voilà : vous en savez autant que la plupart des praticiens. Mère Nature ne doit pas en croire ses yeux lorsqu'elle constate quel maigre usage nous faisons de l'outil fabuleux dont elle nous a dotés ! Le groupe sanguin nous fournit un agent présent sur chacun de nos globules rouges. Grâce à lui, nous pouvons étudier les fonctions immunitaires, l'activité métabolique, la digestion et les signaux neurologiques. Et nous ne l'utilisons guère. Fort heureusement, comme ce livre en témoigne, le corps médical dans son ensemble se laisse lentement mais sûrement convaincre de l'importance du groupe sanguin.

Votre lignage sanguin

QU'EST-CE QUI DÉTERMINE votre groupe sanguin ? Rien de plus simple que la génétique sanguine, vous allez le constater. Vous représentez l'incarnation charnelle de votre patrimoine génétique : on appelle cela votre phénotype. Vos avez hérité des gènes de vos parents et la combinaison des gènes de chacun d'eux constitue votre génotype. L'un de ces gènes est en général dominant, ce qui déterminera votre structure propre. Par exemple, le gène du groupe A étant dominant par rapport à celui du groupe O, si vous recevez un « A » de votre mère et un « O » de votre père, votre génotype se notera A*o*, mais votre phénotype sera le groupe A. Vous restez cependant porteur d'un caractère « O » récessif, que vous pourrez transmettre à vos descendants. La distinction phénotype/génotype suscite moult confusions, mais elle explique comment une femme du groupe A et un homme du groupe O peuvent donner naissance à un enfant du groupe O, alors même que, pour appartenir au groupe O, il faut avoir reçu un gène O de chacun de ses parents.

Voici une illustration simple de ce phénomène :

		MAMAN	
		O	o
P A P A	A	Ao = Groupe A	Ao = Groupe A
	o	Oo = Groupe O	Oo = Groupe O

La mère (en abscisse) appartient au phénotype O (groupe sanguin O) avec un génotype *Oo* ; le père (en ordonnée) appartient au phénotype A (groupe A) avec un génotype *Ao*. On constate que chacun de leurs enfants aura 50 % de chances d'appartenir au groupe A (avec un génotype *Ao*) et 50 % de chances d'appartenir au groupe O (*Oo*). Aucun des deux parents n'étant porteur de l'allèle B, il est impossible pour eux de mettre au monde un enfant du groupe B ou du groupe AB. Voilà en quoi le groupe sanguin peut fournir un premier indice pour déterminer la paternité d'un enfant : s'il ne peut pas déterminer si tel homme est bien son père, il peut parfois confirmer que celui-ci n'est pas le père.

		PAPA	
		A	B
M A A	O	Ao = Groupe A	Bo = Groupe B
M A A N	o	Ao = Groupe A	Bo = Groupe B

Dans ce cas de figure, la mère appartient au groupe O et le père au groupe AB. Leurs enfants relèveront soit du groupe A soit du groupe B puisque ces allèles A et B sont tous deux dominants par rapport à l'allèle O. Aucun ne possédera le groupe sanguin de sa mère. En revanche, tous recevront d'elle un allèle O qu'il pourront à leur tour transmettre à leurs rejetons, lesquels pourront afficher un phénotype O. La vengeance de grand-maman ! Cela explique aussi pourquoi le groupe O, bien que récessif, ne disparaît pas peu à peu. Le patrimoine génétique de l'humanité contient suffisamment d'allèles O pour assurer la survie de ce groupe sanguin à long terme.

		PAPA	
		B	o
M A M A N	A	AB = Groupe AB	Ao = Groupe A
	o	Bo = Groupe B	Oo = Groupe O

Cet exemple montre que, dans certaines circonstances, un père du groupe B et une mère du groupe A peuvent produire des rejetons des quatre groupes ABO. Il est donc théoriquement possible, quoique rare, que chacun des membres d'une famille de quatre personnes possèdent un groupe sanguin différent.

Les tableaux ci-dessus, appelés « carrés de Punnett » servent aux généticiens pour déterminer les combinaisons de phénotypes pouvant découler d'un génotype. Ils permettent aussi de constater que deux individus présentant le même phénotype peuvent posséder des génotypes différents. Par exemple, étant issu de deux parents du groupe A, je porte un génotype *Aa*. Mon épouse Martha, appartenant au groupe O, est nécessairement de génotype *Oo*. Si bien que nos filles ont hérité de mon groupe sanguin, mais avec un autre génotype (*Ao*).

Le phénotype et le génotype ne sont que deux couches de votre spécificité génétique. Pour en savoir plus, il nous faut à présent nous pencher sur la sous-typographie de notre groupe sanguin.

Les systèmes secondaires

VOTRE PROFIL SANGUIN peut comporter jusqu'à trois cents sous-groupes correspondant à des micro-affinements généalogiques. Seuls trois d'entre eux nous intéressent. Plus de 90 % des facteurs associés au groupe sanguin sont liés au phénotype et 5 % au statut sécréteur. Deux autres sous-groupes peuvent influer dans certains cas, le facteur Rhésus et le système de classification MN.

Le facteur Rhésus (Rh)

Quand on fait analyser son groupe sanguin, on apprend aussi si l'on est « positif » ou « négatif ». Rares sont ceux qui savent qu'il s'agit là d'une classification supplémentaire, appelée système Rhésus ou Rh, dépourvue d'influence sur le groupe sanguin ABO. Ce système tire son nom d'un singe, le macaque rhésus, souvent utilisé dans les laboratoires et dans le sang duquel ce facteur fut pour la première fois identifié. Les médecins s'interrogeaient depuis bien des années sur la raison pour laquelle des femmes ayant mené à terme sans problème une première grossesse souffraient de graves complications au cours de leurs grossesses suivantes, pouvant conduire à des fausses couches, voire au décès de la mère. En 1940, le Dr Landsteiner, à qui l'on devait déjà la découverte de tout le mécanisme des antigènes et des anticorps ABO, comprit que ces femmes possédaient un groupe sanguin différent de celui de leur bébé, lequel était déterminé par celui de son père. Les bébés étaient Rh+, ce qui signifie que leurs globules rouges étaient porteurs de l'antigène Rh, alors que leur mère était Rh-, donc dépourvue dudit antigène.

À l'inverse de ce qui se passe dans le cadre du système ABO, où les antigènes à l'encontre des autres groupes sanguins sont présents dès la naissance, les personnes Rh- ne fabriquent d'anticorps contre l'antigène Rh qu'après avoir été en contact avec lui. Cette sensibilisation se produit en général au cours du premier accouchement, à l'occasion d'un échange sanguin entre la mère et son enfant. Le système immunitaire de la première n'a pas le temps matériel de réagir contre son premier bébé, mais toute conception ultérieure d'un enfant Rh+ suscitera la production d'anticorps contre lui. Cette réaction ne se produit que chez les femmes Rh- qui conçoivent un enfant d'un père Rh+. Les femmes Rh+, qui représentent 85 % de la population féminine, ne sont donc pas concernées par ce problème. Autant dire que même si le statut Rhésus n'a guère d'influence en matière de santé ou de besoins nutritionnels, il est de ce fait très important pour les femmes en âge de procréer.

Les groupes sanguins MN

Le système de classification des groupes sanguins MN est quasiment inconnu du public car il ne joue qu'un rôle mineur dans les transfusions sanguines et dans les transplantations d'organes. Il ne faut cependant pas le négliger car on pense qu'il joue un rôle dans certains aspects des cancers et des affections cardio-vasculaires. Ce système de classification distingue trois cas de figure : une personne peut-être MM, NN ou NM, suivant que ses cellules portent seulement l'antigène M (individu MM), seulement l'antigène N (individu NN) ou les deux (individu MN). Environ 28 % de la population est MM, 22 % NN et 50 % MN. La plupart des problèmes médicaux sont liés aux sous-groupes « homogènes » MM et NN, le groupe mélangé MN jouissant d'une résistance connue en matière génétique sous le nom de « vigueur hybride ».

Il semble que la classification MN possède une influence sur les cancers du sein. Jusqu'à sa récente disparition, le Dr George Springer, chercheur au centre anticancéreux Bligh de la faculté de médecine de Chicago, étudiait un vaccin basé sur une molécule appelée antigène T, un marqueur tumoral présent dans maints types de cancer, notamment celui du sein. L'antigène T est un précurseur immédiat de ceux qui produisent l'antigène M du système MN. Mais bien que synthétisé à partir de l'antigène sanguin M, l'antigène T ressemble en définitive beaucoup plus à celui du groupe A. Dans les tissus sains, ces antigènes sont normalement occultés par les touches finales ajoutées à l'antigène T pour obtenir ceux des sous-groupes sanguins M et N. Les personnes en bonne santé et qui ne sont pas atteintes d'un cancer sont porteuses d'anticorps contre l'antigène T, si bien qu'on ne le décèle presque jamais chez elles. Voilà pourquoi, lorsque je constate qu'une patiente avec une prédisposition familiale au cancer du sein appartient au groupe A/MN, je l'incite à intégrer à son mode de vie une stratégie énergique de prévention du cancer.

Le système MN semble pouvoir représenter un outil précieux en matière cardio-vasculaire. Une étude publiée en 1983 dans la revue *Clinical Genetics* a montré que, après un repas-test, les sujets NN affichaient des taux de cholestérol et de triglycérides significativement plus élevés que les autres. On peut alors supposer que le gène M (sous-groupes MM et MN) prévient une hausse rapide des taux de cholestérol et de triglycérides.

Ces sous-classifications sont complexes et souvent mal connues. Vous aurez rarement, voire jamais, l'occasion de vous en préoccuper mais, comme toujours, mieux vaut se préparer à toutes les éventualités.

A1 ou A2 ?

Il existe une variation supplémentaire des groupes A et AB porteuse d'implications en termes de santé et de nutrition. Pour déterminer si l'on appartient au sous-groupe A1 ou au sous-groupe A2 (ou aux sous-groupes correspondants A1B et A2B), on recourt à une solution contenant la lectine de la plante *Dolichos biflorus*, laquelle réagit plus violemment au contact des globules rouges A1 que des globules rouges A2 (la plupart des laboratoires savent pratiquer ce test).

La distinction A1/A2 revêt une importance croissante car on a constaté que certaines lectines microbiennes s'attaquaient en priorité à l'un ou l'autre de ces sous-groupes. Le groupe A1 connaît pour sa part des variations mineures, mais on ignore encore tout de leur impact sur les lectines, les maladies ou l'alimentation.

CONSTITUTION DU PEDIGREE SANGUIN

GÉNOTYPE : le gène du groupe sanguin hérité de votre père +
votre mère

PHÉNOTYPE : votre groupe sanguin O, A, B ou AB

STATUT SÉCRÉTEUR : Lewis^{a-b+} (sécréteur), Lewis^{a+b-} (non
sécréteur) ou Lewis^{a-b-} (sécréteur ou non sécréteur)

FACTEUR RHÉSUS : Rh+ ou Rh-

GROUPE SANGUIN MN : MM, NN ou MN

Déterminez votre statut sécréteur

Je pense que vous avez compris que la connaissance de votre statut sécréteur était indispensable pour tirer le meilleur parti du programme Groupe sanguin. Si vous appartenez aux quelque 15 à 20 % de non-sécréteurs, il est urgent d'apporter les ajustements nécessaires à votre alimentation et à votre mode de vie afin de contrer les facteurs de risque supplémentaires que ce statut implique. Pour ce faire, vous pouvez vous adresser à un laboratoire ou commander sur Internet un kit de test par la salive sur le site du Dr D'Adamo, www.dadamo.com (site en langue anglaise).

Groupe sanguin
et maladies
infectieuses

La vie est une jungle, dit-on. Et, en chacun de nous, la bataille fait rage contre l'ennemi héréditaire. Les grandes épidémies – peste, variole, choléra, grippe espagnole ou tuberculose – ont annihilé des tranches entières de la population, intensifiant le processus de sélection naturelle. La Faucheuse choisissait de préférence ses victimes parmi les plus vulnérables : les personnes âgées et les nouveau-nés. Entraient alors en lice les facteurs génétiques, l'état général du système immunitaire et le manque d'hygiène ambiant, tous aspects qui pouvaient selon les cas accroître ou diminuer la résistance aux maladies.

Les maladies infectieuses tuent encore chaque année treize millions de gens. Et six d'entre elles sont responsables d'environ 90 % des décès de personnes de moins de quarante-quatre ans : le sida, la tuberculose, le paludisme, la rougeole, la diarrhée et la pneumonie. On connaît des corrélations entre le groupe sanguin et la tuberculose, le paludisme, la rougeole et la diarrhée infectieuse.

Pour la plupart des anthropologues, ces germes font figure d'agents de sélection naturelle. Si tel est le cas, c'est au groupe sanguin qu'a incombé, au fil des siècles, l'essentiel de ce travail de tri. Le groupe sanguin fait partie intégrante de la structure de l'organisme, laquelle détermine les relations entre ses systèmes et le monde extérieur.

Face à une maladie infectieuse se pose la question de votre vulnérabilité et de votre capacité de survie. Il arrive en effet que l'on soit particulièrement vulnérable à tel type de maladie, mais qu'on en guérisse très bien. D'autre part, certains jouissent d'une protection naturelle contre certaines infections mais savent mal les combattre s'ils les contractent malgré tout.

De votre groupe sanguin dépendent la sévérité de l'infection, la contre-attaque menée contre l'envahisseur et les défenses qui se constitueront afin de le repousser sans délai s'il revient à la charge. Votre groupe sanguin vous permet de lutter efficacement contre certaines affections, mais il vous laisse démuni face à d'autres.

L'histoire du combat de l'humanité contre les maladies infectieuses se résume en fait à celle de la survie d'une espèce. Elle fournit la clé de la compréhension du groupe sanguin – la première ligne de défense en cas d'agression par un agent pathogène. Et bon nombre de maladies d'hier et d'aujourd'hui posent plus de problèmes à certains groupes sanguins qu'à d'autres. Pour beaucoup d'experts, l'impact de ces maladies sur les lignées sanguines compte parmi les principaux facteurs de sélection naturelle et de répartition des groupes sanguins. Dans cette annexe, nous nous pencherons sur les corrélations entre groupe ABO et maladies.

Pourquoi le groupe O ne s'est-il pas éteint ?

LA GÉNÉTIQUE REGORGE D'EXEMPLES de formes de vie primitives qui ont évolué avant d'être remplacées par des versions plus élaborées. Pourtant, à l'aube du XXIᵉ siècle, le groupe O demeure le plus répandu des groupes sanguins. On donne plusieurs explications à cette survie, la première d'entre elles tenant à la seule quantité de gènes O présents dans le patrimoine génétique de l'humanité et à sa capacité de transmission.

Un article récent propose une approche plus pratique. Il semble en effet que les personnes atteintes d'une affection rare appelée déficience d'adhésion des leucocytes de type II (laquelle se traduit pas des infections à répétition, un taux de globules blancs en permanence élevé et un sérieux retard de croissance et de développement mental) se révélaient incapables de transporter leurs globules blancs sur les sites d'inflammation. Ces patients affichent un déficit d'expression à la surface des cellules notamment de l'antigène du groupe O, en fait l'antigène H (ou fucose, le seul que ce groupe sanguin fabrique – mais les autres groupes en produisent aussi en quantité variable). Il se peut donc que l'antigène H aide les cellules de notre système immunitaire à se propulser vers les sites nécessitant des réparations. Dans ce cas, la survie des gènes indispensables à la production de cet antigène joue un rôle irremplaçable dans la survie de l'espèce, ce qui pourrait expliquer la richesse du lait maternel en antigène H. Il aiderait le système immunitaire immature des nourrissons à lutter contre les infections tant qu'il ne peut s'en charger lui-même.

Le choc des titans

QUAND JE DONNE UNE CONFÉRENCE, quelqu'un finit toujours par me demander quel est le « meilleur » groupe sanguin. J'ai entendu des personnes affirmer qu'elles enviaient le groupe sanguin de leur voisin ou se plaindre d'avoir été mal loties. Ces propos proviennent en général de sujets des groupes A et AB déprimés par leur prédisposition accrue aux maladies cardio-vasculaires et au cancer et par le taux de survie plus bas le cas échéant. La réalité anthropologique se révèle beaucoup plus complexe. Aucun groupe ne surpasse ses concurrents : chacun d'eux présente des avantages et des inconvénients.

Si les individus du groupe A et du groupe AB se sentent plus vulnérables aujourd'hui, le groupe O était nettement désavantagé voici un ou deux siècles. Je songe souvent que, si je pouvais remonter le temps, j'observerais des réactions diamétralement opposées au sein de mon auditoire, avec des sujets du groupe O rêvant de pouvoir troquer leur plus grande résistance aux affections cardio-vasculaires et au cancer contre la moindre vulnérabilité de leurs congénères du groupe A à d'autres maladies, et notamment au cauchemar que la tuberculose représentait à cette époque. J'obtiendrais probablement aujourd'hui encore des résultats similaires dans certaines régions du monde. Tout dépend donc du lieu et de l'heure... Et pendant longtemps l'élément le plus important est demeuré la capacité conférée par le groupe sanguin à l'organisme de se défendre contre la première cause de mortalité : les maladies infectieuses.

Au Moyen Âge, la peste noire emporta un tiers de la population européenne et ceux qui fuirent les zones infectées propagèrent l'épidémie en Asie et en Afrique, où elle fit de nouveaux ravages. Le bacille *Yersinia*, responsable de la peste, produit un antigène ressemblant à celui du groupe O – menteur pathologique que les organismes de ce groupe prenaient à tort pour un agent ami. Bon nombre de victimes des grandes épidémies appartenaient donc au groupe O, ce qui conduisit à renforcer la présence relative du groupe A. Autrement dit le facteur numéro un de sélection naturelle a aussi fait figure de première cause de diversification destinée à assurer un nombre grandissant de survivants au sein de chaque groupe sanguin.

Au XIXᵉ siècle, le choléra, une maladie infectieuse qui se caractérise par une diarrhée aiguë provoquant une déshydratation qui peut entraîner la mort, tua plus d'Européens qu'aucune autre maladie. Une fois encore, on constate que le choléra préfère aux autres les organismes du groupe O.

La variole compta elle aussi en son temps parmi les maladies les plus redoutées en Occident. Elle a aujourd'hui été officiellement éradiquée. Les groupes O et B affichaient une meilleure résistance à cette affection et un taux de survie supérieur à la moyenne. Et non seulement les sujets du groupe A et du groupe AB la contractaient plus facilement, mais elle se révélait plus virulente. Pour certains chercheurs, le travail d'élimination des groupes A et AB accompli par les épidémies de variole explique que, dans certaines régions isolées mais exposées à ces épidémies, comme l'Islande, les gènes sanguins du groupe A restent anormalement minoritaires et ceux du groupe O très majoritaires. Voilà un bon exemple d'interaction du groupe sanguin et d'un agent infectieux dans le processus de sélection naturelle.

Il ne s'agit pas là d'exemples isolés ni lointains. Les maladies infectieuses persistent à frapper les divers groupes sanguins de manière sélective, poussant les lignées sanguines à s'adapter pour survivre. C'est dire que même si la littérature médicale actuelle semble donner l'avantage au groupe O, les données infectieuses pourraient faire basculer la situation.

La thèse en faveur d'un rôle déterminant du groupe sanguin dans la survie des premiers humains est appuyée par le fait que presque toutes les maladies infectieuses susceptibles d'influer sur la démographie d'une région (paludisme, choléra, typhus, grippe et tuberculose) affichent une « préférence » pour l'un ou l'autre des groupes ABO, tandis qu'un autre se révèle exceptionnellement coriace. Plus fascinant encore à notre époque où la médecine progresse chaque jour, voici seulement cent ans, le groupe sanguin déterminait encore pour partie la survie des populations. Ce qui revêt une importance accrue lorsqu'on sait que le bacille tuberculeux se révèle de plus en plus résistant aux traitements antibiotiques.

Avantagé ou désavantagé par son groupe sanguin

TOUTES LES MALADIES INFECTIEUSES présentent une prédilection pour un groupe sanguin susceptible de faire basculer la situation. Connaître les vulnérabilités liées à votre groupe sanguin ne peut que vous aider à vous protéger. Rappelons toutefois qu'aucun d'entre nous n'est à l'abri des agents infectieux et qu'un système immunitaire affaibli met n'importe quel organisme en péril. La meilleure garantie pour tous les groupes sanguins consiste à respecter le mode de vie adapté. Ce qui implique de rechercher les aliments les plus bénéfiques, de prendre des suppléments stimulant les défenses immunitaires et des compléments probiotiques, de contrôler votre stress et de suivre toutes les autres recommandations figurant dans le corps de cet ouvrage.

Penchons-nous un instant sur les maladies les plus répandues actuellement et examinons leurs rapports avec les groupes sanguins.

Le virus de la grippe

La grippe revient tous les hivers sans faillir, pour emporter son lot de vies humaines. À plusieurs reprises, au XXᵉ siècle, elle a pris des allures de fléau : la grippe espagnole de l'hiver 1918-19 a tué vingt millions de personnes dans le monde et, en dépit des progrès de la médecine, la grippe asiatique de 1957-58 et celle de Hong Kong de 1968-69 ont elles aussi fait des dizaines de milliers de victimes. Aujourd'hui encore, la grippe emporte chaque année environ vingt mille Américains, principalement parmi les personnes âgées, les immunodéprimées ou celles souffrant de maladies chroniques comme le diabète, l'asthme ou une affection cardio-vasculaire.

On utilise souvent à tort le terme grippe pour désigner divers symptômes allant de la fièvre à la toux. Mais il s'agit d'un virus bien spécifique qui se traduit par la combinaison de fièvre, de troubles respiratoires tels que la toux, de maux de gorge et d'un écoulement nasal, de maux de tête, de douleurs musculaires et d'une profonde fatigue. Les souches grippales se divisent en deux catégories appelées A et B – aucun lien avec les groupes sanguins du même nom.

Plusieurs chercheurs se sont penchés sur les corrélations entre la grippe et les groupes sanguins. Voici les résultats auxquels ils sont parvenus :

GROUPE SANGUIN O. Jouit d'une assez bonne capacité à générer des anticorps contre les deux virus A les plus répandus, appelés A(H1N1) et A(H3N2), le premier de ceux-ci provoquant toutefois plus souvent la grippe que le second. Les virus B suscitent une réponse immunitaire moins forte. On note que les personnes du groupe O se révèlent très vulnérables aux souches grippales les plus virulentes, qui tendent à les rendre encore plus malades que les autres.

GROUPE SANGUIN A. Capable d'une réponse immunitaire conséquente à l'encontre des virus grippaux du type A(H1N1) et plus efficace encore s'agissant des virus A(H3N2), il se défend moins bien contre les virus B. dans l'ensemble, les individus du groupe A ne contractent en général que les formes les moins virulentes de la maladie, laquelle les atteint d'ordinaire moins rudement que leurs congénères.

GROUPE SANGUIN B. Le plus vulnérable aux virus A(H3N2) et, à un moindre degré, aux virus A(H1N1). On décèle encore des traces d'antigène A(H3N2) dans le sang des sujets du groupe B cinq mois après la maladie. Ils ne présentent plus de symptômes, mais fournissent un asile au virus. Ils sont en revanche nettement avantagés lorsqu'un virus de type B frappe, puisque leurs défenses immunitaires réagissent plus vite et plus durablement à son encontre que celles d'aucun autre groupe sanguin.

GROUPE SANGUIN AB. Peu doué pour fabriquer des anticorps contre les virus grippaux en tous genres. La grippe pose donc chaque année problème aux membres de ce groupe, puisqu'ils sont largement incapables de la combattre.

À l'automne, des patients me demandent systématiquement s'ils doivent se faire vacciner contre la grippe, persuadés qu'une telle mesure les prémunira complètement contre la maladie. Ce qui est normalement le cas. Les vaccins anti-grippaux sont confectionnés à partir des virus les plus répandus l'année précédente. Donc, si le nouveau millésime ne diffère pas trop du précédent, ils ont bel et bien un effet préventif.

Malheureusement, l'une des caractéristiques du virus de la grippe réside dans sa souplesse. Souvent, les souches évoluent juste assez pour rendre la vaccination inefficace – c'est pour cela qu'il tue encore autant. Dans le cas des virus de type A, il arrive qu'émergent des mutations entièrement nouvelles auxquelles nul système immunitaire n'est préparé. Ces années-là, on observe des pandémies – des épidémies mondiales – susceptible d'emporter des millions de vies humaines.

Que penser de la nouvelle catégorie d'antiviraux sélectifs en cours d'expérimentation ? Il s'agit d'inhibiteurs de la neuroaminase virale conçus pour couper la route cellulaire au virus. Les résultats semblent prometteurs tant sur le plan curatif que sur le plan préventif. Ces médicaments risquent toutefois de coûter très cher, d'autant que, comme ces molécules ne fonctionnent pas par voie orale, il faudra sans doute les absorber par inhalation.

Pour ma part, j'ai pu constater que le sureau, prescrit depuis des siècles par la médecine traditionnelle, fonctionnait fort bien contre la grippe. La recherche moderne a appuyé mes observations puisqu'on sait aujourd'hui que cette plante inhibe la réplication de toutes les souches grippales virales. Au cours d'une étude en double aveugle menée avec un virus de type B, les sujets traités à l'extrait de sureau guérirent beaucoup plus vite que les autres : en quarante-huit heures pour 70 % d'entre eux. Après soixante-douze heures, 90 % des patients se sentaient mieux.

Je prescris d'ordinaire un mélange concentré d'extraits de myrtille, de cerise, de pomme et de sureau, qui semble aider beaucoup de mes patients à traverser sans encombre la mauvaise saison, même pour ceux qui appartiennent au groupe AB et disposent de peu d'armes contre la grippe.

Diarrhées infectieuses

On meurt plus dans le monde d'affections diarrhéiques que d'aucune autre maladie infectieuse. Le choléra, presque inconnu de l'Occident moderne, provoque encore des épidémies dans maintes régions. Parmi les autres maladies de ce type, citons la colibacillose, la dysenterie, la lambliase et la shigellose. Chacun de nous a souffert au moins une fois dans son existence de diarrhée, ou de ce qu'il considère comme tel. Sachez que nos selles contiennent normalement un quart de litre d'eau par jour. Au-delà, on parle de diarrhée. Chez un sujet sain, cela révèle souvent une maladie. Voici les plus répandues.

Choléra

Aujourd'hui encore responsable de milliers de morts chaque années, le choléra se rencontrait couramment dans les quartiers défavorisés des grandes métropoles voici à peine un siècle. Par le passé, cette maladie a décimé des villes entières.

Face au choléra, le groupe O est désavantagé au point que, en cas d'épidémie, ses membres sont presque assurés de contracter la maladie sous sa forme la plus grave. On pense d'ailleurs que la faible incidence de ce groupe sanguin dans les populations des villes méditerranéennes anciennement établies pourrait tenir à une sélection par le choléra. Ce facteur expliquerait aussi la prévalence minime des gènes du groupe O et la prédominance de gènes du groupe B observée parmi les habitants du delta du Gange, en Inde. C'est le groupe AB qui semble le mieux protégé contre ce fléau.

EXTRAIT DES ARCHIVES DU GROUPE SANGUIN

Janet R.
Groupe A
Femme, cinquantaine
Amélioration : infection intestinale

À la suite de vacances au bord de la Méditerranée, je me suis débattue pendant deux ans avec de graves troubles intestinaux. Il ne se passait par un repas sans que je doive quitter la table pour me précipiter aux toilettes. J'ai subi tous les examens médicaux possibles et imaginables, sans résultat probant. Les médecins ne parvenaient pas à déterminer la cause de mon problème. Ils commençaient même à me considérer comme une malade imaginaire... Pendant ce temps, je perdais mes muscles et voyais mon corps vieillir à vitesse grand V sous l'effet de la dénutrition. Puis, une nouvelle salle de gym a ouvert près de chez moi : on y promouvait votre livre et les diététiciens du club le présentaient comme leur bible. Après deux jours de régime du groupe A, ma digestion avait repris un cours normal. Mon mari s'est aussitôt converti au régime du groupe B, ce qui lui permet de se porter comme un charme en dépit d'une maladie auto-immune diagnostiquée chez lui voici cinq ans.

Comme les sujets du groupe O tendent à contracter le choléra sous sa forme la plus sévère, leur taux de survie s'avère plus faible. Lors de l'épidémie survenue à Trujillo, au Pérou, en 1991, les malades de ce groupes affichaient des symptômes plus violents à tous égards et étaient huit fois plus souvent hospitalisés que les autres.

La pauvreté et l'absence de système sanitaire arrivent au premier plan des facteurs favorisant les épidémies de choléra. La maladie se propage en général par contact avec des excréments infectés, le plus souvent en absorbant de l'eau ou des aliments contaminés par le bacille du choléra. C'est pourquoi elle se répand plus rapidement dans les zones dépourvues de systèmes de traitement des eaux usées ou de l'eau potable. Le bacille peut aussi survivre dans les eaux saumâtres à l'embouchure des fleuves ou dans les eaux côtières, ce qui explique la possible contamination par les crustacés. On a ainsi signalé des cas de choléra aux États-Unis liés à l'ingestion de coquillages crus ou mal cuits pêchés dans le golfe du Mexique.

Conclusion : si vous appartenez au groupe O, montrez-vous particulièrement prudent lorsque vous voyagez dans des régions où les affections diarrhéiques sont répandues.

Typhoïde

Cette maladie resurgit en période de guerre et de privations, lorsque l'hygiène laisse à désirer. Cette grande tueuse d'antan affiche – évidemment – une certaine prédilection pour un groupe sanguin, en l'occurrence le groupe A. Une étude réalisée en Ouzbékistan a indiqué une forte prévalence du groupe A parmi les porteurs de typhoïde chronique, particulièrement nombreux au sein des populations asiatiques de la région. La groupe O se révélait en revanche sous-représenté.

Le cas d'Escherichia coli

La seule mention d'une bactérie comme *Escherichia coli* (ou colibacille) suffit à faire souffler un vent de panique. Pourtant, cette bactérie perçue comme un envahisseur sans pitié est présente dans notre flore intestinale, où elle se révèle fort utile : en échange des nutriments fournis par notre tractus intestinal, elle protège celui-ci contre les autres bactéries.

Comment une bactérie peut-elle être tour à tour amie et ennemie de l'organisme ? Au fil de notre croissance, notre intestin est colonisé par de « bons » colibacilles, qui servent normalement à repousser les « mauvaises » variétés en se reproduisant plus vite qu'elles et en accaparant toute la nourriture ainsi que les sites d'adhésion intestinale.

En réalité, il existe maintes souches d'*E. coli*, pour la plupart bien tolérées par le système immunitaire. Ces bactéries sont particulièrement douées pour échanger entre elles des informations génétiques et sont capables de mutations extrêmement rapides. Certaines d'entre elles présentent sur leur surface des antigènes très similaires à ceux des groupes sanguins. Il s'agit de glucides associés à des liposaccharides membranaires. Une vaste étude a ainsi démontré que les souches Y1089 et Y1090 possédaient l'antigène du groupe O, qui pouvait aussi être converti en antigène du groupe A. C'est la raison pour laquelle une bactérie intestinale est en mesure de s'adapter à divers hôtes.

Quand on parle de colibacille, on songe d'ordinaire à la souche dangereuse O157 :H7, reconnue pour la première fois comme cause de maladie en 1982. Plusieurs épidémies ont surgi depuis aux États-Unis, en 1993 (contamination par des hamburgers trop saignants : six cents cas graves et quatre décès) et au Japon, en 1996 (plus de six mille écoliers contaminés par des pousses de radis infectées). Ce dernier type d'aliment a été responsable depuis 1995 d'une quinzaine de flambées de colibacillose ou de salmonellose.

La plupart du temps, les symptômes se limitent à des diarrhées et des spasmes intestinaux, mais on note des cas de diarrhées sanguinolentes ou épuisantes. Moins de 2 à 7 % des personnes infectées, en général recensées parmi les plus jeunes et les plus âgées, souffriront d'une complication appelée syndrome urémique hémolytique, dans le cadre duquel une toxine bactérienne endommage les petits vaisseaux sanguins des reins, fait chuter le taux de plaquettes et détruit les globules. Les séquelles rénales sont telles qu'elles nécessitent parfois une dialyse. Il n'existe aucun traitement contre ce micro-organisme.

Beaucoup des souches les plus dangereuses d'*E. coli* affichent une attirance particulière pour un groupe sanguin. Leurs tactiques d'invasion diffèrent elles aussi selon le groupe sanguin de leur hôte.

GROUPE O : INTERACTION. Les sujets du groupe O souffrent en général de diarrhées plus violentes que leurs congénères, comme en témoigne une étude menée sur 316 volontaires atteints de diarrhée. Les auteurs en ont déduit qu'il devait se produire une réaction plus intense entre une substance présente dans le sang du groupe O et la toxine produite par la bactérie.

GROUPE A : ATTACHEMENT. Les souches de colibacille les plus virulentes sécrètent des sortes de filaments qui leur permettent de se fixer sur la paroi intestinale. Ces filaments sont porteurs de lectines en forme de ventouse qui s'accolent aux divers sucres (glycoprotéines ou glycolipides) qui composent les polysaccharides de la muqueuse intestinale. Beaucoup de ces sucres correspondent à l'un ou l'autre des antigènes ABO. Si bien que certaines souches d'*E. coli* fabriquent des lectines spécialement adaptées à un glycolipide, par exemple au glycolipide globo-A, uniquement présent chez les sujets sécréteurs du groupe A.

EXTRAIT DES ARCHIVES DU GROUPE SANGUIN

Bruce D.
Groupe O
Homme, quarantaine
Amélioration : défenses immunitaires/infections

Comme je travaille sur un pétrolier, je dois subir chaque année un examen médical complet. Il faut dire que ma cargaison n'est pas toujours très saine. Au milieu des années 1980, j'ai adopté par souci de santé un régime presque entièrement végétarien. Dans les années 1990, mon taux de globules blancs a commencé à chuter, tous mes autres résultats demeurant excellents. Les médecins parlaient de leucopénie. Une biopsie médullaire n'a rien révélé de nouveau. C'est alors que ma femme et moi avons découvert votre livre et résolu de le mettre à l'épreuve. Depuis le 12 mars dernier, nous suivons fidèlement les régimes adaptés à nos groupes sanguins respectifs. Une prise de sang du 22 mars a révélé un taux de globules blancs de 3,1. Le 9 avril, il était remonté à 4,5, ce qui relève du miracle puisqu'il oscille autour de 3 depuis des années (je suis même tombé une fois à 2,6).

GROUPE B ET GROUPE AB : IMITATION. Bien des souches d'*E. coli* offrent des similitudes immunologiques avec les cellules du groupe B et portent sur leur surface un antigène proche de celui du groupe B. On ne s'étonnera donc pas d'apprendre que la recherche indique une prévalence accrue des gastro-entérites provoquées par des colibacilles au sein des groupes B et AB.

Parasitoses

Une anecdote médicale bien connue évoque un homme persuadé que l'épidémie de choléra qui ravageait sa région provenait d'un puits en particulier. Il arracha la pompe de ce puits et l'épidémie s'arrêta net. On raconte aussi qu'un homme qui refusait de croire que le choléra résultait d'une bactérie but un verre rempli de bacilles du choléra et ne contracta pas la maladie. Ces deux histoires sont vraies. Chacun de ces hommes a prouvé quelque chose : le premier que *Candida*, *Giardia* et autres parasites qui infectent notre tube digestif sont souvent véhiculés par l'eau, et le second que ces agents ne parviennent à s'implanter que lorsque l'appareil digestif et ses défenses naturelles sont affaiblis.

Pour protéger votre corps des micro-organismes de ce type, la meilleure solution consiste donc a soigner votre forme et votre santé en absorbant les nutriments les mieux adaptés à cet effet. Ceux-ci combleront vos besoins sans irriter votre tube digestif et favoriseront le développement d'une flore intestinale saine.

Ascaris et groupe O

Répandus même dans les régions industrialisées jusqu'à une date relativement récente, les ascaris préfèrent le groupe O à tous les autres. Aujourd'hui, la contamination ne se fait plus guère que par les animaux domestiques (contact avec des excréments infestés). On l'évitera en se lavant régulièrement les mains et en portant des gants pour jardiner si des animaux font leurs besoins dans cet espace.

Lambliase et groupe A

Plusieurs études indiquent que l'un des antigènes présents à la surface du parasite *Giardia*, responsable de la lambliase (aussi appelée revanche de Montezuma [1]), ressemble beaucoup à celui du groupe A. Cette affection touche donc plus souvent et plus gravement les personnes appartenant à ce groupe sanguin. La lambliase est transmise par les animaux sauvages ainsi que par des cours d'eau ou des puits contaminés (les flambées surviennent souvent après une contamination de l'eau potable par des eaux usées). Évitez donc de boire l'eau des lacs ou des ruisseaux habités par des castors ou des rats musqués et enfin

---

1. (*N.d.T.*) Du nom du dernier empereur aztèque déposé par les conquistadors (aussi appelé Moctezuma).

où le bétail, notamment les moutons, vient s'abreuver. La maladie se transmet aussi par contact direct, d'où des épidémies dans des crèches parmi les enfants et les assistantes maternelles. Elle se manifeste principalement par des diarrhées, parfois graves.

Dysenterie amibienne et groupe B

Bien que deux études semblent indiquer que les amibes apprécient les globules rouges de tous les groupes sanguins, une troisième montre que le système immunitaire élimine plus facilement celles qui s'attachent à des globules rouges des groupes A et AB que celles fixées sur des globules rouges des groupes B ou O. En somme, les groupe A et AB se défendent mieux contre elle. Ce qui explique sans doute la corrélation parfois établie entre le groupe B et cette affection.

Paludisme

Le paludisme (ou malaria) tue chaque année environ deux millions et demi de personnes. Cette maladie a clairement influé sur la répartition des groupes sanguins dans les zones où elle persiste de longue date à l'état endémique, notamment en Afrique sub-saharienne, en Asie du Sud et du Sud-Est, en Amérique centrale et en Amérique du Sud, au Mexique, à Haïti et en République dominicaine, ainsi que dans certaines îles du Pacifique (Papouasie-Nouvelle-Guinée, îles Salomon et îles Vanuatu).

Voici une trentaine d'années, on croyait à l'éradication prochaine du paludisme, mais les programmes d'épandage d'insecticides se sont avérés inefficaces et on voit sans cesse apparaître de nouvelles souches résistantes aux traitements antipaludéens classiques. Le parasite responsable de la maladie évolue plus vite que la recherche scientifique.

La transmission du paludisme se fait par l'intermédiaire d'un moustique, l'anophèle, dont la morsure permet aux parasites *Plasmodium falciparum*, *P. malariae*, *P. vivax* ou *P. ovale* de pénétrer dans le flux sanguin. Ceux-ci se reproduisent ensuite à l'intérieur de nos globules rouges.

De ces quatre parasites, seul *Plasmodium falciparum* est

potentiellement fatal. Une crise sévère peut en effet provoquer une déficience du foie et des reins, des convulsions et un coma. Environ 2 % des personnes infectées par P. *falciparum* en meurent, en général à cause d'un traitement trop tardif.

Le groupe sanguin influe de manière déterminante sur votre vulnérabilité à cette maladie et sur les symptômes qu'elle suscitera chez vous en cas de contamination.

GROUPE O. Prédisposé aux infections par P. *vivax*, mais un peu mieux protégé que les autres groupes sanguins contre P. *falciparum*. Les individus de ce groupe réagissent en outre mieux après contamination.

GROUPE A. Prédisposé aux infections par P. *vivax*, mais un peu mieux protégé que les groupes B et AB contre P. *falciparum*. En revanche, les personnes de ce groupe présentent des symptômes plus graves en cas de contamination, parmi lesquels des complications cérébrales.

GROUPE B. Prédisposé aux infections par P. *falciparum*. Les individus de ce groupe réagissent mieux que leurs congénères des groupes A ou AB après contamination.

GROUPE AB. Semble jouir d'une certaine protection contre toutes les variétés du parasite. En revanche, les personnes de ce groupe présentent des symptômes plus graves (similaires à ceux de leurs cousins du groupe A) en cas de contamination.

Tuberculose

Au début du XXe siècle, la tuberculose représentait la première cause de mortalité en Occident. Cette infection, due à la bactérie *Mycobacterium tuberculosis*, peut se loger dans toutes les régions du corps, même si elle attaque en général les poumons. Depuis l'apparition des premiers médicaments efficaces contre cette maladie, en 1940, celle-ci a décliné lentement mais sûrement en Occident, où elle avait presque disparu au début des années 1980. On observe cependant une nette recrudescence (plus de 25 000 cas aux État-Unis en 1993).

À l'inverse du paludisme, la tuberculose prend un tour beaucoup plus grave au sein des organismes du groupe O, tandis que le groupe A semble le mieux protégé à son endroit. L'origine ethnique joue sans doute un rôle, les personnes du

groupe O d'ascendance européenne paraissant les plus vulnérables. Au sein du groupe B, la tuberculose touche plus gravement les sujets d'origine asiatique. La recherche indique en
outre qu'un statut Rh+ assure de meilleures chances de survie
qu'un statut Rh-.

Comme bien d'autres maladies, la tuberculose a mené une
interminable partie d'échecs contre la génétique sanguine et,
par là, rempli un rôle de facteur de sélection naturelle.

La tuberculose se transmet par voie aérienne, en général
par les éternuements ou la toux d'une personne contaminée.
La primo-infection se révèle souvent asymptomatique et ne
rend pas contagieux. En revanche, la maladie risque de se
développer. Beaucoup de sujets en contact avec M. *tuberculosis*
ne souffrent jamais de la tuberculose. Dans un premier temps,
l'organisme bloque l'action de la bactérie, qui devient inactive,
mais celle-ci pourra se réactiver plus tard, notamment lors
d'un affaiblissement du système immunitaire.

La tuberculose pulmonaire se manifeste par une mauvaise
toux qui persiste plus de deux semaines, des douleurs thora-
ciques, l'expectoration de sang ou de mucosités venues du plus
profond des poumons, une faiblesse ou de la fatigue, une perte
de poids, un manque d'appétit, des frissons, de la fièvre et des
sueurs nocturnes. Un examen simple (timbre tuberculinique
ou intra-dermo-réaction) permet de poser un diagnostic clair.

Références :
Groupe sanguin et maladies infectieuses

ALONSO P. et al. : « Phagocytic activity of three Naegleria
strains in the presence of erythrocytes of various types. » *J
Protozool*, novembre 1995, 32(4), p. 661-64.

BECKER D. J. et J. B. : LOWE. « Leukocyte adhesion deficiency
type II. » *Biochim Biophys Acta*, 8 octobre 1999, 1455(2-3),
p. 193-204.

BLACK R. E., M. LEVINE, M. L. CLEMENTS, T. HUGHES et S.
O'DONNELL : « Association between O blood group and
occurrence and severity of diarrhoea du to *Escherichia coli*. »
Trans R Soc Trop Med Hyg, 1987, 81(1), p. 120-23.

BOUREE P. et G. BONNOT : « Study of relationship of ABO and Rh blood group, and HLA antigens with parasitic diseases. » *J Egypt Soc Parasitol*, juin 1989, 19(1), p. 67-73.

CAMERON B. J. et al. : « Blood group glycolipids as epithelial cell receptors for *Candida albicans*. » *Infect Immun*, mars 1996, 64(3), p. 891-96.

DE MANUELES, JIMENEZ J. et al. : « Histocompatibility antigens and *Giardia lamblia parasitosis*. » *An Esp Pediatr*, janvier 1992, 36(1), p. 41-44 (en espagnol)

ESSERY S. D. et al. : « Detection of microbial surface antigens that bind Lewis(a) antigen. » *FEMS Immunol Med Microbiol*, juin 1994, 9(1), p. 15-21.

GLASS R. I., J. HOLMGREN, C. E. HALEY, M. R. KHAN, A. M. SVENNERHOLM, B. J. STOLL, Hossain BELAYET, K. KANEKO et al. : « Prevalence of O agglutinins against the epizootic strains of *Yersinia pseudo tuberculosis* serovars IB ans IVA in barn rats. » *Nippon Juigaku Zasshi*, avril 1982, 44(2), p. 375-77.

K. M., R. E. BLACK, M. YUNUS et D. BARUA : « Predisposition for cholera of individuals with O blood group. Possible evolutionary significance. » *Am J Epidemiol*, juin 1985, 121(6), p. 791-96.

LINDSTEDT R., G. LARSON, P. FALK, U. JODAL, H. LEFFLER et C. SVANBORG : « The receptor repertoire defines the host range for attaching *Escherichia coli* strains that recognize globo-A. » *Infect Immun*, mars 1991, 59(3), p. 1086-92.

LOPEZ-REVILLA R. et al. : « Adhesion of *Entamoeba histolytica trophozoites* to human erythrocytes. » *Infect Imuun*, juillet 1982, 37(1), p. 281-85.

MOURANT A. E. : *Blood types and Disease*. New York, Oxford University Press, 1979.

ROBERTS-THOMSON I. C. : « Genetic studies of human and murine giardiasis. » *Clin Infect Dis*, mars 1993, 16 Suppl 2, p. S98-104.

SINHA A. K., S. K. BHATTACHARYA, D. SEN, P. DUTTA, D. DUTTA, M. K. BHATTACHARYA et S. C. PAL : « Blood group and shigellosis. » *J Assoc Physicians India*, juin 1991, 39(6), p. 452-53.

SPRINGER G. F. : « Role of human cell surface structures in interactions between man and microbes. » *Naturwissenschaften*, avril 1970, 57(4), p. 162-71.

SWERDLOW, D. L., E. D. MINTZ, M. RODRIGUEZ, E. TEJADA, C. OCAMPO, L. ESPEJO, T. J. BARRETT, J. PETZELT, N. H. BEAN, L. SEMINARIO et al. : « Severe life-threatening cholera associated with blood group O in Peru : Implications for the Latin America epidemic. » *J Infect Dis*, août 1994, 170(2), p. 468-72.

THOM S. M. et al. : « Non-secretion of blood group antigens and susceptibility to infection by *Candida species*. » *FEMS Microbiol Immunol*, juin 1989, 1(6-7), p. 401-05.

TOSH F. D. et al. : « Characterisation of a fucoside-binding adhesin of *Candida albicans*. » *Infect Immunol*, novembre 1992, 60(11), p. 4734-39.

VILLALOBOS J. J. et al. : « A 10-year prolective study on cancer of the digestive system. » *Rev Gastroenterol Mex*, janvier-mars 1990, 55(1), p. 17-24 (en espagnol).

WITTELS E. G. et H. C. LICHTMANN : « Blood group incidence and *Escherichia coli* bacterial sepsis. » *Transfusion*, novembre-décembre 1986, 26(6), p. 533-35.

YAMAMOTO M. et al. : « Structure and action of saikosaponins isolated from *Bupleurum falcatum* L. II. Metabolic actions of saikosaponins, especially a plasma cholesterol-lowering action. » *Arzneimittelforschung*, août 1975, 25(8), p. 1240-43.

YANG N. et B. BOETTCHER : « Development of human ABO blood group À antigen on *Escherichia coli* Y1089 and Y1090. » *Immunol Cell Biol*, décembre 1992, 70(Pt6), p. 411-16.

ZHUKOV-BEREZHNILOV N. N. et al. : « Heterogenic antigens of plague and cholera microbes, similar to antigens of human and animal tissues. » *Biull Eksp Biol Med*, avril 1972, 73(4), p. 63-65 (en russe).

Remerciements

Cinq années se sont écoulées depuis la publication aux États-Unis de *4 Groupes sanguins 4 Régimes*. Des millions de lecteurs du monde entier – le livre a été traduit en plus de quarante langues – ont découvert la théorie des groupes sanguins. Nous nous sommes efforcés de simplifier au maximum leur application et d'utiliser Internet pour répondre aux questions des patients et recueillir leurs impressions.

Mon « secret de famille » jouit désormais d'une renommée planétaire grâce au travail d'équipe accompli tant par les professionnels de l'édition que par tous les médecins, scientifiques, spécialistes de la nutrition et autres membres du corps médical qui m'ont soutenu dans ma tâche, ainsi que par les innombrables personnes dont l'expérience et les suggestions nous ont permis d'affiner encore nos thèses. Je ne puis vous citer tous, mais je vous dois une gratitude éternelle.

4 Groupes sanguins 4 Modes de vie rassemble le fruit de longues années de recherche, qui nous ont permis de tirer parti des découvertes génétiques les plus récentes et des essais cliniques menés de par le monde. Un travail de cette envergure ne s'effectuant pas en solitaire, je tiens à remercier particulièrement quelques-unes des personnes qui m'ont le plus aidé :

Catherine Whitney, qui a rédigé ce livre, et son collaborateur Paul Krafin : ils ont su transformer des théories scientifiques incroyablement complexes en une prose agréable à lire et en directives claires, le tout avec enthousiasme et énergie.

Mon ami et collègue le Dr Gregory Kelly, pour son soutien sans faille et l'aide qu'il m'a apportée dans le colossal travail de recherche qu'un tel ouvrage implique.

Mon agent littéraire, Janis Vallely, collaboratrice et amie toujours présente, qui promeut mes livres sans relâche.

Amy Hertz, des éditions Riverhead/Putnam, qui m'a assisté dans la préparation de trois livres avec une patience et un talent dignes d'éloges, ainsi que Susan Petersen et toute son équipe.

Ma reconnaissance va aussi à Michael Geoghegan, des éditions Penguin Putnam, pour ses utiles conseils, au Dr Klaus Stadler, qui s'est chargé de l'édition allemande de cet ouvrage, à Jane Dystel, l'agent littéraire de Catherine Whitney, Paul Schulick et Thomas Newmark, de New Chapter, au Dr Joseph et à Lara Pizzorno, au Dr Jules Harran, à Ron Rubin, du *Republic of T*, au Dr Steve Barrie, des Great Smokies Diagnostic Laboratories, pour son appui et ses encouragements, et au Dr Jeffrey Bland, pour sa postface pertinente.

Mille mercis également à toute mon équipe du 2009, Summer Street, qui s'est occupée de la boutique et des patients pendant que je rédigeais ce livre.

Je tiens en outre à mentionner deux cyber-amis à qui le site www.dadamo.com doit beaucoup de son ambiance chaleureuse : Heidi (^heidi^) Merritt et Steve (sTeve) Shapiro. Merci aussi à Heidi de nous avoir aidés à corriger les épreuves.

Un grand merci à Eric et Olga Butterworth, mes amis fidèles, à Robert Messineo pour les balades en voilier, et à Marge et Jim Burris, qui ont si généreusement mis à ma disposition leur maison de Martha's Vineyard, un cadre idéal pour écrire.

Comme toujours, merci aux miens pour leur sagesse, pour leur amour et leurs encouragements : mes parents, le Dr James et Christl D'Adamo, James et Ann D'Adamo et Michele D'Adamo.

Merci enfin à ma femme Martha et à mes filles Claudia et Emily, qui ont su m'aider à préserver ma santé mentale au fil de cette aventure et qui illuminent chaque instant de mon existence.

Table des matières

Composition PCA
44400 – Rezé

Impression réalisée sur CAMERON par

BRODARD & TAUPIN
GROUPE CPI

La Flèche

pour le compte des Éditions Michel Lafon
en février 2002

Imprimé en France
Dépôt légal : février 2002
N° d'impression : 11194
ISBN : 2-84098-772-4
LAF : 235